New Thinking In Technical Analysis

魔術師たちのトレーディングモデル

テクニカル分析の新境地

リック・ベンシニョール 編

長尾慎太郎 訳

Trading Models From The Masters

Edited by RICK BENSIGNOR

PanRolling

訳者まえがき

　マーケットには様々な参加者がいる。投資家に限ってその目的を考えても、数週間から数カ月ぐらいの時間枠で短期的な絶対リターンを狙う者から、より長期的な観点からマーケットをアウトパフォームすることを目指す者もいる。また、各々の拠り所としている手法も千差万別であって、ファンダメンタルからテクニカル、さらには投資家のセンチメントを基準にしたり、秘密情報をもとにしているものもある。同じマーケットでありながら、その参加者の構成はこれほどバラエティーに富んでいるのである。

　この本を手に取った読者の場合はどうであろうか？　あなたが個人投資家であれば、機関投資家のように、長期的な観点から何らかのインデックスに対しアウトパフォームすることを目指す運用ではなく、おそらくより短い時間枠で、絶対リターンを上げることが目的だと思う。

　この不確実で国家や所属組織に頼ることができない時代にあっては、もはや投資における一般投資家の短期時間枠かつ絶対リターンへの流れというのは止めようがない。私たちは自分の資産は自分で運用し、何らかの利益を上げていく必要に迫られているのである。そこでは、インデックスは３０％下落したが、自分のアセットは２５％しか目減りしなかったから大満足とか、あと１０年持っていれば買い値に戻るかもしれないなどといった投資スタンスを取る余裕はなくなってきているのである。さらに昨今は、アメリカに続いて日本でも、コンピューター技術の発達と通信インフラの整備、売買手数料の自由化がマーケットにおける短期時間枠指向を加速し、以前では考えられなかったスタイルの投資が個人投資家にも可能となってきたのである。

　こういった環境の下、私たちにとって拠り所となるツールの筆頭はテク

ニカルな手法である。マーケットにおける効率的市場仮説を信奉する学者や評論家、あるいは一部の運用担当者にとっては無縁なものかもしれないが、絶対リターンを目標に実際にマーケットで運用を行っている人間にとって、それは極めて有用で不可欠なツールなのである。テクニカルなトレード手法の意義、有効性については、それを使って成功を収めている投資家が世界中にいることからも疑いようがないと私は思う。

　さて、本書は、テクニカル分析の権威１２人によるトレード手法の要約書（New Thinking in Technical Analysis）の邦訳である。筆者の中には日本でもおなじみの名前も多く、ここでは各々の手法の最先端の技術について興味深く学ぶことができる。一読されて分かる通り、すべての章が貴重な記述で示唆に富んでおり、マーケットや投資環境の変遷という意味で日本の数段先を行くアメリカにおいて、実績を上げているものばかりである。読者は、この中から個々人の事情や好みに合った手法を選んで実行する、あるいはさらに自分でそれを発展させて使うことが可能である。実際に役に立つテクニカルなトレード手法を身につけることで、私たちは自分自身の手で自らの資産を守り、マーケットで生き抜いていくことができるはずである。日本の読者に対し、ウィザードたちのトレード手法のエッセンスをこうして凝縮した形で提供できることは、本書の関係者一同の喜びとするところである。

　翻訳にあたっては次の方々の協力をいただいた。ここに深く感謝の意を表わしたい。翻訳にあたっては柳谷雅之氏（第１章、第１１章）、世良敬明氏（第２章、第４章、第５章）、増田丞美氏（第７章、第９章、第１０章）、増沢浩一氏（第８章）に分担をお願いした。多忙にもかかわらず、４氏には迅速な翻訳を実現していただいた。なお、第３章、第６章、第１２章の翻訳は長尾が担当した。

　　２００１年２月

長尾慎太郎

５０年前、ほとんどの投資家は有益な情報を持たず、そのためにある種の恐怖を抱きながら株式投資に取り組んでいた。対照的に、今日の投資環境下では情報の洪水にさらされ、投資家たちは有益な情報だけをより分けるという大きな課題に直面している。また、優良企業の株が必ずしも良い株とは限らず、駄目な企業の株への投資が利益を生むことも珍しくない。時間には限りがあり、われわれはみんな複雑なデータを素早く解読し、そこから結論を導き出すための方法を探している。

　長年の経験から私は、テクニカル分析が自分にとって、投資家としても戦略家としても、非常に有用であることに気づいた。テクニカル分析を用いることで、私はマーケットや個別銘柄のパフォーマンスを判断する上で極めて重要となる心理的要因をしっかりとらえることができる。リック・ベンシニョールが集めた素晴らしい実践的専門家たちによって書かれた各章は、素人からプロまでが、テクニカル分析の起源、その発達過程、最近の利用法について理解する手助けをしてくれるだろう。それは魔法ではなく、価値ある技術だ。本書の内容を適切に利用するならば、テクニカル分析ツールはあなたにとって、うまくいっているときに株式市場でさらなる利益を上げ、振るわないときは損失を限定する助けとなるはずである。

バイロン・R・ウィーン
モルガン・スタンレー・ディーン・ウィッター
アメリカチーフ投資ストラテジスト

CONTENTS

訳者まえがき………1
執筆者について………10
謝辞………19
序文………21

第1章　スイング・トレーディングとそのテクニカル分析の基本原理
リンダ・ブラッドフォード・ラシュキ………25

テクニカル分析で影響力を持つ思想家………26
　チャールズ・ダウ………26
　ロバート・レア………30
　リチャード・シャバッカー………30
　リチャード・ワイコフ………34
　ラルフ・N・エリオット………39
　W・D・ギャン………41
価格変動の一般原理………44
　原則1：トレンドは反転するよりも継続しやすい………44
　原則2：モメンタムは価格に先行する………45
　原則3：トレンドはクライマックスで終焉する………47
　原則4：マーケットは値幅拡大と縮小を繰り返す………48
スイング・チャートの作り方………49
トレードの3タイプ………52
　押し／戻り………52
　試し………55
　ブレイクアウト………56
トレード管理………57

第2章　市場間分析を利用したトレンド予測法
ジョン・マーフィー………59

基本原理………60
　商品市場と債券市場の関係………62

    CRB指数と金利の関係………62
    石油価格と金利の関係………64
    債券市場と株式市場の関係………64
  市場間原理による業種別の影響………66
    石油高騰による運輸株への悪影響………67
    その他の業種への影響………69
  セクター・ローテーションと経済………70
    テクノロジー株下落時に不動産株上昇………70
    バイオテック株から薬品株へ………71
    商品市場と経済指標………73
  アメリカ市場における日本の影響………74
  市場間分析をテクニカルでする意義………76
    逆利回り曲線が示唆する弱気………78
    進化する市場間モデル………78

第3章　ポイントアンドフィギュア移動平均の利用法
ケネス・G・タワー………81

  ポイントアンドフィギュア・チャーティングのバックグラウンド………82
    チャート作成の基本………83
    保ち合い………85
    価格目標………86
  ポイントアンドフィギュア・チャートで移動平均を作成する………87
    長い保ち合いのブレイクアウトパターンを認識する………88
    移動平均の反転を識別する………89
    一時的な押しと天井を区別する………93
  バーチャートに対するポイントアンドフィギュア・チャートの利点………96
  いつどのようにこのテクニックを使うべきか？………98

第4章　ローソク足を利用した転換シグナルの早期発見法
スティーブ・ナイソン………101

  ローソク足の構成………102
  個々のローソク足の利用法………104
  同事線（寄引同時足）………105
  影（ひげ）………108

　　　　首吊り線（ハンマー）と流星（シューティング・スター）………109
　　　　包み足（抱き線）………113
　　　　窓………117
　　　　ローソク足とリスク／報酬の考察………118

第5章　マーケット・プロファイルでマーケットの言葉を読む方法
ロビン・メッシュ………123

　　　　均衡と不均衡のサイクル………126
　　　　日割りのプロファイルの形状分析………131
　　　　　　ノーマル・デイ………132
　　　　　　ノントレンド・デイ………133
　　　　　　ノーマル・デイのノーマル・バリエーション………134
　　　　　　トレンド・デイ………135
　　　　均衡と不均衡のサイクルのプロファイル………137
　　　　　　非価格支配と価格支配の局面………140
　　　　　　4×4フォーメーション………140
　　　　マーケット活動の4つのステップ………143
　　　　　　ステップ1………144
　　　　　　ステップ2………145
　　　　　　ステップ3………146
　　　　　　ステップ4………149
　　　　　　4つのステップの完成………150
　　　　売買戦略構築のためのマーケット・プロファイル利用法………152
　　　　　　マイナス・デベロプメント（不完全発達）………157
　　　　根本的マーケット・プロファイル原理のまとめ………162

第6章　売買チャンスを予測するためのオシレーター使用法
トム・デマーク………165

　　　　伝統的なオシレーターの解釈………166
　　　　　　継続時間分析と乖離分析の重要性………166
　　　　　　一般的な買われ過ぎ、売られ過ぎオシレーター………168
　　　　TD REI（TDレンジ・エクスパンション・インデックス）………169
　　　　　　TD REIの構成………170
　　　　　　TD REIを使う………173

TDデマーカーⅠ………177
　　TDデマーカーⅠの構成………179
　　TDデマーカーⅠを使う………179
TDデマーカーⅡ………182
　　TDデマーカーⅡの構成………182
　　TDでデマーカーⅡを使う………183
カギとなる考察………185

第7章　株価変動の予測に関するサイクルの活用法
ピーター・エリアデス………187

オフセットラインを用いて価格変動の予測をするための基本的ステップ……189
名目の価格予測と用語………193
　　主要な用語と概念………194
　　極端な価格変動が起こるときの予測のガイドライン………195
市場サイクル予測の応用………196
　　ダウ・ジョーンズ総合平均株価の例………196
　　ダウ・ジョーンズ工業株平均の弱気相場の例………206
　　ダウ・ジョーンズ輸送株平均の例………208
　　週間、日々およびザヤ場の株価変動予測のオフセット………210
　　予備的予測 vs "確立された"予測………210
　　ダウ・ジョーンズ工業株平均の例………212
　　サイクル価格変動予測を分析の道具に加える………215

第8章　エリオット波動理論の利用法
スティーブン・W・ポーザー………217

エリオット波動理論の歴史………218
エリオット波動理論とは？………221
波動の特徴を理解する………223
エリオット波動理論を使う………225
　　マルチプル・タイム・フレーム分析………225
　　長期トレーディングからデイ・トレーディングまで──アメリカ株式市場………228
　　エリオット波動理論のロードマップを作る………232
　　ストップとエリオット波動理論………237
分析を誤ったときに利益を上げる………239

アメリカ債券市場の例………239
ポイントは柔軟性………242
エリオット波動理論に基づくトレーディング法の微調整………244

第9章　オプション市場におけるボラティリティ・トレーディング法
ローレンス・マクミラン………247

相場を予測するのは可能か？………247
ボラティリティ・トレーディング………249
　ヒストリカル・ボラティリティ………252
　インプライド・ボラティリティ………255
　実際のボラティリティを予測する指標としてのインプライド・ボラティリティ……258
　割高・割安のボラティリティの選択………262
　ボラティリティの極限………263
　ベガ………269
ボラティリティの売買………272
　デルタ・ニュートラル・ポジション………272
　ボラティリティが安いか、高いか、あるいはそのいずれでもないかの判断………274
　ボラティリティを買う戦略………278
　ボラティリティを売る戦略………288
ボラティリティ・トレーディングの主な利点………294

第10章　市場心理によってテクニカル分析を強化する方法
バーニー・シェファー………297

逆思考の適切な応用………299
心理指標とテクニカル指標間の関係………302
市場心理を示す指標………306
　市場心理を質的に測る手法………307
　市場心理を定量的に測定する方法………313
　定量分析による市場タイミングを測る指標………315
　株式およびセクターのタイミングのための定量化された指標………323
機能する投資家心理：ケース・スタディ………332
　株式市場の例………332
　セクター・タイミング………334
　銘柄選択………335

　　　　結果………336
　　　　逆張り分析を活用する上での注意………337

第11章 個別株市場における投資家心理の測定法
　　　ラリー・ウィリアムズ………341

　　　　投資家の相場感が個別株に与える影響………342
　　　　基本ルール………344
　　　　指標の利用法………346
　　　　アドバイザーが強気になりすぎたり弱気になりすぎたりする原因………348
　　　　落とし穴を避ける………350
　　　　多数派がやらないことをやる………354

第12章 マネーマネジメント・テクニックでリスクをコントロールする方法
　　　コートニー・スミス………357

　　　　比率固定の賭け………359
　　　　ストップロスを決めて、それからルールを適用しろ………360
　　　　十分な資金でトレードを始めろ………362
　　　　冷静になれ………362
　　　　規律を守れ………363

免責事項
　この本で紹介してある方法や技術、指標が利益を生む、あるいは損失につながることはない、と仮定してはなりません。過去の結果は必ずしも将来の結果を示したものではありません。
　この本の実例は、教育的な目的でのみ用いられるものであり、売買の注文を勧めるものではありません。

執筆者について

　リック・ベンシニョールは編集者であり、モーガン・スタンレー・ディーン・ウィッターの副社長で、上級テクニカル・ストラテジストである。彼はニューヨーク大学助教授でもあり、大学ではテクニカル分析を教えている。彼はいくつかのニューヨーク先物取引所でフロアトレーダーを１４年間勤めた後、ブルームバーグＬＰのテクニカル分析、先物、商品に関する上級プロダクト・スペシャリストだった。『インベスターズ・ビジネス・デイリーのマーケットガイド』に１章を寄稿したベンシニョールは『ブルームバーグ・マーケット』誌に広範囲にわたり記事を執筆し、業界のカンファレンスでは人気のある講演者である。

　リンダ・ブラッドフォード・ラシュキはＬＲＢグループの社長であり、パシフィック・コースト証券取引所の会員として、株式オプションをトレードして、トレーダーとしての歩み始めた。１９８４年に彼女はフィラデルフィア証券取引所の会員になり、株式、オプション、先物のトレードを続けた。１９９０年初期にＬＢＲグループを立ち上げ、公認の商品取引アドバイザーになった。現在は、ウォーターマーク・ファンド社の取締役であり、そこのトップのトレーダーである彼女は、金属市場で生産者のヘッジプログラムを管理している。彼女は、ジャック・シュワッガーの『新マーケットの魔術師』（パンローリング刊）や、スー・ヘレラの『ウイメン・オブ・ザ・ストリート（Women of the Street）』にも紹介された。ブラッドフォード・ラシュキは、コメントだけでなく自身のトレードをリアルタイムで公表する、オンライン・トレードの教育目的のサイトも運営している。投資カンファレンスの講演者として全米各地を回った後に、テク

ニカル分析家協会の理事となった。『魔術師リンダ・ラリーの短期売買入門』（パンローリング刊）の共著者の１人でもある。

トム・デマークはマーケット・スタディーズの社長であり、様々なデータ・ネットワークやデータベンダーに独自のマーケット指標を提供している。機関投資家のレベルでは、彼の指標はブルームバーグや他の大手のネットワークで利用可能である。デマークは大手ヘッジファンドのコンサルタントとしても活躍している。現在、彼はＳＡＣキャピタル・ファンドのコンサルタントである。かつてデマークは数百万ドル規模のヘッジファンドであるチューダーの副社長、数十億ドル規模の債券ファンドのマネジャーであるバン・ホシングトンの運用パートナーだった。彼は４０億ドル規模のヘッジファンド・マネジャーであるレオン・クーパーマンの特別アドバイザーでもあり、シカゴ・ボード・オブ・トレード（ＣＢＯＴ）の独立した最も大規模なトレーダーの１人であるチャーリー・ディフランセスカのかつてのパートナーであり、企業向けソフトウエアの提供者であるロジカル・インフォメーション・マシーンズの会長でもあった。彼は大規模な金融機関のコンサルタントを務めてきたが、それはソロス、モルガン・バンク、シティバンク、ゴールドマン・サックス、ＩＢＭ、ユニオン・カーバイドを含んでいる。デマークは『デマーク・オン・デイ・トレーディング・オプションズ(DeMark on Day Trading Options)』『ニュー・マーケット・タイミング・テクニックス(New Market Timing Techniques)』『ニュー・サイエンス・オブ・テクニカル・アナリシス（The New Science of Technical Analysis)』の本を書いている。広く読まれる金融誌の特集やカバーストーリーにも多く登場し、国内、国外を問わずテレビ、ラジオ、セミナーにもよく登場している。

ピーター・エリアデスは株式ブローカーとして金融の経歴を始めたが、１９７３年にスタートした最初の金融テレビ局であるロサンジェルステレビ局ＫＷＨＹのマーケットアナリストとして数年間出演した。１９６８年から６年間継続して平均株価が下落していた１９７４年の秋に、彼は出演

していたＫＷＨＹで、大底は１９７４年の１２月９日から１３日の週になると何回か予言した。ダウ平均の安値５７０．０１ドルは１９７４年１２月９日につけた。その素晴らしく、有名な予測のために、彼は１９７５年に『ストックマーケット・サイクル（Stockmarket Cycles）』を刊行し始めた。彼が初めて独立した格付け機関に評価された１９８５年には、『タイマー・ダイジェスト』のタイマー・オブ・ジ・イヤー賞を受賞した。１９８６年には２位にとどまったが、その年の最終取引日まで結果が分からないというとても僅差の戦いだった。１９８９年に『ハルバート・ファイナンシャル・ダイジェスト』はエリアデスを、１９８５、１９８６、１９８７、１９８８年に彼のタイミングシグナルについて『最も一貫性の高い投資信託のスイッチャー』と称えた。１９８５年１月から１９９０年８月まで『ストックマーケット・サイクル』は、比較対象のウィルシャー５０００のリターンインデックス１１９％に対して、１７４．３％というタイミングによる収益率を示し、国内第１位の記録を残した。エリアデスは、１９８６年６月から１９９６年６月までその成績を維持した。１９９６年９月の『ＡＡＩＩ（アメリカ個人投資家連盟）ジャーナル』誌の記録によると、その１０年間、『ストックマーケット・サイクル』が示すフィデリティ・セレクトの投資信託ポートフォリオは、評価対象となる国内の他の投資信託ポートフォリオを大きく引き離し、完全な勝利を飾った。エリアデスはＡＢＣの『ビジネスワールド』のレギュラーパネリストであり、ＦＮＮ、ＣＮＢＣ、ウォールストリート・ウィーク、ラリー・キング・ライブ、ナイトリー・ビジネス・レポートに頻繁にゲスト出演してきた。彼は『バロンズ』『ウォール・ストリート・ジャーナル』『フォーブス』『フューチャーズ』を含む多数の雑誌で取り上げられている。最近では、トレーディング・システムの開発に意欲を注いでいるが、株式市場を分析するためのテクニカル指標の研究も続けている。

　ローレンス・マクミランはオプショントレード業界の専門家として知られており、何年もの間、真剣な投資家は彼の洞察や発言、推奨に頼ってきた。マクミラン・アナリシス社の社長として、彼は個別株オプションの出

来高の異常な増加を探すことによって、株の短期トレードを選び出すユニークな日刊ファックスサービス『デイリー・ボリューム・アラーツ』の執筆者であり、また、個別株、インデックス、先物オプションをカバーしているデリバティブ専門ニュースレター『オプションステラテジスト』を編集、発行している。彼は『デイリー・ストラテジスト』というニュースレターの編集者としても活躍している。マクミランは、www.option-strategist.com という株とオプションの短期トレードに関するウェブサイトを持ち、また、アメリカ、カナダ、ヨーロッパにおける多数のカンファレンスや、セミナー、研究討論会でのオプションの戦略に関する人気の高い講演者である。彼は、『オプションズ・アズ・ア・ストラテジック・インベストメント（Options as a Strategic Investment）』と『マクミラン・オン・オプションズ（McMillan on Options）』という２冊のベストセラーの著者であり、また『コンサーバティブ・インベスターズ・ガイド・トゥ・トレーディング・オプションズ（The Conservative Investor's Guide to Trading Options）』の共著者である。１９８２年から１９８９年までの間、マクミランは、トムソン・マッキン証券で株式裁定取引部門の上級副社長を務め、１９８９年から１９９０年までは、プルーデンシャル・バッシュ証券でオプションの専門取引部門を担当していた。

ロビン・メッシュ・アソシエートのロビン・メッシュは、マーケット論評とカスタマイズしたオンライン教育のプログラムを通じて、世界中のトレーダーたちにマーケットの言葉を解釈・理解する術を教えている。彼女のユニークな手法とは、取引方法論の基本としてマーケット・プロファイルとドラモンド・ジオメトリを結びつけていることだ。彼女は金利市場の著名な権威である。彼女はしばしばＣＮＢＣに出演し、『ブル・ベア・アンド・ミリオネア（Bulls,Bears,and Millionaires）』『アウター・ゲーム・オブ・トレーディング（The Outer Game of Trading）』『デイ・トレーダーズ・アドバンテージ（The Day Trader's Advantage）』『タオ・オブ・トレーディング（The Tao of Trading）』『ウイメン・オブ・ザ・ピット（Women of the Pits）』に彼女についての記述がある。メッシュは、マーケット・プロファイルと

ドラモンド・ジオメトリの数少ない専門家の1人であり、それらの創始者と一緒に大掛かりな個人的研究をした。マーケット・プロファイルの作者、ピート・ステイドルメイヤーと一緒にした仕事は、ピートの最近の本である『114 ウエストジャクソン、ジャーニー・スルー・マーケット・ディスカバリー（114 West Jackson,A Journey Through Market Discovery）』の編集も含む。チャールズ・ドラモンドとは、現在、オメガ・トレード・ステーションから発売されている彼の考えを製品化したソフトウエア開発に携わった。ロビン・メッシュ自身や彼女のマーケット論評、サービスについてより深く知りたい読者は、robinmesch.comという彼女のウェブサイトにログオンするとよいだろう。

　ジョン・マーフィーは7年間CNBC-TVのテクニカルアナリストを務め、25年以上もの間、プロのマーケットアナリストであり続けている。彼は、『テクニカル・アナリシス・オブ・ザ・ファイナンシャル・マーケット（Technical Analysis of the Financial Markets）』や『ビジュアル・インベスター（The Visual Investor）』『インターマーケット・テクニカル・アナリスシ（Intermarket Technical Analysis）』などのベストセラーの著者である。マーフィーはニュージャージーに本拠地を置くコンサルティング会社を経営し、また、投資家のために教育目的のソフトウエア製品とオンライン・サービスをするために作られたMURPHYMORRIS.COMの社長でもある。世界中の金融カンファレンスの講演者でもある彼は、よく金融メディアで取り上げられる。CNBC-TVへの出演のほかに、「ルイス・ルキーサーのウォールストリート・ウィーク」「ナイトリー・ビジネス・レポート」「CNNのマネーライン」などにもよくインタビューされている。マーフィーはテクニカル分析家協会の理事を務め、ニューヨーク・インスティチュート・オブ・ファイナンスで教鞭を取っている。彼は、マーケット間分析の世界で高名な達人であるとされ、1992年の第5回テクニカル分析家国際会議で、世界的なテクニカル分析に貢献した人物として最初の賞を与えられた。

スティーブ・ナイソン（ＣＭＴ＝公認のマーケット・テクニシャン）は、ナイソン・リサーチ・インターナショナルの社長であり、日本のテクニカル分析の手法で、欧米では「キャンドル・チャート」として知られるローソク足を最初の紹介した人物として知られている。彼は、このローソク足に関して国際的に認められた権威であり、アメリカやヨーロッパにこれらの方法の紹介したことによって、テクニカル分析に革命を起こしたとされている。彼は国際的に称賛を受け、8カ国語に翻訳された『ジャパニーズ・キャンドル・スティック・チャーティング・テクニックス（Japanese Candlestick Charting Techniques）』『ビヨンド・キャンドルスティック（Beyond Candlesticks）』の2冊の本を書いている。ナイソンは『ウォール・ストリート・ジャーナル』『バロンズ』『インスティチューショナル・インベスター』『ユーロウィーク』の他、多くの金融雑誌で取り上げられている。彼は、連邦準備制度理事会と世界銀行をはじめとした、世界中の聴衆を前に講演している。ＮＲＩを通じて、ナイソンはウェブベースや実際のセミナー、団体への顧問業を専門にしている。読者のみなさんは彼のウェブサイト www.candlecharts.com を訪問するか、nison@candlecharts.comに電子メールを出してもよいかもしれない。

スティーブン・ポーザーは、国際市場に関する投資顧問、ポーザー・グローバル・マーケット・ストラテジーの社長である。ポーザー・グローバル・マーケット・ストラテジーを作る前に、ポーザーはニューヨークにあるドイツ銀行証券でテクニカル・ストラテジストとして、10年以上働いた。最初は、固定収入調査部門のコンピューターアナリストとして、次は定量化分析のコーディネーターとしてだった。関係が深い国際市場の見通しをするためにファンダメンタルズとテクニカル情報を統合することで有名な彼は、米国債券、通貨、株式市場の予測をして名声を得た。ＣＮＢＣ、ＣＮＮｆｎ、ロイター・ファイナンシャル・テレビジョンのレギュラーゲストとして出演し、またよくニュースにも取り上げられる。ポーザーは『フォーブス』『バロンズ』『フューチャーズ』や『インターナショナル・ファイナンシャル・レビュー』など、金融マスコミによく寄稿している。

１９９６年に、ポーザーはブリッジ・ファイナンシャルのトレーディングゲームで優勝した。彼は、ニューヨーク・インスティチュード・ファイナンスで市場一般とテクニカル分析コースを教え、アメリカで最も古く、最大のテクニカル分析家のカンファレンスであるＴＡＧ２１の講演者にもなった。

　バーニー・シェファーは、１９８１年に月刊のニュースレター『オプション・アドバイザー（The Option Advisor）』を刊行し始めた。編集者として、安定したマーケットと変動の激しいマーケットでの利益を得る機会を見いだすために、オプションの使い方をトレーダーに教えることに熱心だったのだ。シェファーズ・インベストメント・リサーチの会長かつＣＥＯとしてシェファーは、オプションのニュースレターとしては国内最大の発行部数を持つまでに『オプション・アドバイザー』を成長させた。ニュースレターや推奨サービス、SchaeffersResearch.comを発展させるともに、『オプション・アドバイザー』を執筆した。シェファーのマーケット・タイミングによるアプローチは成功し、マーケット・テクニシャン協会からセンチメント分析における『ベスト・オブ・ベスト』賞を受賞するとともに、『タイマー・ダイジェスト』からは過去１０年間の評価で５位のランキングを獲得した。『ディック・デイビス・ダイジェスト』の名誉の殿堂は、１９８７年の暴落の前にシェファーが弱気を唱えていたとして、彼をメンバーに迎えた。１９９０年代を通じて、彼が強気姿勢を崩さなかったことも、広く知られている。個別株とインデックス・オプション、投資家心理の達人として広く知られる彼は、『ブルームバーグ・パーソナル・ファイナンス』誌とCNBC.comにオプションのコラムを毎月書いている。『ナイトリー・ビジネス・レポート』『ビジネスウィーク』『インベスターズ・ビジネス・デイリー』『ＵＳＡトゥデー』などのニュース・メディアは、彼に株式市場と経済に関するコメントをよく求める。さらに、シェファーは『ウォール・ストリート・ジャーナル』の銘柄選択コンテストで３回優勝し、ＣＮＢＣが選ぶマーケットの達人でもある。

コートニー・スミスは１９９０年から個人と機関投資家のために投資管理サービスを提供しているコートニースミス社（courtneysmithco.com）の社長兼投資部門の最高責任者である。彼は、またヘッジファンドを運営するピナクル・キャピタル・ストラテジーズ（Pinnacle Capital Strategies,Inc.）の社長兼投資部門の最高責任者である。フラッグシップのファンドはマクロファンドと呼ばれ、株式市場あるいは他のヘッジファンドとは事実上相関性を持たずに、約５年にわたり年複利で２３％強の収益を上げた。彼は、ニュースレター『コートニー・スミスのウォールストリートの勝者』と『コートニー・スミスのホットリスト』の編集者でもある。スミスは『コモディディー・トレーダーズ・コンシューマー・レポート（ＣＴＣＲ）』(ctcr.investors.net）の社主兼編集長である。ＣＴＣＲは、先物業界で第一の検証追跡サービスかつ先物取引の知識に関する最も高名な出版物とみなされており、１９８３年以来先物業界に深い洞察を提供し続けている。彼はオービテックス・マネジメント社の投資戦略家および投資部門の最高責任者でもあり、機関投資家と個人のために、投資信託とポートフォリオで５０億ドル以上を運用管理している。スミスは『オプション・ストラテジーズ（Option Strategies)』や『プロフィット・スルー・シーズナル・トレーディング（Profits Through Seasonal Trading)』『ハウ・トゥ・メイク・マニー・イン・ストック・インデックス・フューチャーズ（How To Make Money In Stock Index Futures)』を含む数多くの本を書いている。彼は北アメリカとヨーロッパで行われる金融カンファレンスの講演者であり、また、「ウォールストリート・ジャーナル・レポート」「マネーライン」といったテレビ番組やＣＢＳ、フォックスニュース、ブルームバーグ・テレビジョン、ＣＮＮ、ＣＮＮｆｎなどをはじめ、多くの番組にも出演している。

ケネス・Ｇ・タワー（ＣＭＴ）は、ＵＳＴ・セキュリティーズの副社長兼最高マーケット・ストラテジストを務め、また、マーケット・テクニシャン協会（ＭＴＡ）の会員および前議長でもある。彼は第１１回目のＭＴＡセミナーにおいて講演者を務めるとともに、ＭＴＡジャーナルの寄稿者でもある。タワーは、ＭＴＡやアメリカン・アソシエイション・フォー・

インベストメント・マネジメント・アンド・リサーチ（ＡＩＭＲ）の支部やニュージャージー大学、ペース大学、ラトガース大学でのテクニカル分析の客員講師である。彼はマーチン・ツヴァイのベストセラー『ウイニング・オン・ウォール・ストリート（Winning On Wall Street）』やジョン・マーフィーの『テクニカル・アナリシス・オブ・ザ・ファイナンシャル・マーケット（Technical Analysis of the Financial Markets）』におけるポイントアンドフィギュアの章に寄稿したことから広く知られようになった。タワーはＣＮＢＣ、ＣＮＮｆｎ、ロイターＴＶ、ブルームバーグ・テレビジョン、ブルームバーグ・ラジオとＡＰラジオの経済番組でしばしばゲストとして出演し、よくマスコミに取り上げられる。

　ラリー・ウィリアムズは３５年のトレード経験を持ち、その間に、実際のトレードで１万ドルを１１０万ドルにしてワールドカップ・トレーディング・チャンピオンシップに優勝したことをはじめ、いくつかの記録を作った。１０年後に、彼の１６歳の娘は史上２番目の収益を上げて、同じコンテストで優勝した。ウィリアムズは、「オメガリサーチ生涯業績賞」と『フューチャーズ』誌の「ドクター・オブ・フューチャーズ賞」の最初の受賞者だった。彼は国内先物取引所の理事も務めている。彼はリアルタイムで、１００万ドルを売買し、出席者に利益の２０％を与えるという短期売買セミナーを開催している。彼はニュースレターをいくつか発行し、『ラリー・ウィリアムズの短期売買法』（パンローリング刊）、『デイ・トレード・フューチャー・オンライン（Day Trade Futures Online）』『相場で儲る法』（日本経済新聞社刊）を含む７冊の本を書いている。

謝辞

　本書の各章を執筆してくれた執筆者全員に感謝の念を表したい。特に、私の良き指導者トム・デマークの手引き、粘り強さ、マーケットの知識を惜しまず伝授してくれたこと、そしてとりわけ得がたい友情には本当に助けられた。またニューヨーク大学で私の講義をとる生徒たちにも、絶えず熱心に私を鼓舞してくれたことに感謝している。

　このように多岐にわたる大規模な創造的プロジェクトは、何人もの影の立役者がいてくれなくては成り立たない。もちろん本書も例外ではない。アンディ・ベコフはこのプロジェクトの立ち上げ期、先頭に立って協力してくれた。チャート作成と装丁を担当してくれた才能豊かで献身的な制作チーム、ジョアン・カナバルとローリー・ローンの２人は、賞賛すべき仕事をしてくれた。技術援助をしてくれたジョン・クルーターとジェームス・ロールにも感謝している。編集作業をこなしてくれた、才能豊かなエディター・チーム、ヘザー・オグルビー、トレーシー・テイトの名も挙げたい。最後に、このプロジェクトを考案し、私を本書のエディターに指名してくれたキャサリン・ピーターソン編集長――彼女は本書の構成も手伝ってくれた――にも謝意を表したい。

序文

　私の金融市場に対する愛着、もっと正確に言えばそれについて人に教えることに対する愛着は、私の人生における最大の喜びのひとつである。ニューヨーク大学での教え子たちや、私が講師を務めるブルームバーグ・テクニカル分析セミナーに参加したことのある人なら、いかにしてマーケットで利益を上げるかを人に教えるということが情熱的な仕事であることを理解しているだろう。人に物を教えるという行為は私にとって自然なことであるが、それ以上に、教える機会を持てるということは私にとって天からの恵みだ。生徒たちは彼らの人生に私をかかわらせてくれ、われわれはお互いの時間と知識を共有し、私も生徒も新たな知識を得られることに計り知れない満足感を感じている。演壇に立って教えるのは私かもしれないが、話を聞いてくれている人たちと同じく、私の知識や経験も絶えず積み重なっていっているのである。

　テクニカル分析を投資判断のプロセスにうまく利用する方法を人々に教えることは、私にとっては、過去２０年以上にわたり私が修得し利用してきた知識の一部を、投資家のコミュニティに対して還元するという行為である。過去私が教えた人たちからは、私の話を聞き、私が書いた記事を読み、あるいは講義をとったことで、トレーディング技術をうまく活用して利益を上げる方法だけでなく、金融市場について極めて深い理解が得られたことを感謝するカードや手紙、電子メールなどを頻繁にもらっている。月曜の夜にニューヨーク大学で教鞭を執り、またテクニカル分析を広めるために出張するとき、愛する妻と３人の子どもたちと離れることになる。まだ幼い娘たちは、一緒にいてほしいのに私が毎晩家を空けていることでつらい思いをしているだろうが、人々が金融界で成功を収める手助けをす

ることが私にとってどれほど重要なのかということを、成長するにつれて理解してくれることを願っている。

ブルームバーグ・プレスが私にコンタクトしてきて、テクニカル分析について本を書かないかという話をくれたとき、これも私の人生上めったにないチャンスだと考えた。しかしその反面、このプロジェクトを引き受けることで、家族と過ごせる時間がさらに少なくなるであろうことを思い、初めは気が乗らなかった。しかし、私はその問題を解決できる方法があることに気付いた。金融界に携わる最も高い評価を集める人々数人に、彼らが得意とするテクニカル分析、モデル、あるいは研究内容を書いてくれるよう依頼すればよいのではないか、と。専門的なメソッドについてプロのテクニカルトレーダーに書いてもらうことで１冊の本を作り出すということだ。そしてそのとき、『New Thinking in Technical Analysis: Trading Models from the Masters』のコンセプトが始動した。

１２人の著者リストが固まると、この本が非常に重要なものとなり、また投資界に大きなインパクトを与えるものになることを私は悟った。私の知る限り、これほどの数の優れた実践家たちによって書かれた内容を、１冊の本にまとめるという大プロジェクトに過去に取り組んだ者はいない。ジャック・シュワッガーの『マーケットの魔術師』は、最高のトレーダーたちの実像に切り込んだ素晴らしい本であるが、あの本には彼らの決定的な「ハウ・ツー」が欠けている。シュワッガーの本を読むことで、トレードで成功するには心理的要因が決して無視できないことを理解できても、その本にはこれらのエキスパートたちが、実際に何をどうやっているのかについて、うかがい知れるような内容は含まれていないのである。本書は、この問題を解決することを目標にしている。

本書で執筆してくれた１２人の著者たちは、それぞれが担当したテクニカル分析のモデルやアプローチに関して、名の知れた達人である。第１章では、テクニカル・トレーダーとしては最も名の知れた１人であるリンダ・ブラッドフォード・ラシュキのスイング・トレーディングおよびその基本原則を解説している。続く第２章では、テクニカル分析を学ぼうとする者ならほとんどがその著作を読んだであろう、ジョン・Ｊ・マーフィー

が市場間分析について卓越した見解を述べている。

　それに続く3つの章では、それぞれ異なるタイプのチャートの利用法について解説されている。CNBCに定期的に出演しているケン・タワーは、移動平均線を使うことであらゆるチャート上のマーケット力学をより詳しく解明できることを説明している。日本のローソク足分析の権威、スティーブ・ナイソンは、ローソク足チャートを標準的なテクニカル分析ツールと組み合わせることで、より正確な「リスクと報酬」のパラメータを決定する方法について説明してくれた。第5章では、私の好きなモデルのひとつであるがあまり知られていないモデルの利用法に関する、極めて洞察力あふれる解説がなされている。その著者ロビン・メッシュは、このツールであるマーケット・プロファイルの利用法について、説得力ある議論を展開している。

　続く本書の中ほどでは、マーケットの転換点やサイクル、動向を予測するためのモデルに関して掘り下げている。私の友人であり良き指導者でもあるトム・デマークが、買われ過ぎ／売られ過ぎパラメータの概念を塗り替える2つの革命的なオシレータを詳述してくれた。これを読んだ読者は納得して、旧来多くの人に支持されてきた相対力指数やストキャスティクスを捨て去ることだろう。トムに続くのはサイクル研究の第一人者ピーター・エリアデスだ。彼はマーケット・サイクルの概念と、それを利用してタイミングや価格変動、目標値を予測するための方法を巧みに解説している。それに続くのは、エリオット波動理論を利用して現実に利益を上げている、私の知る数少ない1人であるスティーブン・ポーザーの論文である。この方法論は私にとっては常に謎であり、その時々が第何波動にあたるのかを理解できる人に、ほとんど出会ったことがない。スティーブはこの概念を非常によく理解し、かつ実践しており、この理論を知らない人にも長年利用してきた人にとっても素晴らしく役立つ章を執筆してくれた。

　本書はさらにオプションと市場心理に関する非常に堅牢な研究内容へと幅を広げている。これらに関する章は、オプション界の巨匠ラリー・マクミランから始まる。彼の著した『オプションズ・アズ・ア・ストラテジック・インベストメント（Options as a Strategic Investment）』は、オプショ

ンを学びたい人たちに最も読まれた１冊だ。彼が本書で取り上げたボラティリティ・トレーディングは模範となるものである。ラリーに続くのはオプション分析のもう１人の大家バーニー・シェファーである。オプション、テクニカル分析、投資家センチメントに関して書かれたバーニーの力強い章は、これら３つのテーマをどう組み合わせればもっと利益の上がるトレード上の判断を下せるのかを学ぶための、読者が求めているツールを提供している。バーニーの章に続くのが、先物市場における絶対的第一人者ラリー・ウィリアムズによる、好奇心をそそる新分野——個別銘柄のセンチメント——である。ラリーはマーケットで決断を迫られる人たちがどう個別株における投資家心理を判断するかという、まだほとんど研究されていない分野でありながら、ある銘柄について市場に広がる極端な楽観論や悲観論を見分けるのに非常に役立つ可能性のある分野を解説している。

　本書の最後の章では、その道の大家の１人であるコートニー・スミスが、実証済みのマネー・マネジメント手法を伝授してくれている。コートニーは絶えずマーケットを洞察し続けた結果として、多くのセミナーで講演を行うだけでなく、ブルームバーグ・テレビジョンやＣＮＢＣ、ＣＮＮｆｎにもしばしばゲスト出演している。マネー・マネジメントに関するコートニーの教えに読者は特に注意を傾け、調和のとれた的確な投資規律を形成すべきである。それによって心痛や頭痛から解放され、さらには利益を上げられるようになるだろう。

　本書は、さまざまな図表を用いることで、それぞれの大家のテクニックやモデルを理論的かつ革新的な方法で読者に示せるように特に工夫されている。私は意図的に、読者が各章のテーマを関連づけてとらえるように仕向けるのではなく、それぞれを独立させるよう心がけた。著者たちはもととなる理論の指針から外れてはいないが、その内容は彼ら独自のものである。本書を貫く最大のテーマとは、それぞれが苦労して開発してきた容易に用いることができる理論を分かち合い、読者を投資の成功に導きたいという、各著者たちの強い願いだ。これら１２人の男女は、まさにテクニカル分析の達人と呼ぶべき人々なのである。

第1章

スイング・トレーディングとそのテクニカル分析の基本原理

リンダ・ブラッドフォード・ラシュキ

　マーケットの動きを予想することについては、伝統的に２つの主要な方法がある。ファンダメンタルズ分析とテクニカル分析だ。ファンダメンタルズの要因には長期にわたるビジネス周期の分析と、株価と大衆心理の行きすぎを識別することも含まれている。長期ビジネス周期が底入れしてから株式を購入する投資家は、「長期スイング」プレーヤーと言われている。短期スイング・トレーディング（単に「スイング・トレーディング」とも呼ばれる）とは、長期主要トレンドに含まれる中短期の波や価格変動を取りにいくものである。

　マーケットの短期スイングは、供給と需要の一時的な不均衡によって引き起こされる。これによって、価格は波を描くように動く。上昇波と下降波の組み合わせがトレンドを形成する。こうした供給と需要の不均衡の技術的な側面を理解することができたならば、スイング・トレーディングの原理を、どのマーケットの、どの時間枠にも応用することができる。過去１００年の間、スイング・チャートはマーケット全体の価格構造の分析、トレンドへの追従、トレンド変化の監視などのために利用されてきた。スイング・トレーディングは長期トレンド中に存在する小さな変動を取りにいく手法として言及されるようになったが、歴史的には、スイング・チャートはマーケットのトレンドに従うトレードを維持するために用いられ、素早く出動し、利益を確定するスカルピングとは相対することになった。短期トレード機会を探るためにマーケットの変動を分析するものであろう

と、トレード管理の目的でそれらを監視するものであろうと、マーケットがもたらす最も可能性の高い結果を予測する価格変動の原理を理解することは重要である。これらすべての原理は、古典的なテクニカル分析の土台に深く刻まれているのだ。本章の冒頭部分では、スイング・トレーディングを歴史的な視野から考えてみる。次に、最も高確率なトレードの前提となる価格変動の原理を調査し、最後の部分ではスイング・トレーディングとして分類される3つの主要なトレード戦略タイプを検討する。

スイング・トレーディングは、価格の持つ振る舞いのテクニカル的な研究に基づいており、個々のマーケットが持つテクニカル的な位置に関連する相場の強さ、弱さも含んでいる。言い換えると、マーケットが弱気のサインを出しているのか、強気のサインを出しているのかを判断するために、現在の変動の長さと大きさを、先に発生した変動と比較するのである。トレーダーは次に起こる上昇または下降に対する妥当なリスク／リワード比率の可能性の観点から、直後の価格変動のみを予測しようと試みるのだ。スイング・トレーディングでは、負け数よりも勝ち数が多いはずである。スイング・トレーダーは頻繁にトレードを仕掛けるが、それらのトレードに費やせる時間は限られている。短期スイング・トレーディングでは、制御性の向上とリスクの低減との引き換えに、より多くの作業が伴うのだ。

テクニカル分析で影響力を持つ思想家

伝統的なテクニカル分析の祖父たちも、19世紀前半の偉大なトレーダーたちも、長期サイクルと短期の価格変動を調査した。彼らのほとんどが石になるくらいまで、スイング・トレーディングの練習を積んだのだ。その彼らの研究を学べば、今日あるスイング・トレーディングの3つの基本のパターンである、価格変動の原理の起源を理解できるであろう。

■チャールズ・ダウ

恐らくチャールズ・ダウ（1851-1902）がテクニカル分析の創

設に貢献した最も有名な人物である。１９００年から１９０２年まで、彼はマーケットに対する考えを明らかにした一連の論説を書いた。彼の本来の理論は、一般的なビジネス界の活動のバロメータとなることを意図したものであった。彼の原理が予測手法へと発展したのは、その後のことだ。

　作家であり、相場ではテクニカル派でもあるサム・ネルソンは、ダウのアイデアを本にするよう説得したが、失敗に終わった。最終的にネルソンはダウの論説を集め、彼のアイデアをマーケットの振る舞いの原理へと発展させた。ネルソンこそ、テクニカル分析の要となる「ダウ理論」を創設したその人である。その他にも、２人のテクニカル派が、ダウのアイデアをより公式的なものへと発展させたことは注目に値する。１人目は、ダウが死んだ後、『ウォール・ストリート・ジャーナル』の編集者になったウィリアム・ハミルトンで、２人目はロバート・レアである。

　ダウは、同時に進行する３つの異なるマーケットの動きが存在すると主張した。それらは主要トレンド、２次トレンド、小さな、あるいは日々のトレンドと呼ばれている。ダウ理論は、３年から６年にわたり存在する主要トレンドを予測することに主眼を置いたが、彼の３週間から数カ月にわたり存在する２次トレンドの性質に関する理論と考察は、現在のスイング・トレーディングの基礎をなすものだ。

　ダウが指摘した最初の原理は、作用と反作用の原理である。それは、マーケットが波、もしくは上昇部分と下降部分を構成しながら動くと主張している。強気市場においては、上昇変動は主要スイング、下降変動は２次反動と呼ばれている。一方向のスイングが大きいほど、結果として生じる反対方向への反動が大きい。重要なのは、マーケットの各動きは異なる時間枠を意味することもあり、異なる時間枠での動きが同時に正反対のトレンドになる可能性もあることを覚えておくことである。例えば、主要、もしくは長期トレンドは上昇でも、マイナーな、もしくは中期の時間枠では下落になり得るのだ。

　ダウは、２次的な反動に基づいてトレンドの古典的な定義を与えてくれている。上昇トレンドが確立するためには、相場は高値の更新と、安値の切り上がりを見せなければならない。上昇トレンドが反転するためには、

高値の切り下がりと安値の更新が発生する必要がある。トレンドは上記の定義によって反転するまで有効であり、反転するよりは継続する可能性が高い。強いトレンドが発生している状況下では、スイング・トレーダーはトレンドの方向のみにトレードを探すが、それは最も抵抗が少ない方向だからである。

ダウで最も有名な定理は、「平均値はすべてを織り込んでいる」というものだ。マーケットは、知られている全情報と優勢的な感情を表現している。このことは今日においても、テクニカル分析の前提となっている。つまり、公知であるすべての変数は、現在の価格に織り込まれているということだ。スイング・トレーディングはテクニカル分析と価格に基づいている。トレーダーは、意見や先入観を持たない方がベストを尽くせるのだ。理想的には、トレンドを識別して、トレンドの方向へリスクの少ない出動ポイントを待つことだけをすればよいのである。

ダウは認定／非認定の概念も与えてくれたが、これは今日のテクニカル分析に最も広く応用されている原理のひとつである。主要なトレンドの変化は、ダウ工業株平均とダウ輸送株平均の2つの指標によって認定されなければならないと、彼は主張した。今日、認定／非認定（ダイバージェンスとしても知られている）の原理は、マーケット間の比較や短期指標と長期指標の比較に用いられている。また、価格の動きと様々なテクニカル指標との比較にも用いられている。非認定は、「試しの失敗」やスイングの反転の可能性を警告するために使われる道具のひとつである。例えば、**図表1．1**でダウ工業株がBとCの点で新高値をつけているが、輸送株にはそれは認められていない。輸送株の下降トレンドはまだ続いているのだ。これは非認定の一例である。

最後に、ダウは2次的な反動を認定する出来高の重要性に注目した。

例えば、売られ過ぎのマーケットは急落時に出来高が薄く、上昇時に出来高が増加する。上昇スイングの始まりは出来高が薄く、行きすぎ状態で終わることが多い（出来高分析はスイング・トレーディングと関連して用いられるが、必須ではない）。もっと重要なことに、出来高は「横ばい」か、揉み合い圏からの放れの認定にも使える。放れはスイング・トレーデ

ィングの3番目のタイプである（1番目は押し／戻りであり、2番目は「試し」あるいはスイングの失敗であるが、後で議論する）。

　この最後の横ばいの概念は、数週間にわたり価格変動が5％以内の横ばいが続くことであると最初に定義された。これはアキュームレーションか、ディストリビューションの期間を意味する。横ばいは、2次的なスイングの真ん中辺りに多く発生する。しかし、小さい「横ばい」か、揉み合い期間はどのマーケットの、どのチャートの、どの時間枠にも発生する。横ばいから放れを見つけだすには、価格の方向だけではなく、もっと多くの要素を分析する必要がある。また、ボラティリティの周期性もしくは値幅の縮小には、その後に値幅の拡大が続くという原理も考慮する必要がある。

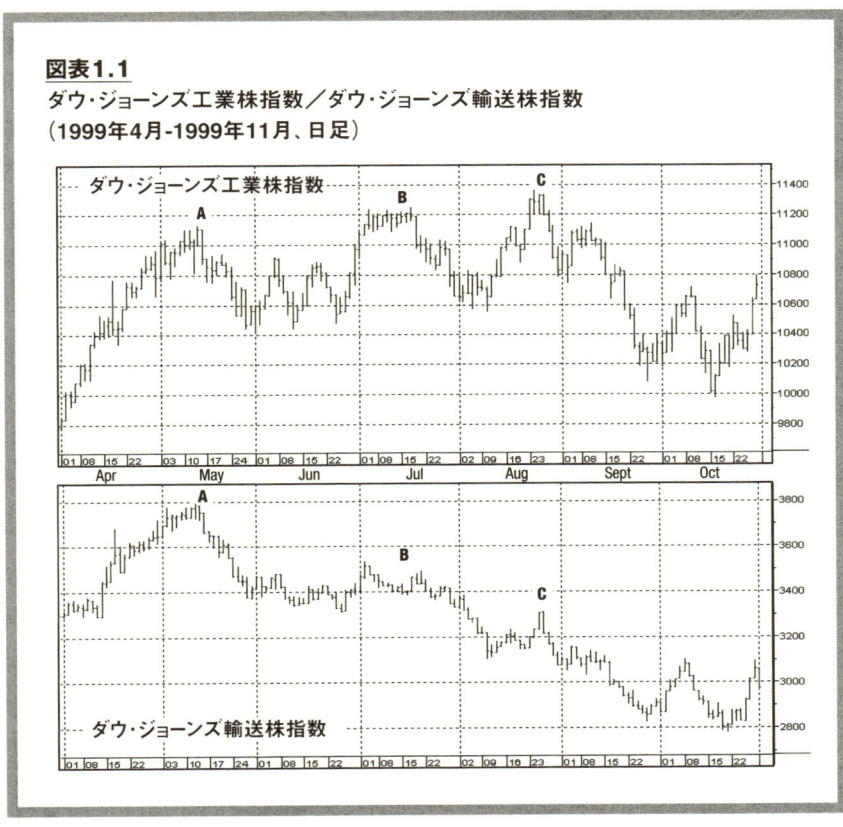

図表1.1　ダウ・ジョーンズ工業株指数／ダウ・ジョーンズ輸送株指数
（1999年4月-1999年11月、日足）

■ロバート・レア

　ロバート・レアはダウの研究を勉強し、マーケットの統計を分析してダウの考察に付け加えることに多くの時間を費やした。インデックスは、個別株よりも水平線や延長したチャート型を形成しやすい傾向があると、彼は主張した。また、レッグが有効な2次スイングとなるためには、ある最小の大きさが必要であることを指摘した最初のテクニカル派の1人でもあった。本章の後半（「価格変動の一般原理」以降）では、波の大きさに対するパーセント・フィルタを含む、マーケットのスイングを分類するために用いる異なる基準について述べる。このことは、自分のスイング・チャートを作成する場合にとりわけ重要なことである。

　マーケットが程よいボラティリティと値幅を呈しているときは、マーケットのスイング分析はとても容易になる。横ばいや狭い値幅の値動きを始めたときはとてもやりにくくなる。スイングの大きさ（高さ、深さ）と期間は、マーケットのテクニカル的な位置の持つ相対的な強弱を判断するのに用いられる2つの主要な基準である。3番目の基準は、各スイングにおける出来高である。トレンドが発生している局面では、マーケットの反動は自然状態と似通った大きさとなる傾向がある。スイング・トレーダーは、マーケットに予想される動きを測定する手段として、同じ長さのスイングを探すことができる。

■リチャード・シャバッカー

　ダウは、マーケットの動きはスイングと反動の連続からなるという理論を含む価格変動の基本原理を創始したのに対し、リチャード・シャバッカー（1902－1958）はテクニカル分析の「科学」の父と称することができる。シャバッカーは、テクニカル派が値動きを予測するだけでなく、スイングが終わるサインを認識することにも使える具体的な道具を分類した。彼は共通したチャート型を分類し、「窓空け」理論を展開し、トレンドラインの利用法を形式化し、支持と抵抗のレベルの重要性を強調した最

初の人だった。シャバッカーがR・D・エドワーズの叔父で、『マーケットのテクニカル百科　入門・実践編』（パンローリング）がシャバッカーの研究を公開した本であることを知る人はほとんどいない。

　『フォーブス』誌のこれまでに一番若い金融担当の編集者だったリチャード・シャバッカーは多作の作家で、３６歳で夭折する前に３冊の巨大な本を書き残した。彼の作品の大部分は、１９３０年代初期に発表された。彼は、最高のテクニカル分析者であるだけでなく、有名な予測家と明敏なトレーダーでもあった。短期スイング・トレーディングと長期スイング投資との違いについて、シャバッカーほど深く洞察した人はいない。一般的に、長期スイング投資家は苦労が少なく、ミスをする可能性も小さく、手数料も少なく、そしてこれが一番ありがちなのだが、利益も小さくなる傾向があると彼は主張した。短期スイングをトレードすることは、多くの作業と苦労が伴い、高い手数料が必要になるが、とても大きな収益の可能性があるのだ。

　シャバッカーの最も深い洞察に、トレーディングの心理的側面に関するものがある。長期にわたるポジション維持の困難さについて、「最高の意思を持ってスタートするが、恐らく人間の性質に打ち勝つことはできないだろう。もし、長期ベースで意識的に維持することに成功したとしても、それはとても困難なので、大して面白くはないだろう」と彼は主張した。短期スイング・トレーディングの方が素早い行動をしたがる人間の性質に合致している。

　シャバッカーの最もポピュラーなツールは、マーケットの動きを記録するバーチャートである。マーケットのテクニカル的な位置を研究するときには、将来の値動きを予測するためにチャートを読んで、ある種のパターンを研究する必要がある。

　シャバッカーはこれらのパターンを継続パターンと反転型の２つに分類した。予測する上で最も重要なチャートパターンはあまり頻繁には発生しないが、それらが発生した場合にはとても重要になると、彼は述べた。スイング・トレーダーは常にマーケットにいる必要はない。高確率のトレー

ドの条件が揃うのを待つことは並外れた忍耐力を必要とする。このことを覚えておくことは重要である。

　継続パターンは、三角、小さな長方形、ペナント、フラッグを含む。通常、これらの形成は先行する値動きが急すぎたために発生する。積極果敢なスイング・トレーダーは、継続パターンが最も好ましいリスク／リワード比を持つお膳立てを見つけるための良い方法のひとつであることを理解している。トレーダーは、マーケットにいる時間が長くなれば長くなるほど、より大きなリスクにさらされる。短期スイングをトレードする目的は、最小の時間で最大の収益を上げようとすることである。図表1．2の強気のフラッグ継続パターンを見てほしい。揉み合う手前の上昇スイングはとても強く、フラッグの「ポール」を形成している。

　反転パターンは形成するのにもっと長い時間を必要とし、だましのブレイクアウトにつながりやすい。一般的な規則として、特定のチャート・パターンの持続時間が長ければ長いほど、反転パターンになる可能性が高くなる。

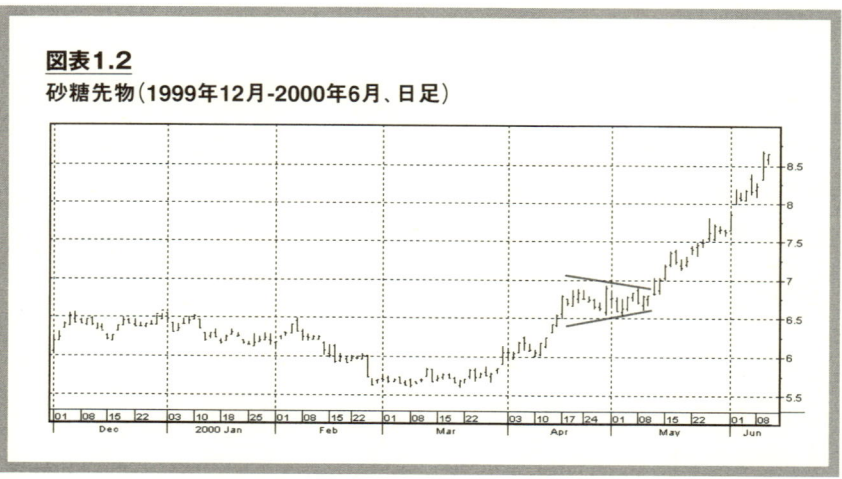

シャバッカーは、価格の窓に関する研究の先駆者となり、それらをコモン・ギャップ、ブレイクアウエー・ギャップ、コンティニュエーション・ギャップ、イグゾースチョン・ギャップに分類した。彼は、窓空け現象が直後に続く価格変動の可能性について大きな予測力を持つと考えた。彼はまた、トレンドライン、支持と抵抗レベルに関して広範囲にわたった書物に著した先駆者の１人でもある。価格変動を包む形で引かれたトレンドラインは２つの目的を果たす。それらは、確立したトレンドにおける中期の下落と、そこからの回復に関するもっともらしい限界を定義する助けとなる。マーケットがこれらのレベルにおいて支持あるいは抵抗に遭うときは、トレンドの継続を予告している。トレンドラインは、それが突破されたときには差し迫る反転の警告にもなる。価格がトレンドラインに接触する回数が多いほど、トレンドラインの重要性が高まる。

　支持と抵抗レベルに関する一般的な研究は、マーケットの研究者とスイング・トレーダーの両方にとって最も実用的な道具のひとつだ。トレンドラインは、トレンドのあるマーケットの将来について支持と抵抗レベルを予測している。しかし、往来相場では、カギとなる高値と安値が基本的な支持と抵抗になる。マーケットがその往来圏から飛び出すと、先の抵抗レベルが将来の支持レベルとなり、古い底値圏は将来の天井圏となる。

　チャート型の研究、トレンドライン、窓、支持と抵抗レベルのほとんどはとても基本的なので、平均的なマーケットの研究者はもっともらしくその言葉を使う。しかし、最も重要なことは、これらの現象に関する単なる知識ではなく、トレーダーの日々の分析に実際に応用することだ。価格からは多くの将来の情報を得ることができ、価格を研究するほうが価格から導き出される指標を分析するよりも常に速い。歴史上、最高のスイング・トレーダーにはテープリーディングの達人もいる。

　チャートや価格を研究するときに、マーケットの強弱は先行するレッグやマーケットの動きに対する相対的な位置によって判断できる。例えば、先の上昇レッグが下落レッグよりも大きく、それに続く反落が浅くて継続パターンを形成するときは、買い方向のみをトレードするほうが良い結果となるだろう。この過程は、試しが失敗して上昇レッグが継続を示せなく

なるまで継続する。経験豊かなトレーダーはこの試しの失敗をトレードできるが、最も保守的な方法は、下降レッグが先の上昇レッグよりも大きくなるのを待って次の戻りを売ることだ。

シャバッカーは、テープの動作の重要性を詳しく理解していた。「マーケットあるいは個別株が誰かの主要な分析通りに動かないのであれば、マーケットは自らそのトレーダーに分析を変えるよう伝えようとしている、もしくは少なくとも損を小さく切って、新しい分析に自信が持てるようになるまでポジションを持たないよう伝えているのだ」。価格は常にスイング・トレーダーにとって主要な要素であるべきで、1番目のルールは「テープと議論してはいけない」ということだ。トレーダーが買い持ちしていて上昇スイングを期待しているが、マーケットはそうではなく横ばいになったときは、トレードがうまくいっていないので、きるだけ早く手仕舞いするポイントを見つけるべきなのである。

■リチャード・ワイコフ

シャバッカーの研究は、価格データを体系化し、チャートパターンを分類することに集中したが、ワイコフの手法は型を観察する姿勢に機械的になる傾向があった。リチャード・ワイコフは、マーケットのスイングを分析する過程をさらに一歩先に進めた。彼は、パターンがアキュームレーションとディストリビューションのどちらを意味しているかを分析するために、出来高とテープ読みを利用した。

ワイコフは1888年にウォール街でランナーとして働き始めた。1900年代の初期には、ニュースレターと研究結果を公開し始めた。1908年に彼はテクニカル分析の手法を初めて公開し、後の1931年には通信教育を始めた。彼のテクニックは、マーケットのスイングを分析するのにバーの組み合わせや、ポイントアンドフィギュア、折れ線グラフを利用した。それは、方向性バイアスを見るために供給と需要の力関係を監視し、即座に動き出す可能性があるマーケットを選択することを学習して、トレーダーの資金を最も効率的に使う単純な手法に基づいていたのだ。

※参考文献　リチャードワイコフ著『ストックマーケットテクニック基礎編』『ワイコフの相場大学』『ワイコフの相場成功指南』（すべてパンローリング）

供給と需要を分析する基本は、マーケットの動きを追跡するために、個々のバーチャートを研究し、マーケットの動きと出来高との関係を監視し、トレンドラインもしくは「供給」と「需要」線を使うことである。底と天井は、全スイング・トレーダーに使われる「売りのクライマックス」「2次反動」といったワイコフが導入したカギとなる概念に当てはまる過程で形成される。

　下降トレンドにあるマーケットで（天井をつけにいく過程は逆の順序となる）、マーケットは下降を継続し、機が熟した場面を想定してほしい。底を見つける最初の試みは「予備の支持」と呼ばれる。この日ははっきりとした出来高の増加が見られ、マーケットは何らかの支持を見つけるか、短期的な安値をつける。この点は予測することはできず、発生しているときか事後になってのみ観察できる。それに続く上昇はまだ、下降トレンドのチャネル内に含まれるはずである。

　この最初の安値をつけて少し反発した後に、下降トレンドは再開し、「売りのクライマックス」となって最後の買い方を振るい落とす。この日は大商いとなり、値幅も拡大するはずである。価格が1日の終わりにかけて上昇するなら、最後の買い方が振るい落とされたことを意味する。

　次に、主に売り方の買い戻しによる「自律反発」が続く。

　一般的に、この反発における出来高はずっと少なくなる。大きなマーケット参加者や機関投資家はまだ大きな買いポジションを取っていない。そして「2番底調べ」が「自律反発」に続く。これは、売りのクライマックスの安値を試しにいく動きで、出来高が少なくなる傾向がある。同様に、値幅は売りのクライマックスの日ほど大きくはならないだろう。通常、マーケットはこの試しで以前よりも高い安値をつけるだろう。

　2番底調べが発生すると、底値往来となり、しばらくの間これが続く。マーケットは最終的に、「強気のサイン」をみせることによって、この往来圏から上放れる準備ができたことを暗示する。これは上昇モメンタムの増加を暗示する強い陽線で、出来高の拡大を伴う。この「強気のサイン」に続く調整は、横ばいにとどまることが多いが、日々の値幅が縮小することや出来高の減少によって見つけられる。これは「最後の支持ポイント」

と呼ばれ、トレンドが始まる前に飛び乗る最後のチャンスである。

　図表1．3は天井における「ワイコフのシーケンス」を示している。Aが買いのクライマックス、Bが自律反落、Cが2番天井、Dが支持ライン（ワイコフはアイスと呼んだ）からの下放れで弱気のサイン、Eはアイスへの上昇で「弱気のフラッグ」を形成している。

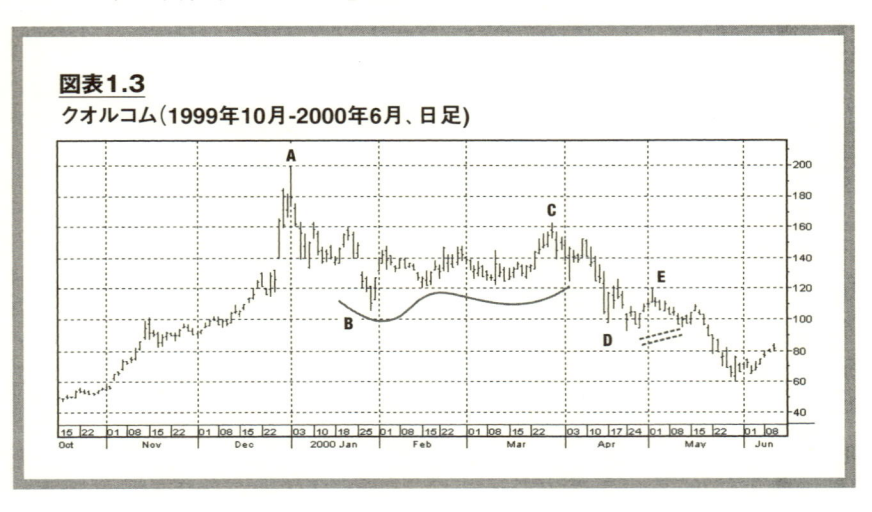

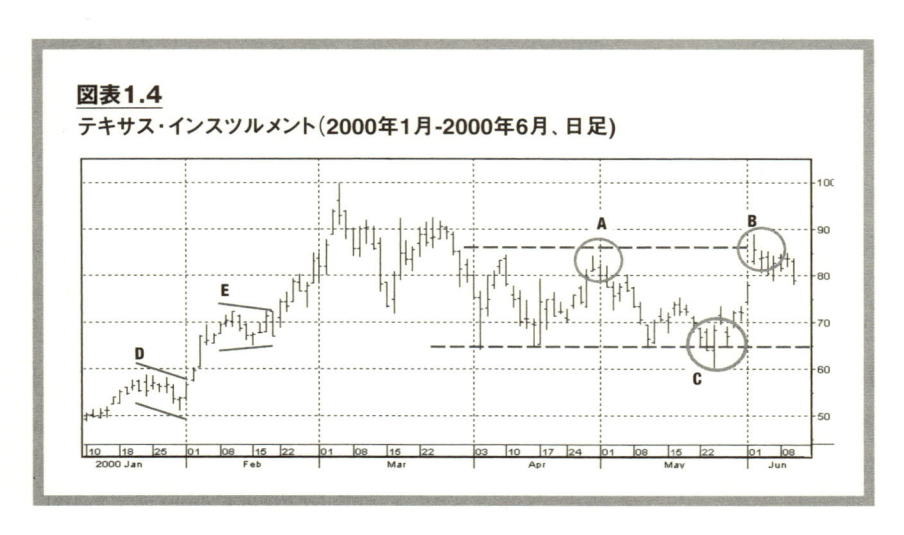

図表1.3
クオルコム（1999年10月-2000年6月、日足）

図表1.4
テキサス・インスツルメント（2000年1月-2000年6月、日足）

「スプリング」と「アップスラスト」は、ワイコフが記述したもう２つのパターンで、スイング・トレーダーにとって要となる点（スイングの高値、スイングの安値）を提供する。スプリングとアップスラストは、往来相場で起り得る試しやだましのブレイクアウトを描写する。

スプリングは、マーケットが支持ラインの下に放れた後すぐに戻ったときに発生する。放れにおける出来高は薄く、マーケットは弱い買い方をなんとか振るい落とす。アップスラストはマーケットが往来圏の上限を試しにいくが、すぐに上方で控えている供給に遭遇した場合に発生する。

これらのパターンはそれぞれ「価格の拒絶」を表し、反対方向への短期トレードの機会を提供する。だましのブレイクアウトは、リスクが明確に定義されたポイントを提供し、一般的にマーケットはその後の往来圏の反対側を試しにいくことになる。**図表１．４**はスプリングとアップスラストの例で、AとBがアップスラスト、Cがスプリングである。これらのだましのブレイクアウトは、往来圏の反対側に戻っていく結果となる（DとEが強気のフラッグの良い例になっている）。

マーケットが大きく動いた後は、保ち合い期に入る。**図表１．５**で分かるように、多くのスプリング（A、B、C、D）とアップスラスト（E、F）が短期トレードのチャンスになっている。

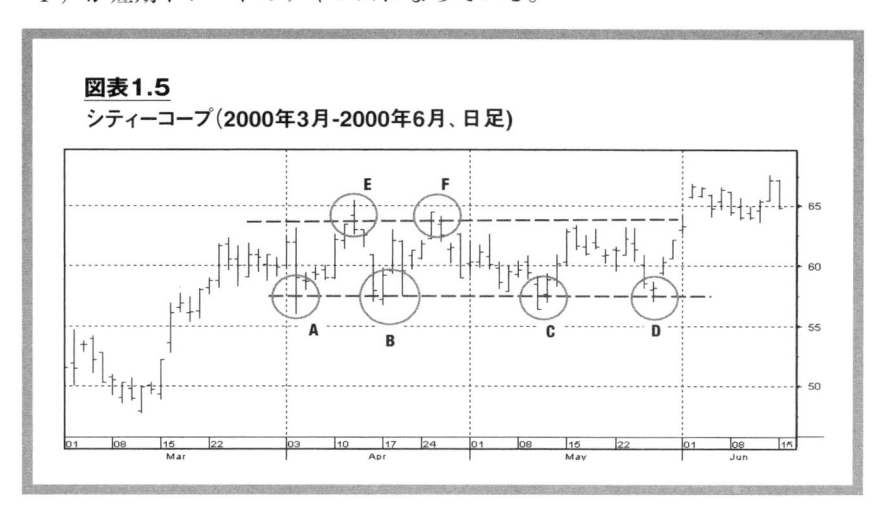

図表1.5
シティーコープ（2000年3月-2000年6月、日足）

ワイコフは、市場の花形である5銘柄からなるインデックスを開発し、マーケットの早期の反転を指示するのに利用した。そのときに最も売買高の多い銘柄を含むように銘柄を入れ替える。彼は折れ線グラフ（ウエーブ・チャートとも呼ばれる）を使って、重要な変動点からの早期の反転を検出した。折れ線グラフは、買い勢力と売り勢力に対するマーケットの感応性を観察するのに役立つ。花形の5銘柄が最も敏感に反応するというのが理屈である。各波の長さと時間は、買い方と売り方のテクニカル的な強さを意味する。花形株のインデックスを市場全体と比較するには、認定／非認定の原理も利用可能である。

　マーケットが「横ばい」やチャート型から放れた後のスイングの長さを決定するために、ワイコフは、ポイントアンドフィギュア・チャートも彼の全体的な手法に取り入れた。変動の可能性や目標レベルに関して大まかな予測を持つことは役に立つが、本物のスイング・トレーダーの最高の方法はテープの動きを追いかけて、スイング・チャートが反転のサインを出すまで待ち、手仕舞いが早すぎてスカルピングになったり、小さい利益だけを対象にすることではない。

　短期スイング分析は、トレードするためのある特定のパターンを識別するために使われることが多いが、ワイコフの強調している点は、トレーディングというビジネス全体に対する包括的な手法を確立することにある。このことを理解することは重要である。最終的なゴールは、すべての条件が好ましいときに最高のマーケットを用いて、いつ仕切るかを真剣に考えながら、リスクを最小限に抑えたトレードをすることである。大きな損失を回避することがスイング・トレーディングの指針である。疑わしいときは何もしてはいけない。時機を待つことを学ぶのだ。

　ワイコフは、買いと売りの試しや出来高の性質といった揉み合いでの活動を本格的に研究し、潜在的な反転ポイントに関する手掛かりを追求した最初の人だった。シャバッカーと同様に、彼はチャート型からの放れで出動するのではなく、スイングの反転で出動することに着目した。シャバッカーは値動きの目標値を様々なチャート型から計算したが、ワイコフは目標価格を計算するのにポイントアンドフィギュア・チャートを用いた。そ

れでも彼はマーケットをそれ自身の動作に基づき判断し、テープの動きに従い、マーケットが与えるものを受け入れることを強く主張している。

■ラルフ・N・エリオット

シャバッカーがマーケットにおけるスイングに先行するチャート・パターンを分類し、ワイコフがこれらのパターン中のアキュームレーションとディストリビューションのサインを探求したが、ラルフ・N・エリオット（１８７１－１９４８）の研究を通して、３番目の厚みがマーケットにおけるスイングの研究に加えられた。彼はマーケットの波動もしくは周期のパターンを見つけて、これらの波動を分類する基本見解を公にしたのだ。

エリオットはダウ理論の信奉者として出発した。彼は、マーケットにおけるタイミングは投資で成功するためのカギであり、いつ買うかは何を買うかよりもはるかに重要であると信じていた。彼は１９２０年代後半から１９３０年代前半まで、長い病気で寝たきり状態になったときに、マーケットの動きに関する徹底的な研究を始め、最終的にはダウの研究をさらに深めた。彼は１９３４年に最初の原理を展開した。これらは「波動の原則」として後に出版され、彼の研究はエリオットの波動原理（エリオット波動理論）として知られるようになった。

エリオットはチャートパターンではなく、マーケットのスイング、波動の周期的な性質に集中した。彼は、これらの波が同じことを繰り返す傾向があると主張した。この価格の振る舞いは予測可能であり、予測のための道具として利用可能な構造を持っている。

完全な波もしくは「サイクル」は５つの上昇波とそれらに続く３つの下降波から構成される。トレンドの方向に発生するスイングは「衝動」波と呼ばれる。エリオットは、自然法則には上昇方向に姿を現す傾向があり、ゆえにサイクルには上昇方向のバイアスがあることを発見した。各波動、サイクルはより小さい階級に分割できる。大きいサイクルは小さいサイクルと同じ原理に従う。認識可能なスイング・トレーディング・パターンはどの時間枠でも発生する。

※参考文献　『ＤＶＤ　エリオット波動』『ＤＶＤ　ポーザーのエリオット波動』（すべてパンローリング）

波動は価格と時間を測定することによって定義される。マーケットは、トレンドと同方向に発生する衝動波動と修正波動を交互に繰り返す。エリオットは、終値を用いる代わりに値幅に着目した。スイングの高値から安値までの距離を、与えられた期間における波動と定義する。修正波動の値幅に対する衝動波動の値幅の関係は、次の衝動波動の予測に利用できる。チャネリングと呼ばれるテクニックはこの過程を視覚化する一番簡単な方法である。**図表１．６**は各衝動波動よってどのように次のスイングを予測できるかを示すために、エリオットがチャネリングを利用する方法を図解している。

　カナディアン・パシフィックが明確なチャネルの中を動く様子に注目してほしい。

　一般的に、スイングに対する修正の程度は次の波動の強さを示す。エリオットはワイコフほど出来高を分析しなかったが、２人とも修正中は出来高が減少すると述べている。第５波動においても出来高が少なくなる傾向があるが、ワイコフの買い（売り）クライマックスを試しにいく動きの記述と類似する場合もある。

図表1.6
カナディアン・パシフィック（2000年2月-2000年6月、日足）

エリオットは異なる波動の性質を特徴づけようとした。各スイングは、出来高とボラティリティの観点から分析される。波動の性質に関するエリオットのルールのすべては、予測の道具として利用可能なマーケットの振る舞いに関する一般化モデルを構築するのに役立つ（エリオット波動原理に関する深い議論は第8章を参照）。しかし、エリオットはワイコフやシャバッカーと同様に、理論が実践とは大きく異なることを強調するために多くの文章を書いた。エリオットは、自分で観察した原理を快適に応用できるようになるまでに数年かかった。

　人間の感情が波動を引き起こすので、生産者の関心が高くマーケットに幅があって活況なときは、サイクルがよりはっきりと出現する。出来高と流動性が高いとスイング・トレード・パターンが目で見つけやすくなる。死んだような、静かなマーケットでトレードしてはいけない！

■W・D・ギャン

　W・D・ギャン（1878－1955）は、テクニカル分析とスイング・トレーディングの土台作りに貢献した20世紀の前半の有名なテクニカル派かつトレーダーである。エリオットとワイコフとは同年代に生まれ、1902年にトレードを始めた。そのためシャバッカー、ワイコフ、エリオットらと同じマーケットを観察し、彼のマーケット理論を展開したことになる。彼はトレードに関する研究成果について、実際にトレードし、広範囲にわたり書物にした非常に独創的なテクニカル派だった。

　ギャンはマーケットの熟練した研究家でもあった。彼はランナー、ブローカー、トレーダー、執筆者としての経験を持っていた。マーケット心理学、実践的なトレードのコツ、占星術や幾何学に触れる難解なアイデアを含むマーケットの様々な側面について、彼は本を書いた。スイング分析への主な貢献のひとつは時間要素の研究の重要性だった。極端な価格がいつ発生するかは時間が支配しているので、時間が最も重要な要素だと彼は考えたのだ。彼の最も有名な概念に「価格は時間に等しい」というものがある。言い換えると、価格が方向を変えるためには、それ相応の時間が経過

する必要があるということだ。

　ギャンは、時間サイクルと期間を決定するためにスイングの高値と安値からの日数を数えた。テクニカル派の多くはトレンドを識別するのにスイングの値幅を利用する。例えば、上昇スイングが先行する下落スイングよりも大きければ、トレンドの反転は目前に迫っている。

　ギャンは同じ概念を時間に適用した。マーケットが継続して高くなる日数が下降レッグの期間を超えたら、トレンドは転換したのだ。

　ギャンは、時間サイクルがマーケット全体の構造を支配することを観察したが、それでも確認のためには伝統的なチャートパターンや価格のテクニカル指標を利用した。彼は、窓と制限高（安）の日の重要性を述べたが、それはシャバッカーやワイコフと同じ見解である。マーケットのスイングを定義するのに、「２次反発」「反動」といったワイコフと同じ用語も使った。

　先行するスイングの高値と安値が主要な支持レベルと抵抗レベルになる。ギャンはスイングの修正幅をパーセントで計算し、５０％の修正を最も重要なトレードポイントのひとつと考えた。スイングが大きくて期間が長いほど、その中間点が重要になる。マーケットが上昇トレンドにあるなら、５０％押した辺りのすぐ下に損切りを置いて買うことを考える。

図表1.7
アメリカ・オンライン（1998年10月-2000年6月、週足）

丸々５０％押さないマーケットは強気のサインを示している。**図表１．７**は、この５０％修正ルールの例を示している。ポイント２はポイント１と３の距離の５０％の位置にある。

　ギャンは、後期の研究で支持と抵抗のレベルを決定するのに幾何学的構造と数霊術を使うことさえも詳しく述べたが、最終的には値動きによってトレード判断を下した。スイングの高値と安値は常に注目するべき重要なポイントである。スイング・トレーディングを志す人は、いつも過去につけた高値と安値を試しにいく動きを探し求めている。窓、制限高（安）の日、基本的な支持と抵抗のレベルはマーケットの動きを分析するための彼の道具箱の中心なのである。

　スイング・トレーディングは準備と研究に多くの時間を費やすことを必要としている。トレードの仕掛けのお膳立てが強調されることが多いが、先に議論した過去に成功したトレーダーたちはすべて、スイングトレードで成功するために必要となる習慣と体制について同じ文章を書いた。ギャンは、成功するトレーダーは計画を持たねばならず、知識はそれをうまく組み立てるカギであると感じていた。知識を得ることに時間を費やせば費やすほど、後にそれだけ多くの利益を上げられる。ギャンがピボットポイント、時間サイクル、季節的な日付、複雑なチャートなどを広範囲に使うのは、彼の「知識を得る」ためのやり方なのだ。これらの手法は、トレーダーをマーケットの価格変動と密接な状態に保つ。成功したスイング・トレーダーの多くがチャートと場帳を手でつけていて、この過程がマーケットの「感覚」を得るのに役立っていることを信じている。

　テクニカル的な知識に加えて、ギャンは個々のトレードのルールは、成功には欠かせないものであると主張した。常に損切りの注文を入れておくこと。決して利の乗ったトレードを損失にしないこと。疑わしいときはポジションを手仕舞い、仕掛けてはいけないのだ。活発なマーケットでだけトレードするべきである。指値注文をしてはいけない。正当な理由がない限り手仕舞いしてはいけない。利益を守るためにトレーリングストップを使うべきである。決してナンピンしてはいけない。頻繁にトレードし過ぎてはいけない。そして最後に、長期にわたる成功の後にトレード数を増や

してはいけない。

価格変動の一般原理

　これまでのところ、私たちは歴史的な観点からスイング・トレーディングを見てきた。それはテクニカル分析の基本教義から導かれるマーケット分析とリスク管理に取り組む方法である。それは、同時に厳格に確率に基づくとても実践的で、明確なトレード手法でもある。トレードは、長期のファンダメンタルズ的な評価ではなく、直後に最も起こりやすいマーケットの動きに基づいている。

　時を経て一貫して機能している高確率の短期スイング・トレード・パターンの大部分は、価格変動の４つの原則のうちのひとつに基づいている。これらの原則はそれぞれ定量化できる。ほとんどすべての機械的なシステムは、それらの原則のひとつに基づいている。これらの概念は、検証可能で耐久力があり、堅牢であると考えられている。しかし、伝統的な感覚でのスイング・トレーディングは、システムというよりは手法であると考えられている。

■原則１：トレンドは反転するよりも継続しやすい

　この原則は、トレンドは反転するよりも継続する可能性が高いというダウ理論の基本教義のひとつである。上昇トレンドは高値の更新と安値の切り上がりで定義され、下降トレンドはその逆である。マーケットが明確なトレンドを示しているときは、高確率のトレードはトレンドと同じ方向に発生する。価格が明確に定義されたトレンド中を動くときは、途中で発生する小さな修正の値動きに基づく、多くの出動戦略がある。これらの反動は、トレンドの方向に新しいレッグを取りにいけると同時に、リスクを小さく抑えた出動ポイントをトレーダーに提供する。直近のスイングの高値もしくは安値を試すことが最初の目標レベルになるが、理想はマーケットが高値（安値）を更新することである。

図表1.8
アルバートソンズ（1999年12月-2000年6月、日足）

　スイング・トレーダーは、トレンドのある種の性質を知っている必要がある。明確に定義されたスイングや価格パターンが存在しないのは、トレンドが継続することを暗示している（これは水平方向のトレンドを含む）。安定した上昇トレンドでは、価格は低いボラティリティとともに安定して上昇を続ける。遅くしみ出すような動きか、安定して下落する動きは下降トレンドに識別される。このタイプの環境は、出動するための反動を少ししか与えないので、スイング・トレーダーにとって欲求不満がたまるものになるが、トレンドがいったん確立すると、それが反転するにはとても多くの力と時間が必要であることを心に留めておくことは重要である。ゆっくりと上昇する（下降する）マーケットを決して逆張りしてはいけない。

■原則２：モメンタムは価格に先行する

　モメンタムが新高値をつけるか新安値をつけたなら、価格が新高値もしくは新安値をつける可能性が高い。モメンタムは数少ない「先導」指標のひとつである。エリオットは、マーケットのモメンタムの増加を表現するのに「衝動」という用語を使った。衝動はトレンドの方向に発生するので、

スイング・トレーダーはマーケットの最初の衝動の方向に出動することに着目するべきである。モメンタムの新高値は、トレンドが発生している環境下でも往来相場からの放れでも発生する。最終的に、モメンタムの新高値あるいは新安値は、買いもしくは売りのクライマックスに続いた（Ｖ字型の反転）ときにはトレンドの反転もしくは修正波動の始まりを意味する。図表１．８から分かるように、買いと売りのクライマックスは最高値と最安値に一致する。Ａ点における反対方向への最初の鋭いスイングはＢ点で、買いを仕掛けるチャンスを提供している。マーケットは揉み合いに入る前に、先行するスイングの高値を完全に試すまで上昇している。

　トレーダーは、モメンタムが新高値もしくは新安値をつけた後の最初の反動で、新規にポジションを作ることを狙うべきある。本章の後半で記述する修正波動に関する手法のどれもが利用可能である。このルールに関する唯一の例外は、マーケットが買いもしくは売りのクライマックスを迎えていると感じ取らなければいけないときだけだ。これは、モメンタムの新高値でも新安値でもないかもしれないが、反対方向に真空地帯を作る出尽くしのポイントであるのだ。

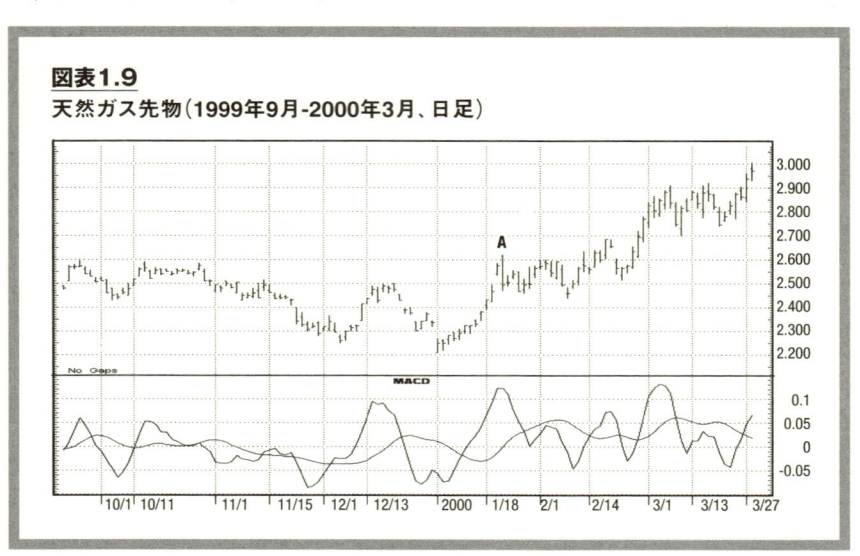

図表1.9
天然ガス先物（1999年9月-2000年3月、日足）

図表１．９は、A点で新高値をつけた移動平均オシレーターを図示している。モメンタムが価格に先行している。A点は上昇スイングの値幅が初めて最後の下降レッグの値幅を超えた点である。高値を更新する安定したトレンドが続いていることに注目してほしい。

■原則３：トレンドはクライマックスで終焉する

　トレンドは、買いもしくは売りのクライマックスまで継続する。この点はボラティリティと出来高の増加とも一致する。先行するバーを超える値幅の増加を伴うはずである。買いもしくは売りのクライマックスは、最後の買い方もしくは売り方が満足したことを意味する。そしてマーケットは、試しにいったり修正したりしながらジグザグに動き始める。前にも述べた通り、ワイコフは、ボラティリティがトレード可能な良いスイングを作るのと同様に、マーケットが作る、戻ったり試しにいったりする共通の順序を詳述した。群衆の感情は高まり、新しい価格水準を快適に思う人はほんの僅かである。

　動きが出尽くした後に反対方向にトレードすることは、優れたスイング・トレーディングに結びつき、それは売りでも買いでも発生する。幅広い往来相場が形成され始めると、突っ込みと吹き値、もしくはスプリングとアップスラストが支持と抵抗レベルになる。これらの支持と抵抗の領域に注意を向けることは短期スイング・トレーダーの仕事だが、それはリスクを最小化できるのはこれらの点だからだ。

　支持と抵抗ラインが定義されたら、マーケットは均衡点に向かって収束する退屈な過程を再び始めるので、マーケットの変動値幅は縮小する傾向にある。

　買いもしくは売りのクライマックスに続いて、とても鋭い反転を示すマーケットは、最も強気のテクニカルパターンのひとつである「Ｖ」字型反転を形成した。本質的には、反対方向に真空地帯が作られたので、マーケットの推進力は揉み合い期間を持つことなく方向を反転したのだ。

　図表１．１０は原則３の例を示している。この買いのクライマックスは

下げ方向に真空地帯を残した。下げ方向の推進力は、弱気のフラッグを形成した。買いのクライマックスの後の下げを買おうとしてはいけない。

図表1.10
スリーコム（1999年11月-2000年5月、日足）

■原則４：マーケットは値幅拡大と縮小を繰り返す

　価格の動きは、２つの異なった状態の間を繰り返す傾向にある。値幅は、揉み合い状態における縮小か、ブレイクアウトもしくはトレンドモードにおける拡大のどちらかにある。値幅が縮小しているとき、マーケットは均衡レベルに到達している。この時点で、マーケットの動きを読むことは非常に難しくなる。ブレイクアウトが起こりそうだと予想することぐらいしかできない。マーケットが均衡点からブレイクアウトすると、最初のブレイクアウトの方向に継続して動く可能性が高い。差し迫ったボラティリティの増加を予測することのほうが、実際に価格がブレイクアウトの方向にどのくらい動くかを予測することよりは簡単である。直後に続く高いリスク／リワード比を持つレッグを取りにいくことを目的として、トレーダーはブレイクアウト戦略をスイング・トレーディングのもうひとつの形として考慮するべきである。

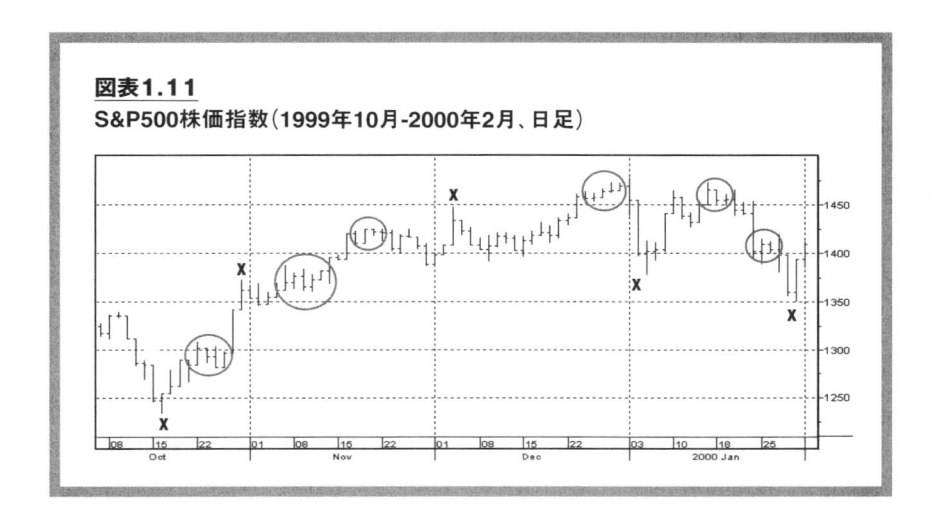

図表1.11
S&P500株価指数(1999年10月-2000年2月、日足)

　図表1.11は、マーケットが値幅縮小と拡大を交互に繰り返す様子を示している。丸で囲んだ揉み合い期間の後の×印がつけられた点で、ボラティリティの跳ね上がりがどのように起きているかに注意してほしい。また、この現象がどのような周期性を持っているかに注意してほしい。

スイング・チャートの作り方

　スイング・チャートは、次に最もありそうな動きを予想するという意味ではトレーダーの地図である。時間軸を削除していることや比較的小さいスペースで多くの値動きを表すことができるという点では、ポイントアンドフィギュア・チャートに似ている。したがって、過去の値動きから複数の支持と抵抗のレベルを見ることが簡単にできる。新しいスイングが描かれるのは前のひとつが完了したときだけなので、ある意味では一歩遅れているように思われるかもしれない。それでもマーケットの全体的なトレンドを素早く評価し、あるトレンド中で起こっている小さな逆行を強調するには最高の道具である。

　多くのチャート作成ソフトは、スイング・チャートの機能を備えていな

いが、手作業でつけてもほんの少しの時間と作業しかかからない。実際、単純なバーチャートを勉強することによって、よく鍛えられた目でマーケットのスイングを見ることができるようになるだろう。

　スイング・チャートを作る、もしくは、計算する方法はいくつかある。最も容易な方法は意味のあるスイングの高値と安値、言い換えれば、より低い高値に挟まれた高値に印をつけることだ。最初に決断すべきことは、詳しさのレベルである。スイングの中に数多くの小さなスイングがあり、より小さなスイング、あるいはもっと大きいものだけを含むようにチャートの感度を調整することができる。ギャンは同時に２つのスイング・チャートをつけていた。ひとつは２～３日継続した逆方向の動き、あるいは反動を記録した。より高い安値に挟まれた安値に達したバーは、下落スイングの底となり、逆向きの動きでも同様のことが言える。ギャンは、週足チャート上で高値と安値を記録したもっと長い時間枠のスイング・チャートもつけていた。こうすることによって、彼は常により大きいトレンドの中の短いスイングを見ることが可能だった。

　バーの数と、カギとなる下落スイングの安値に続くもっと高い安値の数を変えることで、トレーダーはスイングの閾値を調整することができる。トレーダーがギャンの手法を使うことにおいては、カギとなるスイングの安値に４つのより高い安値が続くときだけ、上昇スイングが始まることをルールにした。その場合は、２、３日の安値が続くとしたときよりも少ないスイングを得ることになるが、「雑音」も少なくなる。もちろん、ギャンは長期チャートもつけていたし、すぐに分かることだが、スイング・チャートを作るための最高のパラメータなどは存在しないのだ。そのすべては、トレードを仕掛ける個人の時間軸に依存しているからである。

　スイング・チャートを書く２つ目の方法とは、直近のスイングの安値に価格のパーセントを加える（もしくは直近のスイングの高値から引く）ことだ。マーケットがこのレベルの上で取引されるならば、新しい波が反対方向に始まったのである。素晴らしいテクニカル分析家の１人であるアーサー・メリルは、『フィルタード・ウエーブ（Filtered Waves）』（アナリシス・パブリッシング、１９７７）で、強気・弱気のマーケットのスイング

構造を分析するために５％のスイング関数を使った。

　スイング・チャートを書く３つ目の方法は、大きな影響力を持つアナリストであるウェルズ・ワイルダーが『ワイルダーのテクニカル分析入門』（パンローリング）の中で使ったことで有名になったボラティリティ関数を使う方法である。反対向きの新しい波を示すために、トゥルーレンジの関数を直近のスイングの安値に加える、もしくは直近のスイングの高値から引く。トゥルーレンジは当日の高値と安値の差、もしくは当日の高値（安値）と前日終値との差の大きいほうと定義されている。この変数の平滑化にトゥルーレンジの移動平均を使うことは、最も良い方法である。移動平均を計算する期間は個人的な好みだ。また、トゥルーレンジの２～３倍を使うのがベストで、それよりも小さいとスイングの感度が良すぎて、雑音が多くなり役に立たなくなる。

　マーケットが下降トレンドで新安値を更新していると想定してほしい。価格が、トゥルーレンジの１０日移動平均の２倍以上まで回復すると、上昇波が始まる。価格が直近のスイングの高値からトゥルーレンジの１０日移動平均の２倍を下回って引けると、下降波が始まる。また、使用する移動平均の期間と倍数は様々である。正解、不正解のパラメータはない！

　ゆえに、スイング・トレーダーは、３つの異なった方法のひとつを通じて「波」を数量化することができる。２つの上昇波が高値を更新し安値を切り上げることによって、上昇トレンドが確認される。安値を更新する２つの下降波によって新しい下降トレンドが確認されるまで、スイング・トレーダーは上昇トレンドでのすべての押し目で仕掛けることを狙う。

　これは、十分に単純と思える。しかし、ギャンもそうであったように、２つの時間枠を同時に使うことを学んだときに、トレーダーは真の優位性を得るのである。長い時間枠はトレンドを識別するために使われ、短い時間枠はトレンドの方向への短期の反転を探すために利用される。もし週足チャートが上昇トレンドにあるなら、日足チャートの下降波が反転するのを待ち、長期の仕掛けに使うのだ。

トレードの3タイプ

　先に述べたように、ほとんどすべてのトレードは、押し／戻り、試し、ブレイクアウトの3種類のひとつに分類できる。それぞれのタイプを区別するために使われる道具を、いくつか見てみよう。

■押し／戻り

　押し／戻りに関係する手法は、トレンドの環境の中だけでなく、初期の衝動的な動きに続く調整の動きで出動することを意味する。テクニカル的には、トレンドとはより高い高値と安値（もしくはその逆）と定義されているが、トレンドの可能性を示す条件は他にもいろいろある。上昇トレンドには、①価格がある移動平均よりも上にあること、②短期移動平均が長期移動平均よりも上にあること、③マーケットは直近4週間の高値をつけるかあるいはチャンネルを放れる他の要素を満たしていること、④方向性指標（ＡＤＸ）がある閾値を超えていること、⑤標準偏差の大きな動きがあったこと――などが要求される。これらは、チャートがすでに示していることを目立たせるために使われる道具をいくつか列挙しただけである。

　マーケットが上昇トレンドにある、もしくは初期の上昇波動が確認された後に、この環境下での押し目を定量化する方法はたくさんある。押し目を示すためにオシレーターを使うことができるし、最後の上昇スイングの高値から平均トゥルーレンジの関数を引くことができる。また、5日間移動平均のような、短期移動平均を価格が割り込むところを探す、あるいは前のスイングのあるパーセンテージ（例えば、５０％のレベル）まで価格が押したところを探すことができる。

　これらすべての方法は、押し／戻りのお膳立てを定量化する。読者が多数のマーケットのデータベースを詳細に調べたいなら有用な方法である。上昇トレンドで押し目を識別するためのモデルを作ってみよう。

　●２０日指数移動平均は４０日移動平均より上にあること。これはトレン

ドフィルターとなるだろう。
● 5日相対力指数（RSI）が40を割り込むこと。これは最初の押し目を識別する。
● 先行する2つのバーの最高値よりも上で買う。これは最初のトレンドが再開していることを示す「引き金」である。
● 先行する2日の最安値の下に損切りを置く。
● 直近のスイングの高値に接近するときの値動きを監視することによって、トレードを管理する。まったく新しい上昇レッグを作るのに十分な勢いを得ているだろうか。それとも、勢いを失って試しが失敗に終わることを示しているだろうか。

これは機械的なシステムを意図したものでは決してない。むしろ、データの組織化を試みる上での、マーケットに人工的な構造を課すことができる方法のひとつの例である。図表1．12は6カ月強の期間にわたり、上述のパラメータに基づいた4つの買いと2つの売りのお膳立てを示している。

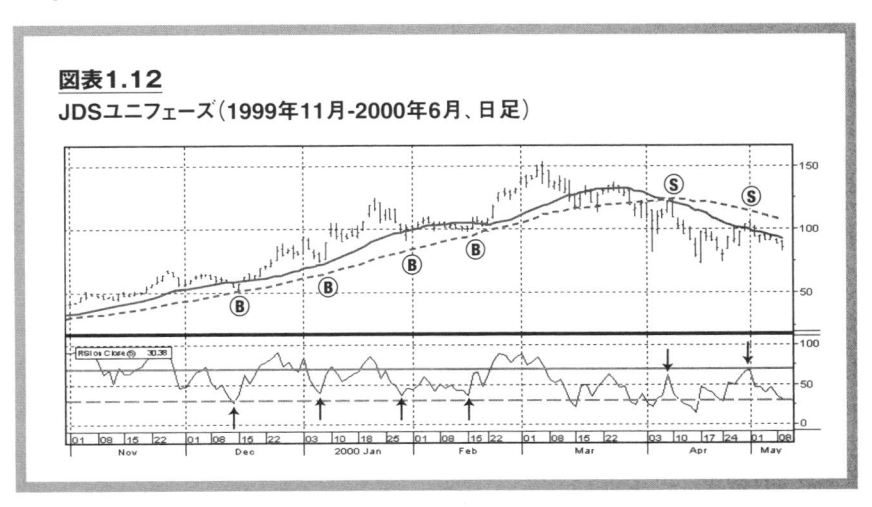

図表1.12
JDSユニフェーズ（1999年11月-2000年6月、日足）

マーケットが新高値をつけたときには必ず、最初の押し目で買い場を探すという、非常に簡単なルールがある。同様に、マーケットが新安値をつけたときには必ず最初の戻りで売り場を探すのだ。同じ考えは、オシレーターの使用にも適用可能である。オシレーターが過去１００個のバーを超えた新高値を作るときにはいつも、最初の押し目で買い場を探し、逆もまた同様である。再度、**図表１．９**を見て、オシレーターの新高値、新安値の直後に可能だった仕掛けと、こうしたポイントでモメンタムが価格に先行していることに注目してほしい。

　モメンタムの新高値や新安値は、トレンドの環境下か、最初の上昇が新しい上昇レッグか下降レッグの始まりとなり得る往来相場からのブレイクアウトにおいてつけられる。長い持続的なトレンドに引き続いてトレンドと反対向きの衝動があるなら、モメンタムの新高値と新安値はトレンドの逆転も意味する。

　トレーダーは、モメンタムの新高値や新安値に引き続く最初の逆行でマーケットに新しいポジションを作るべきである。この規則の唯一の例外は、長いトレンドの終わりのクライマックスを売るか、もしくは買うときに発生するモメンタムの極値である。

　移動平均は、マーケットがどこまで押すか／戻るかを判断する上で役に立つ道具である。移動平均に使われる期間が短いと、潜在的なトレード数は多くなるが、シグナルは弱くなる。一般にマーケットは、トレンドの始まりには深く押す（大きく戻る）傾向がある。トレンドが進行すると、より多くの人々が参加してくるので押しは浅く（戻りは小さく）なる。

　オシレーターも、トレンドを示すマーケットでの修正を強調するのに役立つ道具である。もう一度言うが、オシレーターの設定のために、短い期間を利用すると、可能なトレード数が増える。周期的な安値は、長期間のオシレーターが指示する深く売り込まれた状態と一致する傾向がある。通常、周期的な安値で始めた取引は、より長期間持続可能である。

　ストキャスティック、ＲＳＩ、移動平均オシレーターのような伝統的なオシレーターの多くが、モメンタムの新高値もしくは新安値を指示するのに利用可能である。単純な「変化率」（ＲＯＣ）指標も格別的に機能する。

■試し

　試しには、２つのタイプがある。ひとつ目は継続したトレンドの最終局面で発生する試しである。「試しの失敗」は、マーケットがトレンドを示す環境下で新しい上昇レッグか、下降レッグを作り損なったときに発生する。それはモメンタムの損失の警告だが、それ自体でトレンドの変化を意味するわけではない。

　２つ目のタイプの試しは、マーケットが持続的な動きに続き、均衡点に達する往来相場環境下で発生する。最初の支持と抵抗のレベルが確立すると、マーケットは「ボックス」を形成したと言われる。マーケットがボックスの一端を突き抜けたもののボックスの中に戻って終わるなら、ボックスのもう一方の面を試す可能性が高くなるだろう。最も良い「試し」はすぐに「価格拒絶反応」を示して、先行するスイングの高値か、安値を突き抜けた直後に反転したものである。損切りは、常に失敗点をちょうど超えたところに置くべきである。最初の取引対象は、常に１本のレッグ、あるいはスイングであり、完全に新しいトレンドの始まりを探すべきではないことをトレーダーは肝に命ずるべきだ。図表１．１３に、反対方向の大きい下降スイングを導いたＡ点での「試しの失敗」を示している。

図表1.13
FINEXドル指数（1999年12月-2000年6月、日足）

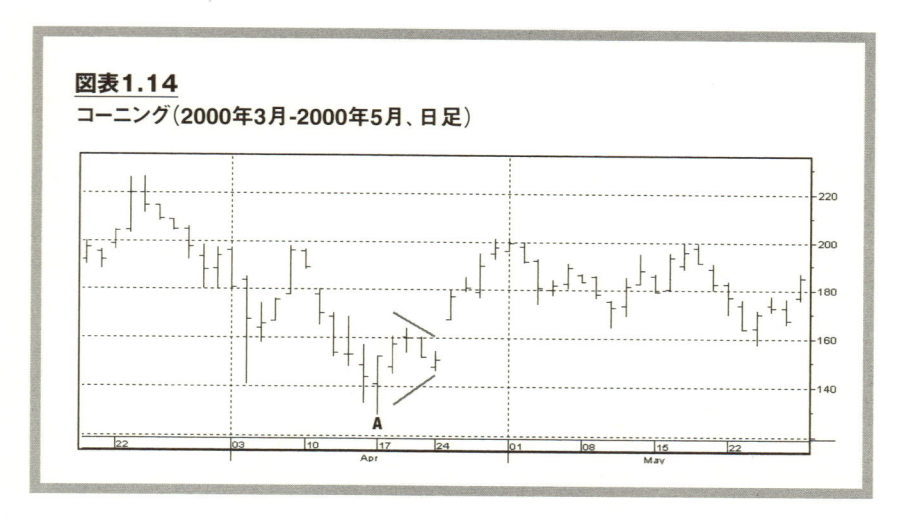

図表1.14
コーニング（2000年3月-2000年5月、日足）

■ブレイクアウト

　取引しやすいスイングは、マーケットがボラティリティ収束からブレイクアウトした後に発生する。トレーダーには、良いブレイクアウト機会が接近していることを識別するために使える道具がいくつかある。ひとつはトゥルーレンジ（スイング・チャートを作る際に議論した）における収縮を強調する指標である。トゥルーレンジは、1から30バーの期間まで測定可能である。標準偏差指標が安値を示している場合も、ブレイクアウト・タイプの取引の可能性を警告している。古典的なチャートの形やトレンドラインが収束し始める時期に注意を払うための代用とはならない。

　ブレイクアウト取引に参加する方法はたくさんあるが、次の2つの方法が最も良い。1番目は、チャネル・ブレイクアウト法を使うことだ。これは先行するバーを調べて、過去X本のバーの高値を抜けたところを買い、過去X本のバーの安値を抜けたところを売るという手法にすぎない（Xは、望ましいチャネル幅を指定するために選んだバーの数に等しい）。2番目の方法は、平均トゥルーレンジ関数を使うことだ。この値を前のバーの終値か、現在のバーの始値に加えたり、引くことができる。トレーダーはこ

のテーマに関して様々なバリエーションで取引できる。単純で機械的なボラティリティ・ブレイクアウト・システムは１９８０年代に人気が出て、今なおその人気は続いている。図表１．１４では、３週間で最も狭い値幅の日の翌日にブレイクアウエー・ギャップが続いている。窓は衝動波の形であり、終値の方向への継続を意味する。A点での完璧な「試し」に注目してほしい。

トレード管理

　テクニカル分析は、方向のバイアスや特定のパターン、あるいはトレードのお膳立てを決定するタイミング・ツールとしての応用にとどまるわけではない。トレードがうまくいく可能性が低い時期を決定するための道具でもある。財を築く上で大切なことは、条件が十分に揃っていないときに儲けを吐き出さないことを学ぶことだ。可能な限り、最初の支持あるいは抵抗レベルに近いところで取引できる結果となるので、個々のスイングの分析はリスクを最小に抑えるためのカギになる。損切りは、支持の下と抵抗の上、つまり最初の分析が間違いと考えられる論理的なポイントに置くのだ。トレードが利益となる方向に十分動いたときは最初に置いた損切りを現在値に近づけるべきで、理想はトレードに十分利が乗って損益分岐点に動かすことである。マーケットが有利に動くにつれ、仕切り注文を利益確定のために動かすのである。これは常識的のように聞こるが、そうしない場合には、反転を恐れるあまり勝ちトレードを仕切るのが早すぎてしまうかもしれない。マーケットがトレンドを示す限り、衝動波の継続や高値の更新、安値の切り上がりのサインを探しながら、スイングを監視できる（買いポジションの場合）。しかし、自分のポジションに対して逆行する動きや危険信号が発生したら、最初のサインで手仕舞うポイントを探すべきである。ポジションがうまくいっていないとき、あるいは心に疑いがあるときはポジションの大きさを減らすべきである（資金管理に関する追加の内容は、第１２章を参照）。
　前に述べた通り、短期スイング分析は長期スイングへの投資と比較して

多くの作業と、多くの時間を費やすことを必要とする。日常作業と技術はトレーダーの成功に対してとても重要である。成功したスイング・トレーダーの多くが毎日チャートを更新し、勉強することが有用であることに気づいている。この作業は大変に思われるかもしれないが、トレーダーをマーケットと同調した状態に保ってくれる。

第2章
市場間分析を利用した
トレンド予測法

ジョン・マーフィー

　２０世紀を振り返ってみれば、テクニカル分析の基礎は主に各市場の単独分析にあったと言える。しかしここ１０年で変化してきた。各市場を単独で分析研究するよりも、市場間を比較検討する研究法がテクニカル分析の世界でより重要視されてきたのだ。実際、テクニカル分析家が株式市場の分析に、他の金融分野を考慮することは決して珍しいことではない。例えば、通貨市場からグローバルな資金がどこに流れているかを見たり、商品価格からインフレの傾向を判断したり、また債券チャートから金利動向を見たり、海外市場からグローバルな銘柄のトレンドの強さを測ったりする。こうした作業を怠って、市場間の枠組みのごく一部分しか見ないことはリスクとなる。なぜなら金融の世界はますます、相関関係を強めてきているからだ。したがって、あらゆる市場を研究する技量があれば、市場間テクニカル分析で大きな優位性を持つことができる。つまりチャート分析家は、各市場がどのように相関関係を強めているかを理解できれば、対峙する経済・ファンダメンタル分析家よりも、確固たる優位性を持てるはずなのだ。

　債券・株式・商品・通貨の各市場がお互いにどう影響しあっているかを市場間原理と呼び、その理解には千金の価値がある。また、株式市場のある業種がなぜある時期に良く、またある時期に悪いのか理解するにも、非常に役立つことが分かっている。実際、市場間原理の理解が近年、非常に重要視されてきているのは、こうしたセクター・ローテーション（景気局

面を考慮して業種・銘柄群を物色すること)の正当性を明確にしたことにある。最近ではますます、トレーダー(または投資家)がマーケットに「いつ」いるべきかだけでなく、マーケットの「どこ」にいるかが重要視されるようになっている。適当な時期に適当な業種にいれば(また間違った業種から離れれば)、株式市場で成功するカギを一つ握ったことになるのだ。そのやり方を明らかにすることが、この章の主な目的となる。しかしまずはそのために、市場間テクニカル分析の基本原理から押さえておく必要がある。

基本原理

　市場間分析の基本原理とは、あらゆる市場が関係しているというものだ。換言すれば、ある市場で起こったことが別の市場にも影響を与える、ということである。マクロ的にとらえると、相互に関係する4つの市場がある。商品、通貨、債権、株式市場だ。例えばマーケット分析家は、株式市場への金利の影響度をかなり前から理解している。歴史的にみても、金利上昇は株式市場の悪材料となっている。金利に敏感な業種であれば、特にそうだ。そして金利に影響を与えるのが商品価格の行方である。なぜなら基本的に、商品価格上昇はインフレ上昇をもたらし、そのことが金利の上げ要因となるからだ。

　また商品価格の動向は、その国の通貨の行方に影響を受ける。例えば通貨の下落は通常、その通貨で値付けされた商品価格の押し上げ要因となる。したがって、その押し上げで目覚めたインフレ懸念が、中央銀行に金利上昇の圧力をかけ、そのことが株式市場に悪影響を及ぼすという図式ができあがるわけだ。しかし、まんべんなく全銘柄に影響するわけではない。金利上昇の局面で痛手を受ける業種もあれば、それが優位に作用する業種もあるのだ。

　同様にグローバル市場は、市場間分析で重要な役割を果たす。例えば、1997年のアジア通貨危機だ。アジア株式市場の暴落に端を発して、その悪影響が世界中に波及した。世界的デフレ懸念は商品価格を奈落の底へ

と突き落し、また世界的資金循環が株式から債券へと移る一因となった。つまり、97年夏に起きたアジア諸国の通貨下落をきっかけに、数カ月後には深刻なアメリカ株式市場の下落を引き起こすに至ったのである。

　1999年は正反対のシナリオを展開している。年初に石油価格が急騰、インフレ懸念の再浮上に伴い世界中の金利を押し上げた。アジア株式市場の回復もまた、銅やアルミなど工業品の世界的需要を伸ばす一因となった。そして商品価格の連騰はインフレ懸念を再浮上させ、FRB（米連邦準備制度理事会）は、その年半ばに一連の金利引き上げに着手せざるを得なくなったのである。その結果、アメリカ株式市場、特に金利動向に敏感な業種に、悪影響を与えることとなったのだ。

　マーケットが実際に、いかに世界的密接なつながりを持っているか、さらなる証明となるのが、日本の株式市場と米30年物国債（Tボンド）の利回りとの相関関係である。際立って密接なこの関係については、後ほど詳説する。まずは市場間分析のカギとなる、4つの主要市場群の因果関係についてまとめてみよう。

●商品価格と債券価格は通常、反対方向のトレンドとなる（つまり商品価格と債券利回りは通常、同方向のトレンドとなる）。
●債券価格は通常、株式市場と同方向のトレンドとなる。
●債券価格の上昇は、株式市場に好材料となる。逆に債券価格の下落は、株式市場に悪材料となる（つまり債券利回りの下落は、株式市場に好材料となる。逆に債券利回りの上昇は、株式市場に悪材料となる）。
●債券市場は通常、株式がそうなる前に買い方向に変化する。したがって、債券市場が株式のトレンド変化の可能性を伝える先行指標となる。
●米商品価格は通常、ドルと逆方向のトレンドをとる。
●ドル上昇は米商品市場に悪材料となる。したがって、ドル下落は米商品市場に好材料となる。
●ドル上昇は通常、アメリカ株とアメリカ債券に好材料となる。インフレの恐れがないからだ。
●強い通貨は外国の資金をその国の株式市場に引き寄せる。

■商品市場と債券市場の関係

　１９９９年の商品価格の動向は、アメリカ金利の行方に重要な役割を果たした。１９９９年に商品価格が近年では最大規模の上昇をみせ、逆に債券価格の最大規模の下落（債券利回りで最大規模の上昇）のひとつがあったのは、偶然ではない。なぜなら、その年の半ばに（まず商品価格で姿を現した）インフレ圧力が高まった結果として、ＦＲＢが金利の引き上げを始めたからだ。そしてそのことがアメリカ株式市場に、微妙な悪影響を与えることになった。特に「オールド・エコノミー」株は、伝統的に金利動向の影響を受けやすい銘柄だ（一方、「ニュー・エコノミー」テクノロジー株は１９９９年の間、金利上昇に比較的免疫を持っていた）。こうした株式市場への影響で最も劇的なものが、セクター・ローテーションのパターンの中に見ることができた。つまり、セクター・ローテーションに９９年の金利上昇が劇的に影響したのだ。

■ＣＲＢ指数と金利の関係

　図表２．１は、ＣＲＢ指数（１７の商品で構成）と米１０年債（Ｔノート）の利回り（長期金利の新しい基準となっている）を比較したものである。チャートの左側を見てほしい。１９９７年の大部分と１９９８年を通じて、長期金利の下落がＣＲＢ指数の下落と一致している（これは世界的デフレ懸念で資金が商品市場から流出し、長期国債や中期国債に向かったためである）。ところが１９９８年末から１９９９年初めにかけて、両市場はその動向に変化を見せ始めた。米１０年債の利回りが１９９８年の第４四半期に反発に転じたのだ。そしてＣＲＢ指数は、１９９９年３月までは２年におよぶ下落トレンドを突き抜けることはなかったが、ちょうど利回りがトレンドラインを突破したところで、ついに底を打ち、上昇トレンドに転じたのである。１９９９年の残りの月は、長期金利の上昇に一致して、ＣＲＢ指数が上昇していることが分かる。これは商品価格の高騰でインフレ懸念が台頭し、そのことが金利上昇の一因となったからだ。

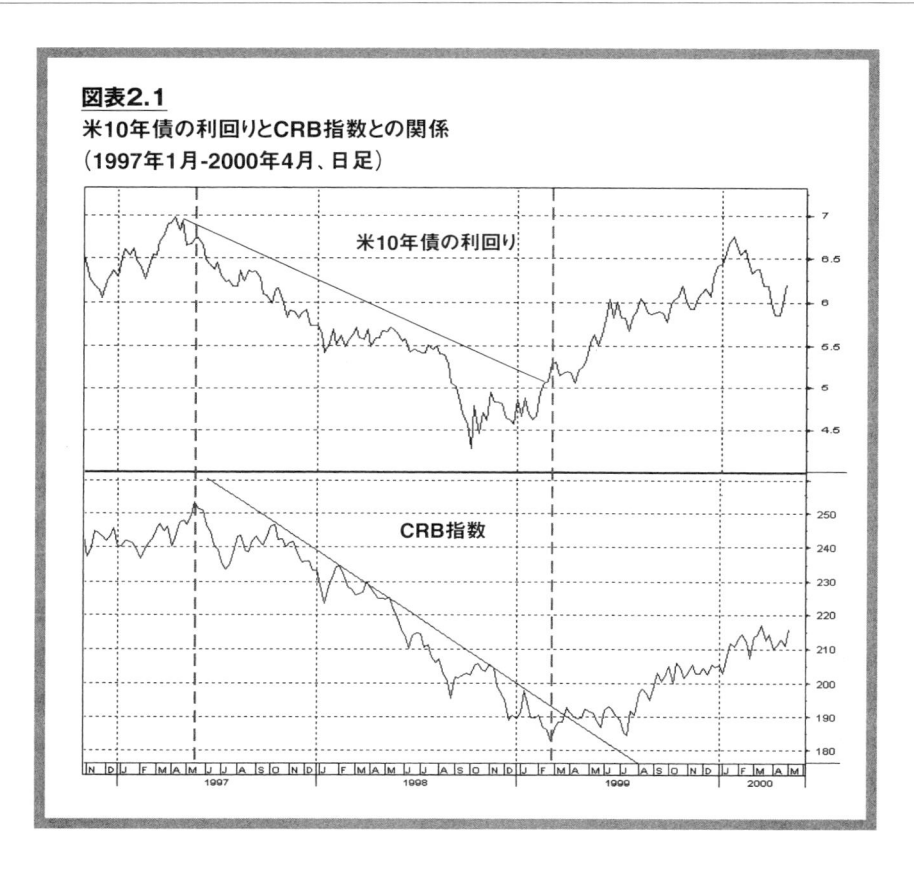

図表2.1
米10年債の利回りとCRB指数との関係
（1997年1月-2000年4月、日足）

[図表：上段に米10年債の利回り、下段にCRB指数のチャート]

　結果的に上昇したものの、CRB指数が1999年後半初めごろに伸び悩んだのは、農産物市場が比較的弱気だったためである。このことは、商品市場からのインフレの脅威は抑えられていると言えるかもしれない。しかし他の商品指数、例えばジャーナル・オブ・コマース（JOC）原材料商品指数やゴールドマン・サックス商品指数（GSCI）では、99年のさらに早くから、CRB指数よりもかなり急激に上昇している。99年初めに反発したJOC原材料商品指数は、アルミ、銅など、景気に敏感な商品が新しく強気相場に入ったことに大きく影響された。同様にGSCIは主にエネルギー価格に比重がかかっているため、3倍に跳ね上がった石油価格急騰を受けて上昇している。石油価格の暴騰が、劇的で明白な影響を金利に与えていたのだ。

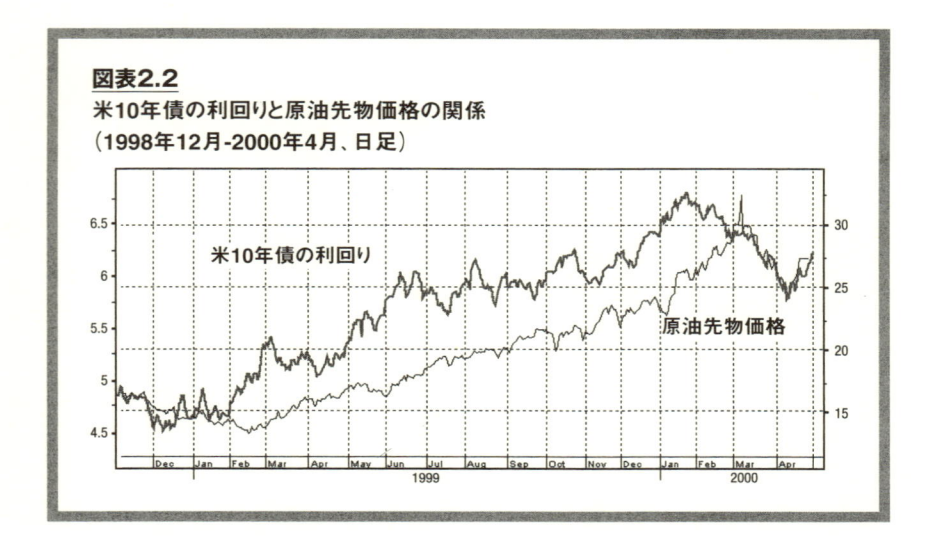

図表2.2
米10年債の利回りと原油先物価格の関係
（1998年12月-2000年4月、日足）

■石油価格と金利の関係

　図表2．2は、原油先物価格と米10年債の利回りを比較している。この場合、両市場間の相関関係は劇的なほど明確である。1999年のほとんどの期間で、両市場が乖離したとは言い難い。石油価格の急騰劇がその年を通じて長期金利を引き上げたひとつの要因となったことは、ほとんど疑いようがない。また図表の右端をみてみると、2000年第1四半期の石油価格の修正が、長期金利の下落と一致していることが分かる。

■債券市場と株式市場の関係

　基本的に、金利上昇は株式市場に悪影響を及ぼすと考えられるだろう。1999年はまさにその典型であった。ただし、その悪影響には微妙な差があった。実際、「ニュー・エコノミー」テクノロジー株は1999年後半期に急騰しているが、「オールド・エコノミー」株は、その年半ばにFRBが引き締めに入った直後から頭打ちとなっている。図表2．3を見てほしい。例えば、ニューヨーク証券取引所（ＮＹＳＥ）総合指数が天井を

つけたのは、1999年7月であった。9カ月後の2000年5月になっても、NYSE総合指数は99年夏の天井より5％減だ。またダウ・ジョーンズ工業株平均も9カ月間で8％減となっている。

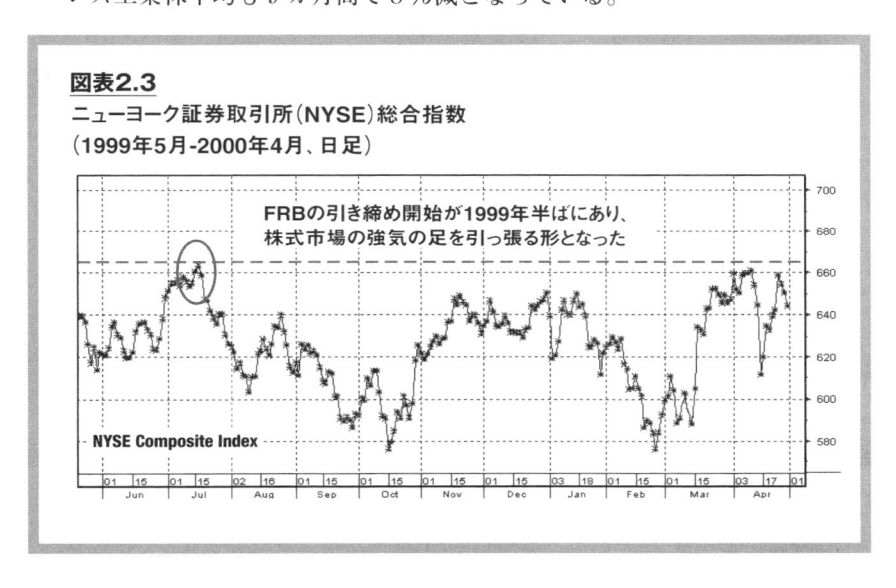

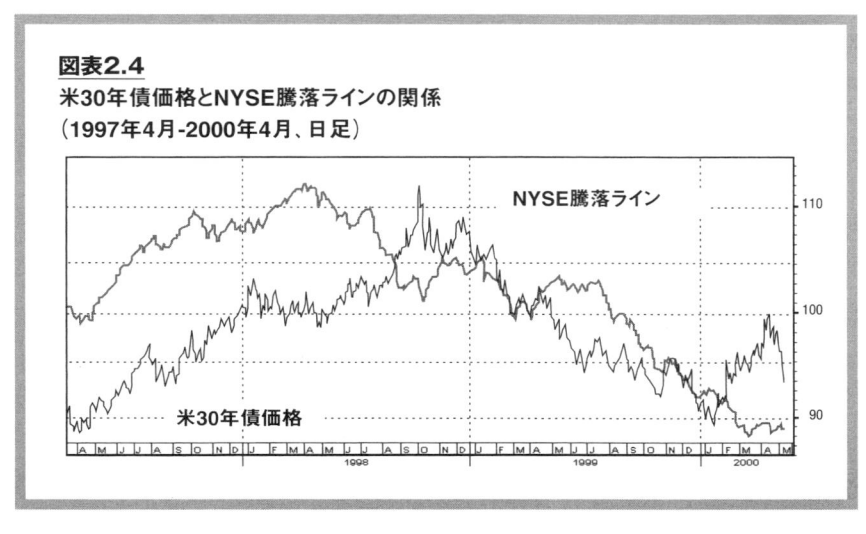

図表2.3
ニューヨーク証券取引所（NYSE）総合指数
（1999年5月-2000年4月、日足）

FRBの引き締め開始が1999年半ばにあり、株式市場の強気の足を引っ張る形となった

NYSE Composite Index

図表2.4
米30年債価格とNYSE騰落ラインの関係
（1997年4月-2000年4月、日足）

NYSE騰落ライン

米30年債価格

金利上昇が株式市場へ与えた影響を最も劇的に映しているのは、マーケット全体への衝撃度である。例として図表２．４を見てほしい。これは米３０年債の価格とＮＹＳＥの騰落ライン（ＡＤライン）を比較したものである。１９９９年を通して、マーケット全体で劇的に落ちていることが分かる。多くの人が考えているよりも、金利上昇が株式市場全体に悪影響を与えていたことをチャートは教えてくれる。一方で、株式市場は金利上昇（そして石油価格高騰）から大した影響を受けなかったと、反論する市場評論家もいる。その意味で１９９９年の石油高騰と金利上昇の影響を最も象徴する例が、その期間にマーケットで起きたセクター・ローテーションへの影響である。

市場間原理による業種別の影響

　市場間の力学は、インフレと金利の動向について多くを語ってくれる（そして分散投資戦略に重要な意味を持つ可能性がある）。ただし、最も実用的である日々の影響度を調べるには、セクター・ローテーションの分野、つまり、ある業種や銘柄群から別のところへどのように資金が流れるか、という傾向を見ることが必要である。図表２．５を例として見てほしい。マーケットのある業種が、実際にいかに石油高騰から恩恵を受けているかを表している。チャートに記したのは、１９９８年４月から２０００年４月にかけてのＰＨＬＸ石油株価指数（ＯＳＸ）をダウ・ジョーンズ工業株平均で割った比率である。この比率（レラティブ・ストレングス）チャート法は、どの業種が人気で、どの業種が不人気かを突き止めるのに、非常に役に立つ。

　概して、比較的好成績を出す業種群に資本を集中させた方が良い（そしてそのことはレラティブ・ストレングス、つまり比率線の上昇で特徴づけられる）。図表２．５にあるように、石油関連株は１９９８年の間（石油価格が下落基調のとき）ずっと、市場平均を下回っていた。劇的な反発に転じたのは１９９９年の第１四半期である（表の下落トレンドライン突破で確認できる）。このことは市場間チャート分析家に、石油株がダウを上回

る好成績を上げ始め、これから投資に適した場所になるとのシグナルを送ってくれたのである。また１９９９年初めにエネルギー株が反発したことから、チャート分析家は石油価格が実際に天井圏にあるのか疑いを強めることになる。これは通常、石油価格と石油株の動向には正の相関関係があるためだ。そして石油株が石油高騰の恩恵を受けている一方で、その影響に苦しんだ業種群が他にあったのである。

図表2.5
PHLX石油株価指数（OSX）とダウ平均の比率
（1998年4月-2000年3月、日足）

OSXとダウ平均の比率

■石油高騰による運輸株への悪影響

　図表２．６は、石油価格の高騰が運輸株（特に航空会社）に打撃を与えたことを示している。１９９９年初頭の石油価格の反発から数カ月間で、運輸株はその年の４月を境に大きな下げを見せ始めた。この期間で運輸株は４０％減となったのだ（また表の右側を見れば、逆に２０００年第１四半期の石油価格の下落が、いかに運輸株の急騰に影響を与えているかが分かるはずだ）。

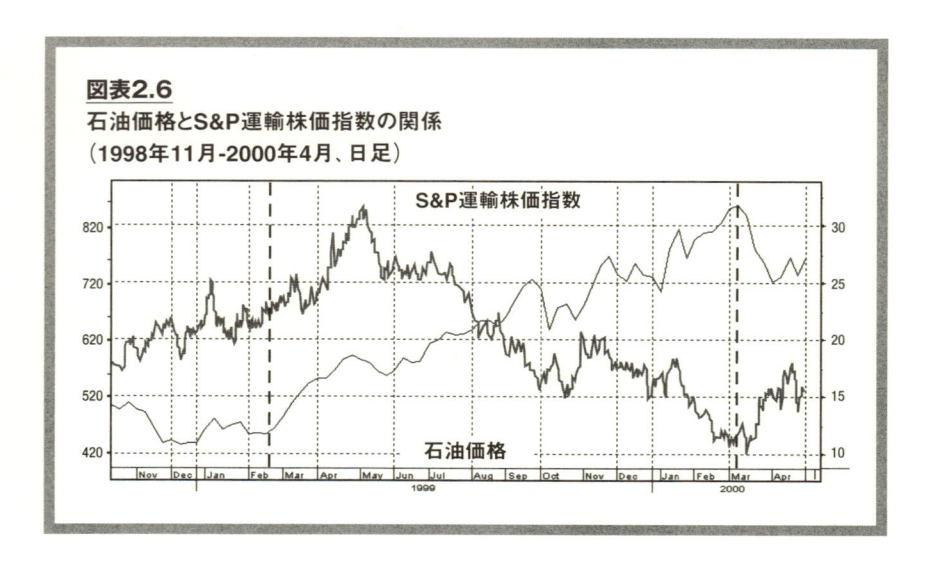

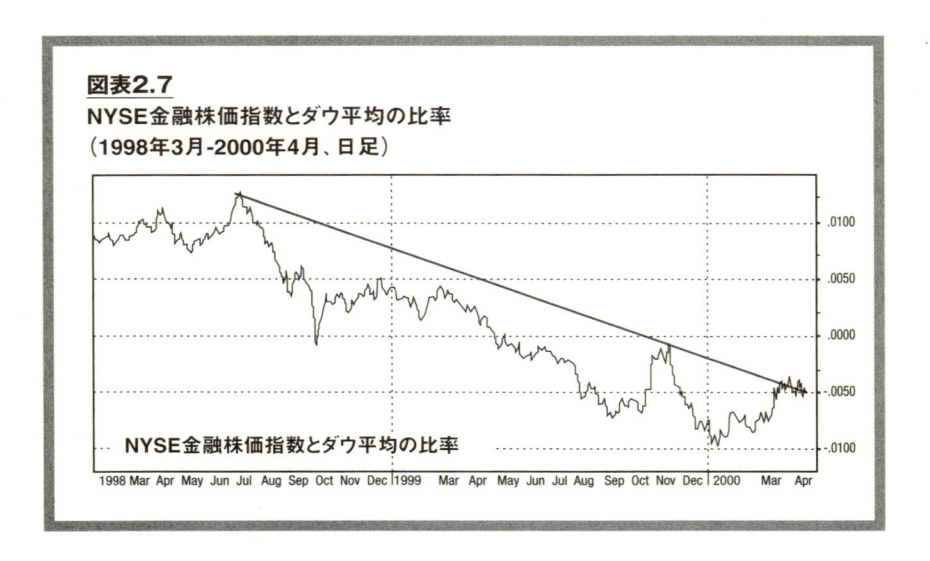

図表2.6
石油価格とS&P運輸株価指数の関係
（1998年11月-2000年4月、日足）

図表2.7
NYSE金融株価指数とダウ平均の比率
（1998年3月-2000年4月、日足）

　運輸株だけが１９９９年の石油高騰の打撃を受けた銘柄群ではない。石油価格の高騰が金利上昇を招いたことで、金利に最も敏感な業種、特に金融株が低迷し始めた。
　図表２．７は、ＮＹＳＥ金融株価指数をダウ・ジョーンズ工業平均で割

ったレラティブ・ストレングスである。比率の下げは、１９９８年後半から１９９９年全般にかけて、金融株がマーケット全体と比べてどれほど低迷したかを、よく表している。また１９９９年に金利敏感の金融株が低迷したことから、先物取引所の立会場での商品価格上昇と金利上昇を決定付けるものとなった。

　図表２．５、図表２．６、図表２．７を見ると、市場間の力関係をセクター・ローテーションの見地から見極めることの重要性が分かる。つまり（９９年のように）石油高騰と金利上昇の局面では、石油株が投資対象に適していて、反対に金融株や運輸株はふさわしくないことが分かるのだ。

■その他の業種への影響

　先程の例で明白かもしれないが、より微妙な市場間の影響が様々な業種群で生じている。例えば、産業商品価格が上昇期にあるときには、通常は基本素材株（アルミや銅など）の成績が比較的良い。逆に同時期の日用品株（薬品など）や小売株はたいてい悪化する。金利上昇で経済が減速し始めると（株式市場はたいてい６～９カ月先の景気を指す）、景気に敏感な循環株は（相対的に）弱くなり始め、一方で消費関連株は活気を見せ始めるのである。

　図表２．８に、モルガン・スタンレー消費指数（ＣＭＲ）とダウの比率を示した。１９９９年、消費関連株は低調な成績に終わった（金利は上昇していた）。しかし、２０００年の第１四半期になると、この安定した業種のストレングスが新しい兆しを見せている。そして比率線が年規模の下落トレンドラインを突き抜け、６カ月ぶりの高水準につけていることをチャートは教えてくれる。それは市場間チャート分析家にとって、消費関連株が支持を受けてきたことを知らせるシグナルであった。また、マーケットがより安定銘柄（たいていは景気減速の初期段階に比較的好成績を出す）を支持し始めたことを知らせるシグナルでもあった。その他の安定的業種として、２０００年春に上昇を始めた不動産、公共事業株がある。両者とも伝統的な投資資金の避難先である。

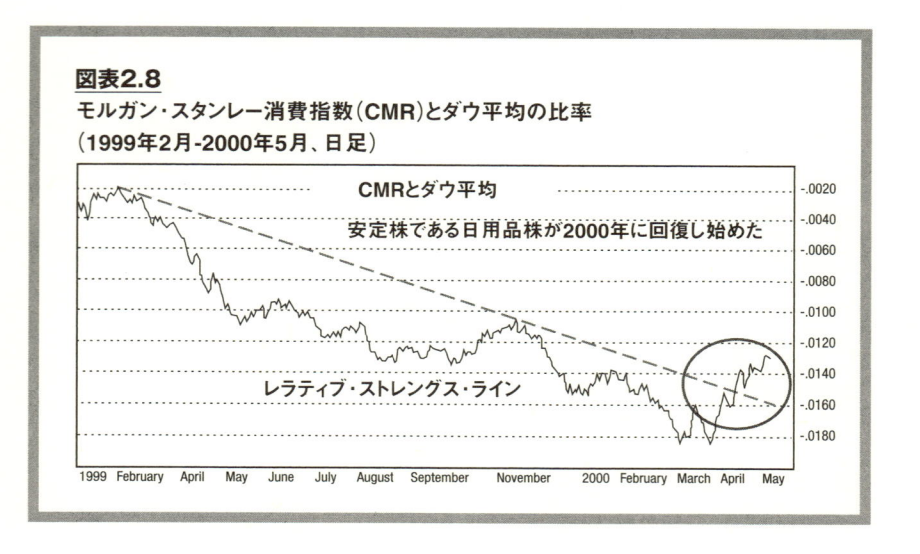

図表2.8
モルガン・スタンレー消費指数（CMR）とダウ平均の比率
（1999年2月-2000年5月、日足）

セクター・ローテーションと経済

　好成績を上げる業種は、景気循環の局面で様々である。例えば、景気拡大の終盤に差しかかると、エネルギー株がマーケットの牽引役を引き継ぐのが普通だ。これは主にインフレ圧力の台頭によるもので、その圧力はエネルギー価格の高騰を反映している。不幸にもこの石油高騰が、ＦＲＢによる（１９９９年半ばからの）金利引き上げ圧力となった。そして金利上昇が景気減速に影響を与えたのである。市場が景気減速を感じ始めると、マーケットの主役となり始めるのは日用品株だ。そうなれば、エネルギー関連株と消費財株のレラティブ・ストレングスが上昇し、通常は景気拡大が終焉に近づいている（少なくとも減速している）ことを知らせるシグナルとなる。

■テクノロジー株下落時に不動産株上昇

　２０００年前半期の日用品株、特に防衛銘柄への資金流入の一端となったのがテクノロジー株の突然の下落で、株式市場の警戒感が強まったこと

にあった。２０００年春には、ナスダック総合指数が数週間で３０％を超える大幅減となった。しかしこの下げで、重点的にテクノロジー株に投資していた投資家が損害を受けたにもかかわらず、一方でより安定的な銘柄の人気に火がつく結果となったのだ。その一例が不動産株（ＲＥＩＴ）である。図表２．９を見てほしい。テクノロジー株を中心とするナスダック総合指数の２０００年３月中の急落が、モルガン・スタンレーＲＥＩＴ指数（ＲＭＳ）の急騰と、ほぼ完璧に一致している。チャートは、テクノロジー銘柄から逃れた資金の一部が、ＲＥＩＴ市場に流れたことを教えてくれる。伝統的にＲＥＩＴは、株式市場の弱気時には投資資金の避難先としての役割を持つ。他業種との相関性が低いためである。幸運にも市場間チャート分析家は、こうした相場つきの変化を容易に突き止め、そこから収益を得ることができるのだ。

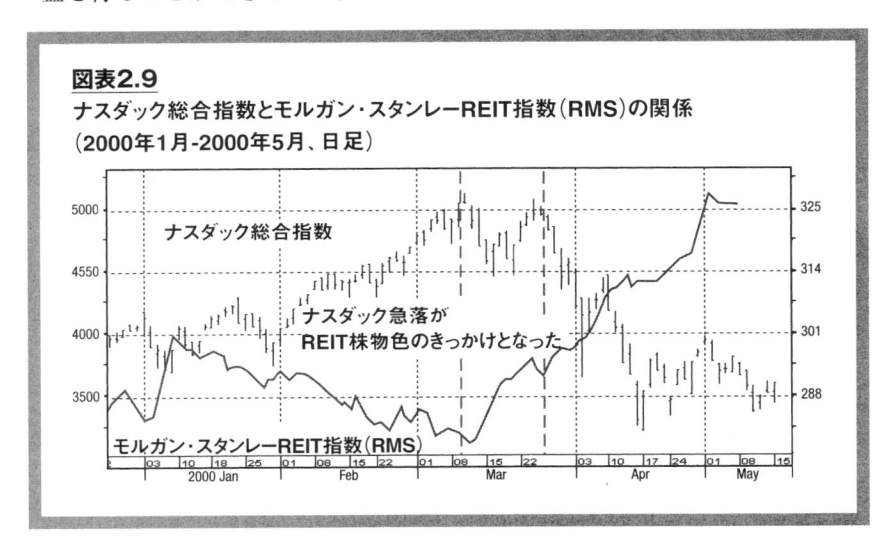

図表2.9
ナスダック総合指数とモルガン・スタンレーREIT指数（RMS）の関係
（2000年1月-2000年5月、日足）

■バイオテック株から薬品株へ

　２０００年春のナスダック市場の急落は、別の微妙な形での物色のきっかけとなっている。このことは価格チャートから容易に突き止められた。

例えばヘルスケア業種内で起こった物色だ。**図表2．10**を見てほしい。２０００年前半期のバイオテック株価指数（ＢＴＫ）と医薬品株価指数（ＤＲＧ）を比較したものだ。２０００年第１四半期、バイオテック株の強基調はナスダック市場上昇の牽引役として貢献した。一方、伝統的な医薬品株は、同時期に支持されていなかった。しかし３月初頭にバイオテック指数が天井をつけた（そしてナスダックもそれに伴い下げた）ことで、状況は一変した。図表２．１０を見ると、バイオテックが天井をつけたちょうどそのときに、医薬品株が劇的な反転をみせたことが分かる。投資資金は株式市場全体のうちに留まる傾向がある。したがってチャートがヘルスケア業種内で銘柄群別の物色があったこと、つまり比較的リスクのあるバイオテック株から、比較的安全でより安定的な医薬品株に資金が流れたことを反映していると考えられるのだ。

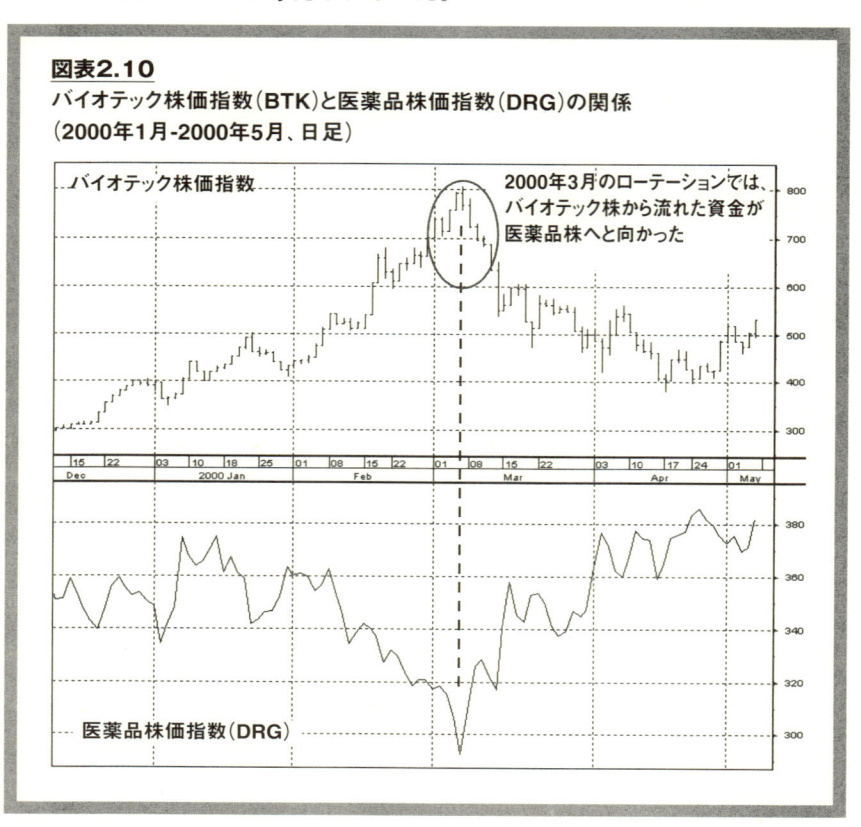

図表2.10
バイオテック株価指数（BTK）と医薬品株価指数（DRG）の関係
（2000年1月-2000年5月、日足）

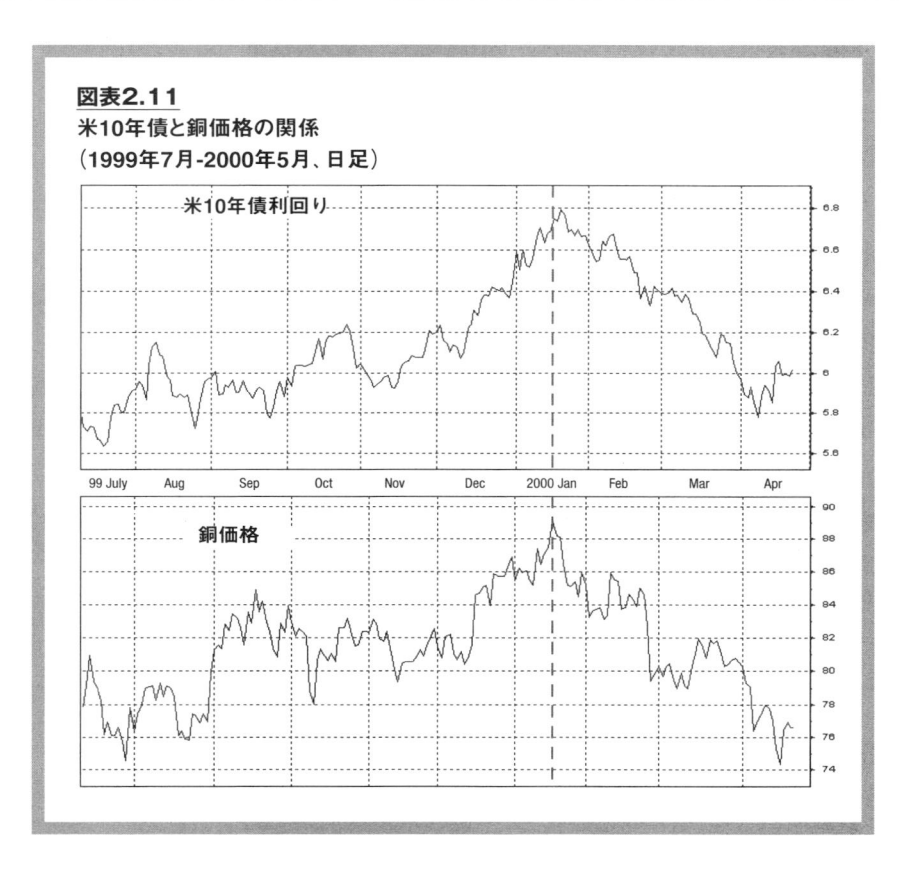

図表2.11
米10年債と銅価格の関係
（1999年7月-2000年5月、日足）

■商品市場と経済指標

　この章の初めに、１９９９年初頭の商品価格の反発から、その年の金利引き上げに至った理由を記した。そのとき焦点を当てて論じたのは石油市場であったが、銅市場にもまた言及すべきである。というのも、銅市場は世界経済のトレンドを測る優れたバロメーターとなるからだ。銅市場が強含めば、経済が強いことを意味し、銅市場が弱含めば、経済が弱いことを意味する。図表２．１１で見れば、一目瞭然である。米１０年国債（そして米３０年国債）のトレーダーが、銅市場も同様に目を光らせておくことは名案だといえる。チャートは、１９９９年の後半と２０００年第１四半期の銅先物価格と米１０年国債の利回りがほぼぴったりと一致してい

とを教えてくれる。2000年1月に始まった銅の修正安は、米10年債利回りの下げと見事なまでに一致している。

　他にも経済予測的な価値を持つ可能性のある商品がある。株式市場と木材市場だ。木材は住宅市場と直接の結びつきがある。そのことから、経済トレンドの先行指標と考えられるのだ。図表2．12を見てほしい。1999年7月に木材価格が天井をつけたちょうどそのとき、ＦＲＢは金利引き上げを始めた。2000年初頭には、一連の金利引き上げがアメリカ経済を鈍らせる影響はほとんどない、という考えが広く受け入れられたにもかかわらず、木材価格の急落は別の物語を教えてくれているかのようだ。木材価格の下落は、住宅建設業界が金利上昇の影響を感じ始め、そしてそのことがアメリカ経済全体に（そして株式市場に）悪影響を及ぼす可能性がある、ということを早めに警告してくれているのかもしれない。

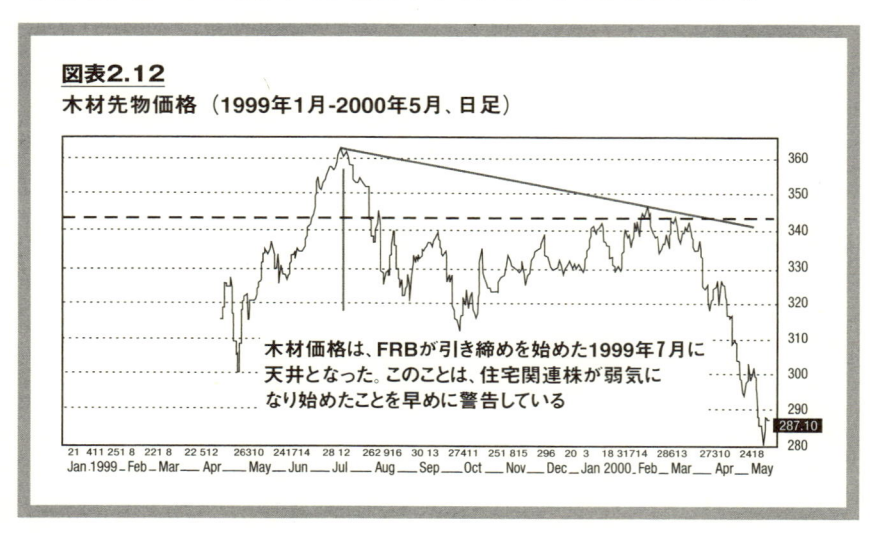

図表2.12
木材先物価格（1999年1月-2000年5月、日足）

木材価格は、FRBが引き締めを始めた1999年7月に天井となった。このことは、住宅関連株が弱気になり始めたことを早めに警告している

アメリカ市場における日本の影響

　グローバル市場で何が起こっているか知ることも良い考えである。というのも、海外市場で起こったことが、アメリカ市場のトレンドによく影響

するからだ。その原因を明らかにするため、**図表２．１３**に、４年以上におよぶ日本の株式市場と米１０年物国債の利回りの比較をしてみた。両市場に著しい相関関係があることが分かるだろう。初めは奇妙に思うかもしれないが、チャートは完全に理にかなっている。日本は世界第２位の規模を誇る経済大国である。したがって、長期金利の世界的下落トレンドに少なからず影響して当然なのだ。１９９６年から１９９８年にかけての日本株とアメリカ金利の同時急落は、そのことで説明がつく。

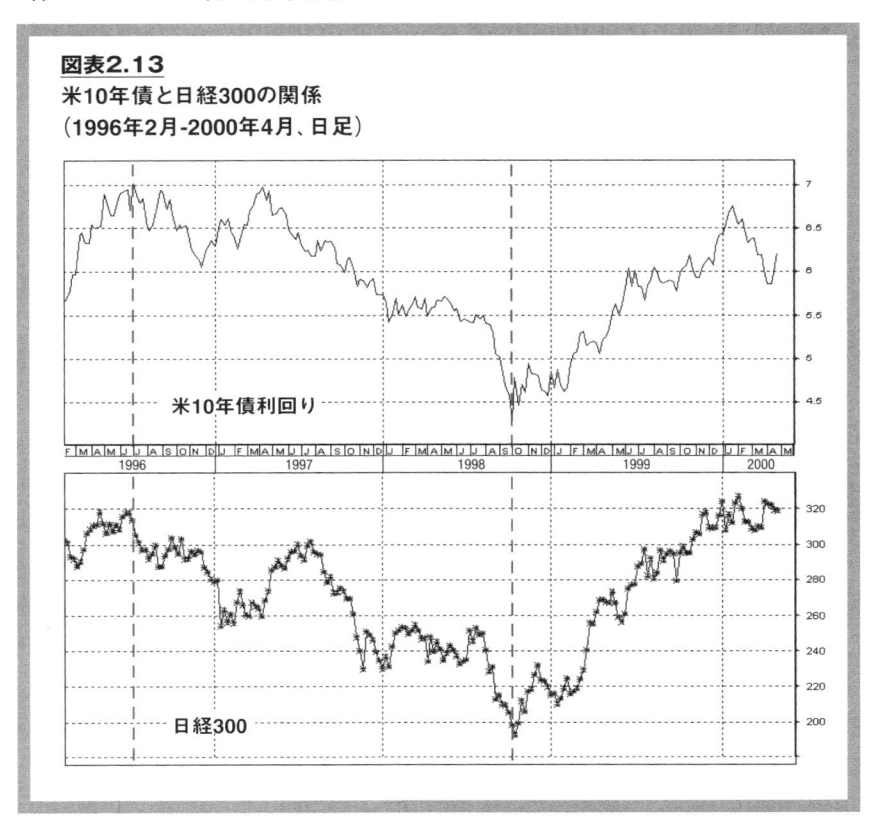

図表2.13
米10年債と日経300の関係
（1996年2月-2000年4月、日足）

米10年債利回り

日経300

　　　１９９８年第４四半期につけた日本株の底が、アメリカ金利の底とちょうど一致していることに注目してほしい。そして両市場は１９９９年を通して、ともに上昇した。１９９９年初頭の日本株の反発には、それからそ

の年の日本経済の回復を予想させるものがある。日本の（そして総じてアジアの）復活で、銅や石油のような産業商品は世界的需要を向上させた。そして両商品とも上昇を始めたのである。

　商品価格の上昇が世界的金利上昇の要因となった。アメリカの経済評論家は１９９９年の大半を費やして、アメリカの比較的低いインフレにもかかわらず金利が上昇している、という疑問について研究をしていた。しかし彼らの認識に欠けていたのは、アメリカ金利の反発がアメリカ経済よりも日本経済のほうにより強く作用しなければならなかったことである。市場間チャート分析家は、こうした世界的トレンドを研究することで、その恩恵を受けることができたのである。

市場間分析をテクニカルでする意義

　市場トレンドと経済トレンドは切っても切れない関係だ。例えば、昔から経済評論家は債券と株式市場で経済トレンドを予測できることを知っている（ただし市場間の関連で商品価格に重要性があるとは、まだ気がついていないかもしれない）。そこでテクニカル分析の出番となる。テクニカル分析の主な関心は、マーケットのトレンドにあるからだ。経済予測にこうした市場トレンドを利用するのであれば、それはそれで良い。しかし、通常こうしたトレンドが最初に姿を現すのは金融市場である。市場間チャート分析家は、そこを容易に突き止められるのだ。

　テクニカル分析の大きな優位性のひとつは、同時にいくつかの市場で策を練ることができることである。チャート分析であればドル、石油、債券、株式市場の展開を容易にたどることができる。また各業種を比較した成績をたどることができる。そして、簡単な作業で主要なグローバルな市場のトレンドを記録し分析できる。

　市場間分析の分野におけるテクニカル分析は、同時に多くのことをチャート化することができるので、大きな優位性をもたらしてくれる。幾つかマーケットをチャート化すれば、次はその関係を研究する論理的段階を踏むだけだ。一方、ファンダメンタル分析は小さな銘柄群を専門化する傾向

がある。ファンダメンタル分析の特性は経済分析を強調するあまり、結果として専門的な知識が要求されることにある。一方、チャート分析家には大局観をつかめるという独特の優位性がある。そして、さらに大局観をつかめるということは、一貫した相場観を作り上げるのに欠かせない要素となる。

　各金融市場間の状況を認識をすることは、なぜある業種がある時期に好調なのか（またはある時期に悪化するのか）について、重要なヒントを与えてくれる。これは、レラティブ・ストレングス（つまりレシオ）チャートを組み合わせて考えることによって、セクター・ローテーション戦略を実行するときに貴重なものとなる。セクター・ローテーションはまた、経済の現状にも光を与えている。それは、金融市場が経済トレンドの先行指標としての役割を演じているからだ。市場間分析は経済予測の領域においても、テクニカル分析の有効性を高めている。

　いかなる単独の市場分野（例えば株式市場）のテクニカル分析も、他の３分野（商品、通貨、債券）で何が起こっているか理解していなければ、不完全なものとなる。１９９９年（そして２０００年初期）に起きたことは、証券市場関係者（そして一般投資家）がシカゴやニューヨークの先物取引所を監視することの、また市場間原理をセクター・ローテーションに適用することの重要性を教えてくれた。不動産業は、その物件がどこにあるかに成功の成否がかかっている。株式市場で成功するにもまた、どこにいるかが重要になってくる。

　最初に記したように、適当な時期に適当な業種や銘柄群に投資していることが、満遍なくマーケットにいることよりも重要なのである。１９９９年の石油高騰はエネルギー関連株が強気の一方で、金融株と運輸株で弱気であることを裏付けた。また金利上昇は、その年のほとんどの期間での日用品・小売株の下げ圧力を維持した。この流れは２０００年になって変化を始めている。それはＦＲＢの金融引き締め政策の継続と、第１四半期の逆利回り曲線（長短金利の逆転状況）によるものである。

■逆利回り曲線が示唆する弱気

２０００年第１四半期に逆利回り曲線が生じた。短期金利が長期金利を超えてしまったのである。これは通常、ＦＲＢの金融引き締めが一段落した後に生じるもので、従来は景気減速を早めに警告するものとして知られている。逆利回り曲線が出現したということは、２０００年第１四半期に、買われ過ぎの業種（バイオテックやハイテクなど）から比較的安定した業種（医薬品、不動産、公共事業など）へと物色の対象が移った、と理解できるかもしれない。防衛銘柄はたいてい、経済が減速したときに比較的良い成績を残す。この状況がそれに該当するかどうかについては、市場をよく観察すれば、普通はどこかに将来の価格や経済動向の手掛かりを見つけることができるものだ。

■進化する市場間モデル

私が１９９１年に『インターマーケット・テクニカル・アナリシス（Intermarket Technical Analysis : Trading Strategies for the Global Stock, Bond, Commodity, and Currency Markets）』を著したとき、多くのアイデアが革新的に思えた。あるテクニカル分析のグループは、市場間研究をテクニカル分析の世界に入るものかどうか疑ったほどである。したがって今回、マーケット・テクニカル・アソシエーション（ＭＴＡ）が市場間分析をテクニカル分析の一分野として正式に認めると発表したのは、喜ばしいことである。１９９１年のものは市場間関係という大前提に力点を置くことで、競合する投資分野間でいかに投資資金を配分すればいいかという独特の利用法であった。幸いにも、約１０年前に提案したアイデアのほとんどは１９９０年代の実際の検証に耐え、非常によく機能し続けている。

テクニカル分析の基本的前提のひとつが、マーケットは経済的・ファンダメンタル情報を織り込んでいるというものである。だからこそチャート分析家は、マーケットからの将来のトレンドについてのメッセージを解読しようと研究するのである。市場間分析の分野ほど真実を伝えるものはな

※参考文献　ジョン・Ｊ・マーフィー著『市場間分析入門』（パンローリング）

い。金融市場は常にメッセージを発している。問題は、それをどう読み取るかである。ひとつや2つだけではない、すべての市場を追いかけて、その相関関係を考慮できたら最高だ。このモデルが分散投資戦略のマクロ的アプローチの参考となる。また、セクター・ローテーション戦略の、さらに的を射た適用が可能となるのだ。

第3章

ポイントアンドフィギュア移動平均の利用法

ケネス・G・タワー

　移動平均は、データを滑らかにし基本的なトレンドを明らかにするために広く用いられている手段である。バーチャートにはあらゆるところで移動平均が用いられているが、ポイントアンドフィギュア・チャートは1800年代後半から存在していたにもかかわらず、それには移動平均が広く適用されることはなかった。ポイントアンドフィギュア・チャートは出来高や時間にかかわりなく価格変化と方向を計るため、バーチャートとは構成がかなり異なっている。バーチャートやローソク足では、X軸は時間の経過を表す。したがって、日足チャートにおいては、新しい足が毎日記入されることになる。ポイントアンドフィギュア・チャートではすべての取引日が等しく表記されるわけではない。日によっては、活発に動くこともあれば、あまりに暇でスペシャリストやマーケットメーカーが冗談を取り交わしたりうたた寝をしたりするようなこともある。

　ポイントアンドフィギュア・チャートは、特定の日のトレードは他の日より重要であるという事実に基づいている。ポイントアンドフィギュア・チャーティングのオリジナルの手法である一枠転換チャートは、日中の値動きを最もよく表している。この手法は日中の価格変動を用いるので、値動きが活発な日にはチャートが大きく変化するかもしれない。逆に、値動きがあまりない期間では、1週間以上もチャートに変化がないこともあるかもしれない。これは、ポイントアンドフィギュア移動平均によって変動がより滑らかになり、値動きが活発でない日には記帳されないことを意味

している。

　パーソナル・コンピューターの登場で、一般的にテクニカル指標やチャートはより手に入りやすくなった。残念ながら、プログラマーは固定幅のデータフィールドを使うようソフトウエアを設計してきた。厳密なポイントアンドフィギュア・チャートでは値動きが活発な日のボラティリティの増大を反映するために、可変長のデータフィールドを必要としている。この結果、ソフトウエアパッケージに含まれるポイントアンドフィギュア・チャートの多くは不正確なものであった。さらに、日中のデータは「4本値」のデータより入手が難しかったために、ポイントアンドフィギュア・チャートの人気はあまり上がらなかったのである。しかし、ポイントアンドフィギュア・チャーティングにとって、日中のデータを含むことは不可欠である。ローソク足において始値を利用することで、従来のバーチャートと比べて値動きの詳細がより明らかになったように、ポイントアンドフィギュア・チャートで日中のデータを使うことによって、需給勢力の働きがさらに明確になるのである。日中のデータを含むことによって、ポイントアンドフィギュア・チャートは値動きのボラティリティの増加に素早く反応することになり、それはすぐに移動平均にも反映され、投資家はトレードの機会をより速く認識することができる。

ポイントアンドフィギュア・チャーティングのバックグラウンド

　ポイントアンドフィギュア・チャートは1880年代に発明されたが、1920年代に何人かのプールオペレーターがそれを使って大成功を収めるまで、人気が高くなることはなかった（株の売買には暗黒の時代であった1920年代には、プールとは投資家のグループのことであり、彼らは資金をプール＝共同出資＝して株を売買していた）。

　それ自体は何も悪いことはないが、証券監督機関は、彼らの売買によって悪質なプールによる株価の市場操作を防ぐために、ダウンティック・ルールを制定した。コンピューターのスクリーンが膨大なデータを表示する

今日においては信じがたいことだが、ティッカー・テープマシンの出現は株式のトレーダーにとっては革命的な出来事であったのだ。

通信技術の発達とティッカー・テープによって、トレーダーや投資家は、夕刊を待ったり株式取引所のフロアに実際に立つことなく、株価の動向を把握することが可能になった。この新しい情報源の出現によって、株の売買に積極的な投資家の数が飛躍的に伸びた。

多くの投資家グループは仮想売買によってティッカー・テープを偽装して特定の銘柄の株価を押し上げ、他の投資家に抜け目のない資金が新たな大化け銘柄を見つけだしたと信じ込ませようとしていた。もちろん、こういった試みは長い上げ相場の終わり近辺で行われたので、多くの投資家は成功に酔っており、みんな自信過剰に陥っていた。いずれにしても、投資家は熱狂的に株を売買し（１９２９年の出来高の記録は約４０年間も破られなかった）、ポイントアンドフィギュア・チャートの人気も高くなった。なぜなら投資家は、日中のデータを使うことによって、プールオペレーターの動きをもっと良く観察することができると信じ込んだからである。

■チャート作成の基本

シアーズが昨日４０ドルで引けたと考えてみよう。この銘柄のポイントアンドフィギュア・チャートを作成する最も単純な方法は、１ドルのボックスサイズを使って一枠転換チャートを作ることである。１ドルのボックスサイズとは、１ドルごとに価格変動を把握することを意味する。一枠転換チャートを作るということは、価格反転のすべてを認識することを意味する。さて、株価が昨日４０ドルで引けたことを知るために、グラフ用紙の４０ドルの水平線のすぐ上に「Ｘ」を記入する。

$40 | X

ここで売買が活発な日と不活発な日の２つの例を調べてみよう。不活発な日には、シアーズは４０．５０ドルで寄り付いて、４０ドル 7/8 まで上昇し、その後下落して３９．５０ドルで引けたとしよう。ここでチャート

のボックスサイズは１ドルであり、直近の記帳は４０ドルなので、次のＸを記入するために、私たちは４１ドルか３９ドルになる値動きを探すことになる。したがって、不活発な日には、チャートはまったく変化していないことになる。

　一方、活発な日ではシアーズは同じく４０．５０ドルで寄り付く。正午までに４１ドルに上昇し、さらに４２．１２５ドルまで上がった後、３９ドルに下がって引ける。これをチャートに描くと、次のようになる。

```
        | X
        | X X
$40     | X X
        | X
```

　４０ドルの上の２つのＸは、最初の４２ドルまでの株価の上昇を表している。そこから株価は下落し始める。思い出してほしい、ボックスサイズは１ドルなので株価が４１ドルにいったん落ちれば、もうひとつＸを記帳する必要がある。もし４２ドルのＸのすぐ下にそれを記入するとしたら、すでにＸが記入されているので重なってしまうことになる。したがって、右に一列移動する必要がある。新しい列の４１ドルにＸを記入して、株価は４０ドルへ、さらには３９ドルへと下落し続ける。これらのＸは４１ドルに記入したＸのすぐ下に直接記入することができる。４１ドルでは新しい列に移動する必要があったが、ここではその必要はない。なぜなら重複していないからである。

　もし次の日に、株価が４０ドルで寄り付き、３９ドルに下落して、４０ドルに再び上昇し、再び３９ドルに下落して、４１ドルで引けたとすれば、チャートは次のようになる。

```
        | X
        | X X     X
$40     | X X X X X
        |   X X X
```

ここまでで、あなたはチャートがXとOの組み合せではなく、Xだけで記帳されていることを不思議に思っているかもしれない。Oは三枠転換チャートにおいて、下落列で下降相場を示すために使われるものであり、それは伝統的な手法の便法として発明されたのである。一枠転換チャートにおいて、新しい列の最初の記入は意味がある価格変動の始まりであることもあるし、上記の例の３９ドルからの最初の上昇のように、そうでないこともある。新しい列がこれから上がるのか下がるのかは誰にも分からないので、ただ単にXを記入するのである。

■保ち合い

　なぜ、より小さな価格変動を記録するのか？　これらの値動きは保ち合いを構成するので、ポイントアンドフィギュア・チャートのアナリストはそうしているのである。保ち合いとは、比較的一定の幅の中で株価が動く範囲のことである。つまり、保ち合いにおいては、需給の勢力はバランスしていることになる。その領域の外へ向かう値動きがブレイクアウトと呼ばれている。ブレイクアウトは、それまでの需給バランスがもう存在せず、新しいトレンド形成の段階に入ったことを示唆している。保ち合いが長ければ長いだけ、ブレイクアウトはより重要になる。したがって次に示した１番目のチャートパターン（左側の例）からのブレイクアウトは、２番目のチャートパターン（右側の例）のブレイクアウトほど重要ではないことになる。なぜそうなのか？

　なぜなら極めて単純なことに、このパターンが表す値動きは、より多くの投資家に影響を与えると考えられるからである。次に示される２つの例では、株価は３９ドルから４２ドルの間に取引レンジを形成し、３８ドルからブレイクダウンしている。しかし２番目のパターンは１番目のパターンより長く保ち合い状態が続き、１番目のパターンよりは多くの投資家に影響を与えている。これはより重大な結果をもたらすことを意味している。下落中の銘柄を持っていると、上昇中の銘柄を持っている場合と比べて、極めて異なった感情的な反応が引き起こされることを、私たちはみんな知

っている。短期的なマーケット変動に動じないと思われている経験豊かなファンド・マネジャーでさえ、マーケットを凌駕するために大きなプレッシャーにさらされているのである。損失に対する反応はより極端になる傾向があるので、より多くの売買とより多くの投資家を巻き込んでいる２番目の（より長い保ち合いからの）ブレイクダウンはより重要であると考えられるのである。ポイントアンドフィギュアの移動平均は列に基づいているので、１番目の（短い）保ち合いとは違って、２番目の保ち合いパターンはその移動平均に大きく影響を与えることになる。

```
       X                          X   X   X
       XX   XX                    XX  XXXXXXXX   X
$40   XXXXXXX              $40   XXXXXXXXXXXXX
       XX    XX                   XX  X   X    XXX
       X-ブレイクダウン              X-ブレイクダウン
        ・ポイント                     ・ポイント
```

■価格目標

　ポイントアンドフィギュア・チャートを使う大きな利点のひとつは、トレーダーが価格目標を計算できることにある。単純なポイントアンドフィギュアの価格目標を説明するために、次に前述の２つの保ち合いパターンを示しながら、そこに列番号を記入してみる。

　価格目標を計算するためには、まず保ち合いを識別しなくてはならない。私たちはどこでこれらの保ち合いが終わるか、前述の例ですでに知っているので（３８ドルにおける下方ブレイクアウト）、領域のサイズを決定するために、それが始まる「アップウォール」と呼ばれる個所を見いだす必要がある。両方のケースでは、チャートの１番目の列（４０ドルから４２ドルへの動き）はその最初のアップ列を示している。１番目の例では、アップウォールから始めて、下方ブレイクアウトまで単に列を数えることになる（２列から７列まで）。これら６列が領域の中央値から引かれることになる。この例では、中央値は４０ドルであり、新しい下降トレンドの価格目標は４０ドル引く６ドルの３４ドルである。別の言い方をすれば、３

8ドルから始まったブレイクダウンは、株価が34ドルに下がるであろうことを示唆している。

```
        │ X
        │ X X   X X
 $40    │ X X X X X X X
        │   X X   X X X
        │         X  - ブレイクダウン
        │            ・ポイント
        │ 1 2 3 4 5 6 7
```

2番目の例では、保ち合いの最初のアップウォールからブレイクダウンの列まで数えると、2列から18列になる。これらの17列が領域の中央値（40ドル）から引かれることになり、23ドルという価格目標が得られる。紙のチャートの時代には、これらの目標は一般的にコンパスを使って計算されていた。アナリストはブレイクアウト列（この例ではチャートの最後）にコンパスの中心を置き、保ち合いの最初のアップウォールにコンパスの鉛筆を置いたのだ。アナリストは右下に円弧を描きながら鉛筆を動かして価格目標を求めたのである（このチャートはグラフ用紙の上に描かれてはいないので、ここで示される例は正確な価格目標を表していないことに注意してほしい）。価格目標は保ち合いのサイズによって変わることにも注意してほしい。もし日中のデータを使うことができるならば、その場合には保ち合いを正確に示すことができる。

ポイントアンドフィギュア・チャートで移動平均を作成する

バーチャートで移動平均を作成するための仕組みは単純であるが、ポイントアンドフィギュア・チャートで移動平均を作成するのは少し複雑である。そのため、移動平均はポイントアンドフィギュア・チャートではめったに使われることはなかった。実際、コンピューター化されたチャーティングパッケージが1980年代に登場し、1990年代に急増したにもか

かわらず、ポイントアンドフィギュア・チャートは通常とは異なったデータを必要としたために、ほとんど使われることはなかったのである。UST証券会社は、このコンピューター時代にポイントアンドフィギュア・チャートを取り上げ、対数目盛と任意のボックスサイズ、そして移動平均を利用することを導入した。

　移動平均は時としてボラタイルになる短期データを滑らかにして、基本的なトレンドを明らかにすることに役立つ。投資家には周知の通り、そして理論的な研究も認めるように、基本的なトレンドを認識することは重要である。移動平均は加重移動平均、あるいは加重されない（単純）移動平均の形で作成することができる。この章では単純移動平均を用いることにする。移動平均を実際に計算するにあたっては、それぞれの列の中央値が入力値となる。例えば、１ドルのボックスサイズを使い、１番目の列には４０ドル、４１ドル、４２ドルと記帳されているときには、移動平均の計算に使われるその列の値は４１ドルになる。短期（１０列）と長期（２０列）の移動平均をそれぞれチャート上に示してみる。

　トレンドを明らかにするために、移動平均をいろいろな方法で使うことができる。代表的な２つの手法としては、平均の勾配を測定したり、短期と長期の移動平均の交差システムを使うことである。これらのテクニックを組み合わせれば、移動平均を付け加えた利点を伝統的なブレイクアウトシステムに生かすことができる。

■長い保ち合いのブレイクアウトパターンを認識する

　長い保ち合いのブレイクアウトパターン（１年から３年続くような保ち合いの価格変動）について研究することで、長期的な投資展望を得ることができる。保ち合いの価格変動や取引レンジは、供給と需要がバランスしていることを示している。株価がレンジの下限に近づくときはいつでも、買い方が参入するか、売り方が手控えるかして価格は上昇に転じるのである。レンジの上限ではこの反対のことが起こっている。買い手が姿を消すか、あるいはおそらく新たな売り手が現れるのである。これらのどちらが

実際に起こっているのかは重要ではない。しかし株価をその取引レンジに留めておくために、何かが起こっているのである。

株は、あるときには取引レンジ外の価格でトレードされることになる。テクニシャンはこれをブレイクアウトと呼び、それは供給あるいは需要曲線の移行を示している。それは、株価を狭いレンジに保った勢力が移行したことを意味する。レンジでの取引は終了し、ブレイクアウトの方向へ新しいトレンドが始まったのだ。

この新しいトレンドの潜在的な大きさは、前の保ち合いのサイズによって、ポイントアンドフィギュア・チャートに示される。これらの長い保ち合いのブレイクアウトは非常に明快である。しかし多くの場合はマーケットのトレンドはそれほど明白ではない。これらの場合、移動平均が有益となるのである。

■移動平均の反転を識別する

図表3．1～図表3．4は移動平均の反転の例を示している。図表3．1は、ヒルフィガー社のボックスサイズ3．6％の一枠転換チャートである。これらは対数目盛チャートであるので、本当の反転は3．6％ではなく、対数の3．6％相当である。この数値を用いることによって、上昇するときと下落するときでパーセンテージが異なるという問題を解決しているのである。例えば、株式が月曜日に100ドルで引け、10％下落して火曜日に90ドルで引けたと仮定しよう。そして水曜日に10％上昇した場合、株価は月曜日の終値の100ドルではなく99ドルである。多くの人々は対数に精通していないゆえに、反転はパーセントの数値で示されている。ボックスサイズはそれぞれの銘柄の売買の特徴を反映するように、UST証券会社のアナリストによって決定されている。よりボラタイルな銘柄は、売買のパターンを正確に示すためにはより大きな値を必要とする。

1998年10月の底（**図表3．1**のポイントA）の後、ヒルフィガーは勢いよく上昇し、ポイントBで移動平均は共に正になった。ここで株価がブレイクアウトしたベースは非常に小さいので、これは役立つことにな

る。両方の移動平均が反転したことで、安値近辺の小さなベースパターンから期待されるより大きい上昇が始まったことを示唆している。ポイントCでは、長期の売り込みを引き出すのには十分でないが、小さな天井からのブレイクダウンが見られる。このパターンは両方の移動平均が下落したポイントDで変化することになる。この銘柄の売りシグナルは翌年、9ドルに下落するまでそのままである。株価が下降中の移動平均まで回復する図表3．1のポイントEでは、下降トレンドが確認され、現在の保有者が株を売却したり、トレーダーが空売りしたり、あるいはプットオプションを買う機会を提供している。

　この例は、テクニカル分析を使うことで得られるおそらく最も価値がある利点を示している。それは、あなたが引かされ玉を持つことを避けられるということである。投資家は、購入価格や直近の高値に回復するまで株を持ち続けるという性向がある。この例ではBからDまではあまり儲かっていない上に、ポイントDの後では上昇する勢いはほとんどない。このテクニックによって、投資家は手仕舞いするための規律を手に入れることができる。

図表3.1
ヒルフィガー

反転
ボックスサイズ3.6％
一枠転換

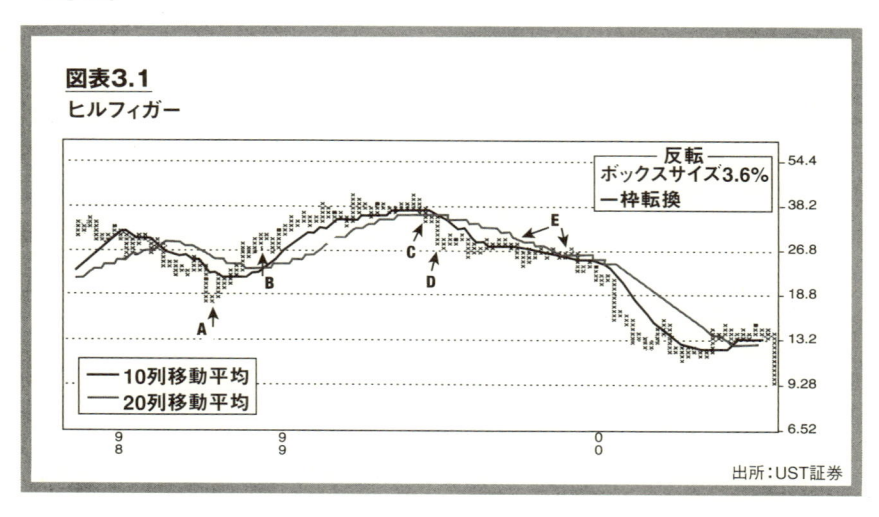

― 10列移動平均
― 20列移動平均

出所：UST証券

　図表3．2はジョンソン＆ジョンソンのボックスサイズ2．4％の一枠

転換チャートである。1997年10月の底の後、小さな保ち合いパターンからのブレイクアウトと2つの移動平均が上昇したことで、買いシグナル（ポイントA）が出た。2000年初め（ポイントB）まで、この買いシグナルは勢いを留めている。そのポイントで移動平均は下落に移って短期移動平均は長期移動平均を下抜け、そして株価は（CとDで構成される）大きな支持線を下に切った。スリーストライクでバッターアウト。この株を所有し続ける理由はもうどこにもない（思い出してほしい、良い企業と良い株式はまったく違うものであるのだ）。

図表3.2
ジョンソン＆ジョンソン

反転
ボックスサイズ2.4%
一枠転換

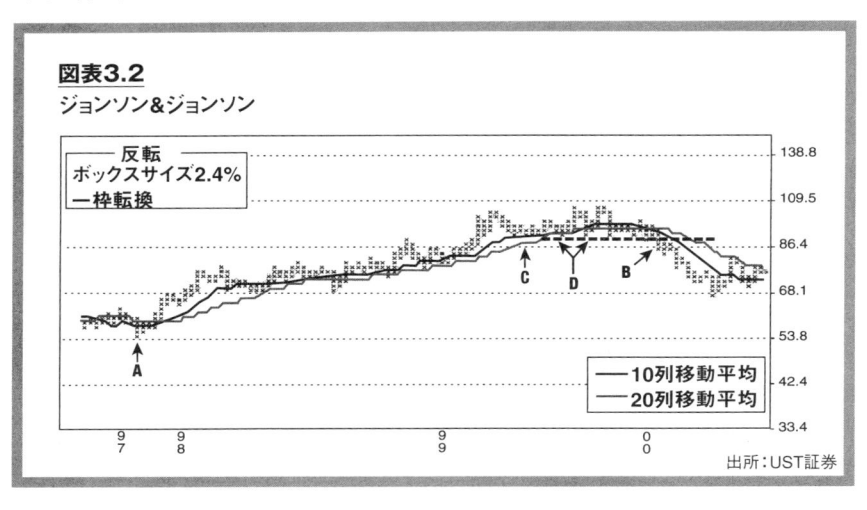

10列移動平均
20列移動平均

出所：UST証券

　図表3．3のニューヨーク・タイムズは、ポイントAから強い上昇トレンドに乗った。1998年初めに株式は急激に下落した（ポイントB）。この下落によって株価は短期的な支持線と上昇トレンドにある両方の移動平均を下に抜いた。上昇しようとする試みは、横ばいの状態にある移動平均まで上がったところで失敗に終わる（ポイントC）。ここは素晴らしい売りのポイントである。
　ポイントDで、両方の移動平均が下降に移り、その後まもなく、株価は急激に下落する。これと反対のプロセスが、底入れの後に平らになった移動平均を、株価が急激な回復によって両方とも上に抜いたときに発生して

いる（ポイントE、F）。移動平均は両方とも上げに転じ、早期の買いポイント（ポイントG）を示している。この移動平均による買いポイントは、従来のブレイクアウトの買いシグナル（ポイントH）より少し先行している。

図表3.3
ニューヨーク・タイムズ

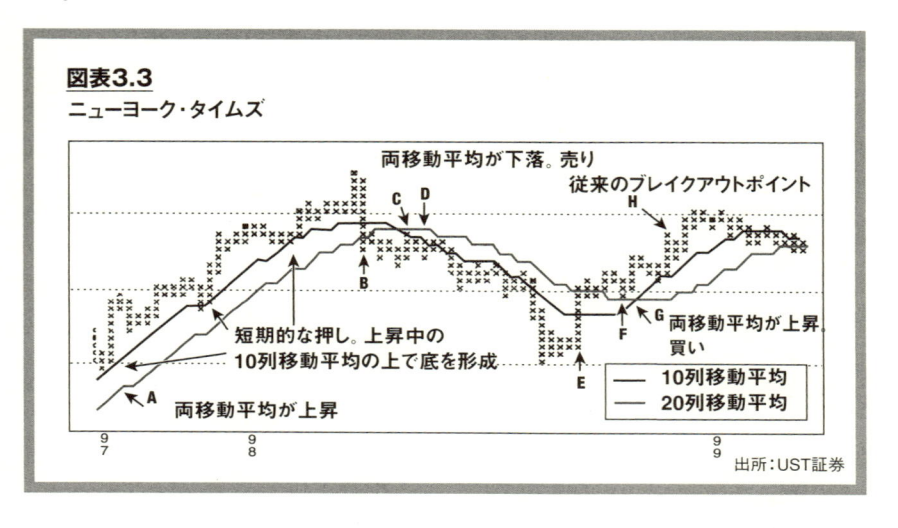

両移動平均が下落。売り
従来のブレイクアウトポイント
短期的な押し。上昇中の10列移動平均の上で底を形成
両移動平均が上昇　買い
10列移動平均
20列移動平均
両移動平均が上昇
出所：UST証券

　図表3．4は、シュルンベルジェの強い上昇トレンドの終わり（ポイントA）から始まっている。それから株価は横滑りして安くなり、両方の移動平均を下回ることになる。移動平均はポイントBで下げに転じている。ポイントCにおける上昇は強気の落とし穴である。それは短期的なブレイクアウトを示し、両方の移動平均を上回ることになった。

　この強気の落とし穴を避ける秘訣は、長期移動平均による確認に注目することである。この場合、２０列の移動平均は決して上昇せず、ポイントBで示された下落はすぐに再開することになる。この下落は１９９８年の間中ほとんど継続し、ポイントDにもう１カ所強気の落とし穴がある。この落とし穴はポイントCと同じ方法で避けることができる。最終的にポイントEで、株価は移動平均の上に長い期間留まることになった。図表3．3のように、この移動平均の買いポイントは従来のブレイクアウトの買いシグナル（ポイントF）より少し先行している。

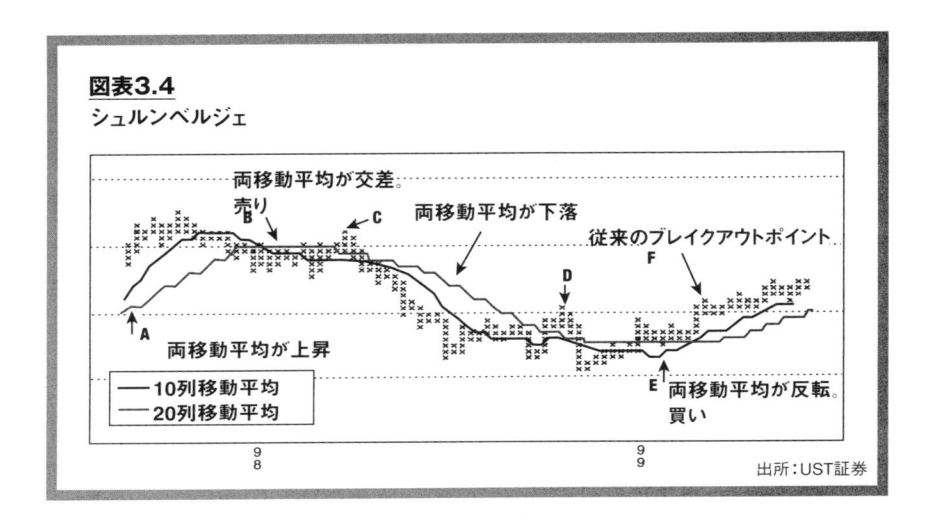

図表3.4
シュルンベルジェ

両移動平均が交差
売り B
C 両移動平均が下落
従来のブレイクアウトポイント F
D
A 両移動平均が上昇
―― 10列移動平均
―― 20列移動平均
E 両移動平均が反転
買い

98　　99
出所：UST証券

■一時的な押しと天井を区別する

　よくある質問は「すでに強い上昇トレンドにある株は、いつ買えばいいのか？」である。**図表3．5**と**図表3．6**は、上昇トレンドにおける押しと重要な天井を区別するために移動平均をどう利用するかを示した例である。**図表3．5**はシスコシステムズのボックスサイズ３．６％の一枠転換チャートである。このチャートは１９９７年後半から始まっているが、そのときすでに株価は上昇トレンド（両方の移動平均が上昇トレンドを形成している）を形成しており、それは２０００年まで継続している。

　株式は１９９８年の第２四半期（ポイントB）にトリプルトップを形成し、小さな保ち合いからポイントCでブレイクダウンしている。このポイントから、１０ドル近辺で底入れするまで、株価は３０％以上下落する。この安値から株式は急激に反転し、短期的な抵抗線（ポイントCにおけるブレイクダウン・レベル）を上抜いた、そしてポイントDで新高値を取ることでなんら問題ないことを示したのである。この修正安を通じて、長期（２０列）の移動平均は一度も下落していない。したがってそれは決して売りシグナルを出していない。慎重な投資家であっても、上昇の勢いを取り戻したポイントDで、容易に株を買うことができたはずである。

図表3.5
シスコシステムズ

反転
ボックスサイズ3.6%
一枠転換

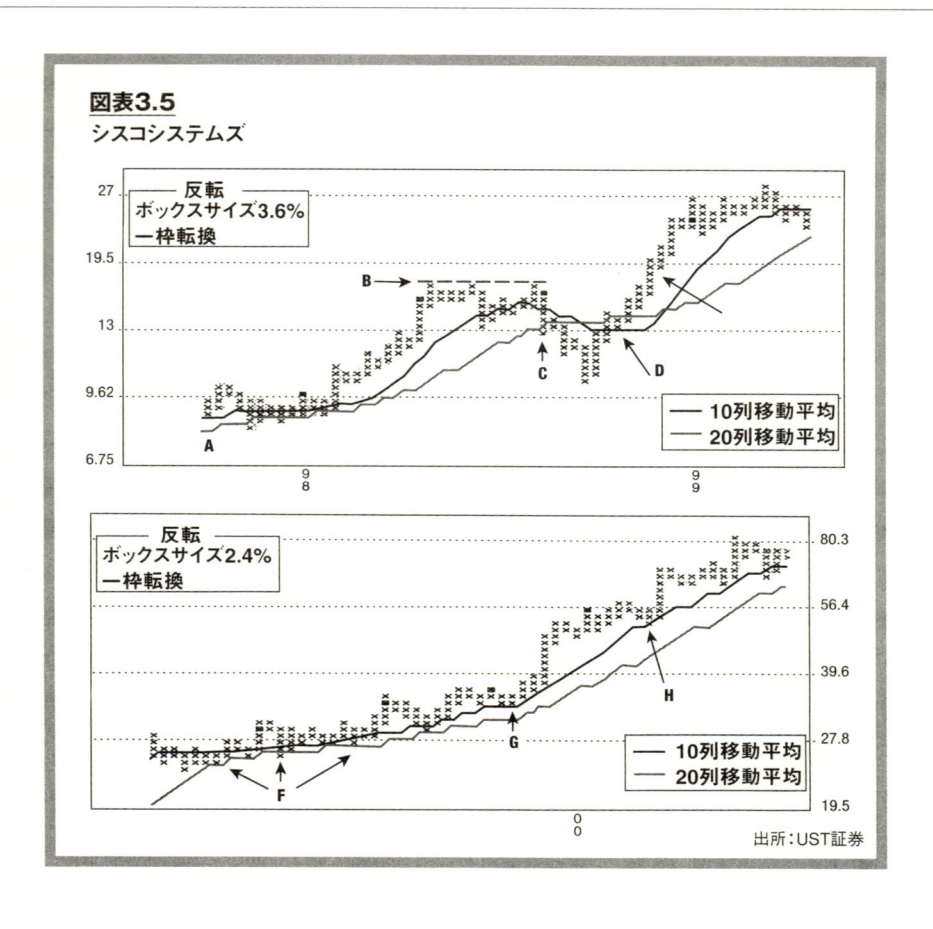

10列移動平均
20列移動平均

反転
ボックスサイズ2.4%
一枠転換

10列移動平均
20列移動平均

出所：UST証券

　上昇トレンドの傾きは１９９９年初めに少し平らになっている。この期間の安値（ポイントＦ）は移動平均と一致しており、素晴らしい買い場を提供している。上昇率は１９９９年の第３、第４四半期に再び加速し始めた。この期間には、株価は長期移動平均まで下落することはない。その代わり、株価は短期移動平均にまでは下落する（ＧとＨを向ける）ことがあるが、それらは長期移動平均を上回っている。一般的に、これは最も良いタイプの買うべき上昇トレンドである。それは非常に強いので、下落したとしても上昇中の長期移動平均にまで達することはない。

　図表３．６は、ＥＭＣのボックスサイズ３．４％の一枠転換チャートである。このチャートは１９９７年後半に始まり、すべての期間にわたって

買いシグナルを発している（長期移動平均は決して下落していない）。1997年に株式はポイントAで小さなダブルトップを形成し、小さな保ち合いからポイントBでブレイクダウンしている。長期移動平均が上昇トレンドに留まる限り、この下落は買い場であるとみなさなくてはならない。

　ポイントCで短期的な上昇の勢いが示されたことによって、素晴らしい買いポイントが現れている。1997年にはほんのわずかしかチャートスペースが取られていないことに注意してほしい。これはその年、EMCにはあまり多くの価格ボラティリティがなかったという事実を反映している。ポイントアンドフィギュアの原則から言うと、これは、この銘柄にはあまり多くの関心が向けられなかったことを示している。したがって、ダブルトップ（ポイントA）から下落してつけた1997年末の安値は、バーチャートよりは重要性がはるかに低いものなのである。バーチャートでは、株価は安値をつける前に、下落中の200日間移動平均を下回ったであろう。このチャートでは、20列の移動平均はまだ上げトレンドである。

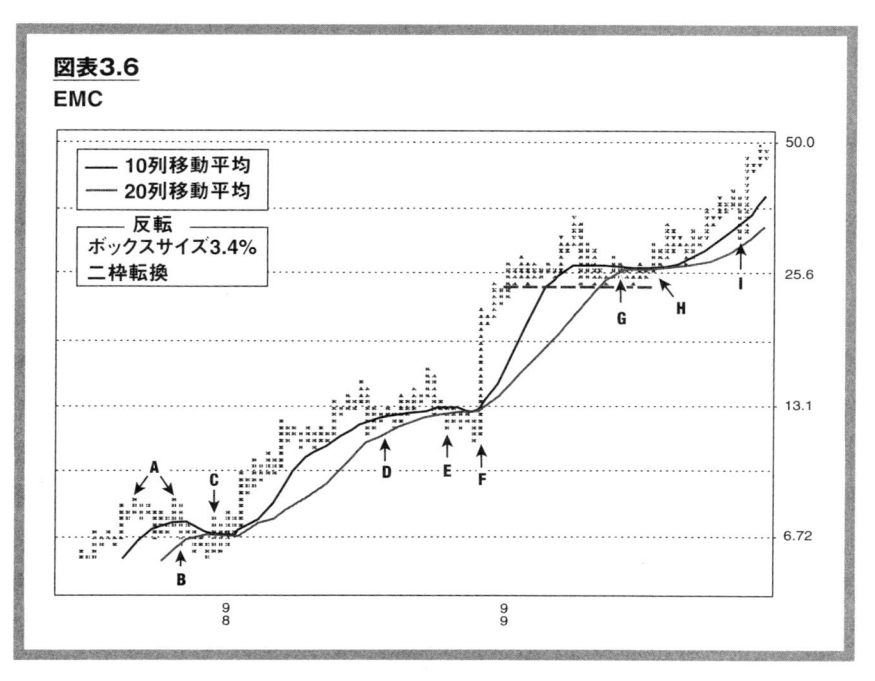

図表3.6
EMC

その後、株価は急激に上昇し、ポイントＤで不規則な保ち合いに入った。もう一度言うが、長期移動平均が上げトレンドを形成している期間のすべての押しは買い場である。ポイントＥにおける安値は２０列の移動平均を下回っているが、その移動平均はまだ上昇しており、ポイントＦで短期的な上昇勢力が示されたことによって別の素晴らしい買い場が提供されている。

　さらに急激な上昇の後に、１９９９年初めに株価は保ち合いに入る。もう一度言うが、株価はポイントＧで長期移動平均を下回るけれども、その移動平均はまだ上昇している。さらに、この保ち合いは非常に平坦なゆえに、これは天井ではなく、単なる保ち合いであるという証拠である。ポイントＨにおける短期的な勢力は素晴らしい買いポイントを示しており、ポイントＩでの押しもまた同様である。

　これらのテクニックは下降トレンドでもまた同様にうまく機能する。図表３．１のチャートを参照して、下落中の移動平均への戻りによって、ポイントＥは素晴らしい売却あるいは空売りの機会となっていることに注意してほしい。

バーチャートに対する ポイントアンドフィギュア・チャートの利点

　バーチャートとポイントアンドフィギュアーチャートの違いを図表３．７に示す。図表３．７のチャートは、両方とも１９９６年１１月から２０００年３月にかけてのゼロックスである。ここでまず、ポイントアンドフィギュア・チャートの場合には、Ｘ軸の各年が占める幅が一定ではないことに注意してほしい。１９９７年と１９９８年の幅は１９９９年や２０００年よりずっと狭い。これは１９９９年は１９９７年よりもずっと高いボラティリティがあったことを示している。もちろん、上の週足チャートの方は、各年が同じ幅を占めている。

　ポイントアンドフィギュア・チャートを見ることで、１９９９年がその前の２年間よりもはるかに重要な期間であったことが分かる。ポイントア

ンドフィギュア・チャートによって、１９９９年初めの天井が誇張され、１９９７年と１９９８年の上昇トレンドは控えめに表現されている。同じように、１９９９年後半から２０００年初めにかけての底は、週足チャートで見るよりもずっと広い幅を占めることに注意してほしい。この場合もやはり、これはマーケットが重要な底をつけたことを表す、より良い指標であることを示している。ポイントアンドフィギュア・チャートでは、X軸は時間の経過ではなく、価格の変動を反映している。

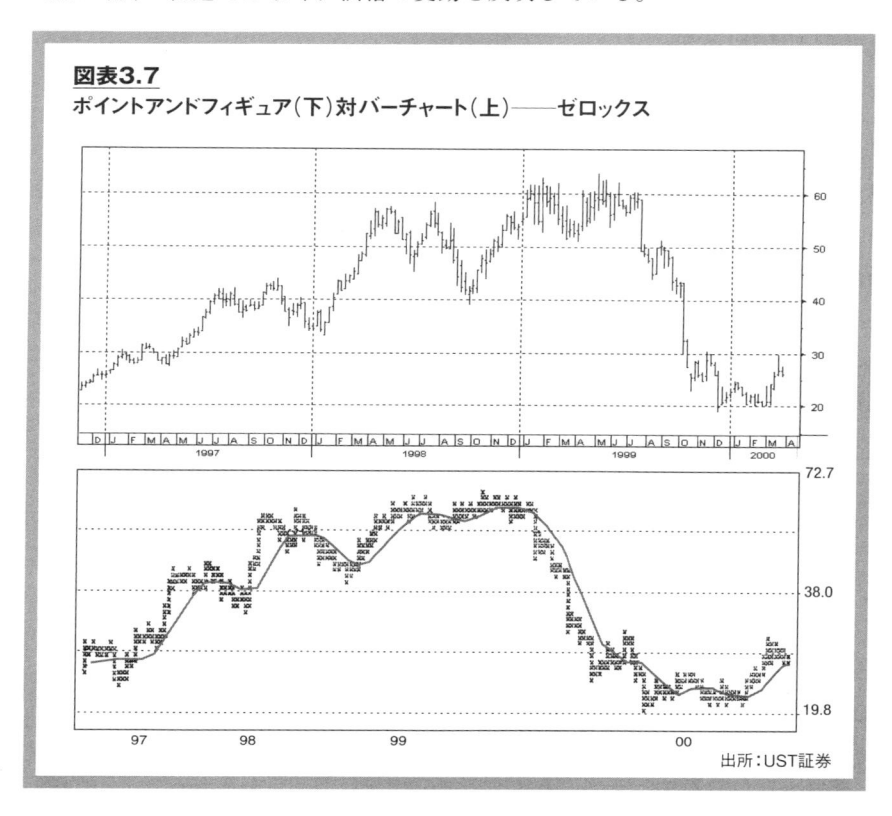

図表3.7
ポイントアンドフィギュア（下）対バーチャート（上）――ゼロックス

出所：UST証券

思い出してほしいが、ポイントアンドフィギュア・チャートを動かすものは株価変動の方向の変化である。１９９７年と１９９８年の上昇トレンドの期間には、マーケットは買い手の強い支配の下にある（需要が供給を

上回っている）。１９９９年に強気筋の支配が失われるにつれて、ポイントアンドフィギュア・チャートの動きが増えてくる。そして強気が弱まるにつれて、株価は頻繁に方向を変えることになる。また、株式が売買される時はいつでも、そこには買い手と売り手がいることを覚えておいてほしい。買い手は株価がより高くなるだろうと信じ、売り手はもっと良いところで売ることができる信じているのだ。１９９９年には強気の投資家と弱気の投資家の間の競争が激しくなり、１９９７年や１９９８年よりもチャート上で広い幅を占めることになった。そして最終的には、株価は７月に３月の安値を下回り、長期移動平均は大きなブレイクダウンを示して下落したのである。

いつどのようにこのテクニックを使うべきか？

　これらはまったく同じデータに基づいているものの、ポイントアンドフィギュア・チャートはバーチャートとはかなり異なった様相を示す。バーチャートはポイントアンドフィギュア・チャートよりずっと一般的に広く使われており、そして投資収益をめぐる戦いにおいては、両者が同じシグナルを与えるかどうかを見るためにポイントアンドフィギュア・チャートをチェックすることが重要である。可変長の移動平均を作成しようと試みることによって、バーチャートの専門家はバーチャートのいくつかの欠点を克服しようとしている。これはすべての取引日が等しい重要性を持つわけではないと認めていることになる。ポイントアンドフィギュア・チャートは株の売買行動を反映しており、すでに可変長の移動平均の特質を備えていることになる。これはＥＭＣのチャート（図表３．６）で、１９９７年の売買活動が圧縮されていることからも、特に顕著である。それはまた天井を素早く形成することにも表れている。

　どんな投資家であっても、最強の上昇トレンドにおいても押しが発生することを知っている。移動平均を使うことによって、投資家は短期的な下落の際にも、株を保持し続けるための枠組みを手に入れることができる。

それはまた、投資家が重要な下落と押しを区別するのを助けることになる。トレードを行う前に、投資家は常に移動平均がどのような状況にあるのかを認識しておくべきである。これは、投資で成功するためには最も大きな障害となる自分自身の感情を克服するのに役立つだろう。恐れとどん欲は至るところで投資家の利益を脅かすことになる。移動平均とポイントアンドフィギュア・チャートによって、投資家はそれらを避けることができる。

　多くの投資家は、ポイントアンドフィギュア・チャートを表すのになぜ対数目盛を使うのかと尋ねることだろう。簡単に答えると、価格が長い期間にわたって大きく変化するときは、それが不可欠であるからだ。シカゴのピットにいるトレーダーは対数目盛りを必要としない。なぜなら彼らが追っている相場は１日のうちには少ししか変化しないからである。これからの６カ月から１８カ月にわたって株価がどう動くかといったアイデアをまとめるためには、投資家は過去３年間の価格の変化を定期的に再検討する必要がある。その期間に株価が２倍、３倍、あるいはそれ以上になることはよくあることである。対数目盛を使うことで、数学的に正確にデータを示すことができるのである。それについては次のように考えてほしい。歴史上最も厳しい弱気マーケットのひとつは、ダウ平均が１９７３年の高値から１９７４年の安値まで約５００ポイント下落したときだった。その５００ポイントの下落は、当時では５０％の下落に相当した。現在、ダウは１００００を超えており、５００ポイントの下落は暴落時の第１ラウンドにも起こらないであろう。

　対数目盛を使う場合には２つの欠点がある。第１は、グラフの余白に記された数字がちょうど切りの良い数字にはならないということ。第２は、対数目盛チャートを手で記帳することが非常に厄介であるということ。手でチャートをつけることは、単にコンピューター・スクリーン上でチャートを見ることに比べて、いろいろな意味で優れているということに私たちは同意しなければならない。しかし、コンピューターが何百という株のフォローを極めて容易にし、正確な過去データを使えるようにした、ということの価値はそれらの欠点よりもはるかに重要である。

　カオス理論によると、異なったスケール上でよく似たパターンが現れる

ことがある。これは株価のパターンについても真実であることが分かっている。良い企業が必ずしも良い株を意味するわけではないということを念頭に置いてほしい。例えば、ウォルマートは長い年月にわたって優良企業であったが、１９９３年から１９９７年の間にはひどい株でもあった。良好なファンダメンタルを反映して株価が再上昇するのを待つのに、４年は長すぎる。ポイントアンドフィギュア・チャートを使うことでマーケットにおける需給関係が明らかになり、投資家は良い株とひどい株を区別することができる。ポイントアンドフィギュア・チャートはマーケット力学の変化に自然に反応するので、それは移動平均のトレードシステムに非常に適していることになる。

　時間軸という制限から離れることで、ポイントアンドフィギュア・チャートは株価変動に関して他とは異なった見方を提供しているのである。ボラタイルなマーケットは静かなマーケットより多くのチャート変動をもたらすので、ポイントアンドフィギュア・チャートはマーケット力学における変化をはっきりと示すことになる。マーケットの状況に対するこうした応答の良さは、ポイントアンドフィギュア・チャートに対して、時間ベースのチャートと比べて利点を与えることになる。ボラティリティの増加あるいは減少はチャートと移動平均にすぐに反映され、それは単純なバーチャートの移動平均よりだましが少ない。ポイントアンドフィギュアの移動平均は、伝統的な長い保ち合いのブレイクアウトに取って代わることはないが、それは多くの他の情報を提供してくれることになる。

※参考文献　トーマス・Ｊ・ドーシー著『最強のポイント・アンド・フィギュア分析』
　　　　　（パンローリング）

第4章

ローソク足を利用した転換シグナルの早期発見法

スティーブ・ナイソン

「備えあれば、憂いなし」

　日本のローソク足は、その形がローソクに似ていることから名付けられた。東アジアでは昔から利用され続け、その分析法は洗練されたものとなっている。ところが、バーチャートやポイントアンドフィギュア・チャートよりも歴史のあるものでありながら、ローソク足が西洋世界で認知されるようになったのは１９９０年に私が紹介してからのことだ。現在では、世界中のトレーダー、投資家、内外の大手金融機関がこの手法を利用している。大半のテクニカル分析のインターネット・ウェブ、リアルタイム売買システム、テクニカル分析ソフトがローソク足を用いていることからも、その人気と利便性は明らかだ。

　かつては知る人ぞ知る手法であったローソク足が、爆発的な人気を博した理由をいくつか挙げてみた。

- **●ローソク足のチャート・テクニックは分かりやすい。**初心者から熟練したプロに至るまで、だれもがローソク足の威力を容易に利用することができる。後ほど解説するが、ローソク足を表すのに必要なデータは、バーチャートに必要なものと同じく高値、安値、始値、終値である。
- **●ローソク足のチャートは、マーケット転換の兆候を早めに教えてくれる。**バーチャートが転換シグナルを出すには数週間かかるのが普通だが、ロ

ーソク足は数本で転換シグナルを出してくれる。そのうえ、ローソク足で確認されたマーケットの転換は、伝統的指標よりも先行することが多い。したがって、マーケットの仕掛けと仕切りを、より良いタイミングで行うための参考となるはずだ。
- **ローソク足のシグナルは、独特の相場観を提供してくれる**。ローソク足は、バーチャートと同様に値動きのトレンドを明らかにするだけでなく、バーチャートとは対照的に、値動きの勢力構造を明らかにしてくれる。
- **ローソク足は西洋のチャート分析を強化してくれる**。先述の通り、ローソク足はバーチャートと同じデータ（高値、安値、始値、終値）を用いる。したがって、どのような西洋のテクニカル分析のツールを使うにしても、ローソク足のチャート上に適用可能ということである。そしてさらにローソク足は、バーチャートで不可能なタイミングと売買機会を与えてくれる。

　ただしローソク足はツールであって、システムではない。最適な利用法は、自分がその利用に最も快適さを感じる西洋のテクニカル手法と融合させることにある。
　東洋のことわざにあるように、「千里の行も足下に始まる」である。本章は、ローソク足分析を追求する第一歩として非常に重要である。いかにローソク足がマーケット分析をより効果的にするものか、また建ち落ちのタイミングを改善するものか、さらに新しく効率的な独特の分析手段を切り開く参考となるものか理解してもらいたい。

ローソク足の構成

　図表４．１と図表４．２に、ローソク足の例を示した。ローソク足の横幅のある部分を「実体」と呼び、始値と終値の値幅を表している。もし始値よりも終値が高ければ、実体は白抜きになる（＝陽線：図表４．１のa参照）。逆に始値より終値が安ければ、実体は黒くなる（＝陰線：図表４．１のb参照）。ローソク足の実体から上下に出ている細い線を、それぞれ

上影（上ひげ）、下影（下ひげ）と呼ぶ（**図表４．１**参照）。上影の上の先がその期間の高値であり、下影の下の先がその期間の安値である。

　図表４．２に注目してほしい。ローソク足に実体がなく、代わりに水平の線が引かれている。こうした十字形の足を「同事線（または寄引同時足）」と呼ぶ。同事線は始値と終値が同じ（またはほとんど同じ）であったことを示している。同事線が持つ意味は、マーケットで需要と供給の勢力が均衡していることである。トレンド相場で同事線が出現すれば、その勢いが衰えてきている可能性がある。この同事線については、後ほど解説する。

　ローソク足の手法は、日中足でも週足でも、利用する時間枠が何であれ、適用可能である。例えば６０分足では、実体はその６０分間の始値と終値の値幅であり、その上影と下影は、その６０分間の高値と安値である。大半の西洋のトレーダーは、日足と日中足の分析にローソク足を利用している。

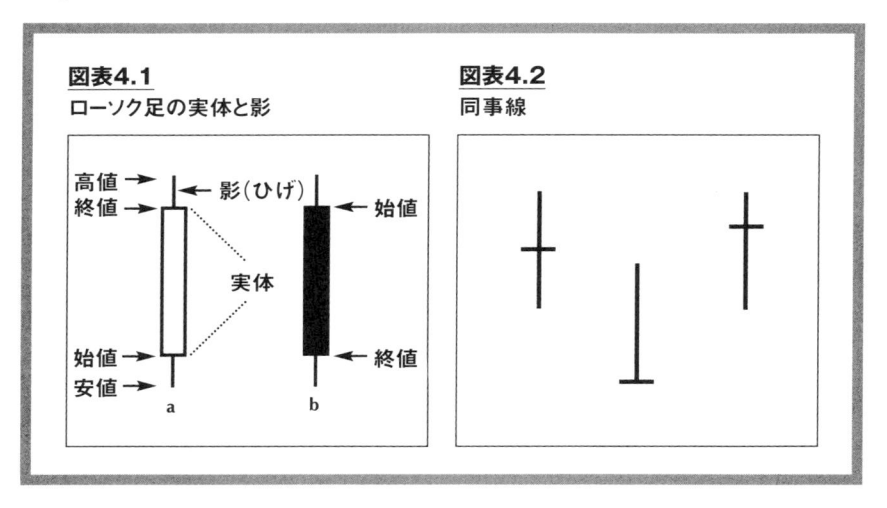

図表4.1
ローソク足の実体と影

図表4.2
同事線

　ローソク足の重要かつ強力な優位性は、マーケットを支配しているのが強気か弱気かの情報を、実体の色で連続して送ってくれるところである。具体的に挙げてみよう。

- ●長大陽線は強気派がマーケットを支配していることを表している。
- ●長大陰線は弱気派がマーケットを支配していることを表している。
- ●実体が(陽線であれ陰線であれ)短ければ、強気派と弱気派が「攻防」中で、マーケットのトレンドが勢いを失っている可能性を警告している。

こうした点に留意して、それぞれのローソク足を利用して、マーケットの潜在的な需給バランスを測ってみたい。

個々のローソク足の利用法

図表4.3を見てほしい。2000年1月中旬から、株価は117ドルから118ドル台で高止まりしている。一連のローソク足を見れば、強気派が完全にマーケットを支配しきれていないことが分かる。特に、1、2、3で示した小さなローソク足は、このプロクター&ギャンブル社の株価が最近の売買レンジの上限に差し掛かって足踏みしていることを教えてくれている。こうした小さな実体で、買い圧力が弱まったか、あるいは売り圧力が需要を吸収するだけ強くなってきたと分かるのだ。この場合、株価は修正安を受けやすくなっている。

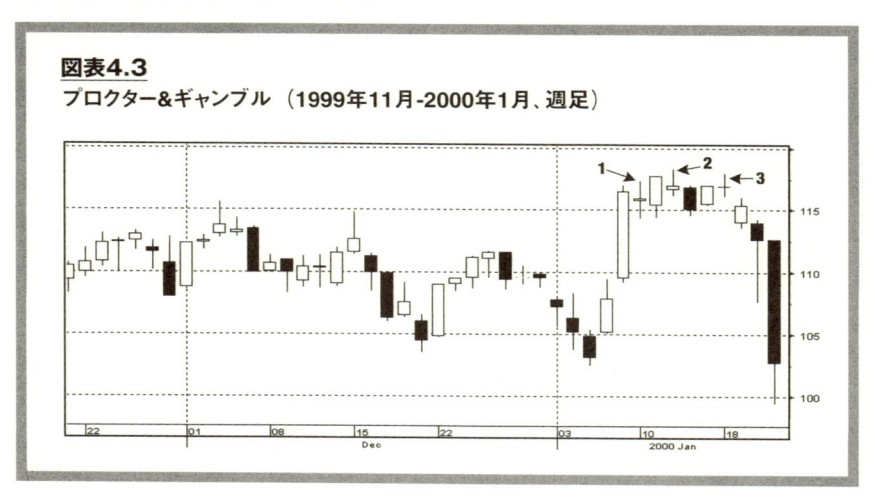

図表4.3
プロクター&ギャンブル (1999年11月-2000年1月、週足)

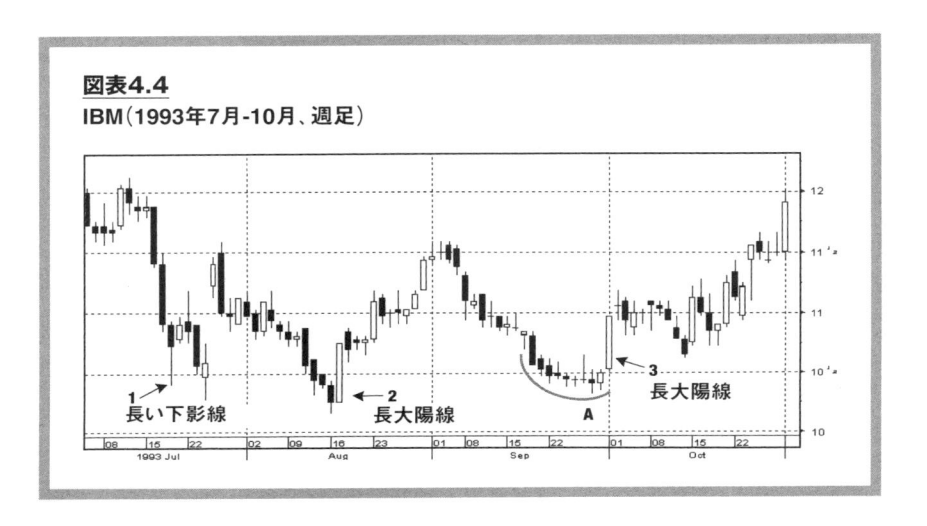

図表4.4
IBM（1993年7月-10月、週足）

1 長い下影線
2 長大陽線
A
3 長大陽線

　図表4．4は、1993年のIBMの株価である。常に底を示すシグナルとして、ローソク足がいかに参考になったか見てほしい。まず下影の長いローソク足（1）があり、次に長大陽線のローソク足（2）がある。これで1株10ドル付近に入ると需要があることが分かる。マーケットが下降した期間Aでは、徐々に実体を短くした陰線が連続し、売り勢力が衰えていったことを教えてくれる。

　長大陽線のローソク足（3）の出現で、マーケットの勢力が強気に傾いていったことが分かる。この場合の特に魅力的な点は、価格リスクが比較的小さいと分かるところである。IBMが10ドル付近の重要なサポート（下値支持）圏を割り込めば、強気の相場観を考え直さねばならなかっただろう。これがチャート分析の大きな優位性である。つまり自分の評価が間違っていたと認識できる価格ポイントが常にあるところだ。きちんとローソク足を、そして一般的テクニカル分析を利用すれば、マーケットのリスク管理と資金管理の方法を改善することができるのだ。

同事線（寄引同時足）

　同事線が特に図表4．3の1のような長大陽線の後や、買われ過ぎの環

境下で現れた場合、マーケットは「買い疲れ」にあるとみられる。
　同事線は発見が非常に容易なため、同事線が出たらすぐさま（上昇トレンドでは）買い、または（下落中では）売るシグナルとして利用する分析家もいる。しかし、同事線はマーケットが転換の状態にあることを表しているので、そのことで、例えば上昇が下落に転じることを意味するものではない。上昇中のマーケットで、転換暗示の同事線である可能性が高いのは、以下の場合である。

●同事線が、他のテクニカルが暗示するものを確認している（例えばマーケットに50％の押しや戻しがあり、サポートやレジスタンス付近にある場合）。
●マーケットが買われ過ぎや売られ過ぎの状態にある。これはまた、後ほど解説するローソク足の組み合わせでも、ほとんど当てはまることである。ローソク足は主に転換の指標となるツールであるから、マーケットは修正を受けやすい状態にあるはずだ。しかし、一時的なものに過ぎないにもかかわらず、転換の機会を増やそうと過度に利用してしまう危険性がある。

　図表４．５で、ダウ平均が１９９９年６月下旬に、１万０５５０付近から上昇しているところを見てほしい。長大陽線が連続している。これは強気が完全にマーケットを支配していることを示している。しかし、その状況はひとつのローソク足の出現で一転した。矢印で示した同事線だ。同事線の前は、強く活発なマーケットであったことを陽線がよく表している。そして同事線は上昇がそこで妨げられたことを明らかにした。
　この**図表４．５**は、ローソク足の重要性が分かる一例である。つまり西洋のテクニカル手法では不可能なシグナルを送ってくれているのだ。例えば、あるバーチャートでその期間の始値と終値が同じであったと分かったとしても、予測的な意味は何もない。しかし、ローソク足では始値と終値が一緒のとき、その前のトレンドが収束している可能性を示したことになる。とりわけ日本人はそのような状況が特に急騰後であった場合、「トレンドから降りろ」となる。

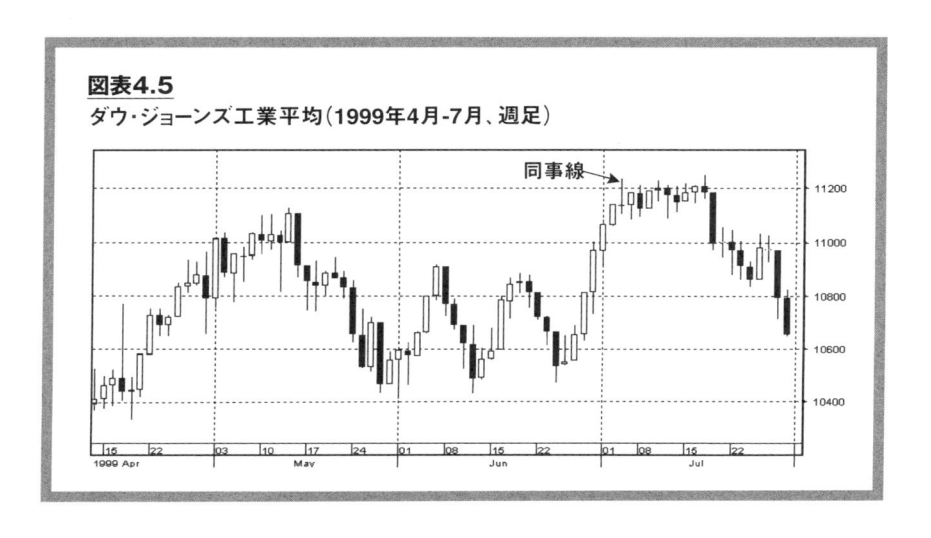

図表4.5
ダウ・ジョーンズ工業平均（1999年4月-7月、週足）

図表4.6
ナスダック総合100指数（1999年12月30日、5分足）

　先述の通りローソク足は、短期間の日中足を含め、どのような時間枠にも利用可能だ。図表4．6は、5分足の始値・高値・安値・終値を表している。12月30日の立ち会い開始間もなく、2本の長大陽線が勢いよく上昇しているのを見てほしい。そして矢印で示した同事線が、危険信号を発している。この同事線は、指数が最近の天井であった3750付近をつけたときには、需要をすべて阻むだけの十分な供給があるという、価値あ

る警告となっている。だからこそ指数は同事線を形成したのである。
　図表４．６は同事線の別の利用法にも脚光を当てている。その前の長大陽線の最高値（上影を含む）を、レジスタンスのシグナルとして利用できるのだ。いかに３７４５ポイント台（同事線とその前の陽線の高い方の高値）がレジスタンスとなり、その次のローソク足の終値がベースとなっているか注目してほしい。
　この手法のもうひとつの例として、先ほどの**図表４．５**を見てほしい。同事線の高値がいかにレジスタンスとして機能しているか分かるだろう。このチャートは、７月１７日の日中にレジスタンスを抜けたことが分かる。しかし、もし強気派が大引けまでレジスタンス超えを維持するだけの勢力を保てなければ、レジスタンスは依然として有効である。逆にこのレジスタンス水準を超えて大引けとなれば、強気のブレイクアウトを意味するだろう。マーケットが長大陽線の後の同事線で「買い疲れ」を示しても、直後にレジスタンスを超えることがあれば、それは「リフレッシュ」したと言えるのだ。

影（ひげ）

　ローソク足の実体は注目すべき点である（日本人は実体を「値動きの本質」とみなしている）。しかし影の長さや位置からも、かなりの情報が得られるのだ。
　例えば、**図表４．７のａ**を見てほしい。比較的長い陽線だ。実体に影がついていなければ、強気の指標として見ることになっただろう。しかし、影の部分を含めてローソク足全体で考えてみると、マーケットの力強さに違う印象を持つことになる。この陽線の長い上影は、上昇勢力が幾分押さえ込まれていることを表している。長い上影は、その期間に上影の先まで上昇したことを意味するだけでなく、その期間の終わりまでに、その高値で強気を維持できなかったことを教えてくれるのだ。
　基本的に、陰線が連続すると弱気のシグナルとなる。しかし**図表４．７のｂ**にある２本のローソク足の下影を見てほしい。大引けまで底を維持す

るのには十分な勢いが弱気側にないことが分かる。さらには、**図表４．７**のｂに見られる２本の陰線は、安値が同じである。このことはマーケットが弱気に傾きすぎである、と警告を発している可能性がある。

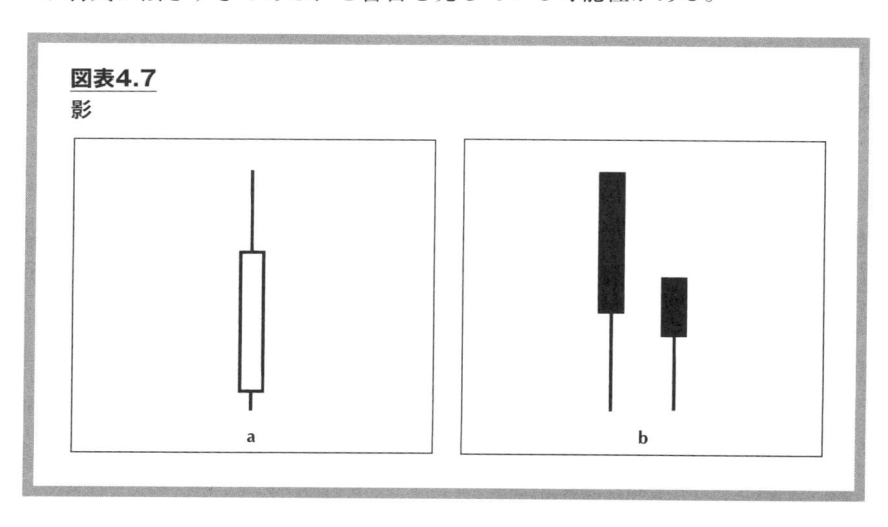

図表4.7
影

首吊り線（ハンマー）と流星（シューティング・スター）

「一方的な影」をつけるローソク足がある。これは非常に長い影を持つローソク足のことだ。こうした一方的な影の代表例として、「首吊り線」と「流星」がある。

■首吊り線（ハンマー）

例えば、**図表４．８**の下落トレンド中に現れたローソク足を見てほしい。これは転換暗示のシグナルで、「首吊り線（ハンマー）」と呼ばれている。あたかもマーケットが底を叩こうとしているかのようだ。首吊り線の基準

図表4.8
首吊り線(ハンマー)

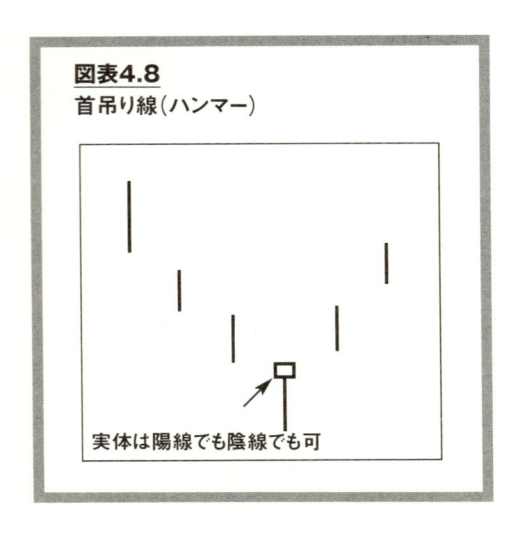

実体は陽線でも陰線でも可

を以下に挙げる。
- 売買レンジの上端の方で小さな実体（陽線であれ陰線であれ）を作る。
- 長い下影をつける（少なくとも実体の長さの2～3倍）。
- 上影がない（またはほとんどない）。
- 下落中に現れる（底転換のシグナルのため）。

　　　　強気の暗示は、ハンマーの形状になっている。その長い下影は、マーケットが売り込まれたものの、その期間の引けには押し返され、高値もしくはその付近で引けたことを表している。つまりマーケットが底値水準を受け入れなかったことを教えてくれているのだ。

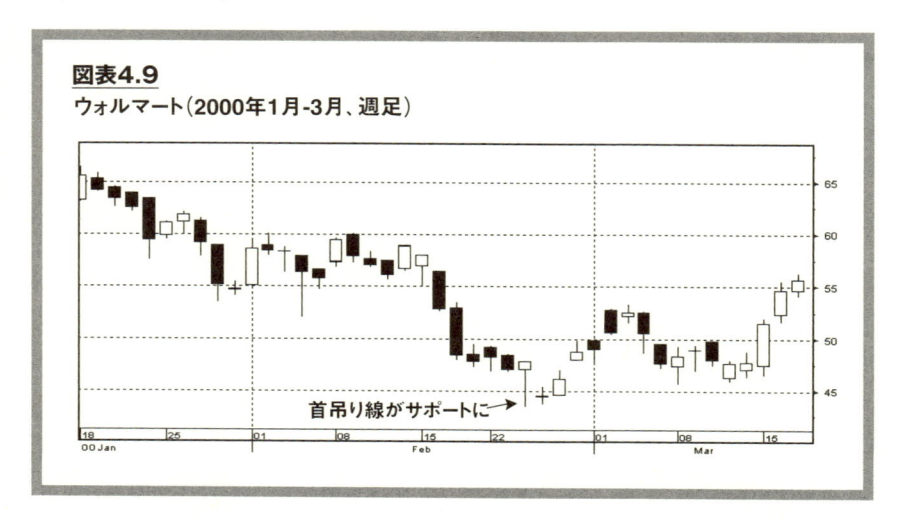

図表4.9
ウォルマート(2000年1月-3月、週足)

首吊り線がサポートに

図表4．9は理想的な首吊り線（ハンマー）の例である。その足は下影を伸ばしたものの、その日の高値で大引けとなり、上影がない。この首吊り線の長い下影は強気を指しており、この時点では需要が供給を圧倒したことがよく分かる。ただし相場常識では、下影が長ければ長いほど、その底値で買うことが難しいと考えられる。またリスク／リワードの観点から、（その期間が引けて）首吊り線が完成したからといって、それのみで買いが妥当とは限らないだろう。例えば、この首吊り線の場合、ウォルマート（WMT）の株価は、前日比ほぼ5ドル安の底値をつけてから、戻して完成している。つまりこの首吊り線の引けで買ったとしたら、リスクがほぼ5ドルであることを意味している。このことを踏まえれば、買いを仕掛ける前に（もし実際にそのような修正が生じるならば）下影の中での修正安を待つことが、基本的には賢明であると言える。それはトレードのリスクを減らすことにもなる。潜在的サポート水準付近で買っていることになるからだ。このチャートでは、株価は首吊り線の翌日に下げており、また首吊り線は安値付近のサポートをうまく維持した。翌日の小さな実体が、弱気が勢力を失っている指標となっている。ただし、首吊り線の安値を下回って引けた場合は、トレンドが再び下げに転じたことになるだろう。

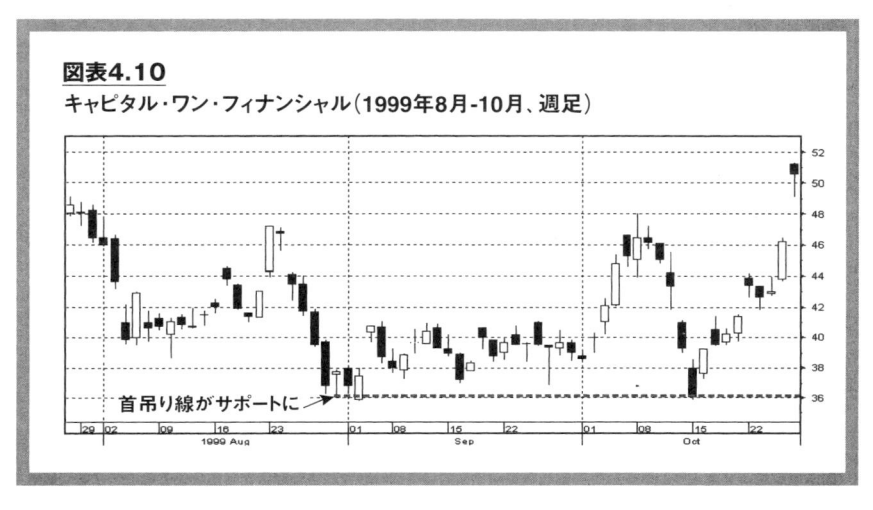

図表4.10
キャピタル・ワン・フィナンシャル（1999年8月-10月、週足）

首吊り線がサポートに

図表4．10に、ローソク足の別の付加価値的側面を示した。あるアナリストは「ネガティブ・セクション」という、うまい呼び方をしている。つまり売っても買っても「いけない」ところを知ることである。なぜなら資産維持は資産運用とまったく同じくらい重要なことだからだ。このチャートでは、8月24日に同事線が長大陽線の次に現れ、トレンド転換を暗示した。この下落は首吊り線で底を打ち、またこの首吊り線の安値がそれから数日にわたって、（終値で見れば）サポートを維持することとなった。そして10月15日、急激な弱気圧力を受けて大陰線を形成した。ここで買い向かうにはリスクがあるだろう（なぜなら陰線の実体が大きいからである）。しかし、株価は首吊り線の安値にサポートされている。したがって大陰線であっても、この株の売りを見送ることになる。これが「ネガティブ・セレクション」の例である。結局、首吊り線がうまくサポートを維持し、株価が大陰線の後に反発することになった。

■流星（シューティング・スター）

図表4．11のローソク足を見てほしい。上影が長く、下影はない（またはほとんどない）。そしてその値幅の下部にある実体は（陽線であれ陰線であれ）小さい。このローソク足を流星と呼ぶ。価格上昇期に現れれば、弱気の可能性がある。流星の上影は、弱気の勢力がその期間の高値を押し返し、安値もしくはその付近で引けるだけの力が備わっていることを教えてくれる。

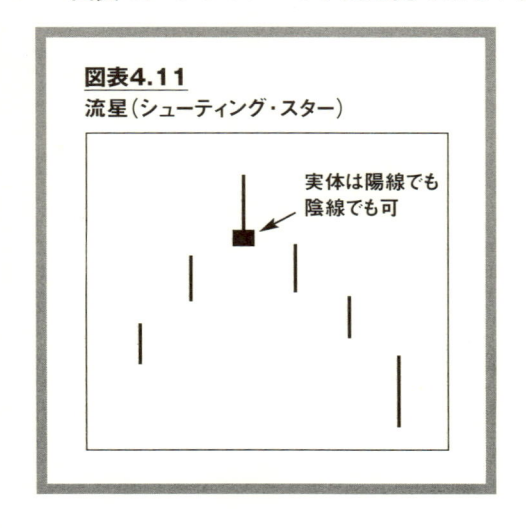

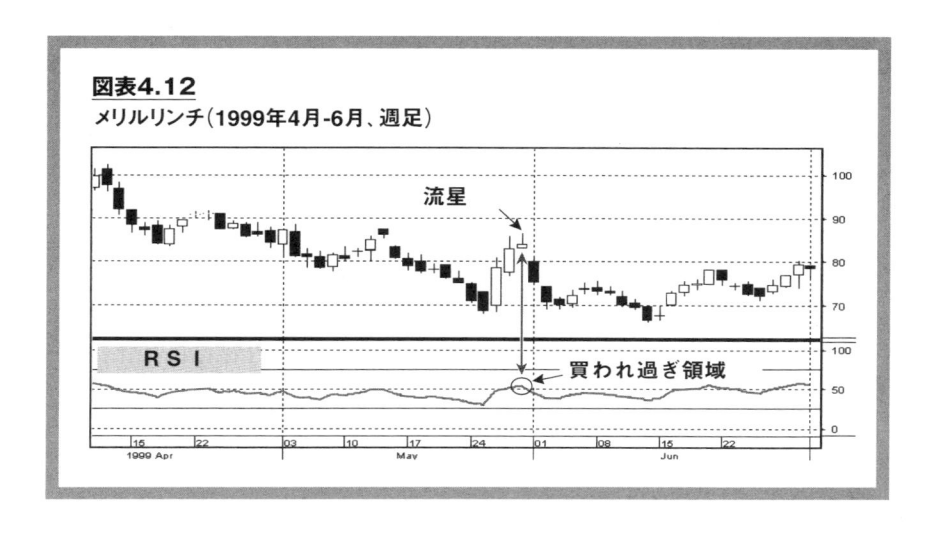

図表4.12
メリルリンチ（1999年4月-6月、週足）

（チャート中のラベル：流星、RSI、買われ過ぎ領域）

　前述の通り、ローソク足のシグナルのほとんどが転換を示す。つまりマーケットが行き過ぎたときを、より効果的に教えてくれるのである。**図表４．１２**は、買われ過ぎ／売られ過ぎの指標であるRSI（相対力指数）を併用したものである。株価はRSIが買われ過ぎを示した（マルで囲んでいる）ところで、流星を形成した。RSI指標がそのローソク足と同時に生じたことが、さらに特別の意味を与えている。これは、ローソク足というツールをオシレーターのような西洋のテクニカル・ツールと融合させることがいかにお互いの有効性を強化するかの一例である。忘れないでほしいのは、ローソク足は西洋のテクニカル・ツールを強化するということだ。置き換えて使うものではないのだ。

包み足（抱き線）

　包み足は２本のローソク足の組み合わせである。図表４．１３は、下落トレンド時に形成される強気の包み足である。陽線の実体が陰線の実体を飲み込んでいる、つまり「包んでいる」のである。包み足は、マーケット動向のさらなる理解に非常に役立つ。例えば強気の包み足は、いかに強気

の勢力が弱気の勢力からマーケットの支配権をもぎ取っているかを表している。

　図表4．14は弱気の包み足である。上昇トレンド時に形成され、陽線の実体を陰線の実体が包み込んでいる。この組み合わせは、供給の圧倒的勢いが需要をのみ込んでしまっていることを示している。弱気の包み足は強気を封じ込めた状態にあるのだ。

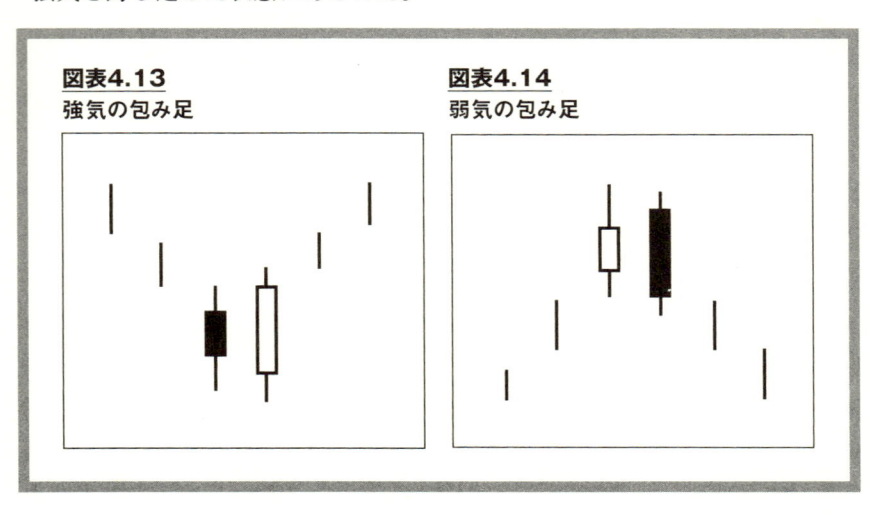

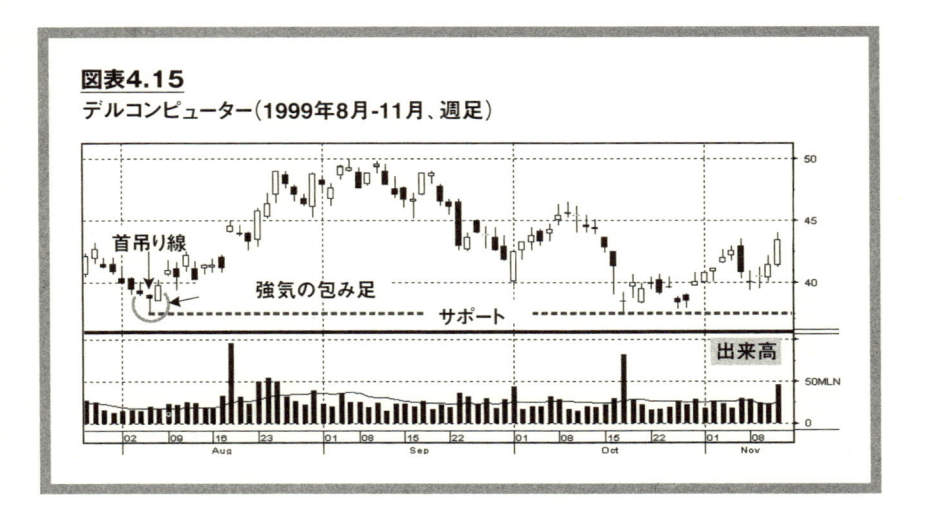

図表4.13
強気の包み足

図表4.14
弱気の包み足

図表4.15
デルコンピューター（1999年8月-11月、週足）

包み足を使った売買手法は、強気の包み足の場合、２本のローソク足の最安値をサポートとして利用する。弱気の包み足であれば、２本のローソク足の最高値をレジスタンスとして利用する。

図表４．１５を見てほしい。１９９９年８月初旬に、デルコンピュータの株価が強気の包み足を形成した（興味深いことに、この組み合わせの最初の足は首吊り線であった）。強気の包み足は３７ 1/2付近をサポートにした。そして１０月中旬に、デルコンピュータの株価は同事線を形成して、このサポートにぶつかった。これは下落トレンド終焉の可能性を暗示することになった。さらに重大なことは、出来高が急増していることである。つまり出来高急増はかなりの供給があったことを示している。しかし小さな実体（つまり同事線）から、同じくらい積極的な需要がこの供給を吸収してしまったことが分かる。これこそ「アキュミュレーション（買い集め）」の典型的な例である（おそらく、相場上手な人が下手な人から買っているところであろう）。このチャートは、西洋のテクニカル分析が東洋のチャート分析をいかに補強してくれるかを教えてくれる。出来高増（西洋のツール）が同事線（ローソク足シグナル）と相まって、強気の包み足（ローソク足の組み合わせ）で予測されたサポート水準を強化したのである。

図表4.16
PHLX石油株価指数（1999年5月-7月、週足）

図表4．16を見てほしい。7月中旬に弱気の包み足が形成された。弱気の包み足の終値を見れば、ＰＨＬＸ石油株価指数はその足の高値からかなり下げている。したがって弱気の包み足が形成されたからといって、リスク／リワードの観点では、ここは魅力的な売りのタイミングではないだろう。より慎重な戦略は、弱気の包み足の最高値をレジスタンス圏として利用し、反発があったときにそれが機能するか見極めることであろう。弱気の包み足は、指数が8200超えを二度試したときにレジスタンスとして機能している（二度目の試しでは、指数は日中にレジスタンスを超えたが、超えたままで引けなかった）。マーケットが弱気の包み足を上回って（または強気の包み足を下回って）引ければ、ブレイクアウトとみなすことになる。これはローソク足の組み合わせの留意すべき点である。つまり、ローソク足のシグナルを確認しても、必ずしもそのトレードがそのときに保証されていることを意味するのではないのだ。あくまでもリスク／リワードの観点から、トレードを評価する必要があるのだ。

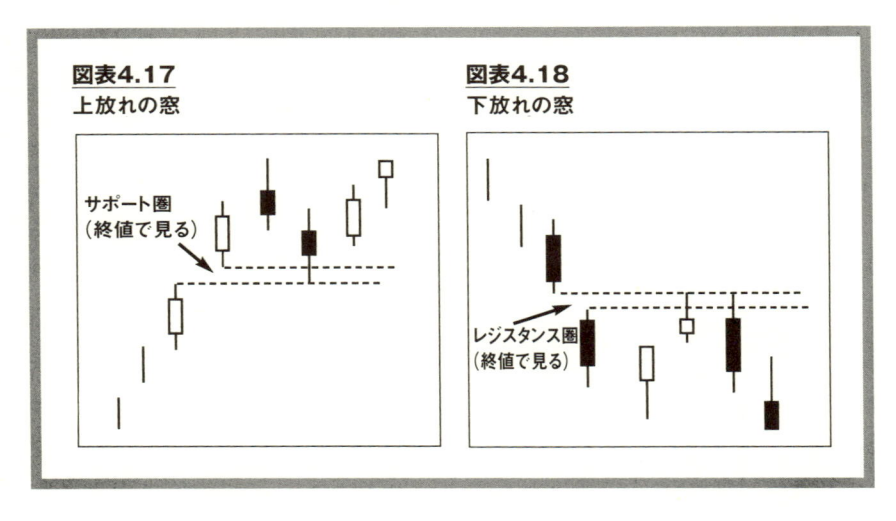

図表4.17　上放れの窓

サポート圏
（終値で見る）

図表4.18　下放れの窓

レジスタンス圏
（終値で見る）

窓

窓は西洋のテクニカル分析でいうギャップと同じ意味である。図表4．17に上放れの窓を図示した。前日の高値が当日の安値よりも下に位置したときを指す。つまり、前日の値動きと当日の値動きの間に価格の空白がある場合だ。図表4．18は逆に下放れの窓である。前日の安値（下影の先）は、当日の上影の先（当日の高値）よりも高い。こうした窓が暗示する意味は、相場つきが一方的になっていることだ。

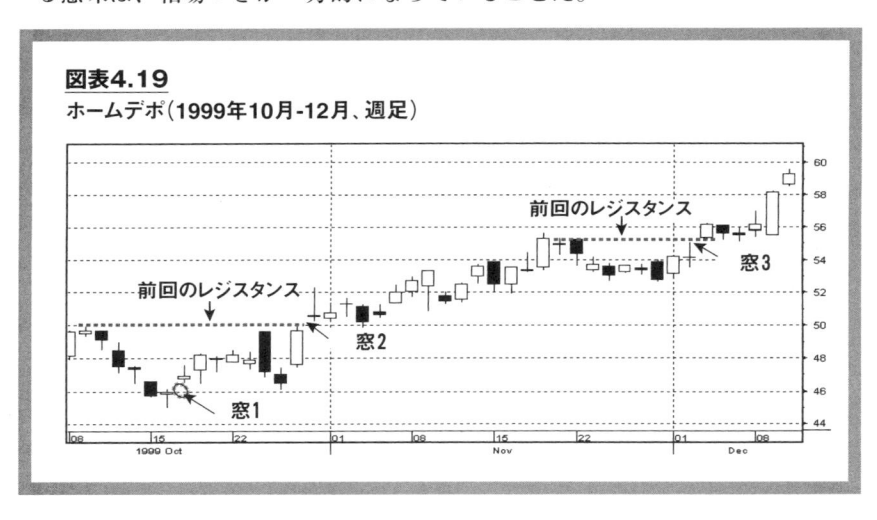

図表4.19
ホームデポ（1999年10月-12月、週足）

上放れの窓を強気のパターンとみなし、下放れの窓を弱気のパターンとみなす。そして売買法は、上放れの窓をサポート、下放れの窓をレジスタンスとして利用することである。「押しや戻りは窓まで達する」と考えられている。つまり上放れの窓の範囲内が押しのサポートとなるということだ。また下放れの窓であれば、値動きの戻りがレジスタンスになるということだ。

図表4．19のチャートには3つの窓がある。窓1は標準的な上放れの窓で、サポートになっている。その後の値動きが窓の下側を突き抜けようとしているが、大引けを基準に見れば、窓の下側がサポートになっている

ことに注目してほしい。つまりサポートの試しに成功したと考えられるのだ。では窓２、窓３での上放れを考えてほしい。これらは非常に重要なものとみなされる。なぜなら上放れの窓というだけでなく、前回のレジスタンス圏から放れたところにギャップが２つあることになるからだ（ギャップと窓は同じ意味であることを思い出してほしい）。これは西洋のテクニカル分析では、ブレイクアウエー・ギャップとして知られているものである（なぜならマーケットがレジスタンス水準を突破したからである）。これは標準的な西洋のチャート分析術では強気とみなされている。これにローソク足からもたらされる洞察を加える。つまり上放れの窓がサポートという概念を組み込むと、窓２と窓３は（どちらもブレイクアウエー・ギャップであるが）買い機会のシグナルとなる。

　サポートは上放れの窓の範囲内であればどこにでも位置する。窓が小さければ、（上放れの窓であれば）サポート、（下放れの窓であれば）レジスタンスの範囲が狭いことを意味する。大きな窓は、まるごと潜在的なサポート圏やレジスタンス圏となるので、その範囲が立ちはだかる壁となって存在する。**図表４．２０**の日中足を見てほしい。かなり大きな上放れの窓がある。このサポート圏は、窓の上側が３３６０付近、窓の下側が３３３０付近であるから、３０ポイントの範囲である。サポートはこの３０ポイント幅のどこかに位置することになる。それは窓の上方側かもしれないし、下方側かもしれないし、その中のどこかかもしれない。１２月１７日の立ち会い終盤にある一連の長い下影から、３３４０がサポートであろうという目星がつく。このサポートは後日現れた首吊り線で確認された。基本的に上放れの窓の最も重要なサポートは、その窓の下側である。しかしこのチャートでは、サポートが窓の下側よりも上にあったことを示している。

ローソク足とリスク／リワードの考察

　ナイソン・リサーチ・インターナショナル社（www.candlecharts.com）では、「トレーディング・トライアド（The Trading Triad）」という独自の研究を進めている。研究方針は、ローソク足、西洋のテクニカル分析、資

図表4.20
ナスダック総合100指数（1999年12月16日－21日、15分足）

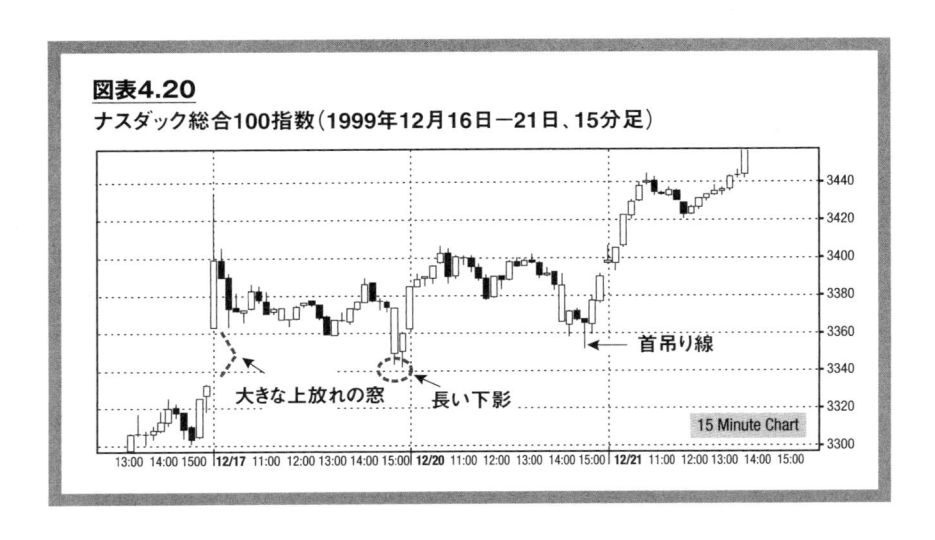

大きな上放れの窓
長い下影
首吊り線
15 Minute Chart

図表4.21
99セント・オンリー・ストア（1998年6月-8月、週足）

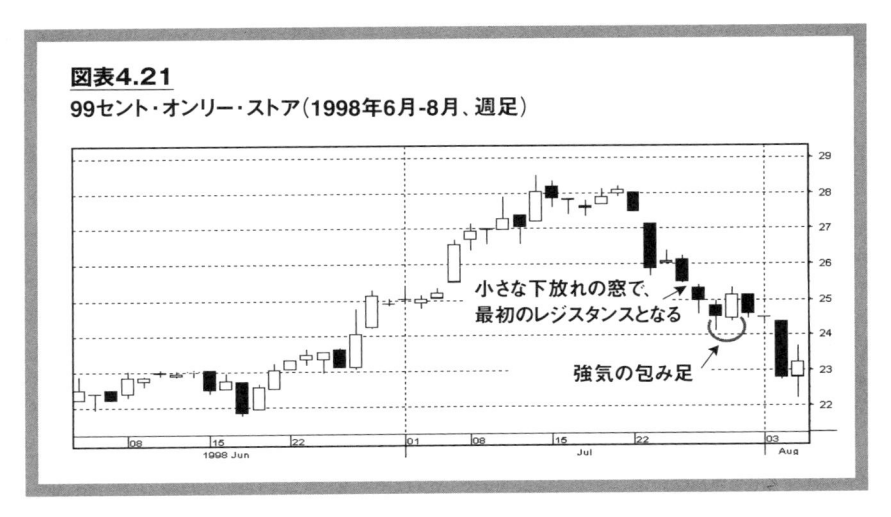

小さな下放れの窓で、最初のレジスタンスとなる
強気の包み足

金維持の３つの分析手法を、いかに組み合わせるかである。ローソク足と西洋のテクニカル分析を組み合わせることの重要性はすでに論じた。**図表４．21**で考えるべきことは、トレーディング・アライアドの３つ目の柱である資金維持の重要性についてである。例えば、この**図表４．21**の包み足で、買いを入れるべきだろうか？

図表4.22
ブラウン・フォアマン社クラスB株（1999年11月-12月、週足）

（チャート内注記：下に窓を空ける、首吊り線、強気の包み足）

　その判断の前に、このトレードのリスクと収益性を考察する。強気の包み足のリスク（つまり損切りの逆指値を置くところ）は、その組み合わせの最安値になる。この場合、安値は２４ドルである。それでは目標値はどうか？　もちろん回答は、テクニカル的またはファンダメンタル的見解によって違う。しかしこの場合、ひとつのことが明らかである。強気の包み足が出る直前に、２５　1/2ドルで小さな窓があることだ。最初のレジスタンスが２５　1/2ドルにあることで、このトレードのリスク／リワードを評価することができる。特に、強気の包み足の形成後に買った場合（２５　1/4ドル）、それはレジスタンス圏付近で買ったことになる。したがってこのマーケットは、たとえ強気の包み足であっても、買い方針をとる正当性がないだろう。この話の教訓は、ローソク足のシグナルでトレードを仕掛ける前に、常にそのトレードのリスク／リワードの側面を考慮することである。

　図表４．２２を見てほしい。非常にはっきりとした首吊り線がある。基本的に転換の可能性とみなされるものだ。しかしテクニカル的にみた大局観の方が、個々のローソク足の形や組み合わせよりも重要だ。そのことに注意して、首吊り線の日に起こったことを注目してほしい。下放れの窓も

また現れたのだ。そして下放れの窓は弱気のシグナルである。したがって、首吊り線の潜在的強気は、その弱気の窓が埋められることで確認されなければならないのだ。しかし首吊り線の後、マーケットは下げ続けた（窓が弱気を暗示していること考えれば驚くことでない）。株価が首吊り線の後に下げていたときに、弱気勢力が衰えている何かしらの手がかりを見つけられるだろうか？　その手がかりは、首吊り線の日の長い下影と首吊り線後の２日間にある。その形状から、どの日も弱気勢力が立ち会い終了までに安値を維持できなかったことを表している。これらのシグナルは強気を示すものではないが、弱気の度合いが低水準にあることを教えてくれる。そして転換のシグナルは、１２月中旬の強気の包み足で現れた。

　「可能性とは、弓を十分に引き、自分のタイミングで放つこと」にある。「弓を放つ」タイミングは、本稿で説明したこと以上の多くの要素にかかっている。例えば、ローソク足のシグナルを無視することもある。つまりローソク足には経験が重要なのだ。ナイソン・リサーチ・インターナショナル社では、他の多くの考慮すべき事柄とともにローソク足を分析し、評価している。例えば、そのトレードのリスク／リワードの可能性、現在のマーケット環境とローソク足の組み合わせとの関連、トレード後の値動きの展開などである。こうした見解を踏まえることで、ローソク足の威力は遺憾なく発揮される。このような複合アプローチを利用法としてお勧めする。ローソク足で売買法改善の光明を見いだしてほしい。

第5章
マーケット・プロファイルでマーケットの言葉を読む方法

ロビン・メッシュ

　外国語のオペラを字幕なしで見たことがあるだろうか？　確かにそこで起こっていることは、演技と音楽からある程度分かるかもしれない。しかし、その役者が実際に話している内容を理解できれば、筋書きやこれから起ころうとしていることが、さらにもっと分かるであろう。また字幕なしでは、役者の演技に対して、自分の偏見や体験を主観的に押し付けてしまうかもしれない。しかしその言葉を知っていたり、字幕を読んでいたりすれば、その脚本に込められた論理を、ありのままに理解できるであろう。つまり、言葉が分かれば主観的な度合いを大幅に弱めて、客観的に内容を理解できるのだ。

　マーケット・プロファイルは、マーケットの背景にあるこうした内在論理を明らかにしようとする分析手段である。その前提となるのが、価格だけでは市場参加者に情報は伝わらないという認識である。ちょうど論理も脈絡もない言葉が無意味であるのと同じだ。実はボリュームこそが、マーケットをありのまま表現するのに欠かせない部分なのだ。そしてそれを理解することこそが、マーケットの言葉を理解することになるのだ。

　マーケット・プロファイルは、実に優れた思想家、ピーター・ステイドルマイヤー氏が開発したものだ。氏はマーケットをありのままに表現するもの（ボリューム）を発見し、読み易い方法（鐘形曲線）に整理した。そのおかげで市場参加者は、マーケットが発する客観的情報を利用できるようになったのである。

トレードには常に職人技的要素が求められる。しかし信頼ある売買法とは、主観的要素を弱め、客観的要素を強めたものだ。多くの市場参加者は様々な項目を考慮して、客観的なものにしようとするが、そのほとんどはマーケットの外部からそれらを求めようとするものである。例えば逆指値注文を設定したり、トレードがある方向に動くために要する時間を決めたり、トレード時間をマーケット開始２時間に限ったりなどである。これらはすべて外的操作によるトレード改善法だ。つまり、ほとんどが主観性を制限する方向で、売買法を調整しているのだ。しかし、仕掛け・仕切りの戦略構築と、真の優位性が出現したときの判断には、マーケット内部にある客観的情報が利用できるのだ。

　この内部情報を区別して扱うことで、テクニカル分析はメンタルなフレームワークを築こうとしている。このメンタルなフレームワークとはどのようなものか、チェス名人を例にとって説明しよう。

　チェスの名人に一瞬だけゲーム中のチェス盤を見せた場合、彼らはその盤にあるすべての駒の位置を正確に再現できるであろう。しかし、チェスの駒をランダムに置いた（ゲームになっていない）盤を一瞬だけ見せたとしても、恐らくそれを再現することはできない。なぜか？　チェスの名人は、それぞれの駒の位置をメンタルなフレームワークの観点で理解しているからである。したがってランダムに置いた盤は、いかなる構成概念にも一致しないのである。彼らが見たものを構成する方法がないのだ。自分がマーケットで気づいたことを系統立て、生じている事態をパターンで認識することが、テクニカル分析のしていることである。チェスの名人がゲームをパターンで見ているように、テクニカル分析家はマーケットのパターンを探しているのである。

　マーケットを系統立てる根幹となるのが、データの表示方法である。例えば、バーチャート（棒足）ではなく、ティッカー・テープのように価格を羅列したものだけ利用してトレードしていると想像してほしい。すると、**図表５．１**のようなバーチャートは、マーケットの重要なパターンを認識するのに役立つことが分かるだろう。

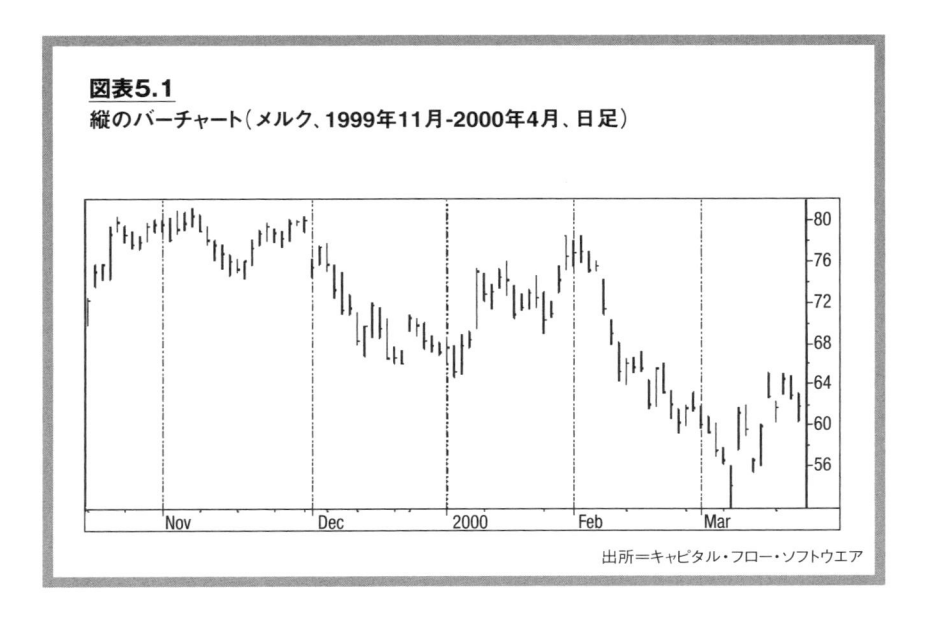

図表5.1
縦のバーチャート(メルク、1999年11月-2000年4月、日足)

出所＝キャピタル・フロー・ソフトウエア

　うまい表示法とは、そこにあるパターンを明確にするものである。その好例として、数値表示がある。ローマ数字で掛け算をしたことがあるだろうか？

```
        CLVII              157
    ×    XVI          ×     16
    ─────────         ──────────
```

　ローマ時代、掛け算は非常に高度な技術であった。しかし今では１０歳の子供でもできる。単に数字を表すうまいやり方があるからだ。ローマ数字とアラビア数字が伝える情報は同じである。しかしアラビア数字は、数理的処理を容易にしてくれる。
　図表５．２にあるように、マーケット・プロファイルは交錯した表示法である。マーケット動向に関する情報を、縦軸だけでなく横軸でも提供している。そしてそのことで、それに関連するパターン一式すべてが浮き彫りになるのである。

```
図表5.2
縦と横のチャート（アライドシグナル、1999年12月）

62 1/2    F                                         B
62 3/8    FG                                        B
62 1/4    EFGH                  D                   B
62 1/8    EFGH                  D                   B
62        CEHI                                      B
61 7/8    CDEHI                 D                   DH                BGP              CD
61 3/4    *CDEIJK    BP         DEGH                BEFGNP           BCD
61 5/8    CDJK       BNP        DEGI                *BCDEFGHIJKLMNP  BCDEF
61 1/2    CDJKL      BN         DEFGIJ              BCDEFGHIJKL      BCEFK            JLM
61 3/8    CKL        BDN        *BCDEFGIJK          BCIJM            *BCEFGIJKL       JKLM
61 1/4    CLM        BCDN       BCDEK               JM               BFGHIJKL         GIJKLMN
61 1/8    CLMN       BCDEN      BCKL                                 BGHILM           *GHIJKLMNP
61        BCLMN      BCEFGN     BCKLN                                BHM              EFGHIKN
60 7/8    BNP        BEFGN      BCLMNP                               M                EFG
60 3/4    BN         BFGHKN     BLMNP                                M                EF
60 5/8    B          HKMN       BLMN                                 MNPT             BCDE
60 1/2               HJKMN      BL                                   MN               BCDE
60 3/8               HIJKM                                                            BCD
60 1/4               *HIJKLM                                                          BCD
60 1/8               IJKL
60                   IJKL
59 7/8
          15         16         17                  18               19               22

                                                              出所＝キャピタル・フロー・ソフトウエア
```

　何でもデータを編集して表示すれば良いのではない。ある本質的な事象が認識できるものでなくてはならない。事実、ある本質的傾向がマーケットにはある。それは「均衡と不均衡のサイクル」と呼ばれる根本的パターンである。

均衡と不均衡のサイクル

　マーケット・プロファイルが示すのは、マーケットの横と縦の動きである。これを「均衡」対「不均衡」とする。この関係はマーケットの根本的編集原理となる。なぜなら、マーケットが均衡／不均衡サイクルのどの局面にあたるかによって、売買スタイルを変化させるべきだからだ。マーケット・プロファイルで、マーケットが均衡から不均衡に転換しそうな時期、そしてどれくらい大きな値動きになりそうかが判断可能なのだ。しかしその前に、まずは基本的なマーケット・プロファイルの概念を確認しておきたい。

　マーケット・プロファイルには２つの基本概念がある。

１．マーケットは競売である。そして売り手と買い手の要求がほぼ均等になるよう、価格はレンジを形成しながら動く。
　２．マーケットには２つの局面がある。縦の動きと横の動きである。売り手と買い手の要求がつり合わない状態、つまり不均衡になるとマーケットは縦に動く。逆に売り手と買い手の要求がつり合った状態、つまり均衡になるとマーケットは横に動く。
　マーケットの主な目的は、注文を流れやすくすることである。そのために競売の形式がとられる。競売は活動的で、常に効率的に上下している。簡単に言えば、価格はあまりにも高くなって、これ以上買い手を魅了しなくなるところまで上昇する。また反対にあまりにも安くなって、これ以上売り手を魅了しなくなるところまで下落する。一度レンジが確立されると、マーケットは、フェア・バリュー（評価値）として広く認められた水準のところで、一定期間、往来を繰り返す。マーケットがすることは３つしかない。上昇、下落、横ばいである。もし上昇や下落（つまり縦の動き）があれば、不均衡の状態にあるといえる。それは売り手と買い手の要求がつり合いを失い、買い手か売り手のどちらかがマーケットを支配しているときに生じる。またマーケットが横ばい（つまり横の動き）であれば、売り手と買い手の要求はつり合っていることを意味する。こうした均衡状態でマーケットを支配しているのは、買い手や売り手ではない。価格である。
　縦の動きは単純構造であるが、横の動きは比較的複雑である。均衡したマーケットでの買い手と売り手の活動は、ある程度はある基本統計学の原理にのっとっている。
　恐らく統計学の最も基本的な原理は、鐘形曲線（ベル・シェイプド・カーブ）である。これは、ある項目で条件づけられた特徴を研究したときによく現れる。例えば女性の身長を計測し、棒グラフにその結果を整理すれば、もっとも一般的な身長が山頂となる鐘形曲線となる。この山頂を「モード」と呼ぶ。**図表５．３**の鐘形曲線の中央に１と印を付けた区分は、そのデータの６７％を含んでおり、「１標準偏差」と呼ばれているところだ。１と２を合わせた区分は、データの約９５％を含んでいる。３標準偏差に含まれるのは、恐らく１５０センチの女性と１９０センチの女性であろう。

マーケットで言えば、その銘柄ではほとんどトレードされていない価格である。

マーケットで研究する特徴とは価格である。そして売り買いそれぞれの取引には価格がある。したがってマーケット・プロファイルを利用したチャートでは、売り買いの均衡したマーケットは鐘形曲線を形成する傾向にある。ただし、チャートの方向性からプロファイルは９０度回転している。

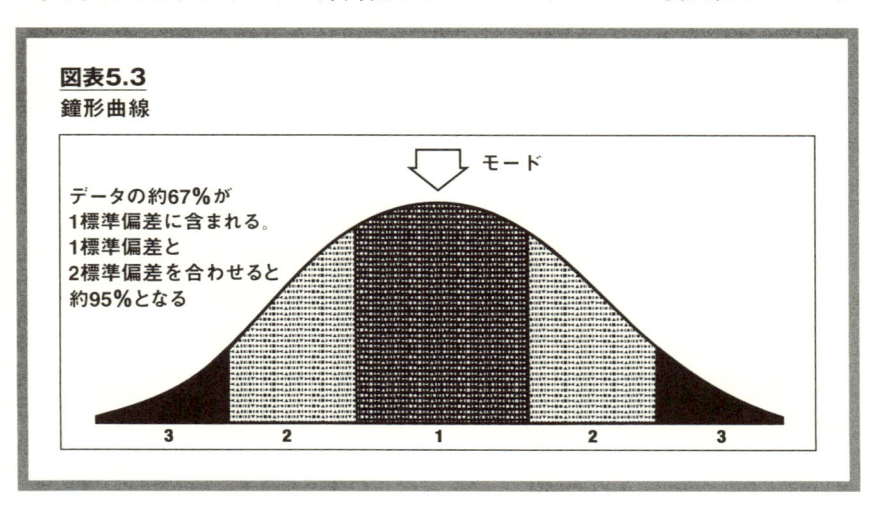

図表5.3
鐘形曲線

モード

データの約67％が
1標準偏差に含まれる。
1標準偏差と
2標準偏差を合わせると
約95％となる

3　2　1　2　3

では、マーケット・プロファイルのデータ表示法に注目してみよう。

マーケットの営業日を３０分間に区切り、バーチャートの３０分足で表す代わりに、マーケット・プロファイルではその各３０分間にそれぞれアルファベット文字を割り当て、独特の方法で編集する。例えば最初の３０分間を文字Ｂで表すことにする。図表５．４は、３０分足のバーチャートと、それをマーケット・プロファイルに再編成したものを表示している。

各文字はＴＰＯと呼ばれている。これは時間・価格・機会を意味し、その銘柄がその期間中にその価格をつけたことを意味している。例えば最初の３０分間で生じた価格水準に、それぞれＢを記入する。最初の３０分間が終了すれば、その値幅を網羅するＢの縦列ができる。その形は３０分足と同じである。

図表5.4
マーケット・プロファイルの構築法

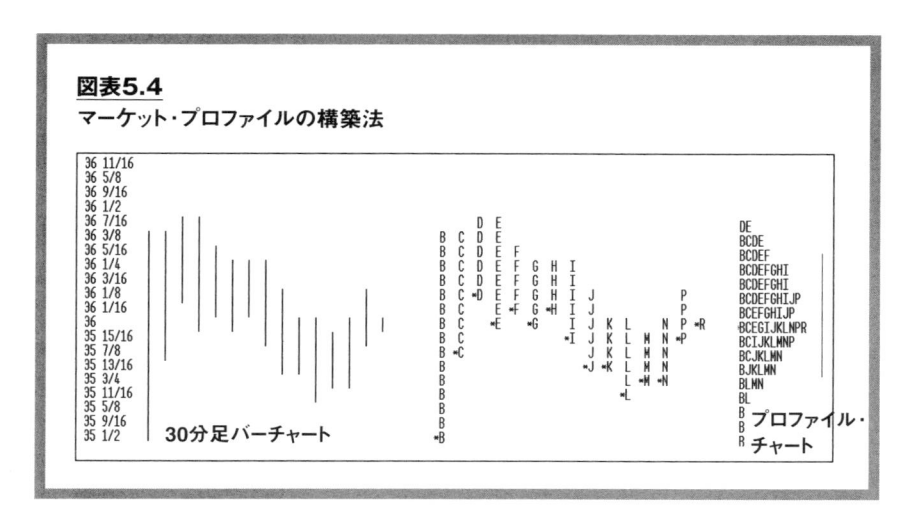

```
36 11/16
36 5/8
36 9/16
36 1/2
36 7/16                          D E                              DE
36 3/8              B  C  D  E                                    BCDE
36 5/16             B  C  D  E                                    BCDE
36 1/4              B  C  D  E  F  G  H  I                        BCDEFGHI
36 3/16             B  C  D  E  F  G  H  I                        BCDEFGHI
36 1/8              B  C  =D E  F  G  H  I  J                     BCDEFGHIJP
36 1/16             B  C     E  F  G  H  I  J                P    BCDEFGHIJP
36                  B  C        F  G  H  I  J                P    BCEFGHIJP
35 15/16            B  C        =G  I  J  K  L     N  P   =R     BCEGIJKLNPR
35 7/8              B  =C          I  J  K  L  M  N  P            BCIJKLMNP
35 13/16            B                J  K  L  M  N                BCJKLMN
35 3/4              B                =J =K L  M  N                BJKLMN
35 11/16            B                   =L                        BLMN
35 5/8              B                                             BL
35 9/16             B                                             B     プロファイル・
35 1/2   30分足バーチャート  =B                                     R     チャート
```

　次に２つ目の３０分間を、期間Ｃとする。そして、その期間で生じた価格水準それぞれにＣを、できる限り左側に寄せて記入する。ＢとＣが重なったところは、２つの文字が横に並ぶことになる。しかし、Ｃが新高値や新安値を出していれば、Ｂと同じ欄に置かれることになる。同様の作業を、Ｄそして残りの文字でも続ける。複数の期間で同じ価格が生じれば、横に連続し、幅が広がっていくことが分かる。

　こうした膨張したプロファイルは、マーケットがその価格で長く時間を費やしていたことを教えてくれる。これは、マーケットが比較的均衡した状態のときに生じる。つまり長時間その価格で、多くの機会があったわけだ。また薄いプロファイルは、マーケットが新しい価格水準に急速に動いたことを教えてくれる。これはマーケットが不均衡状態のときに生じるものだ。このようにプロファイルの形状は、縦と横の動きの関係を示し、市場参加者の動向を理解するカギとなる。

　その点を踏まえ、**図表５．４**のプロファイルを見ると、おおよそ鐘形曲線の形に似ているといえる。つまり、マーケットが均衡状態にあることを象徴するものである。また**図表５．４**の右端にある縦線は、１標準偏差の位置を示している。これを「バリュー・エリア」と呼ぶ。

```
図表5.5
日割りのマーケット・プロファイル（米10年物債券先物2000年6月限）

95305       A                                                          
95300       A                                                          
95295       A                                                          
95290       zA                                                         
95285       zA                                                         
95280       zAB                                                        
95275       zAB                                                        
95270       zABC                                                       
95265       zABC                                                       
95260       zABC                                                       
95255       zABCD                          Nf                ij
95250       zABCD                          Ndfgh             ij
95245       zABCD                          NZbcdef           ijkE
95240       zABCD                          CNPQVZacd         kBCDE
95235       zCDEIJ                         CNPQRY            klBCDE
95230       zCDEFIJK                       CNPRXY            klBCDE
95225       zDEFIJK                        CNR               lBCDEFH
95220       zDEFIJKLM            s         CKMNR             lBCDEFHIQ
95215      *zDEFGIJKLM           rs        CKLMN             lBCDEFGHIJNPQ
95210       zDEFGHJKL            qrs       CDKLMN            lmnBCEFGHIJMNPQ
95205       zDEFGHJKL            qrst      CDJKLM            lmnBCEFGHIJKMNPQWXY
95200       zDFGHKL              pqr       CDJKLM            mnBCEGJKMRXVZacde
95195       zDHKL                npr       CDEGJKLM         *npBCGJKLMRSXYabcfg
95190    R  zH                   np        CDEGIJKLM         pzBCGKLMRXYef
95185    JKNRW          z        W         mnN               CDEGHIJKL         pqzBCGKLM
95180    JKNQRWXY       z        W         mnN               lCDEGHIJKL        pqzBKL
95175    IJKLNPQWYZd    kz       W         lmnN              lmnCDEGHIJK       pqrszABL
95170    IJKLNPQbcdg    ijklnz   W         lmyN              lmnCDEGHIJ        qrsyzAB
95165    ijHIJKLM       ijklmnyz Wabcdf    lyCDNPVZ          klmnsCDEGHIJ      qrsyzAB
95160    kBGHIJKLM      kmnstyz  WXVadg    klyzCDMPQRWY     *klnpqsCDEGHI      yzA
95155    klBGHIJLM      mnpqrsyz *WXYZdh   jkyzCDMPQRWXY     ikpqsCDEGH        yA
95150    klrBGHIJLM     npqryz   XYh      *ijyzBCDHLMRSVch   kpqrsCDEFGH       yA
95145    klrBGHIJLM     ry       h         iiyzBCDEHLMdfg    jkgrCDEFG         y
95140    lrsABGHIJLM                       yzABCEFHLM        kqCDF             y
95135    lmqrsABGHL                        yzABCEFHIL        yzCDF
95130    lmnpqrsyABCFGH                    zABCEFGHIKL       yzCF
95125   *lmnpqrsyzABCFG                    zABCEFGIJKL       yzCF
95120    mnpqyzABCF                        AEFGJK            yzACF
95115    mpqyzABCF                         AFGJK             yzACF
95110    yzABCF                            FJ                zAC
95105    yzCF                              F                 zAC
95100    yzCEF                                               zAC
95095    yCDEF                                               zABC
95090    yCDEF                                               zABC
95085    CDEF                                                zAB
            2           3        5         6                 7                 8

* = モード                                                      出所＝キャピタル・フロー・ソフトウエア
```

　図表5.5は、2000年3月2日から9日までの、米10年物国債のプロファイルである。6日のプロファイルは、均衡の日であったことが分かる。モードは最も横長い個所である95-150だ。またバリュー・エリアの底は95-125付近である。

　では、8日のプロファイルに注目してほしい。モードを確認できるだろうか？　95-205と95-195だ。バリュー・エリアはどこか確認できるだろうか？　モードを中心に全ＴＰＯの６７％をとれば、バリュー・エリアは、95-240から95-165となる。そこが値動きの大半を費やしたレンジとなる。図表5.5では、各営業日のマーケット・プロファイルが一種の鐘形曲線を形成していることが分かる。プロファイルには、ほとんど申し分のない正常な鐘形曲線もあれば、バリュー・エリアがレンジの天井や底の方に偏

っているものもある。縦幅が非常に狭く、横幅が非常に広いプロファイルを見ることがあるかもしれないし、またときには、縦幅が非常に長く、横幅がほとんどないプロファイルを見ることがある。

日割りのプロファイルの形状分析

　日割りのプロファイルの形状を利用して、マーケットの安定と不安定の度合いを判断する。このことは非常に有益で、様々な市場参加者の支配力の転換を理解する基本となる。最も優位性のある売買機会は、安定から不安定への転換がまさに起ころうとしているときに生じる。したがって売買機会を識別できて、その転換の潜在力を正確に読み取れれば、その機会の質とトレードにかかる時間の長さを予測できる。

　安定と不安定は完全なものではない。つまり相対的に見るものだ。そこで、変化の度合いを正確に測ることが重要となる。例えば1日単位でトレードするのならば、その日の最初の安定状態を、開始1時間の売買レンジとしてしまう。この初期安定レンジ（イニシャル・バランス・レンジ）を参考基準として利用し、立ち会い時間を通してこのレンジがどのように分布したかで、変化の度合いを測ることにするのだ。換言すれば、「開始1時間の売買レンジは狭かったか広かったか？」「その後、売買レンジは広がったのか？」「そうだとしたらどのくらいか？」、それとも「開始1時間のレンジに終日ほとんど収まっているか」といった見方である。

　この過程をとることで、様々な構造のマーケット・プロファイルを分類することになる。そうなれば、いくらか機械的なやり方で、マーケットを理解できるようになる。より自然なマーケット理解の方法を後ほど解説するが、そうは言っても、一日の中で変化の度合いを測ることは安定と不安定の転換を読む練習として、またこうした転換が生じての売買機会を判断する練習として素晴らしい第一歩となる。

　マーケット・プロファイルの様々な構造が様々な機会を提供する。例えば、正味で不安定さがなければ、プロファイル構造はノーマル・デイ（正常日）やノントレンド・デイ（非トレンド日）として分類される。

図表5.6
ノーマル・デイ（米30年物債券先物2000年6月限）

```
9528
9527        z
9526        z
9525        z
9524        z
9523        z
9522        zB
9521        zB
9520        zAB
9519        zABC
9518        zABCJ
9517        zABCIJ
9516        zABCDHIJ
9515        zABCDHIJ
9514        zABCDGHIJK
9513        *zABCDFGHIJKLM
9512        zCDEFGHKLM              I
9511        zDEFGKL                 DI                                              m
9510        zDEFGKL        W        BCDHIJMNQR                                     lmsCD
9509        zDEFGKL        Wdef     jmABCDHIJKLMNPQRWh                             lmnsCDE
9508        zDEFGKL        WXYdefgh jmABCDEFHIJKLMWXZaeh                           ijlnpqsyCDE
9507        zDEL           *XYZabcdfgh jkmnyzABCDEFGHKLMXYabefg                    jklnpqrsyzBCDEL
9506        zDEL           XYZbgh   *ijklmnyzABCEFGHKLMYbcdef                      kpqryzABCEFLgh
9505        zBE            %h       iklmnpyzABEFGH                                 pyzABCEFLMNcefg
9504        zD                      iklmnpqrstyzABG                                *pzABFGLMNPQRWXYabcde
9503        z                       pqrsAB                                         pzABFGIJKLNPQRWXYZa
9502        z                       qrs                                            zAFGHIJKLNPX
9501   r    z                       q                                              FGHIJKL
9500   r    z                                                                      GHIJKL
9431   rs   yz                                                                     HIJ
9430   rs   yz                                                                     HIJ
9429   qr   yz                                                                     HIJ
9428   qr   yz                                                                     HIJ
9427   lmnpq yz
9426   klmnpq y
9425   *iklmnpq y
9424   ijkn   y
9423   jm     y
9422          y
9421
9420       5     5        7         8                                  9
```

出所＝キャピタル・フロー・ソフトウエア

■ノーマル・デイ

　いわゆるノーマル（正常）な日では、その営業日の早い段階から、安定は確立されている。典型的なノーマル・デイは、開始1時間で幅広い値動きがある。この早い段階からの幅広い動きが明確な天井と底を形成し、ほとんどの売買が終日、その中で行われる。初期レンジが広ければ広いほど、ノーマル・デイになりやすいと予測できる。典型的なノーマル・デイは、開始1時間のレンジがその日のレンジの約85％になる。そして日中のレンジの拡大は、若干あるか何もないかである。ノーマル・デイのマーケット・プロファイル構造での売買戦略は、初期安定レンジの天井を超えたところで売り、そのレンジの底を下回った安値で買うことである。図表5．

6の5日のプロファイルを見てほしい。期間yと期間zのレンジがかなり広く、終日までのレンジ拡大をかなり押さえ込んでいることが分かるだろう。期間zを超えることがあれば売ることもできただろう。また事実、5日の広い初期安定レンジの影響が、続く2つの営業日（7日と8日）にも引き継がれている。この2日間のマーケットは、5日と同じ売買レンジ内で競売を続けたのだ。

■ノントレンド・デイ

　ノントレンド・デイは開始1時間のレンジがかなり狭く、初期安定レンジが崩れたにしても、わずかなものである。1日のレンジの大半が開始1時間のレンジ内で進行しているが、横幅があり、レンジの狭いプロファイルを形成している。デイトレードに適した日とは言えないが、ノントレンド・デイは通常、方向性ある値動きの到来を予測して仕掛けるには適した日といえる。ノントレンド・デイから始まった方向性ある値動きは、しっかりしているのが普通で、「ついて行く」順張りトレードとなる。ノントレンド・デイにマーケットが「はまった」という事実は、市場参加者に情報が足りないという事実を物語っている。ということは、情報を受けたとき、方向性のある値動きに同意せざるを得ないのだ。図表5.7の9日のプロファイルは、夜間取引の流れを引き継いでyとzのレンジが狭く、93-18で最高のモード・ラインを形成した。注目してほしいのは、強い方向性ある値動きが、このボリュームの高いところから始まっていることである。

　もしプロファイル構造が不安定の場合、プロファイルはノーマル・デイのノーマル・バリエーション（変形）を示すか、もし不安定の度合いが最大級のものであれば、トレンド・デイを示す。トレンド・デイでの売買法は、ノーマル・デイで利用したものとは全く違ったものとなる。

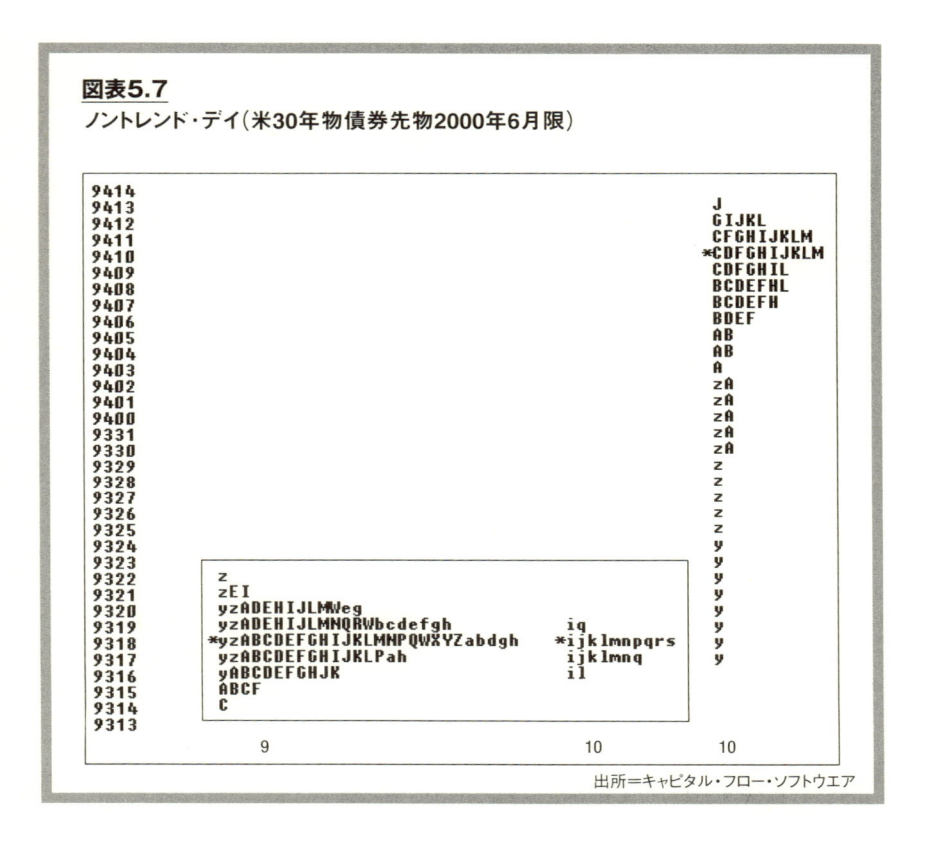

```
図表5.7
ノントレンド・デイ（米30年物債券先物2000年6月限）

9414
9413                                                              J
9412                                                              GIJKL
9411                                                              CFGHIJKLM
9410                                                             *CDFGHIJKLM
9409                                                              CDFGHIL
9408                                                              BCDEFHL
9407                                                              BCDEFH
9406                                                              BDEF
9405                                                              AB
9404                                                              AB
9403                                                              A
9402                                                              zA
9401                                                              zA
9400                                                              zA
9331                                                              zA
9330                                                              zA
9329                                                              z
9328                                                              z
9327                                                              z
9326                                                              z
9325                                                              z
9324                                                              z
9323                                                              y
9322       z                                                      y
9321       zEI                                                    y
9320       yzADEHIJLMWeg                                          y
9319       yzADEHIJLMNQRWbcdefgh                                  y
9318      *yzABCDEFGHIJKLMNPQWXYZabdgh     *ijklmnpqrs            y
9317       yzABCDEFGHIJKLPah                ijklmnq
9316       yABCDEFGHJK                      il
9315       ABCF
9314       C
9313
           9                                10              10
                                        出所＝キャピタル・フロー・ソフトウエア
```

■ノーマル・デイのノーマル・バリエーション

　ノーマル・バリエーション・デイでは、取引開始１時間がその日のレンジの約５０％になる。終日までのレンジ拡大は、基本的に初期安定レンジの２倍である。こうした日のレンジ拡大はごく短い期間で成立し、概してトレンド・デイよりも早めに生じる。ノーマル・バリエーション・デイでの売買戦略は、２倍のレンジに注目することである。図表５．８の１５日のプロファイルを見てほしい。ｙとｚのレンジが広いものの、期間Ｂでこのレンジを超え始めており、ノーマル・バリエーション・デイ形成中の可能性が強まったことになる。したがって、初期安定レンジの２倍の拡大を予測して、期間Ｇ、Ｈ、Ｉの押し目、つまり発展中のバリュー・エリアの

底を下回ったところでの買いが最適の戦略であった。そして結局、その通りの展開が夜間取引中に起こった。

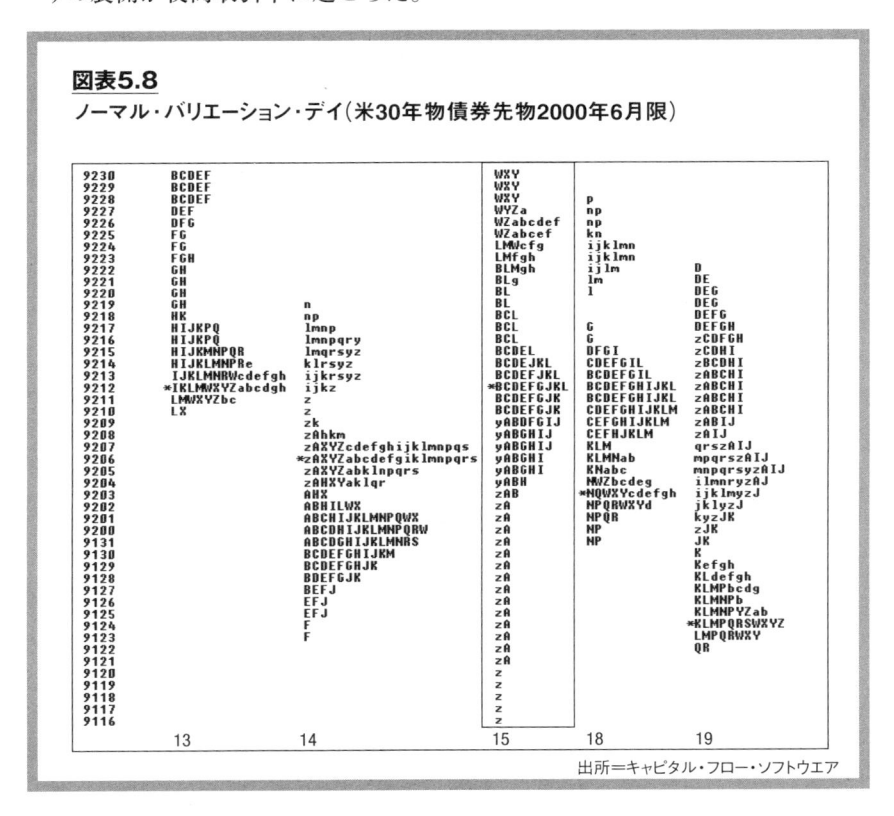

図表5.8
ノーマル・バリエーション・デイ(米30年物債券先物2000年6月限)

```
9230    BCDEF                                WXY
9229    BCDEF                                WXY
9228    BCDEF                                WXY
9227    DEF                                  WYZa            p
9226    DFG                                  WZabcdef        np
9225    FG                                   WZabcef         kn
9224    FG                                   LMWcfg          ijklmn
9223    FGH                                  LMfgh           ijklmn
9222    GH                                   BLMgh           ijlm            D
9221    GH                                   BLg             lm              DE
9220    GH                                   BL              l               DEG
9219    GH                                   BL                              DEG
9218    HK                  n                BCL                             DEFG
9217    HIJKPQ              np               BCL             G               DEFGH
9216    HIJKPQ              lmnp             BCL             G               zCDFGH
9215    HIJKMNPQR           lmnpqry          BCDEL           DFGI            zCDHI
9214    HIJKLMNPRe          lmqrsyz          BCDEJKL         CDEFGIL         zBCDHI
9213    IJKLMNRWcdefgh      klrsyz           BCDEFGJKL       BCDEFGIL        zBCDHI
9212    *IKLMWXYZabcdgh     ijkrsyz          *BCDEFGJKL      BCDEFGHIJKL     zABCHI
9211    LMWXYZbc            ijkz             BCDEFGJK        BCDEFGHIJKL     zABCHI
9210    LX                  z                BCDEFGJK        CBEFGHIJKLM     zABCHI
9209                        zk               yABDFGIJ        CEFGHIJKLM      zABIJ
9208                        zAhkm            yABGHIJ         CEFHIJKLM       zAIJ
9207                        zAXYZcdefghijklmnpqs yABGHIJ     KLM             qrszAIJ
9206                        *zAXYZabcdefgiklmnpqrs yABGHI    KLMNab          mpqrszAIJ
9205                        zAXYZabklnpqrs   yABGHI          KNabc           mnpqrsyzAIJ
9204                        zAHXYaklqr       yABH            MWZbcdeg        ilmnryzAJ
9203                        AHX              zAB             *MQWXYcdefgh    ijklmyzJ
9202                        ABHILWX          zA              NPQRWXYd        jklyzJ
9201                        ABCHIJKLMNPQWX   zA              NPQR            kyzJK
9200                        ABCDHIJKLMNPQRW  zA              NP              zJK
9131                        ABCDGHIJKLMNRS   zA              NP              JK
9130                        BCDEFGHIJKM      zA                              K
9129                        BCDEFGHJK        zA                              Kefgh
9128                        BDEFGJK          zA                              KLdefgh
9127                        BEFJ             zA                              KLMPbcdg
9126                        EFJ              zA                              KLMNPb
9125                        EFJ              zA                              KLMNPYZab
9124                        F                zA                              *KLMPQRSWXYZ
9123                        F                zA                              LMPQRWXY
9122                                         zA                              QR
9121                                         zA
9120                                         z
9119                                         z
9118                                         z
9117                                         z
9116                                         z
             13          14              15              18              19
```

出所=キャピタル・フロー・ソフトウエア

■トレンド・デイ

トレンド・デイは終日、横への動きがほとんどないのが特徴である(通常、ＴＰＯの横幅は４～６文字程度)。一方で縦のレンジは非常に大きい。また通常、トレンド・デイの初期安定レンジは狭く、容易に崩れやすい。

トレンド・デイの間はずっと、マーケット活動は一方向に動き続ける。そして最後には極限に達して、その方向性のある値動きは終了する。トレンド・デイでの売買戦略は、その方向が上昇であれば押し目で買いを入れ、

ボラティリティが減少すれば上昇中に売り抜けるというものだ。その日の方向に決して逆らってはならない。強いトレンド・デイの後は、ノーマル・デイかノーマル・バリエーション・デイが展開すると予想される。トレンド・デイの流れに継続が見られない場合、買い（売り）の停止と反転の接近を警告していることになる。

　図表5．9の29日のプロファイルは、典型的なトレンド・デイである。狭い初期安定レンジがその日の早くから崩れている。期間Cからトレンド・デイ形成中であることは明確で、終日までのレンジ拡大を予想して、マーケットに押し目が入った期間Dと期間Eで買いを入れられたであろう。そのトレードを監視する方法のひとつは、横への動きに注目することである。トレンド・デイの状態で、6つ程度のTPOが連なれば、トレーダーは身を引くべきである。

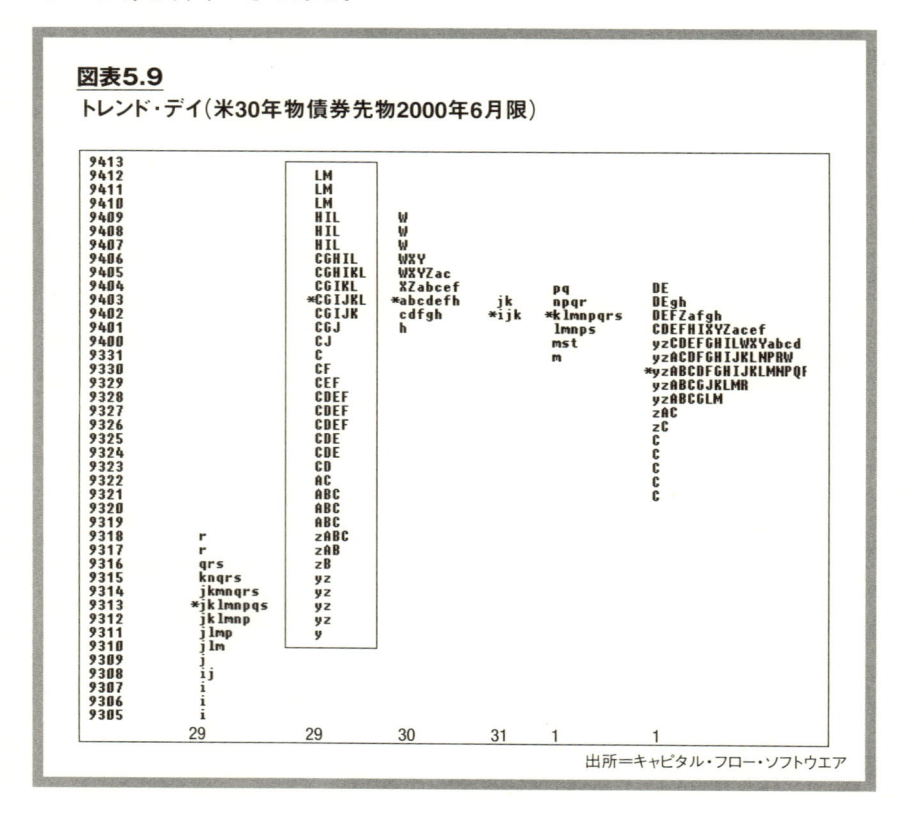

図表5.9
トレンド・デイ（米30年物債券先物2000年6月限）

```
9413
9412                    LM
9411                    LM
9410                    LM
9409                    HIL         W
9408                    HIL         W
9407                    HIL         W
9406                    CGHIL       WXY
9405                    CGHIKL      WXYZac
9404                    CGIKL       XZabcef              pq         DE
9403                    *CGIJKL     *abcdefh      jk     npqr       DEgh
9402                    CGIJK       cdfgh         *ijk   *klmnpqrs  DEFZafgh
9401                    CGJ         h                    lmnps      CDEFHIXYZacef
9400                    CJ                                mst       yzCDEFGHILWXYabcd
9331                    C                                 m         yzACDFGHIJKLNPRW
9330                    CF                                          *yzABCDFGHIJKLMNPQF
9329                    CEF                                         yzABCGJKLMR
9328                    CDEF                                        yzABCGLM
9327                    CDEF                                        zAC
9326                    CDEF                                        zC
9325                    CDE                                         C
9324                    CDE                                         C
9323                    CD                                          C
9322                    AC                                          C
9321                    ABC                                         C
9320                    ABC                                         C
9319                    ABC
9318       r            zABC
9317       r            zAB
9316       qrs          zB
9315       knqrs        yz
9314       jkmnqrs      yz
9313       *jklmnpqs    yz
9312       jklmnp       yz
9311       jlmp         yz
9310       jlm          y
9309       j
9308       ij
9307       i
9306       i
9305       i
           29           29           30    31    1           1
```

出所＝キャピタル・フロー・ソフトウエア

これは日割りで種類分けした例にすぎない。ある程度はこうしたもので、均衡状態と不均衡状態（つまり安定と不安定）という基本的編集原理を利用することができる。実際、日割りのプロファイルからもたらされる多くのマーケット情報は有益なものだ。しかし日で区切らずに、任意に種類分けすることも可能である。マーケット時間が延長し、様々なタイプの参加者がトレードに引き寄せられたことで、よりレンジが拡大し、よりボラティリティが増加したマーケット・プロファイルを見るようになった。しかも均衡と不均衡のサイクルの開始と終了は、個々の日という時間的区切りを超えて広がっている。

均衡と不均衡のサイクルのプロファイル

日中に均衡から不均衡への根本的変化が生じたとき、古いデータを新しいものに組み入れて継続するのは有効とは言えない。つまり、マーケットへのアプローチを変更させる必要がある。もはや日割りでデータを編集する必要はないのだ。むしろ均衡と不均衡のサイクルで編集すべきなのだ。

マーケットは通常、不均衡から均衡へのサイクルで動く。強い縦の動きをした後、一般的にマーケットはしばらくの間、横ばいに動き始める。つまり均衡状態である。プロファイルでは鐘形曲線を描く。鐘形曲線を完成したとき、マーケットは別方向へと動き始める。必ずしも鐘形曲線が立ち会い時間の終わりに完成する必要はない。1日という時間枠は、マーケット活動を人工的に区切ったものである。マーケット活動の自然なサイクルを、本当に反映するものではないのだ。不均衡の始まりが「新しい起点」である。つまり新しいプロファイルを始めるに自然な位置となる。

忘れないでほしいのは、パターンが最も明確になる方法で、データを表そうとしていることだ。**図表5．10**は1日という時間枠で編集されたプロファイルである。すべての情報を含んでいても、理解に必要なものすべてを、そこから引き出すのは難しい。

基本的編集原理として日割りの時間枠の代わりに、均衡期間と不均衡期間を分けてデータをまとめた場合、かなりの日数のプロファイルを一緒に

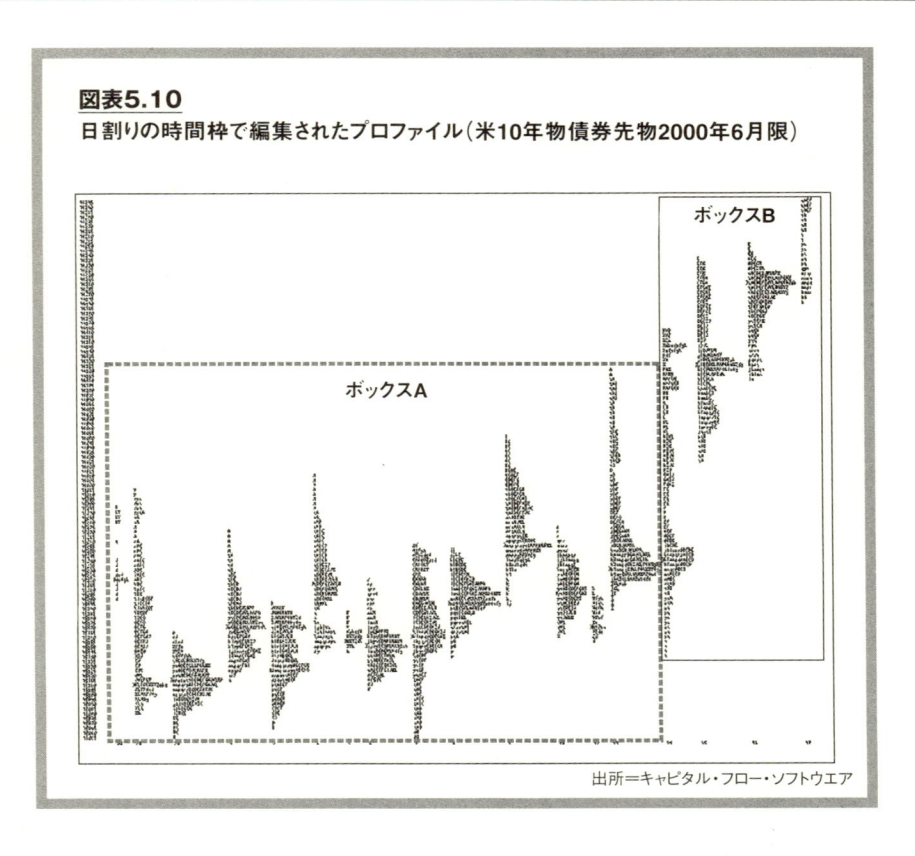

図表5.10
日割りの時間枠で編集されたプロファイル（米10年物債券先物2000年6月限）

ボックスB

ボックスA

出所＝キャピタル・フロー・ソフトウエア

組み合わせることになる。ボックスAの領域は、ほとんどみな同じ均衡のサイクルにある。そして新しいものがボックスBの最初のところから始まった。不均衡サイクルだ。これで均衡と不均衡のサイクルを突き止められた。次はそれをマーケット活動の自然なサイクルで編成したときに、プロファイルがどのようなものになるか確認することである。

　図表5．11は、図表5．10と同じプロファイルを不均衡と均衡の組み合わせで編集したものだ。自然に発達した鐘形曲線を見ることができるだろう。図表5．10のボックスAで囲まれた領域の中で、2つのはっきりした鐘形曲線が形成された。9日と14日では、不均衡のサイクルが浮き彫りとなり、モード、つまりボリュームの高い水準が新しい方向性ある動きを開始した。これが新しい不均衡期間の典型的なパターンである。

図表5.11
均衡と不均衡によって編集されたプロファイル（米10年物債券先物2000年6月限）

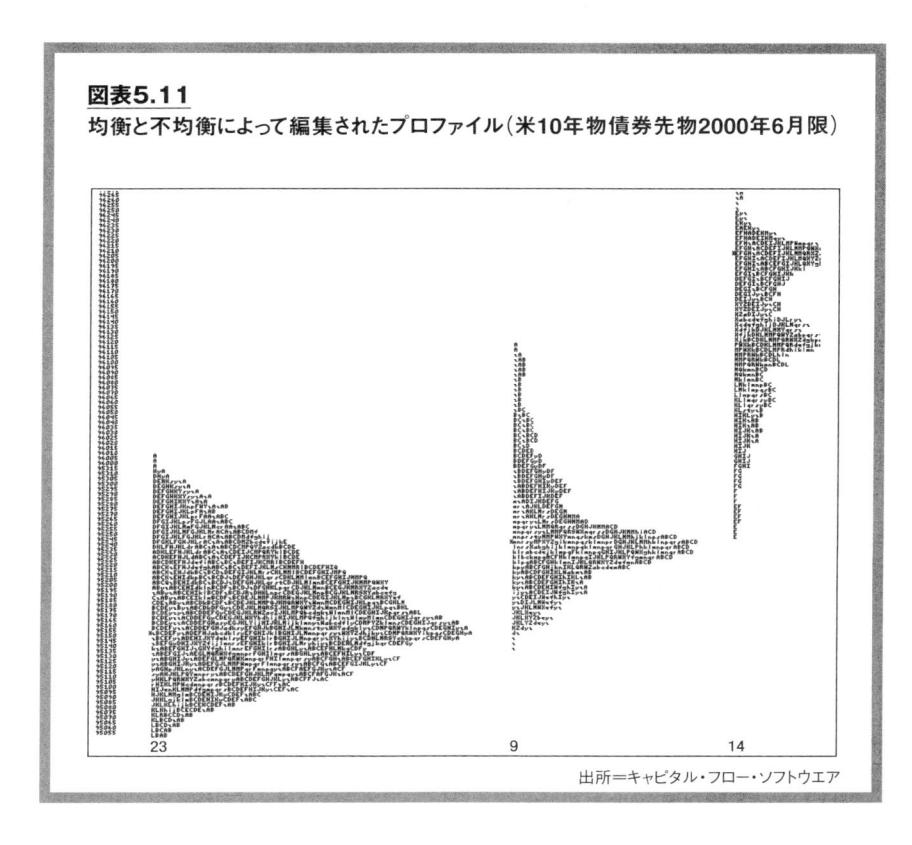

出所＝キャピタル・フロー・ソフトウエア

　図表5．11に見られるように、翌月の9日から14日の終わりを通しての競売は、初めの不均衡で発達した部分となった。そして14日終わりまでのすべてのプロファイルを一緒にまとめてみると、「コップいっぱい」の状態であった。マーケットは、また不均衡へとこぼれんばかりとなっていた。

　均衡と不均衡の確認法を知ることが、なぜそれほど重要なのか？　またある状態が終わりそうで、別の状態が始まりそうな時期を知ることが、なぜそれほど重要なのか？　その理由は、これら2種類のマーケットでは、まったく異なる売買スタイルと戦略を必要とするからである。だからこそ均衡／不均衡サイクルの原因と、どのようにサイクルが展開するか理解することは重要なのだ。この均衡／不均衡サイクルの実際構造に注目する前

に、まずはいくつかの用語を定義しておきたい。

■非価格支配と価格支配の局面

　均衡と不均衡を別の言葉で言えば、価格支配と非価格支配になる。つまり非価格支配とはマーケット活動のある局面であるが、そのときのマーケットには縦への動きを制限できる価格がないのである。換言すれば、非価格支配とは不均衡状態である。一方、縦よりも横へと動いているマーケットは価格支配を表している。そのような場合、一定水準でマーケットを保とうとする価格がある。完成した鐘形曲線で支配している価格は、またの名をモードという。縦に動いているマーケットは、買いや売りを止めさせようとする価格を探している。マーケットがその価格を見つけたとき価格支配となり、横へと動き始め、初期レンジを発達させる。そして価格支配の局面となったとき、マーケットは鐘形曲線に発達し始める。このマーケット活動の価格支配の局面をさらに詳しく見てみよう。そこでまず可能な限り小さな時間枠から始める。

■４×４フォーメーション

　図表５．１２を見てほしい。プロファイルを各文字のバー（それぞれが３０分足に相当する）で展開させて、事態の成り行きを分かりやすくしてある。この最短の時間枠には、「４×４」と呼ばれるものがある。この存在が価格支配、つまり横への動きの証拠となっている。４×４は適当な幅と実際の幅の比が１００％を意味している。横の比率が高いと（例えば８×８や１０×１０）、かなりの価格支配となっている証拠となる。注目すべきは、３０分足で４×４を探し出すのは簡単だということである。つまり、連続する４つの足を横切る水平線が引ければ、見つけだせるのだ。図表５．１３は、Ｓ＆Ｐ５００先物の３０分足バーチャートである。横の比率の高い個所に印をつけた。こうした価格支配の区域から、強い方向性の動きが出ていることに気づいてほしい。

図表5.12
4×4（IBM、2000年3月）

図表5.13
30分足バーチャート上の4×4（S&P500先物2000年6月限）

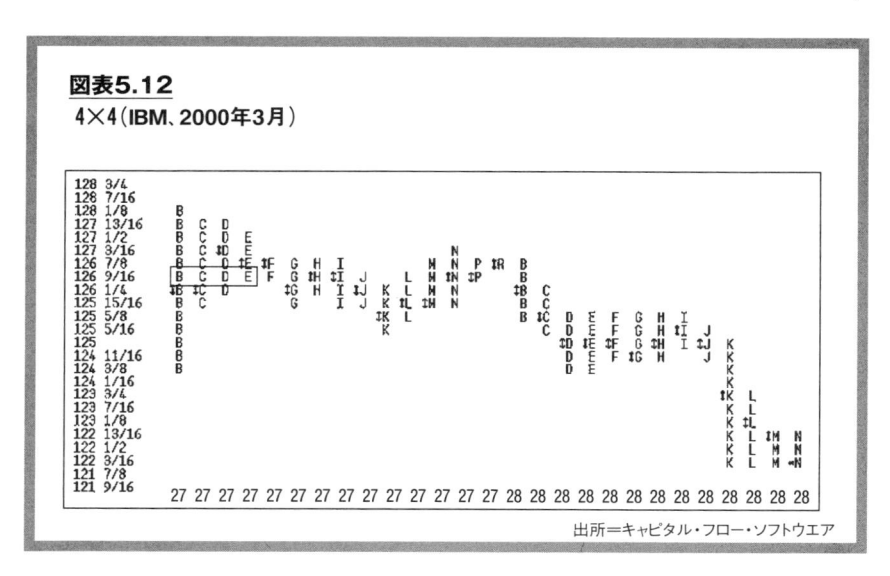

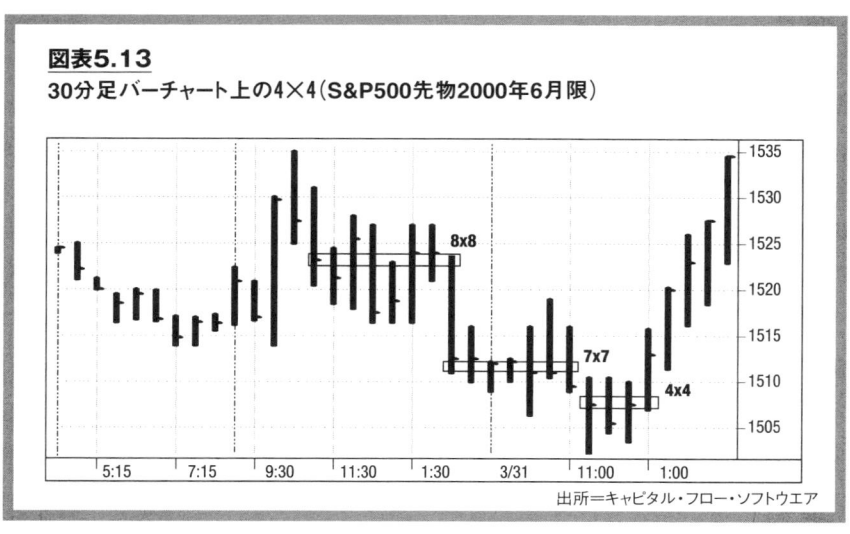

　図表5．13では、データの最後の方でマーケットは縦の動きとなり、非価格支配の局面となった。そこには4×4は現れなかった。つまり4×4は、マーケット活動の縦の局面が完成に近づいている時期を判断するのに役立つのだ。この横の比率のアイデアは、さらに長い時間枠にも発展さ

せることができる。1日の枠もしくは数日間の枠で分析したとき100％の横の比率を発見することは珍しい。しかし高めの比率でも、マーケットが価格支配の状態にあることを特徴づけることができる。

図表5．14には多くの4×4がある。しかしチャート上に枠で囲んだ23日を見ると、マーケットが非常に高い横の比率（11×11）になっている。この枠の中には、CからMまでの11文字がある。そして、その時間枠の文字すべてが詰められている。つまり、ひとつの水準に全11文字が並んでいるのだ。これは11×11が、ほとんど100％の縦／横の比率であり、短期の時間枠ではマーケットが均衡状態、つまり強い価格支配にあることを示している。プロファイルもまた、完全な鐘形曲線を形成している。したがって、マーケットは方向性をもって動き出す機運が熟したと予想するのである。

図表5．15を見てほしい。まさに支配価格（モード水準）から、方向性をもった値動きが同日の期間Nに始まっている。これが典型的パターンである。しっかりとした価格支配を確立しているマーケットは常に、方向性をもった展開への変化（少なくとも均衡から不均衡への転換）の到来を告げているのだ。

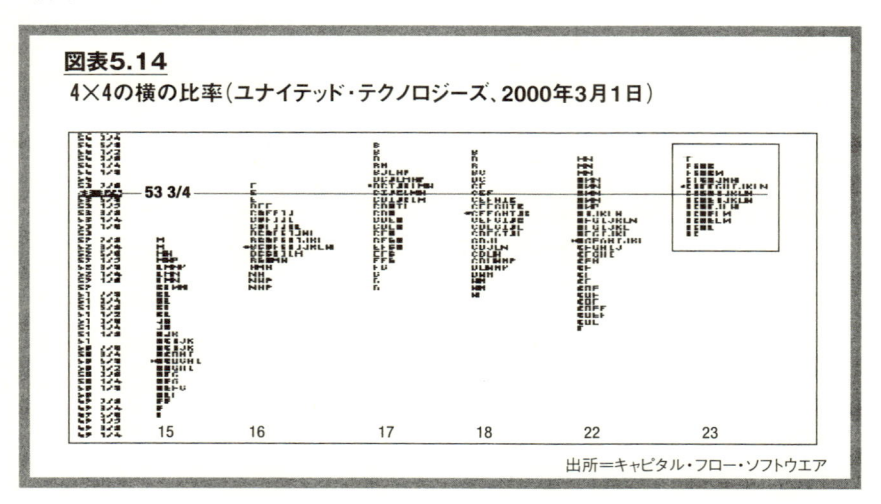

図表5.14
4×4の横の比率（ユナイテッド・テクノロジーズ、2000年3月1日）

出所＝キャピタル・フロー・ソフトウエア

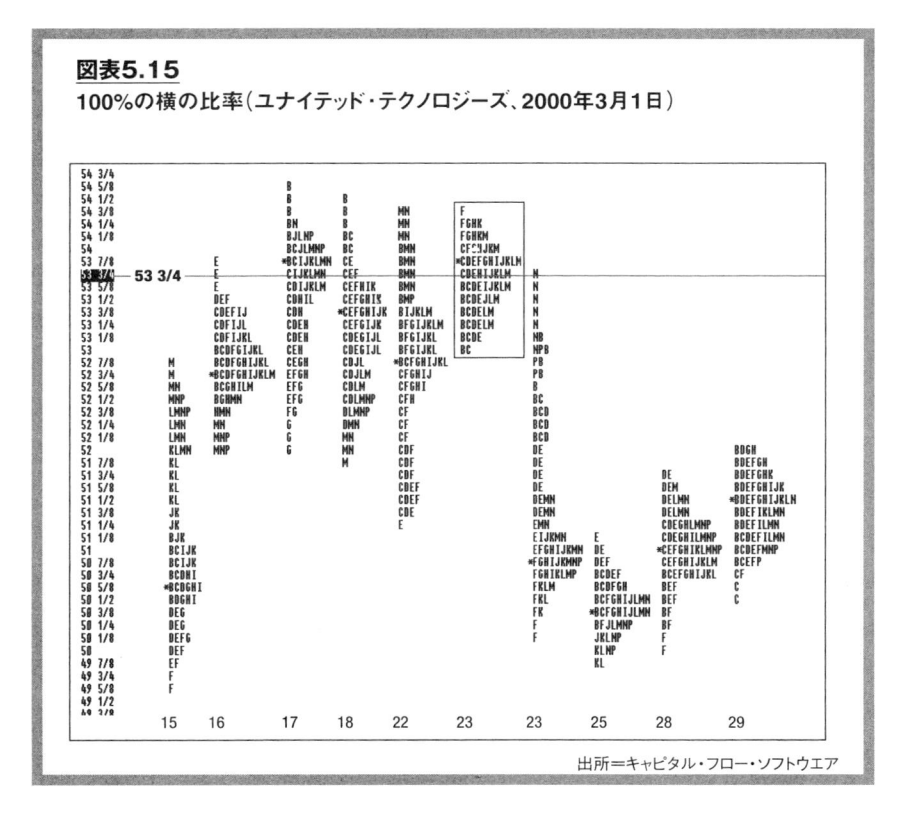

図表5.15
100%の横の比率（ユナイテッド・テクノロジーズ、2000年3月1日）

　図表５．１４と図表５．１５は、非常に短期の時間枠での価格支配を示している。それでは非常に長期の時間枠で、価格支配がどのようになるか注目してみよう。図表５．１６は、３月７日から３月１４日までの期間が、すべてが同じ価格支配の区域にある。

　価格支配の期間内で、確認できる発達段階がある。そしてその発達の中で均衡と不均衡の小さなサイクルが順番に生じている。均衡から不均衡へ展開する根本的構造は、大きく４つの段階に分類することができる。

マーケット活動の４つのステップ

　マーケット活動の各サイクルは、以下の４段階によって成り立っている。

図表5.16
長期の時間枠での価格支配（米30年物債券先物2000年6月限）

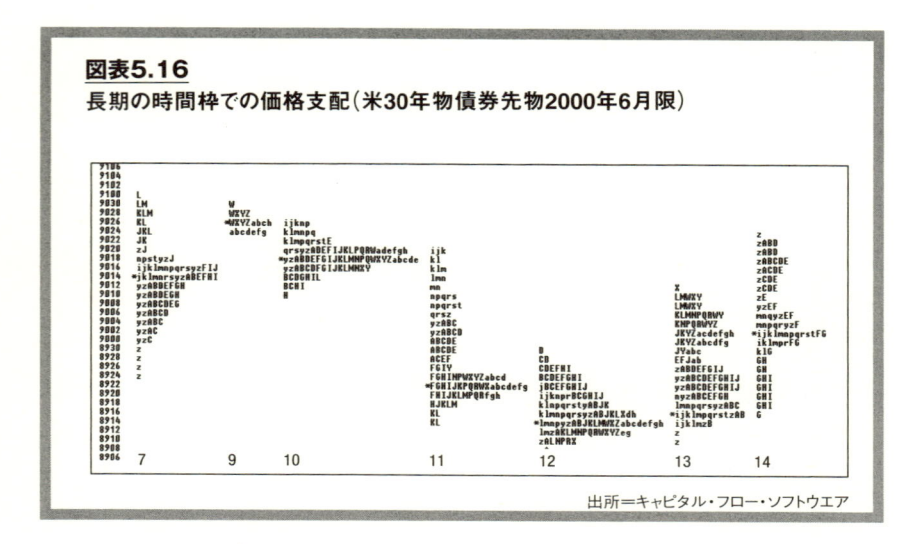

```
9186
9184
9182
9180   L              W
9828   LM             WXYZ
9826   KLM           =WXYZabch    ijknp
9824   KL             abcdefg     klmnpq
9822   JKL                        klmpqrstE
9020   JK                         qrsyzBDEFIJKLPQRWadefgh            z            zABD
9818   npstyzJ                    =myzABBDEFGIJKLMNPQWXYZabcde  ijk               zABD
9816  =ijklmnpqrsyzFIJ            yzABDEFGIJKLMNXY              klm               zABCDE
9814  =jklmnpqrsyzABDEFHI         BCDGHIL                       lmn               zCDE
9812  =yzABDEFGH                  BCHI                          mn            X   zCDE
9018   yzABBEGH                   H                             npqrs        LMNXY    zE
9808   yzABCDEG                                                 qrsz         LMNXY    yzEF
9006   yzABCD                                                   npqrst       KLMNPQRWY  mnqyzEF
9804   yzABC                                                    yzABCD       KNPQRWYZ   mnpqryzF
9802   yzABC                                                    ABCD         JEYZacdefgh  =ijklmnpqrstFG
9800   yzC                                                      ABCDE        JEVZabc    iklmprFG
8930                                                            ACEF         EFJab      kIG
8928   z                                                        FGIY         CDEFHI     GH
8926   z                                                       =FGHIJKLPQRWXYZabcd  BCDEFGHIJ  zABBEFGIJ  GH
8924   z                                                        FHIJKLMPQRgh  jBCEFGHIJ  yzABCDEFGHIJ  GHI
8922                                                           =GHIJKLPQRWXYZabcdefg  BCEFGHIJ  nyzABCEFGH  GHI
8920                                                            FHIJKLMPQRgh  jknprBCGHIJ  lmnpqrsyzABC  GHI
8918                                                            HJKLM         KL         lmnpqrsyzABC   GHI
8916                                                            KL            klmnpqrsyzABJKLXdh  =ijklmpqrstzAB  G
8914                                                            KL           =lmnpqzABJKLMWXZabcdefgh  ijklmzB
8912                                                                          lmzABKLMNPQRWXYZeg     z
8910                                                                          zABLNPRZ
8908                                                                          z
8906           7        9      10              11              12              13              14
```

出所＝キャピタル・フロー・ソフトウエア

■ステップ1

　ステップ1は常に好機となる不均衡に向かう動きだ。サイクルの起点として急速に上昇する。ステップ1は唯一、マーケット活動が非価格支配にあるときの段階である。かなりの額の資金がマーケットに流入した（マーケットから流出した）ことで、マーケットの不均衡を表している。一般的に、マーケット活動のステップ1は、最も収益性の高い売買機会を提供する。図表5．17のＳ＆Ｐ先物を見てほしい。前日のトレードで形成され、夜間取引のプロファイルで拡大した鐘形曲線から、価格支配の領域を確認できる。ステップ1の動きは、モードから現れるのが典型的なパターンだ。つまり15日にボリュームの出っ張りが崩れたとき、方向性があるという強い手掛かりを与えられた。

　一連の文字列が新安値を更新している限り、マーケットはステップ1にある。注目は、超短期の時間枠でも4×4が見られず、価格支配がないことである。

　ステップ1をまとめてみると、
●強い縦の動きを見せる。

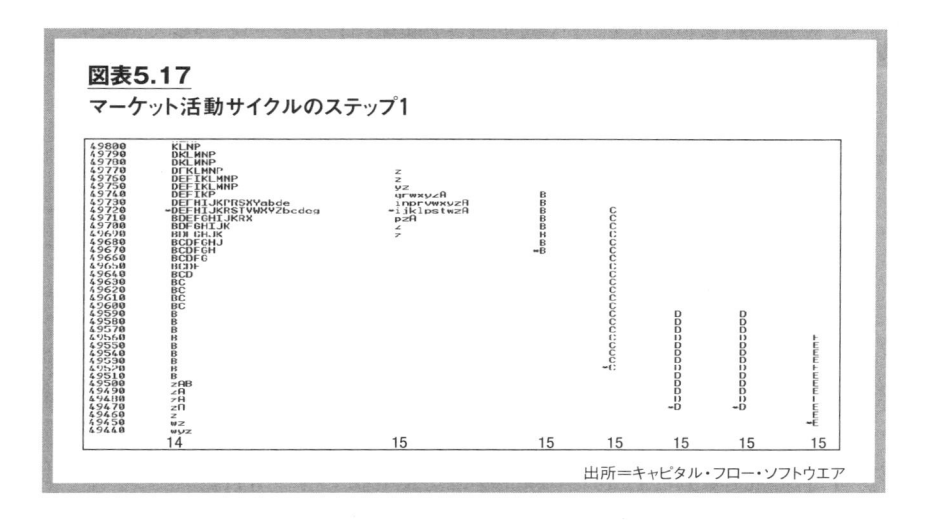

図表5.17
マーケット活動サイクルのステップ1

```
49800    KLNP
49790    DKLMNP
49790    DKLMNP
49770    DFKLMN*                      z
49750    DEFIKLMN*                    z
49770    DEFIKLMNP                    yz
49740    DEFIKP                       yrwxyzA
49730    DEFHIJKPRSXYabde             inpruwxvzA        B
49720    =DEFHIJKRSTVWXYZbcdeg        =ijklpstwzA       B
49710    BDEFGHIJKRX                  pzA               B        C
49700    BDFGHIJKX                    z                 B        C
49690    BDH GHJK                                       B        C
49680    BCDFGHJ                                        B        C
49670    BCDFGH                                        -B        C
49650    BCDFG                                                   C
49640    BCDH                                                    C
49630    BCD                                                     C
49620    BC                                                      C
49610    BC                                                      C
49600    BC                                                      C
49590    B                                                       C
49580    B                                                       C        D          D
49570    B                                                       C        D          D
49560    B                                                       C        D          D
49550    H                                                       C        D          D
49540    B                                                       D        D          D
49530    B                                                       D        D          D            E
49520    B                                                       D        D          D            EEEEEEEE
49510    H                                                       -:       D          D            EEEE-EE
49500    zAB                                                              D          D            EEEEEEE
49490    zA                                                               D          D            EEEEE
49480    zA                                                               -D         -D           EEE
49470    zA                                                                                       EE
49460    z                                                                                        E
49450    wz
49440    wyz
         14                       15             15          15        15        15          15
```

出所＝キャピタル・フロー・ソフトウエア

●唯一の非価格支配の段階である。
●最も収益性のある売買機会を提供する。
●マーケットの不均衡を表す。つまり多額の資金が流入（もしくは流出）している。

■ステップ２

しかし、縦の動きは永遠に続くものではない。何かしら値動きを阻止すべきものがある。それがステップ２となる。ステップ２は、もう売りや買いができなくなるほど、縦の動きがある方向に行ったとき生じる。つまり、価格があまりにも高くなってこれ以上買い手を魅了しなくなった場合や、あまりにも安くなってこれ以上売り手を魅了しなくなった場合だ。

ステップ２は新安値を更新しなくなったバーから始まる。図表５．１８では右端のFがそれに当たる。典型的な価格支配の最小単位である４×４が確認できる。図表５．１８では、４×４がレンジの底で設定されているのが分かる。ステップ２は、マーケットが鐘形曲線の発達へと変化していることを早期に警告するものである。特に４×４があったときはそうである。つまり、ステップ２は方向性のある値動きが終わり、１標準偏差を築

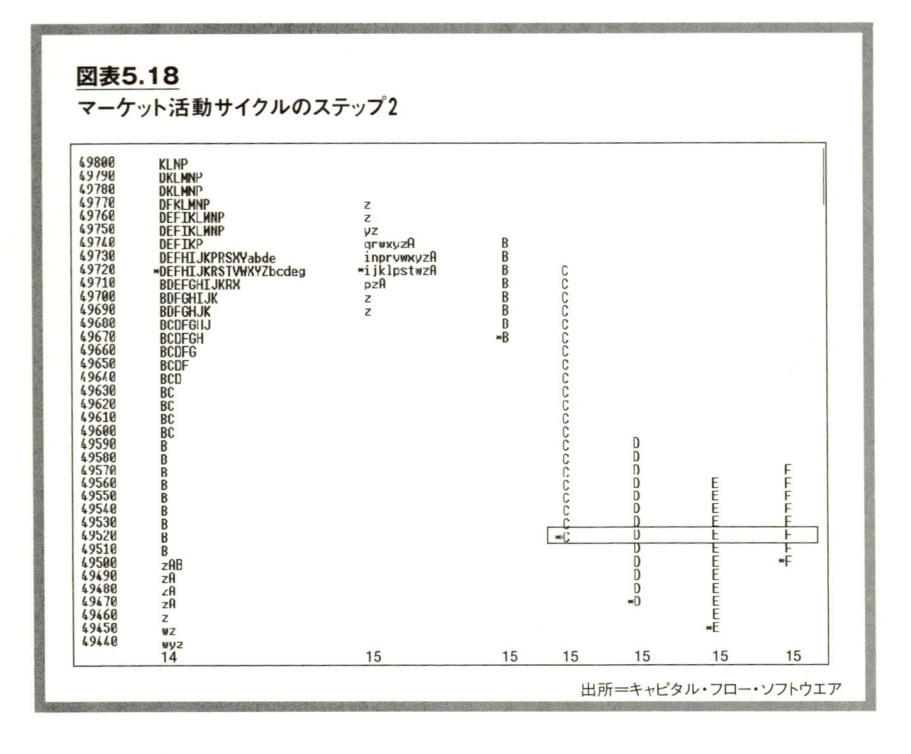

図表5.18
マーケット活動サイクルのステップ2

```
49800    KLNP
49790    DKLMNP
49780    DKLMNP
49770    DFKLMNP              z
49760    DEFIKLMNP            z
49750    DEFIKLMNP            yz
49740    DEFIKP               grwxyzA       B
49730    DEFHIJKPRSXYabde     inprvwxyzA    B
49720   =DEFHIJKRSTVWXYZbcdeg =ijklpstwzA   B
49710    BDEFGHIJKRX          pzA           B   C
49700    BDEFGHIJK            z             B   C
49690    BDFGHJK              z             B   C
49680    BCDFGIJ                             D  C
49670    BCDFGH                            =B   C
49660    BCDFG                                  C
49650    BCDF                                   C
49640    BCD                                    C
49630    BC                                     C
49620    BC                                     C
49610    BC                                     C
49600    BC                                     C
49590    B                                      C  D
49580    B                                      C  D
49570    B                                      C  D             F
49560    B                                      C  D   E         F
49550    B                                      C  D   E         F
49540    B                                      C  D   E         F
49530    B                                      C  D   E         F
49520    B                                     =C  D   E         F
49510    B                                         D   E        =F
49500    zAB                                      D   E
49490    zA                                       D   E
49480    zA                                       D   E
49470    zA                                       D  =E
49460    z                                        D
49450    wz
49440    wyz
         14           15          15         15      15    15    15
                                              出所＝キャピタル・フロー・ソフトウエア
```

き始めているのである。

■ステップ3

　縦の動きが終了すると、発達期間が始まる。それがマーケット活動のステップ3である。ステップ3では、マーケットは横に動き、ステップ1の初期レンジの一端で1標準偏差を構築していく。大半のトレードは、レンジの中央付近で行われる。価格の行き過ぎで瞬間的に天井を試すことがあるが、不当に高いとして失敗する。また底を試すことがあるが、不当に低いとして失敗する。こうした行き過ぎの水準でされるトレードは、ほとんどない。

　図表5．19にステップ3を示した。マーケットは通常、縦の動きの起点にすぐに戻るような発達はしない。その代わり、その一端で発達し、概

して小文字のpやbのような形をしたプロファイルを描く。通常は、この段階がはっきりとしたモードで鐘形曲線を築き上げるまで継続する。

図表5.20にあるように、ほとんどのデータがそのレンジの天井近くにあるとき、その形状は「3-2-1アップ」と呼ばれる。つまりp字形だ。逆に図表5.21にあるように、大半のデータが底周辺にあるときは、「3-2-1ダウン」と呼ばれる。小文字のb字形に似ている。数字は標準偏差を指していて、1はデータの67％がモードを軸に集中していることを示している。2は、2標準偏差を含む薄めの部分である。そして3が非常に薄い末端部分である。

図表5.22でステップ3の2つの形状を確認してほしい。点線の枠は完成したb字形の領域を囲んでおり、実線の枠はp字形の領域を囲んでいる。

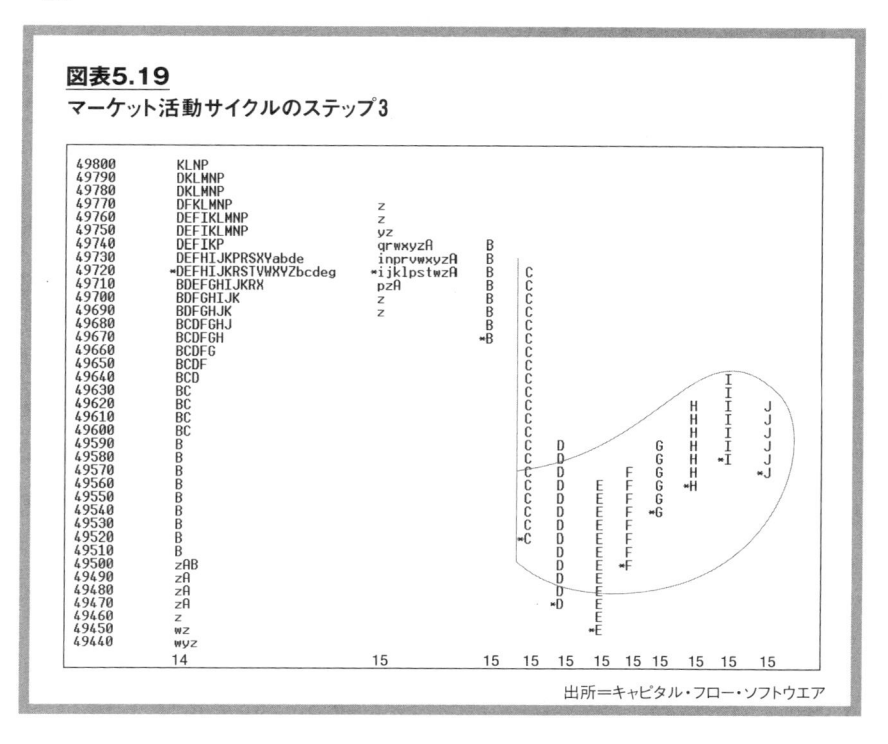

図表5.19
マーケット活動サイクルのステップ3

```
49800      KLNP
49790      DKLMNP
49780      DKLMNP
49770      DFKLMNP            z
49760      DEFIKLMNP          z
49750      DEFIKLMNP          yz
49740      DEFIKP             qrwxyzA      B
49730      DEFHIJKPRSXYabde   inprvwxyzA   B
49720     =DEFHIJKRSTVWXYZbcdeg =ijklpstwzA B
49710      BDEFGHIJKRX        pzA          B    C
49700      BDFGHIJK           z            B    C
49690      BDFGHJK            z            B    C
49680      BCDFGHJ                         B    C
49670      BCDFGH                         =B    C
49660      BCDFG                               C
49650      BCDF                                C
49640      BCD                                 C                              I
49630      BC                                  C                          H   I
49620      BC                                  C                          H   I   J
49610      BC                                  C                          H   I   J
49600      BC                                  C                          H   I   J
49590      B                                   C        D           G     H       J
49580      B                                   C        D           G     H       J
49570      B                                   C        D           G    =I   J
49560      B                                   C        D     E  F  G    =H
49550      B                                   C        D     E  F  G
49540      B                                   C        D     E  F  F   =G
49530      B                                   C        D     E  F  F
49520      B                                  =C        D     E  F  F
49510      B                                            D     E  F
49500      zAB                                          D     E =F
49490      zA                                           D     E
49480      zA                                           D     E
49470      zA                                           D     E
49460      z                                           =D     E
49450      wz                                                =E
49440      wyz
           14                15          15  15  15 15 15 15 15 15
                                              出所＝キャピタル・フロー・ソフトウエア
```

図表5.20
3-2-1アップ—p字形プロファイル

```
1      xxx
       xxxxx
       xxxxx
       xxxx
2      xxx
       xx
       xx
       x
3      x
```

図表5.21
3-2-1ダウン—b字形プロファイル

```
       x          3
       x
       xx
       xx
       xxx        2
       xxxxx
       xxxxxx
       xxxxx      1
       xxx
```

図表5．22のb字形とp字形を一体化したとき、ひとつのより大きな動きを形成する。全部を一緒にすると鐘形曲線になるのだ。そうなれば、マーケット活動の最終段階であるステップ4に向かうことになる。

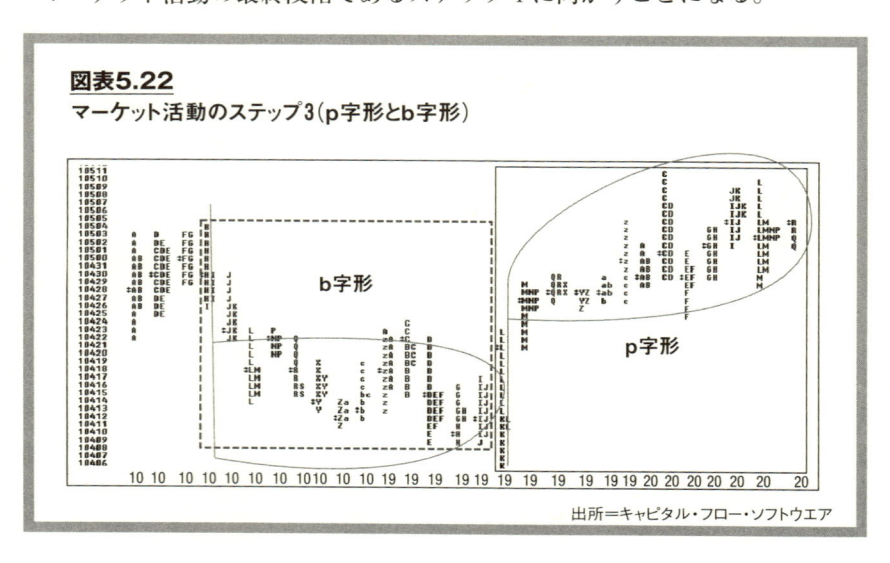

図表5.22
マーケット活動のステップ3（p字形とb字形）

出所＝キャピタル・フロー・ソフトウエア

■ステップ4

マーケット活動のステップ4では、マーケットはステップ1の全体のレンジを超える鐘形曲線を形成しようとする。このことが起こると、モードはステップ1のレンジの一端から中央へと浮上し始める。

図表5．23にあるのがステップ4だ。マーケットは効率的になろうとする。つまり、価格の1標準偏差が第1段階で始まったレンジの中央に向かっている。したがって、プロファイルを組み合わせると鐘形曲線になるのだ。

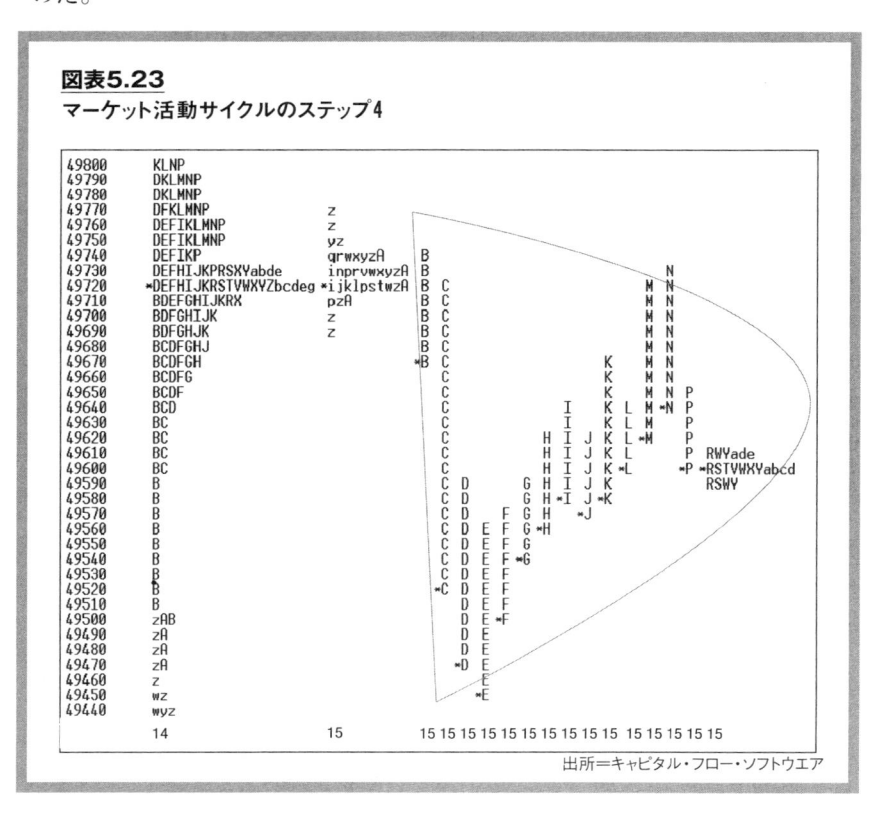

図表5.23
マーケット活動サイクルのステップ4

```
49800   KLNP
49790   DKLMNP
49780   DKLMNP
49770   DFKLMNP         z
49760   DEFIKLMNP       z
49750   DEFIKLMNP       yz
49740   DEFIKP          qrwxyzA     B
49730   DEFHIJKPRSXYabde inprvwxyzA B                              N
49720  -DEFHIJKRSTVWXYZbcdeg*ijklpstwzA B  C                       M N
49710   BDEFGHIJKRX     pzA     B   C                              M N
49700   BDFGHIJK        z       B   C                              M N
49690   BDFGHJK         z       B   C                              M N
49680   BCDFGHJ                 B   C                              M N
49670   BCDFGH                 -B   C                    K         M N
49660   BCDFG                   B   C                    K         M N
49650   BCDF                        C                    K       M N P
49640   BCD                         C               I    K   L   M-N P
49630   BC                          C               I    K   L   M   P
49620   BC                          C           H I J    K   L  -M   P
49610   BC                          C           H I J    K   L       P   RWYade
49600   BC                          C           H I J   K-L      -P -RSTVWXYabcd
49590   B                           C   D   G H I J   K                 RSWY
49580   B                           C   D     G H-I J -K
49570   B                           C   D     F G -J
49560   B                           C   D   E F G -H
49550   B                           C   D   E F G
49540   B                           C   D   E F   -G
49530   B                           C   D   E F
49520   B                          -C   D   E F
49510   B                               D   E -F
49500   zAB                             D   E
49490   zA                              D   E
49480   zA                              D   E
49470   zA                             -D   E
49460   z                                   E
49450   wz                                 -E
49440   wyz
        14              15        15 15 15 15 15 15 15 15 15 15
                                         出所＝キャピタル・フロー・ソフトウエア
```

```
図表5.24
3-1-3(D字形、鐘形曲線)

        X
        XXX              3
        XXXX
        XXXXX
        XXXXXX
        XXXXXXX
        XXXXXXX          1
        XXXXXX
        XXXXX
        XXXX
        XXX
        XX               3
```

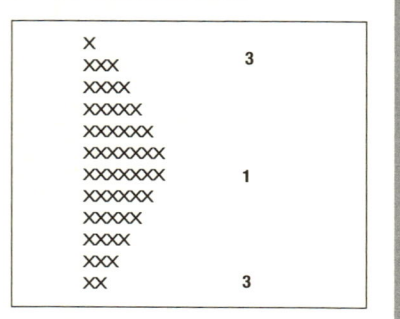

データが鐘形曲線を形成してくると、図表5．24にあるように、3−1−3のD字形に整えられる。数字は標準偏差を指す(もちろん2標準偏差もD字形にある。ただし「3−2−1−2−3」では呼び名として長すぎる)。

```
図表5.25
4つのステップの完成

49800    KLNP                                                                    DEM
49790    DKLMNP                                                                  ID
49780    DKLMNP                                                                  D
49770    DFKLMNP                z                                                CD
49760    DEFIKLMNP              z                                                CD
49750    DEFIKLMNP              yz                                               C
49740    DEFIKP                 qrwxyzA                                          C
49730    DEFHIJKPRSXYabde       inprvwxyzA          B                            BN
49720   -DEFHIJKRSTVWXYZbcd    -ijklpstwzA                                       BC
49710    BDEFGHIJKRX            pzA                                              BC
49700    BDFGHIJK               z                   BCMN                         BC
49690    BDFGHJK                z                   BCMN                         BC
49680    BCDFGHJ                                    BCMN                         BC
49670    BCDFGH                                     BCKMN                        BC
49660    BCDFG                                      CKMN                         BC
49650    BCDH                                       CKMNP                        BC
49640    BCD                                        CIKLMNPz                     B
49630    BC                                         CIKLMPqrsvwz                 B
49620    BC                                         CHIJKI MPnpqsuwz             B
49610    BC                                         CHIJKLPRWYadejlmwz           B
49600    BC                                        -CHIJKLPRSTVWXYabcdijwxz      B
49590    B                                          CDGHIJKRSWYxyzA              B
49580    B                                          CDGHIJKxyzA                  B
49570    B                                          CDFGHJyzA                    B
49560    B                                          CDEFGH
49550    B                                          CDEFG
49540    B                                          CDEFG
49530    B                                          CDEF
49520    B                                          CDEF
49510    B                                          DEF
49500    zAB                                        DEF
49490    zA                                         DF
49480    zA                                         DE
49470    zA                                         DE
49460    z                                          E
49450    wz                                         E
49440    wyz
           14                     15                 15                          16

                                                  出所＝キャピタル・フロー・ソフトウエア
```

■4つのステップの完成

　図表5．25では、3月15日の期間Bから、夜間取引終了までのすべてのバーを一体化してみた。プロファイルの完成だ。そして、新しい上方

への動きがモードから出てきた。これが新しいステップ1である。

　ステップ1で最大の収益を上げることができる。ということは、ステップ3とステップ4の後半期間に最も注意する必要がある。そうすればステップ1をとらえられるからだ。

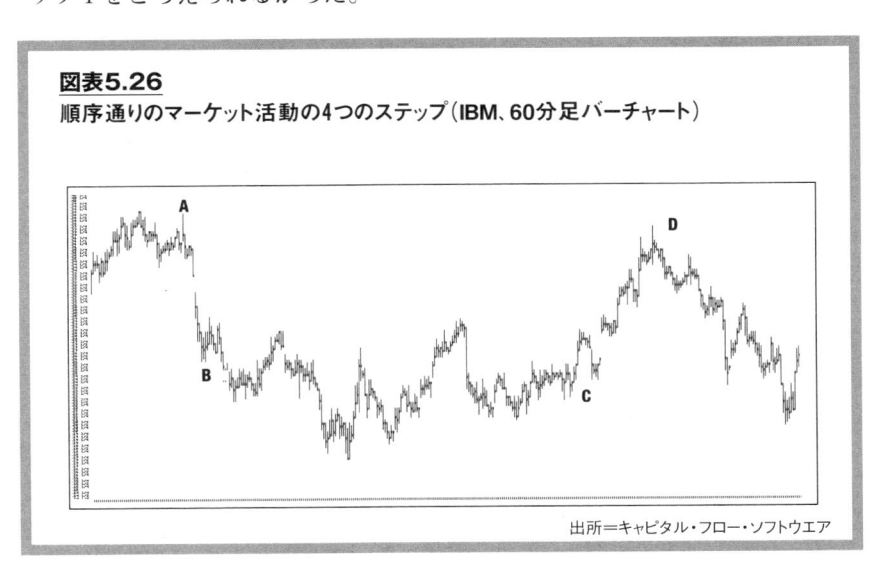

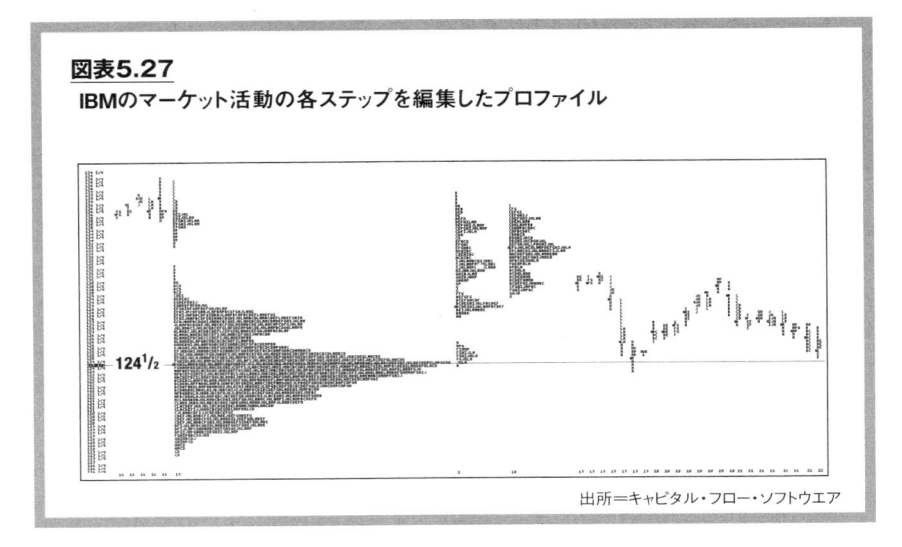

図表5.26
順序通りのマーケット活動の4つのステップ（IBM、60分足バーチャート）

出所＝キャピタル・フロー・ソフトウエア

図表5.27
IBMのマーケット活動の各ステップを編集したプロファイル

$124^{1/2}$

出所＝キャピタル・フロー・ソフトウエア

単純な６０分足に基づいて、この概念を検証してみよう。図表５．２６はＩＢＭの６０分足である。マーケット活動の各段階であるｂ字形、ｐ字形、Ｄ字形をとらえることができるだろうか？

　図表５．２６には、マーケット活動の全段階が示されている。４つのステップは、ステップ１から始まるが、それはＡで始まってＢで終了している。続いてステップ２、ステップ３と移り、その終わりがＣである。ここまでで、ＡからＣの全体の形を、ｂ字形のパターンとして見ることができる。そこではレンジの底の部分が、完成した鐘形曲線のように見える。Ｃのボリュームの高い区域から、新しい上昇への動きが生じている。その上昇したステップ１は、Ａの下落した前回のステップ１の起点に戻っていた。つまりｂ字形が徐々にＤ字形に回復してきたのである。その後、モード区域を再浮上させ始めたことで、新しい動きの準備が整ったことを暗示した。

　ＩＢＭのチャートがマーケット・プロファイル形式ではどのように見えるか確認してほしい。図表５．２６のデータを、いくつかのプロファイルに編集したのが図表５．２７だ。記号ＡからＣをひとつのプロファイルの形にまとめてある。ステップ１のレンジの底部分でｂ字形を形成していることが分かるだろう。同様にＤ字形、つまり完成した鐘形曲線も見ることができるだろう（Ｄ字形は、比較的短期の時間枠だけで、完成した鐘形曲線である）。このＤ字形のパターンが完成すると、新しいステップ１は最大ボリュームの付近から始まった。そしてそこは最初に下落した地点であり、それ以上に下落していた価格がそこまで回復したのである。このことは、売買レンジ全体でさらに大きな鐘形曲線を築く過程の始まりであった。

売買戦略構築のための
マーケット・プロファイル利用法

　この時点で、完全なマーケット・サイクルの概要が分かってもらえたと思う。それでは例を使って、売買戦略に適用させてみたい。図表５．２８は１９９９年７月２１日までの総合プロファイルである。株価はバリュー・エリアの天井方向で引いている。マーケット活動の４つのステップを

理解していれば、このマーケットがどのステップにあるか、またそのことは売買戦略の観点で見て何を意味しているか、そしてこのマーケットが次にどこへ展開すると予測するかが分かるであろう。

まず図表5．28のパターン全体では、ステップ4が依然として発達中であると分類することになるだろう。このプロファイルでは、プロファイル全体がより完全に発達した鐘形曲線に回復するまで、方向性を持った動きが生じるとは予想しにくい。しかし見ての通り、Dパターンが完全に熟しきるにはさらなる発達が必要となる。それまでのプロファイルを組み合わせてみると、上方と下方のレンジとも、競売が完全でない。そこで、プロファイルを埋める必要がある「くぼみ」を探すことが賢明である。そのくぼみが埋まるまで、均衡した天井と底でトレードする機会がある。

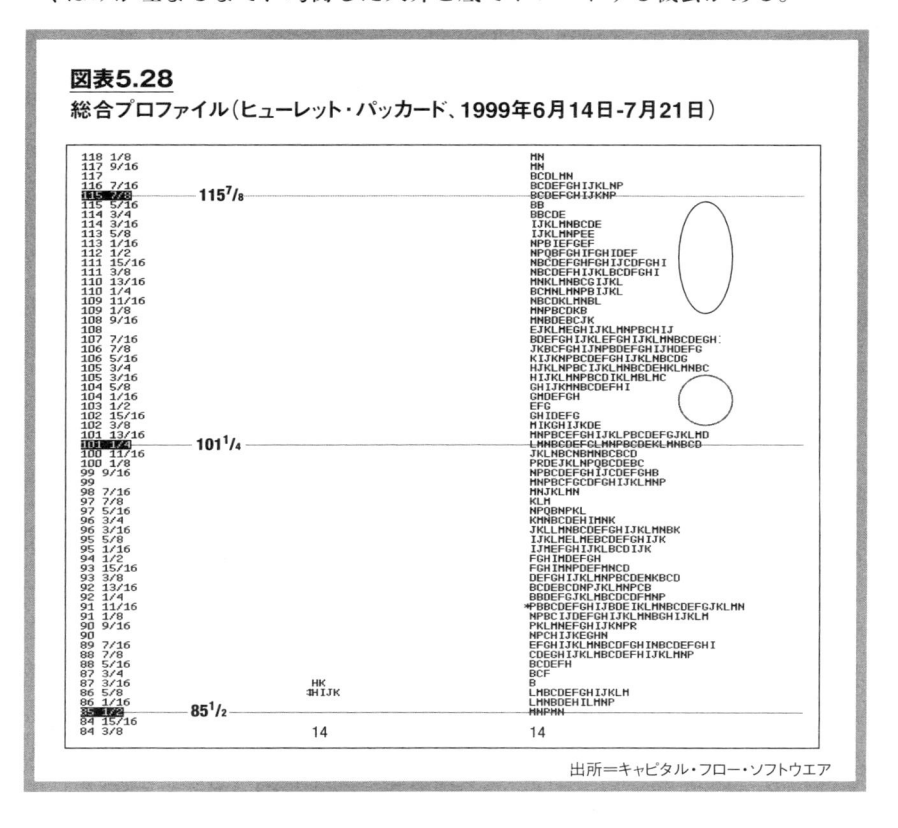

図表5.28
総合プロファイル（ヒューレット・パッカード、1999年6月14日-7月21日）

```
118 1/8              MN
117 9/16             MN
117                  BCDLMN
116 7/16             BCDEFGHIJKLNP
115 7/8     115 7/8  BCDEFGHIJKNP
115 5/16             BB
114 3/4              BBCDE
114 3/16             IJKLMNBCDE
113 5/8              IJKLMNPEE
113 1/16             NPBIEFGEF
112 1/2              NP08FGHIFGHIDEF
111 15/16            NBCDEFGHGFGHIJCDFGHI
111 3/8              NBCDEFHIJKLBCDFGHI
110 13/16            MNKLMNBCGIJKL
110 1/16             BCMNLMNPBIJKL
109 11/16            MNPBCDCLMNBL
109 1/8              MNPBCDCKB
108 9/16             MNBDEBCJK
108                  EJKLMEGHIJKLMNPBCHIJ
107 7/16             GHIJKLEFGHIJKLMNBCDEGH
106 7/8              JKBCFGHIJMNPBDEFGHIJHDEFG
106 5/16             KIJKNPBCDEFGHIJKLNBCDG
105 3/4              HJKLNPBCIJKLMNBCDEHKLMNBC
105 1/8              HIJKLMNPBCDIKLMBLMC
104 5/8              GHIJKMNBCDEFHI
104 1/2              GMDEFGH
103 7/8              EFG
102 15/16            GHIDEFG
102 13/16            MIKGHIJKDE
101 1/4     101 1/4  MMPBCEFGHIJKLPBCDEFGJKLMD
101                  LMNBCDEFCLMNPBCDEKLMNBCD
100 11/16            JKLNBCNBMNBCBCD
100 1/8              PRDEJKLNPQBCDEBC
99 9/16              NPBCDEFGHIJCDEFGHB
99                   MNPBCFGCDFGHIJKLMNP
98 7/16              MNJKLMN
97 7/8               KLM
97 3/4               NPQBNPKL
96 3/16              KMNBCDEHIMNK
96 3/16              JKLMNBCDEFGHIJKLMNBK
95 1/16              IJKLMELMEBCDEFGHIJK
95 1/16              IJHEFGHIJKLBCDIJK
94 1/2               FGHIMDEFGH
93 15/16             FGHIMNPDEFMNCD
93 3/8               FHIJKLMNPBCDENKBCD
92 13/16             BCDEBCDNPJKLMNPCB
92 1/4               BBDEFGJKLMBCDCDFMNP
91 11/16             MFBAEFGHIJBDEIKLMNBCDEFGJKLMN
91 1/8               NPBCIJDEFGHIJKLMNBGHIJKLM
90 9/16              PKLMNEFGHIJKNPR
90                   EFGHIJKEGHN
89 7/16              EFGHIJKLMBCDFGHINBCDEFGHI
88 7/8               CDEGHIJKLMBCDEFHIJKLMNP
88 5/16              BCDEFH
87 3/4               BCF
87 3/16     HK       B
86 5/8      HIJK     LMBCDEFGHIJKLM
86 1/16              LMNBDEHILMNP
85 1/2      85 1/2   MNPMN
84 15/16
84 3/8               14              14
```

出所＝キャピタル・フロー・ソフトウエア

図表5.28のマルで囲ったところが、その鐘形曲線を形成するために発達を必要としているくぼみだ。そしてそれから数日間で、まさにその通りのことが起こった。売買戦略の観点では、マーケットは概して完全な鐘形曲線に発達する前に、レンジの一方でpとbのパターンが発達することを予測している。この株は、レンジの天井に向かって引けているので、図表5.28にマルで囲ったボリュームの低いところが発達すると想定できるであろう。つまり完全に発達したp字形が完成するまで、発達中のバリュー・エリアの天底で売買できることを意味する。

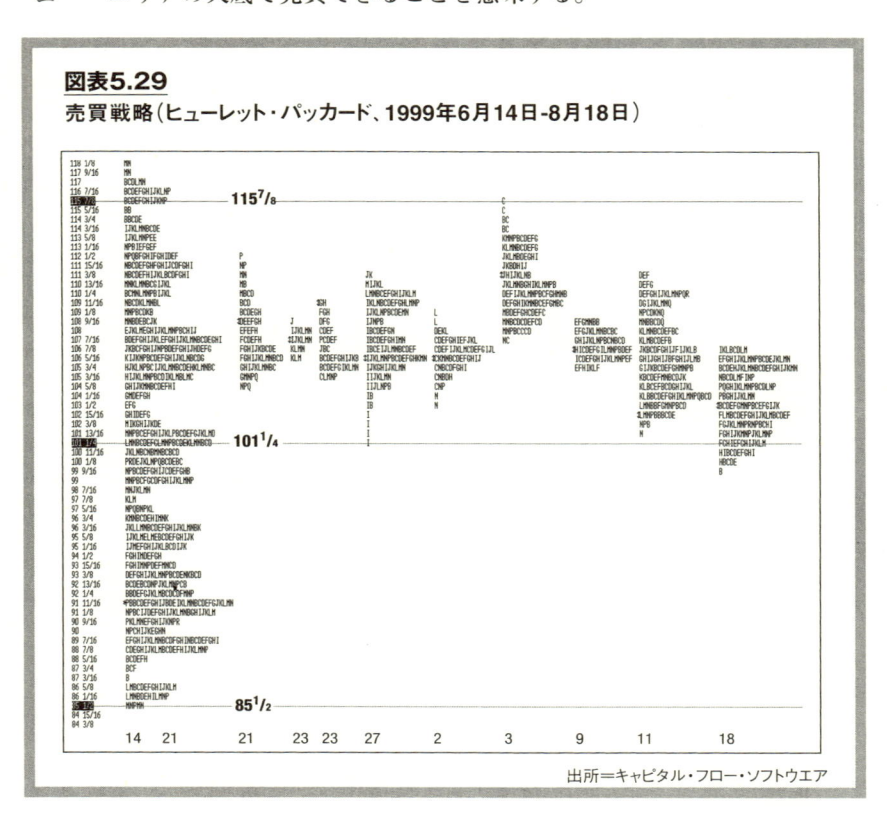

図表5.29
売買戦略（ヒューレット・パッカード、1999年6月14日-8月18日）

出所＝キャピタル・フロー・ソフトウエア

次に何が起こったか、図表5．29で確認してほしい。高値で売り、発達中のバリュー・エリアの底付近で買う戦略が、ボリュームの低いところが埋まるまでの数日間、非常にうまく機能していることが分かるだろう。そして、すべてのデータをひとつの総合プロファイルにまとめたのが、図表5．30である。完成した鐘形曲線がレンジの上方で形成されていることが明確に分かる。ついに「コップいっぱい」になって、こぼれようとしているのだ。短期では、マーケットが完全な鐘形曲線を形成して、ステップ4は新しいステップ1に移ろうとしているのである。しかし、どちらの方向だろうか？

図表5.30
完全な鐘形曲線（ヒューレット・パッカード）

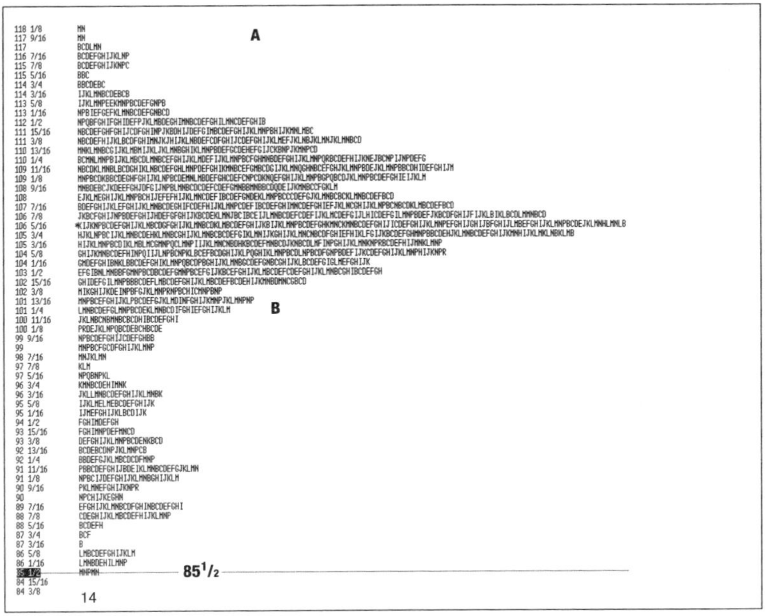

出所＝キャピタル・フロー・ソフトウエア

ここでは鐘形曲線が完成に向かっている。したがって、バリュー・エリアの底で買って天井で売る反対売買から、戦略を転換しなければならない。つまり、マーケットの活動段階が横ばい圏での売買戦略から、順張り（トレンドフォロー）戦略を利用するときであることを教えてくれるのだ。
　そこでチャートの初めのところから、より長期的に考察する。長期的時間枠でのマーケットはステップ3、つまりpパターンである。それでは次に何が起こるだろうか？　またどの種のマーケット活動が、その判断が正しいか誤りか教えてくれるだろうか？
　マーケット活動の各ステップからトレードするときは、決して大局観を見失ってはならない。短期の時間枠でマーケット活動のサイクルが完成したとき、それがマーケットの方向に影響を与えることになる。つまり大局観は、短期の均衡が展開している背景や状況として支配しているのである。
　この点を踏まえると、図表5．30は、もはやレンジ売買は売買戦略に相応しくないことが分かる。その代わり、ステップ1の方向性のある動きを予測する。一般的にこうした動きは、ボリュームの大きいところから始まる。マーケットの各ステップとボリューム分析で得た手掛かりは、売買戦略の選択とマーケットの次の方向性ある動きの判断に非常に役立つはずだ。図表5．30にAとBの印をつけた出っ張りに注目してほしい。これはバリューの天井と底である。マーケットがこれらのポイントのどちらかを力強く超え始めたら、それが次の方向であると判断するのは、かなり安全な考え方であろう。またこのプロファイルの底の部分が依然として発達の必要があり、パターン全体ではステップ4の途中と認識した。したがってかなり低リスクの戦略は、さらに大きなD字形鐘形曲線の形成を想定して、発達中のバリュー・エリアの底に下がる動きを取ろうと、モード・ラインで売ることであろう。この予測が正しければ、マーケットはAで印をしたバリュー・エリア天井にあるボリュームの高い出っ張りよりも、上昇するはずはない。
　事実、図表5．31にあるように、新しく方向性のある動きがちょうどモードのところから現れた。下値目標はレンジの底である。

図表5.31
マーケット活動の4つのステップを一体化する(ヒューレット・パッカード)

```
118 1/8    MM
117 9/16   MM
117        BCDLMN
116 7/16   BCDEFGHIJKLMP
115 7/8    BCDEFGHIJKNPC
115 5/16   BBC
114 3/4    BBCDEBC
114 3/16   IJKLMNBCDEBCB
113 5/8    IJKLMNPEEKMMPBCDEFGNPB
113 1/16   MPBIEFGEFKLMNBCDEFGMBCD
112 1/2    MPQBFGHIFGHIDEFPJKLMBDEGHIMNBCDEFGHIJLMNCDEFGHIB
111 15/16  MBCDEFGHFGHIJCDFGHIJKLMJKJKLMHIJKLMNBCDEFGHIJCDEFGHIJKLMNPGHIJKLMABC
111 3/8    NBCDEFHIJKLMBMCDEFGHIJMMJKJKLMNBCDEFGBIJCDEFJKLMAPEFJKLMNBJKLMNJKLMNBCD
110 13/16  MMKLMMNGEIJKLMNBMIJKLMNMPBCEFGCDEHEFGIJCKBMPCD
110 1/4    BCMMLMNPBIJLMLMBCLMNBCDEFGHIJKLMMDEFIJKLMNNMPBCFGHMMNBEFGCIJKLMNMPBCDEFGHIJKLMNPBCDMMPBCIDEFGHIJM
109 11/16  NBCDKLMNBLBCDGHIJKLMNBCDEFGHIJKLMMJKLMMNGHMNBCEFGMCJKLMMPBCDEFGHIJKLMNPBCDHIDEFGHIJM
109 1/8    MMBDEFBCDKBCBCDEFGHIJLJNPBLMNBCDEFCDEFGMMBNMMBNBCDE IJKMNBCDFGHIJK
108 9/16   MMBEFBCJKDEEFDBADFGJINPBIDEFGHIJKLMNP BCCDEMPCD
108        EJKLMEGHIJKLMNPBCHIJEFHIJKLMNBCDEF IBCDEFGMDEKLMNPBCCCOOIJKMNBCSCHLMNBCEFBCD
107 7/16   JKLMLEFGHIJKLMNPBCHIJKLMNPCBCHIJKLMNNPCDEFBCDEFGHIJKLMPCDEFGHIBCDEKLMJKLCDEFGBICLDMNBCDCCD
107 7/8    JKBCFGHIJKLMBCDEFGHIJKLMNPCDEFCDEBCEIJKLMMNPCDEGJKLM
106 5/16   *KIJKNMPBCDEFGHIJKLMMNBCDGFGHIJKLMNBCDFIJKLMNPBCDGNMKMMCDKNMKBCDEFGHIJLBCFGHILMBEFGBCDEFGHCDEBCDEFGHIJKLMMBCDEFGHIJKLMMBCDMDLB
106 1/16   HJKLMNPBCDIJKLMBLMCMNPCIGLMNP BCDIJKLBGJKLMBIJKLMMNPBGDMPBCNMPBCDEFGHIBJKLMBMKMPBCNNB
105 5/8    HIJKLMNPBCDIJKLMBLMCMMPGLMCM BCDIJKLMAFJKLMMPBCDGHMNBCDKNMLMBCDEFMHJLMMNLB
104 5/8    GHIJKMNBCDEFGHINPQIJLMPBCNPKLBCFBCDGHIJKLPGGHIBCDMNPBCDLMPBCDGMBDEFIJKCDEFGIJKLMNPHIJMP                      BCB
104 3/16   GMDEFGHIBNMLBNCBEFGHIKJMBCDEFGHIBCMCDGFGMMPCBCDFGIDBKJKNP                                                 CDKLMMPBCDEDP
103 7/8    EFGIBMLMMDEFGMMPBCDBCDEFGMMPCDEFGIJKBCEFGHIJKLMMGLBCNPMNPBCMMNP                                         *CDEFJKLMNPBCDEFGHJKLMNP
102 15/16  GHIDEFGIJLMNPBCBCDEFGLMBCDEFGHIJKLMBCDEFBCDEHILKMNCOMMCBCD                                              DEFFJKIJKLBCDEFGKLMNBCD
102 1/4    MIGGHJAKBEMPBFGJKLMMPBCDGMNPBCHJCMMPBNP                                                                 EFGHIJLBCKLBCDEFG
101 13/16  HMMPBCDGMNMBGCKLMBCDEFGJKLMDJMNFGIJKLMNPJKLMNP                                                         FGLMNBCDEFG
101 1/4    LMMBCDEFGLMNPBCDIJKLMNBCDIFGHIFGHIJKLM                                                                 FMEFGHJKLM
100 11/16  JKLMBCMNMMPBCBCBCBM                                                                                    MNPFJHIJKLM
100 1/8    PROEJKLMNPBCEBCBCHBCDE                                                                                 NIJKMMCC
99 9/16    MPBCDEFGBIJCDEFGHBB                                                                                    NIMMCDJBCDEHIJK
99         MMPBCFGCDFGIKLMNBCEF                                                                                   MPBCDEFGHIJKLMCDEFGHIJKLMCLFGH
98 7/16    MMJKLMM                                                                                                DEFGHIJKLMM
97 7/8     KLM                                                                                                    BCDENPLMBCDEFHIJKL
97 5/16    NPQBMPKL                                                                                               BMBCDIJKLMM
96 3/4     KMMBCDEHIMMK                                                                                           MNPBKLMM
96 3/16    JKLMNBCDEFGHIJKLMNBK                                                                                   MNPMPGBM
95 5/8     JKLMLMEBCDEFGHIJK                                                                                      MFMNMPGBN
95 1/16    IJMEFGHIJKLBCDIJK                                                                                      MNBCDEFGHIJKLMNBGNB
94 1/2     FGHIMDEFGH                                                                                             MNBCBCDEFGHIJKLMN00NB
93 15/16   FGHIMMPDEFMMCD                                                                                         MPBCBCDEFGKLMBCSE
92 13/16   BCDEFCBMPJKLMNPG                                                                                       MCDGHIJKLMBCDEF
92 1/4     BBDEFGJKLMBCDCBFMMP                                                                                    GHIJKDEFGJJL
91 11/16   PBBCDEFGIJBGEIJKLMNBCDEFGJKLMN                                                                         JDEFGHIJKLMP
91 1/8     MPBCIJDEFGHIJKLMNBGHIJKLM                                                                              GHJKMMPQ
90 9/16    MPCHIJKEGHM                                                                                            MBCDEFMQR
90         MPCHIJKEGHM                                                                                            NBFGHIJKMME
89 7/16    EFGHIJKLMNBCDEFGHIMBCDEFGHI                                                                            MDEFB
88 7/8     CDEGHIJKLMNBCDEFGHIJKLMNP                                                                              CDFGMBC
88 5/16    BCDEFH                                                                                                 BCDFGHIJKLMNPBC
87 3/4     BCF                                                                                                    BCDFGHIJKLMNPC
87 3/16    B                                                                                                      BCDFGHIJKLMNPC
86 5/8     LMBCDEFGHIJKLM                                                                                         BCC
86 1/16    LMNBGEHILMNP                                                                                           CDEF
84 15/16   MMPMM                              85 1/2                                                              CDEF
84 3/8                                   14                                                  15
```

出所=キャピタル・フロー・ソフトウエア

■マイナス・デベロプメント(不完全発達)

　残念ながら、マーケットは必ずしもマーケット活動の4つのステップ通りに展開するわけではない。ときには、4つのステップのひとつが発達しないことがある。この「正常な」マーケット活動からの逸脱を「マイナス・デベロプメント」と呼んでいる。

　マイナス・デベロプメントとは、不均衡の次のサイクルが始まる前に、あるステップが飛ばされることである。非常に多くのケースがあり、どのステップがどの時間枠で飛ばされたかによって意味合いは異なる。しかし最も飛ばされやすいのは、ステップ4である。そのような場合、マイナス・デベロプメントは連続するb字やp字のパターンで特徴づけられる。

図表5.32
マイナス・デベロプメント(連続するp字形パターン、S&P500指数)

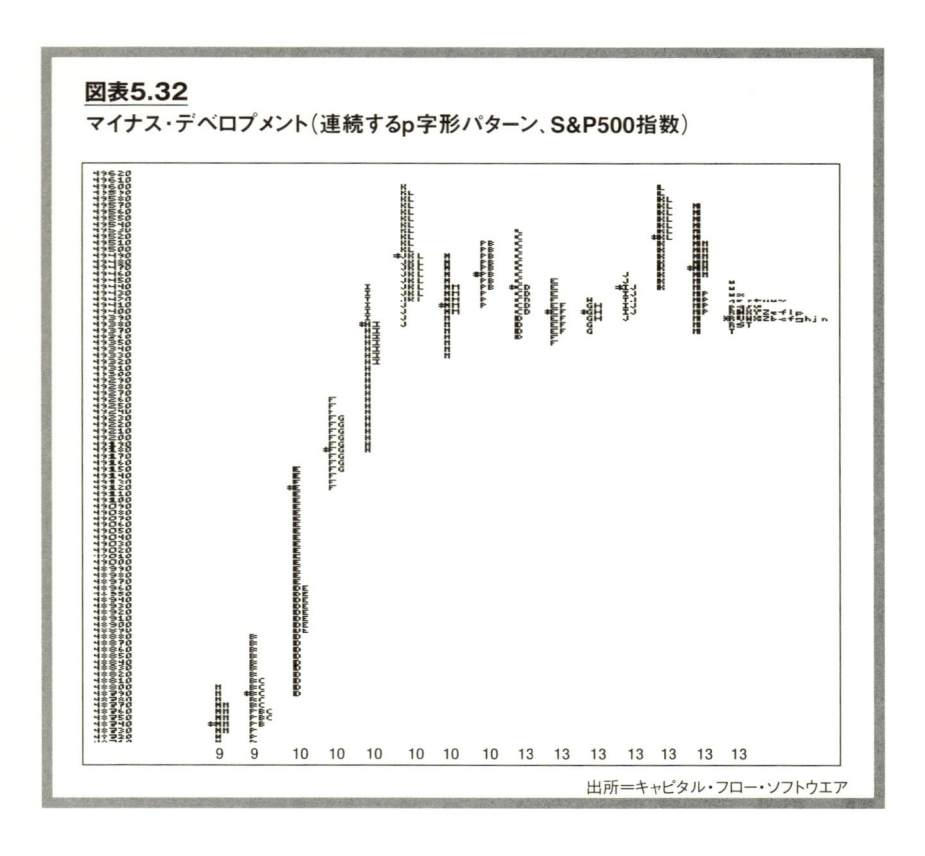

出所=キャピタル・フロー・ソフトウエア

　通常、マーケットにあることが起こらないのは、マーケットに起こると思われていることよりも重要である。反対のことが起こったからだ。例えば、p字形(もしくは複数のp字形)がD字形に転換しなかったということは、かなりの強気を意味する(その逆も然りである)。

　図表5．32を見てほしい。大局観ではステップ3のマーケットである。しかし短期の視点では完成したステップ4である。通常、マーケットがステップ4に転換したと予想し、チャート上のすべてのデータをD字形にまとめようとするだろう。そしてマーケットが方向性を持った形でボリュームの高い出っ張りを下回ったとすれば、マーケット活動の通常ステップが進行していると確信したであろう。図表5．32では、鐘形曲線はp字形の天井で展開している。そしてマーケットは、最短の時間枠では方向性を

もった動きをしそうである。もし方向性のある動きが下であれば、ステップ4が上昇の起点に向かって進行中であると分かる。しかしもし次の方向性を持った動きが上昇であれば、新しいステップ1となりそうだ。つまりマイナス・デベロプメントの場合である。

　カギとなるのは、ボリュームの大きな地域である。マーケットがそれを下回り始めたら、売りのシグナルとなる。一方、上回ったら買いシグナルである。激しい強気の動きであれば、マーケットは上昇、展開、上昇、展開という、p字形を編成後にまたp字形となるであろう。恐らくところどころで、小さなD字形を確認できるかもしれない。p字形の連続は、しっかりとした上昇トレンドの特徴である。

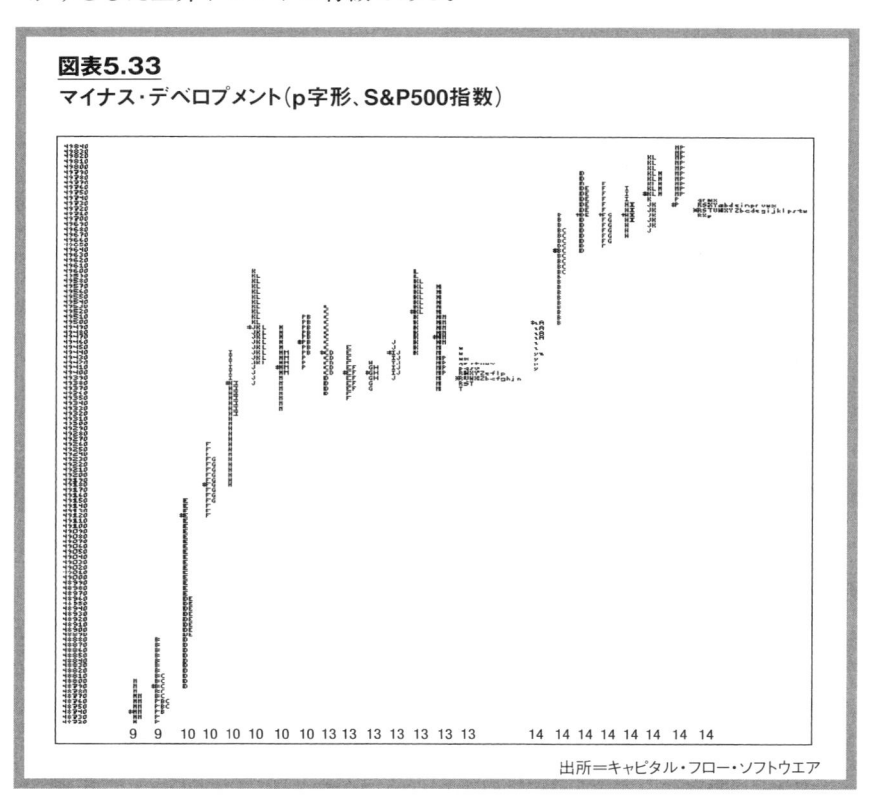

図表5.33
マイナス・デベロプメント（p字形、S&P500指数）

出所＝キャピタル・フロー・ソフトウエア

図表5．33の14日のマーケットは、モード・ラインを起点に上方に動いている。こうしたマーケットの状況は、マイナス・デベロプメントを暗示している。ステップ4を形成すると考えられたところに、2つの連続したｐ字パターンがあるからだ。

図表5．34を見ると、最初のｐ字形からの動きは上昇であり、それが次のｐ字形を導き、最後にD字形になっている。しかし最初のｐ字形が意味することは、全体の状況からみて依然としてマイナス・デベロプメントにあるということである。それまでのすべてのデータを個別のプロファイルにまとめたら、図表5．35のようになるだろう。

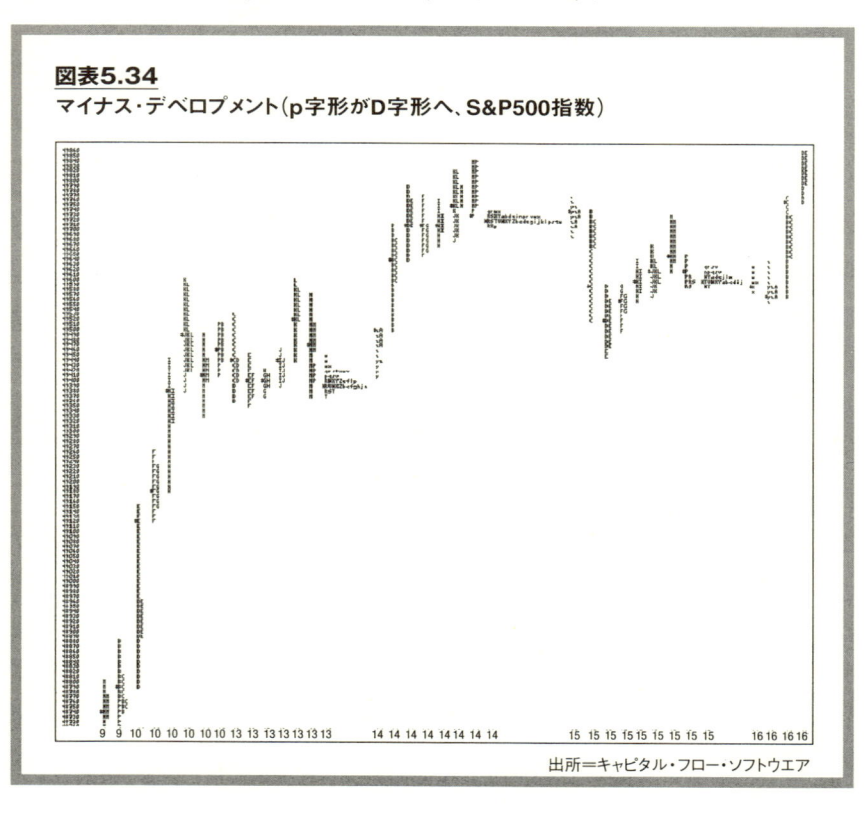

図表5.34
マイナス・デベロプメント（ｐ字形がD字形へ、S&P500指数）

出所＝キャピタル・フロー・ソフトウエア

図表5.35
マイナス・デベロップメント(総合プロファイルのp字形、S&P500指数)

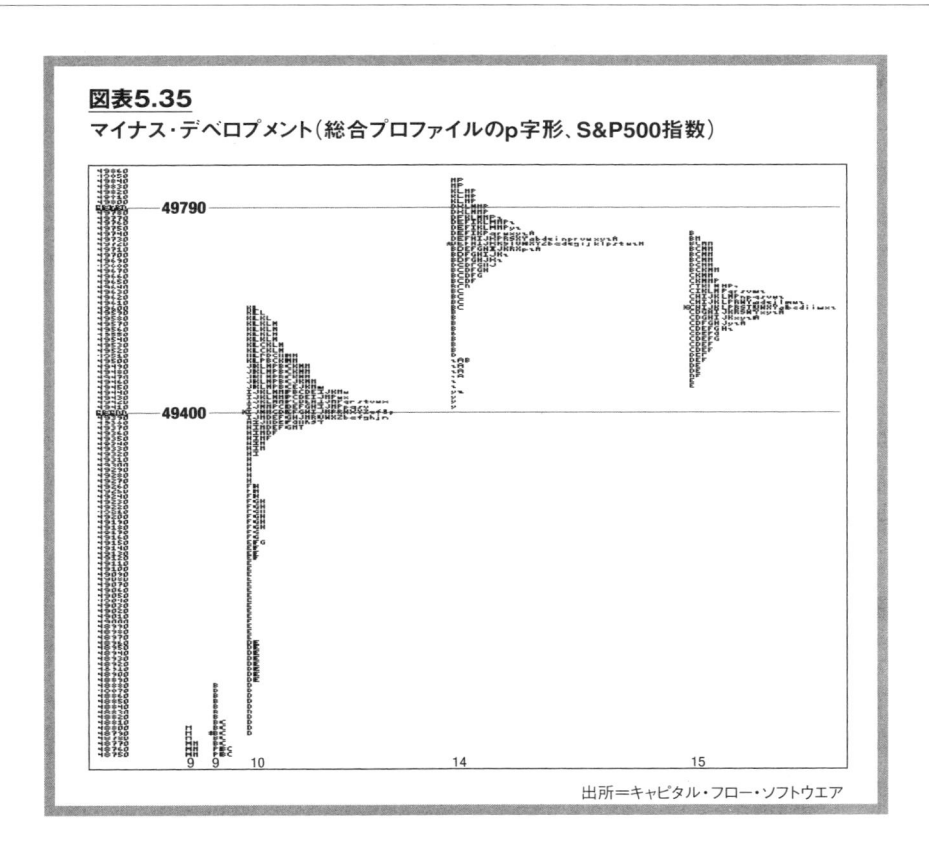

 図表5．34にあるすべてのプロファイルをひとまとめにした場合、レンジの天井で完全な鐘形曲線を形成したことになる。発達の最終段階がD字形だったとしても、マイナス・デベロップメントの状況全体から見た場合、そのD字形は単により大きなp字形の完成を表しているにすぎない。図表5．36は、図表5．35にもうひとつのプロファイルを加えたものである。この図表5．36から、新しいステップ1のレンジの一部となっていることが分かる。
 図表5．36のマーケットの状況をどのように述べたらよいだろうか？ その状況はその次の状況に影響を与えるだろうか？ これは、次の状況が実際には今の状況を打ち消した状態なのか？ 前述の通り、モード・ラインはマーケットの次の方向性をもった動きを判断するのに重要な参考点と

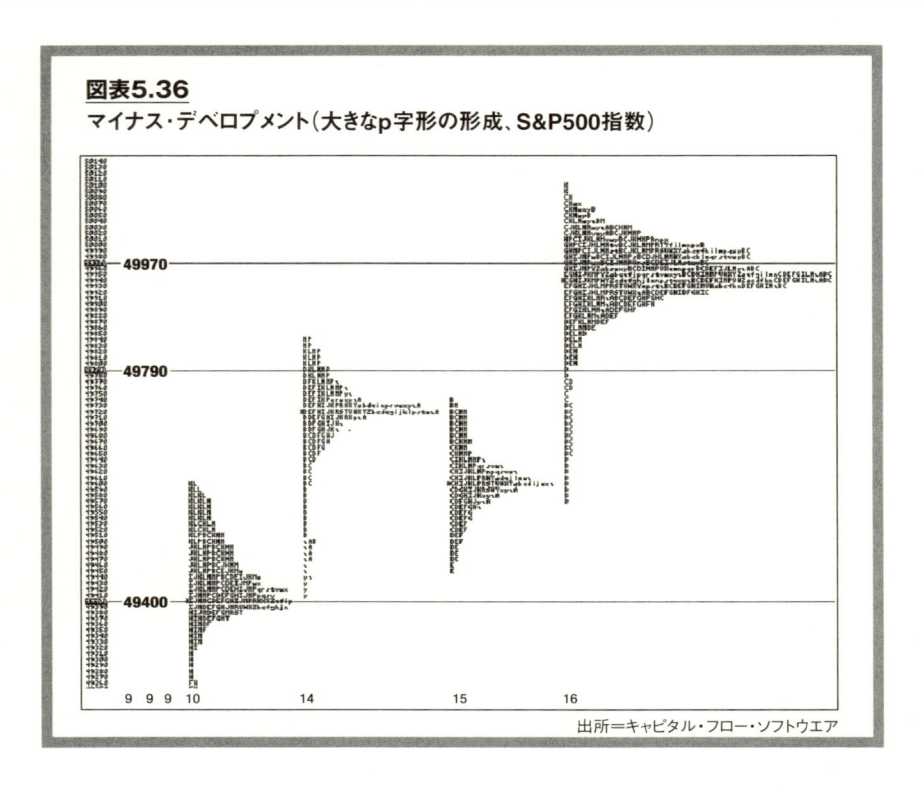

図表5.36
マイナス・デベロプメント（大きなp字形の形成、S&P500指数）

なるはずである。事実、図表5．37がその好例だ。新しいステップ１が支配価格から開始し、新たにマーケット活動のサイクルを始めたのである。

根本的マーケット・プロファイル原理のまとめ

　マーケット・プロファイルの根底にある基本原理を、以下にまとめてみた。

●ボリュームでマーケットを自然に表現する。
●マーケットには２つの次元がある。縦軸と横軸だ。

図表5.37
マイナス・デベロプメントの完成

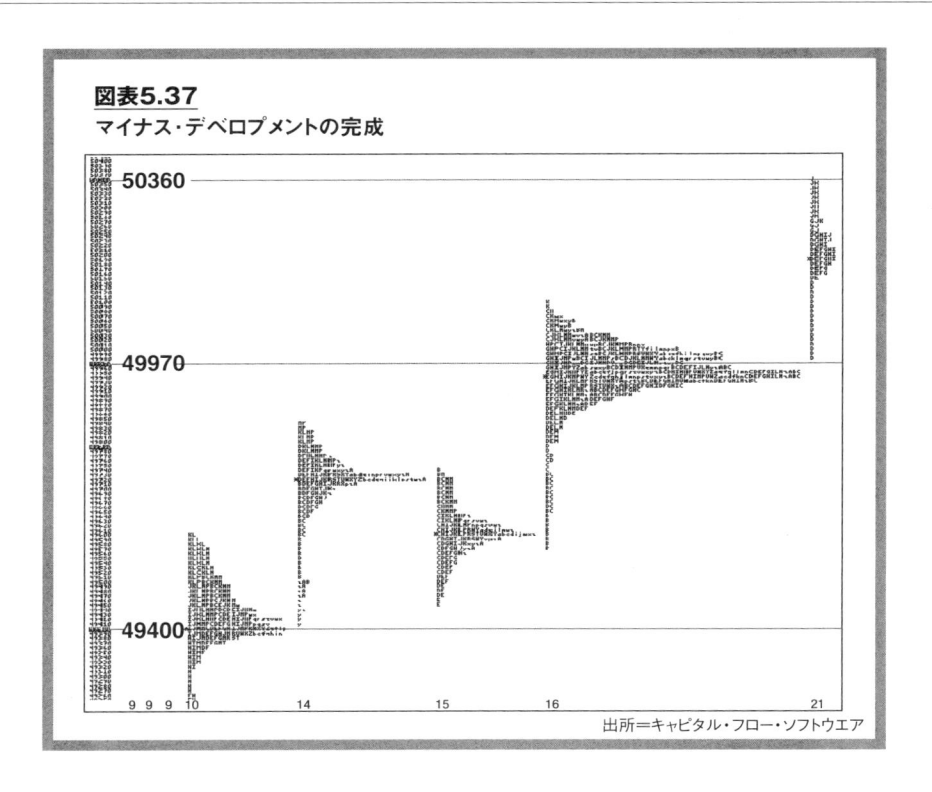

出所＝キャピタル・フロー・ソフトウエア

- マーケット・プロファイルは、マーケットの２次元の特性をとらえ、常に縦と横の動向を比較できる、相関的なデータベースである。
- マーケットの周期的な展開は、４つのステップから成り立っている。

　ボリュームの利用法を学ぶことは、マーケット言葉の読み方を学ぶことである。単に価格をあてにしてトレードすることは、単に音楽を奏でる音符をあてにしているようなものである。価格は、それ自体が持つ意味をかく乱させ続けている。しかし実際は、価格はメッセンジャーにすぎない。マーケットの各ステップ、価格支配と非価格支配、ボリュームといったものの前後関係をつなげるものでしかないのだ。マーケットの内部力学にさらに信頼を置き、ボリュームの持つ意味を理解したとき、客観的売買手段

により近づいたことになる。つまり個性に頼る面を抑え、マーケットの言葉を適当に解釈することで、より多くの情報を手に入れられるのだ。

第6章

売買チャンスを予測するための
オシレーター使用法

トム・デマーク

　チャート分析には、3つの異なったレベルが存在する。まず最初は非常に簡単だ。チャートをざっと見て直感的に解釈することである。その時点では、見た人の頭にひらめいて、重要だと思われたものは、どんなものであれ解釈に影響を与えることになる。そこには科学的な根拠は存在せず、主として主観と当て推量に基づいて結論が導き出されるのである。そしてパターンを記述するために、「フラッグ」や「ヘッド・アンド・ショルダー」のような用語が頻繁に使われることになる。

　チャート分析の第2のレベルは、単一のあるいは複数の指標を使うことである。それらを利用することによって、マーケットを分析するためのしっかりした手法を得ようとするのだ。指標を構成する定義は疑う余地のないものかもしれないが、それらを解釈するにあたっては、まだ見る人の影響を受けることになる。しかし、指標を使うことによって、解釈に整合性が出て、主に当て推量と直観力に頼っていた最初のレベルよりは主観的な影響を受けないようになる可能性が高い。

　最後のチャート分析の第3のレベルは、まったく客観的で機械的な方法である。そこで使われる指標は解釈が定義されており、それはシステマティックな解釈と売買執行について定められたルールが含まれている。ルールは明確に定められ、そして分析プロセスの手順は厳格で簡単である。グレーな部分やあいまいさは存在しない、なぜならユーザーに合わせて解釈が定義されるからである。私がマーケットを分析する場合には、かなりの

経験があり信頼が置けるレベル3の指標とレベル2の指標を共に使いたい。

　トレーダーとして成功するためには、個人的な研究を行って、最終的にはトレードの意思決定の責任を自分で取れるようになるために、自分自身のしっかりとしたマーケットタイミング手法を作成して用いることが重要である。指標の構成や正しい使い方を理解することなく指標に頼るのは、トレーダーをこの目標に向かって進むことから妨げるであろう。これらの指標を効果的に用いるためには、その長所と短所の双方を綿密に評価することが必要となる。ちょうど熟練の大工がさまざまな道具を使う際にその制約や限界に素早く気づくように、トレーダーはさまざまなマーケットタイミング・ツールの欠点を認識し、それが意図された使用法の限界をわきまえなくてはいけない。

伝統的なオシレーターの解釈

　ほとんどのトレーダーは買われ過ぎ、売られ過ぎのオシレーターに関して多少の経験を持っている。概して、売られ過ぎの領域は一般的には底と一致し、買われ過ぎの領域は天井と同時に発生するというのが最もありふれた認識である。このアプローチは単純で粗っぽいものだ。ほとんどの人々は売られ過ぎ指数をリスクの低い買いととらえ、買われ過ぎ指数をリスクの低い売りととらえている。一般に信じられているこの解釈は、部分的には正しい。マーケット・スタディーズ社の研究によると、買われ過ぎ／売られ過ぎのある期間においては、まさにほとんどの人々が期待するように、マーケットは方向を反転することになる。しかし、別のときにはマーケットは顕著なトレンドを形成し続け、反転するだろうという予想はまったく間違っていることになる。

■継続時間分析と乖離分析の重要性

　それら2つの分析結果、すなわち、マーケットがいつそのトレンドを反

転させるのか、そして現行の値動きはどれだけ継続されるのかを見分ける秘訣は、売られ過ぎ、買われ過ぎの状態にオシレーターが留まる期間の長さにある。この重要な因子は、継続時間と称されることになる。例えば、１９８２年８月、株式市場は長期間にわたって買われ過ぎの状態になった。底から起き上がる上昇の強さはダイナミックで長期にわたったのだ。多くのマーケット専門家は、買われ過ぎの指数が強いことを根拠に大きな訂正が起こることを期待していた、しかし、歴史が証明したように、それはまったく起こらなかったのである。また、連続したチャートの足によっても示されたが、それはマーケットが買われ過ぎの状態のままの期間の長さにかかわりがある。広範囲の研究によると、極端な買われ過ぎ、売られ過ぎの指数が６日以上連続した場合、それは激しい買い、あるいは売りを示しており、現在進行中のトレンドが維持される可能性が高いことを警告していることが判明した。

　多くの昔ながらのチャーティストは、売られ過ぎ、買われ過ぎの状態のときにマーケットが反転に失敗したことを、価格変動とオシレーターの動きの間に明確な乖離が起こらなかったことのせいにしているが、これは間違っている。例えば、株価が下落して、オシレーターが売られ過ぎ領域に入ったとしよう。その後、オシレーターは売られ過ぎの領域から移動して、いったんニュートラルに入り、再び売られ過ぎの領域の中に下落したが、最初に示した売られ過ぎの指数よりは穏やかな値を取ったのに対し、株価自体は最初のときよりもより安くなったとしよう。昔かたぎのチャーティストは、オシレーターと価格変動の間に乖離があるので、マーケットは反転して上昇するだろうと言うであろう。

　この見方は、オシレーターと価格の間の乖離は常にオシレーターに有利に解消されるという信条に基づいているので、価格はすぐに上昇すべきであるということだ。逆に、オシレーターが買われ過ぎとなり、いったんニュートラルに戻って、その後で軽度の買われ過ぎのレベルに戻ったときに、株価が最初の高値より高い高値を付けたとすると、そこには乖離が発生し、一般的には価格は下落することになると思われている。これは実際に起こることもあるが、乖離はマーケット反転の原因であるというよりはむしろ、

ただ単なる結果にすぎない。一方、継続時間はその原因である。反転あるいはトレンドの継続が起きるかどうかを決めるのは、オシレーターが買われ過ぎ、売られ過ぎの領域に留まった期間の長さである。

■一般的な買われ過ぎ、売られ過ぎオシレーター

最も一般に使われている買われ過ぎ、売られ過ぎのオシレーターは、ＲＳＩ（相対力指数）とラルフ・ディスタントが考案したストキャスティクスである。これらの２つのオシレーターが成功した秘密は、１９７０年代にパブリックドメイン（誰でも使える状態）であったが、それら２つのオシレーターだけであった、という事実と関係がある。その当時、チャートブックに紹介されてその利用が広まり、チャートブックの出版社の多くはページを満たすためにこれらの指標をチャートに載せたのである。さらに、１９８０年代初期に広まったコムトレンドといった電子チャートサービスにはモニター上にこれらのチャートの表示が含まれていた。

これらの指標が有効な成果を生んだのか、あるいは他の指標より優れていたかどうか調べるための研究は行われていなかったのである。これらの指標に対する信頼は、それらが容易に入手が可能であること、広く受け入れられていること、トレーダーの間に支持者が多いことに主として起因していた。しかし振り返ってみると、マーケットの解釈にこのような指標を用いる正当な理由はどこにも存在しなかったのである。それらが指数関数的に計算されていたかどうか、あるいは指標と株価との特定の関係が上昇や下落を示すかどうかに関しては、これらの指標は何も特別な長所はなかったのである。有効性が実証されているツールに関する必要性を満たすために、マーケット・スタディーズ社は過去３０年にわたって、さまざまな価格の関係とオシレーターの動きを検証し、ひとそろいの独自のマーケットタイミング指標を研究、開発してきた。最初にＴＤ ＲＥＩ（ＴＤレンジ・エクスパンション・インデックス＝TD Range Expansion Index）が開発され、その後も他の多くの指標がまもなく開発されることになった。

TD REI（TDレンジ・エクスパンション・インデックス）™

　すべての場合にではないにせよ、売られ過ぎ、買われ過ぎのオシレーターは保ち合いのマーケットではうまく機能することになる。しかし、それらはトレンドがあるマーケットではしばしば早々と売られ過ぎ、買われ過ぎの状態になり、その結果、役に立たないことが分かるのである。理想的な指標は従来の指標よりも素早く、買われ過ぎ、売られ過ぎのレベルを表示することはない。また、理想的な分析手法はより簡単に、レンジ相場とトレンドがあるマーケットを区別することになる。

　トレーダーがレンジ相場とトレンドがあるマーケットを区別することができない主な理由は、彼らが指標と株価の動きの関係に、継続時間分析の概念を適用するのではなく、乖離分析を応用していることにある。また問題の一部は、価格変動に対してその構成要素が他の指標と比べて敏感ではない不正確な指標を使うことと関係がある。トレンドがあるマーケットで、指標が売られ過ぎ、買われ過ぎの領域に早く入ってしまう可能性を減らすために、ＴＤ ＲＥＩは、現在の足が以前の足と部分的に重なり合うことを必要条件としており、それはトレンドが鈍くなったことを示している。もしそれらが重ならないならば、その期間の指標の値にはゼロが割り当てられることになる。これによってトレンドがあるマーケットであまりにも素早く売られ過ぎ、買われ過ぎの領域に移るリスクを減らしているのである。

　さらに、すべてではないにしてもほとんどのパブリックドメインのオシレーターは、指数を計算するために終値を使っている。しかし、終値を比較することに意味は特にない。より重要な価格情報を得るために、なぜ高値や安値を比較しないのだろうか？　なぜ他のもので比較をしないのだろうか？　ＴＤ ＲＥＩはまさしくそれを行うことで、オシレーターが早々に売られ過ぎ、買われ過ぎの領域に入ることなく、極端な価格変動に対する感応性を得ている。それは高値と安値を2本前の高値と安値と比較している。予期しない短期的なニュースや束の間の出来事は、過度に行きすぎた値動きをもたらすことになるが、ＴＤ ＲＥＩ分析は、これらのことか

ら生ずるボラティリティを取り除くために、ひとつおきの期間の高値、安値を比較している。もし高値、安値を2本前の高値、安値と比較すれば、感情的で短命なマーケットの反応や出来高の増大をほとんど排除することができる。こういったニュースへの反応は、2本以上の足を観察することによって、それが重要でないことを理解することができる。

■ＴＤ ＲＥＩの構成

ＴＤ ＲＥＩ指標は、高値同士、安値同士を比較することで計算される。同時に、現在の価格が以前の価格変動と重なっているか、あるいは以前の価格レベルから離れてトレンドを形成しているかを判断するために、現在の価格変動はそれ以前の価格変動と比較されることになる。ＴＤ ＲＥＩを価格変動と一緒にチャート上にプロットすれば、リスクの低い売買を適時仕掛けるためにさまざまなテクニックを用いることができる。

●ステップ1

現在の足の高値、安値を2本前の足の高値、安値と比較する。前述した通り、この方法によって、短期の売買が殺到するマーケットスパイク（突出高や突出安）やニュースの影響を減少させることができる。ＴＤ ＲＥＩが信頼し認めるのは、2本以上の足で構成された、より耐久性や持続性のある価格変動だけなのである。さらに、2本の足を比較することで、1本だけを比較する場合よりも、計算されたオシレーターがより流動的で堅実に見えることになる。もし毎日の価格の比較だけに頼っていたならば、そうすることでよりいっそう明確な結論を導き出すことができる。

この最初のフェーズでは、現在の高値から2本前の高値を引き、現在の安値から2本前の安値を引くことになる。これらの2つの計算結果を合計して値を算出する。この値はプラスにもマイナスにもなり得る。それは今日の高値や今日の安値が以前の高値や安値とどういう位置関係になるかによって変わってくることになる。

●ステップ2

ステップ2は、ステップ1で行われた計算が分析の目的のために考察されているかどうか決定する。言い換えれば、もしこのフェーズに含まれるフィルターに適合しないならば、マーケットにトレンドがある可能性が高い。それゆえ、その場合にはステップ1で計算された値ではなく、ＴＤ　ＲＥＩオシレーターの値はゼロとして計上することになる。ゼロを割り当てることで、売られ過ぎ、買われ過ぎを早まって表示することや、トレーダーが早まって建玉したり手仕舞いしたりする可能性を低くしているのである。このステップ2は現在の価格が以前の価格と重なるかどうかを監視するために不可欠である。もし重なっているなら、マーケットはレンジ相場にある。また価格が重なっていなければ、マーケットはトレンドを形成していることになる。

フィルターは次の条件のうちどちらかを必要としている。①現在の足の価格レンジは5本あるいは6本前の価格レンジと重ならなくてはならない——言い換えれば、現在の足の高値は5本あるいは6本前の足の安値以上であり、現在の足の安値は5本あるいは6本前の足の高値以下である必要がある。あるいは、②2本前の足の価格レンジは7本あるいは8本前の価格レンジと重ならなくてはならない——言い換えれば、現在より2本前の足の高値は7本あるいは8本前の足の終値以上であり、現在より2本前の足の安値は7本あるいは8本前の足の終値以下である必要がある。

●ステップ3

ステップ3には、ステップ1で必要とされる価格交差が起こって算出された値と、必要とされる価格重複が発生せずにゼロとされた値の両方が必要になる。次には、この値は直近5本のＴＤ　ＲＥＩ指数を得るために、それ以前の4本の足の計算結果と組み合わせることになる。この5本の指数はプラス、マイナス、そしてゼロの値を取り得ることに注意してほしい。5本の期間にわたって個々の値を加算することによって、ＴＤ　ＲＥＩを算出する方程式の分子が算出される。それぞれの足が交差条件を満たすと、分母は5本の連続した足の絶対値の総和である。言い換えれば、プラスか

マイナスかは無視されて、単に正項の大きさだけが分母の値を算出するために必要になる。

　一方、分子はプラスにもマイナスにもゼロにもなり得るけれども、7本すべてで高値、安値が等しくなることがなければ、分母はゼロにはなり得ない（これにはＴＤ ＲＥＩを計算するために必要な5本の足と、最初の足の前の2本の足が含まれている）。最後に、分子と分母の値が計算されれば、プラスあるいはマイナスの値が％で示されることになる。それからこの％をチャート上にプロットすることになるが、その値は－100から100の間で変化することになる。

●ステップ4

　ステップ4では、ＴＤ ＲＥＩ指標で買われ過ぎ、売られ過ぎ、あるいはニュートラルを定義するバンドを設置することになる。通常、5本のＴＤ ＲＥＩについては、－40が売られ過ぎ、＋40が買われ過ぎの閾値として選ばれることになり、中間の値はニュートラルとされる。

●ステップ5

　ステップ5は、トレンド反転の可能性がある時期の期限が切れ、オシレーターが買われ過ぎ、あるいは売られ過ぎを示し続けて、現在マーケットで進行中のトレンドが継続するであろうことをトレーダーに警告するために設計されている。一般に、－40の売られ過ぎ、＋40の買われ過ぎのパラメータの閾値が－40と＋40に設定され、ＴＤ ＲＥＩが5本の足で構成されている場合には、マーケットが売られ過ぎ、買われ過ぎの領域に留まり、トレンドが反転する可能性があるとみなされている期間は6本あるいはそれ以下である。6本を超えて継続する場合は、「継続時間」の限界を超えたことになり、オシレーターが極端な買われ過ぎの状態を示したことを意味している。

　この極端な値を軽減するために、オシレーターは6本以下の間に、ニュートラルの方向に戻って「軽い」あるいは「中程度の」売られ過ぎ、買われ過ぎの値を示そうとする。以下に推奨する仕掛けのテクニックと組み合

わせれば、継続時間の概念は、トレーダーにマーケットタイミングに関する素晴らしい優位性を与えてくれることになる。前にも述べた通り、継続時間の概念は、単に継続時間の結果である乖離分析よりも、マーケットの将来の転換点、あるいは価格反転の値動きを完全に説明することになる。

　現在の足が一連の前の足のどれとも交差せず、トレンドがあるマーケットを示唆しているときは、ステップ２の標準的なやり方に関しては代替手段も利用可能である。より保守的な代替手法は、交差が発生しない場合にだけゼロをプロットするのではなくて、早まった売られ過ぎ、買われ過ぎの指数が表示されないことをさらに保証するために、前の足にもゼロの値を割り当てることである。

　上で説明した標準のタイプと、前の足にゼロを割り当てる代替オプションのタイプは、ほとんどのＴＤ ＲＥＩの「タイプ」カテゴリーで設定の変更が選択可能である。マーケット・スタディーズ社は標準的な手法を使うことを推奨している。しかし、代替手法によって、早まった売られ過ぎ、買われ過ぎの値を示す可能性を減らすことができるので、そちらのほうを好むトレーダーもいるかもしれない。トレーダーの目的は、反転あるいは手仕舞いの表示を見逃すリスクを取ることなく、できるだけ長くポジションを維持することであるので、代替オプションの手法によって身を守るトレードが可能なのである。

■ＴＤ ＲＥＩを使う

　ダウ・ジョーンズ工業株価平均指数２０００年６月限のチャートで、ＴＤ ＲＥＩ指標とダウ・ジョーンズの価格変動の相対的な位置から、潜在的に有利なチャンスをいくつか見て取ることができる（**図表６．１参照**）。ここでの説明は簡単である。この場合のアプローチは、価格の行きすぎを利用するのではなくて、トレンドフォローを使う。なぜなら、リスクの低い買いの仕掛けは安値引けの後の高値引けで発生するからだ。さらに、リスクの低い売りの仕掛けは高値引けの後の安値引けで発生する。

　これら両方の例では、指標は２本の期間について－４０を下回ったり、

＋40を上回ったりしなければならない（しかし、これらの閾値は取引頻度を増やすために少し減らすこともできる）。さらに、底では、高値引けの後の始値は、高値引けの足の高値を下回るべきであり、そして理想的には、高値は前の足の高値を上回るべきである。同様に、天井では、安値引けの後の始値は、安値引けの足の安値を上回るべきであり、そして理想的には、安値は前の足の安値を下回るべきである。

　図表6．1では4月11日と12日のオシレーターの値は＋40を超えており、4月12日の終値は4月11日の終値より低い（一番左のX）。次の日の始値は4月12日の安値より上にある。そしてその日の安値は4月12日の安値より下にある。これがリスクの低い売り指示を生むために必要とされるすべての条件である。安値引けの日の安値は、翌日には更新されなければならない。なぜなら最初の2つの必要条件が満たされるが、結局、前の安値引けの日の安値を上回って寄り付くが、安値を更新しないことは珍しくないからだ。この最後の必要事項は、リスクの低い買い指示の場合には発生しないことも多い。この場合、高値引けの日の後の始値は、より高い高値によって上回られなければならない。

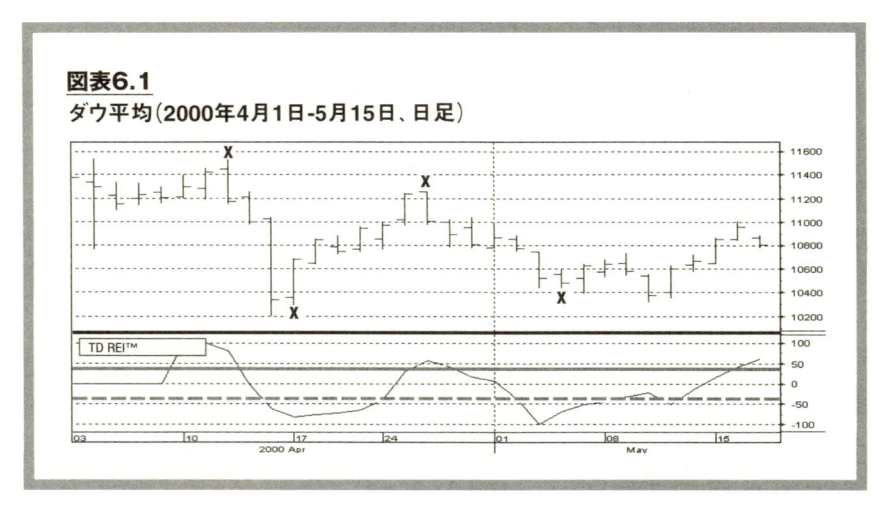

図表6.1
ダウ平均（2000年4月1日-5月15日、日足）

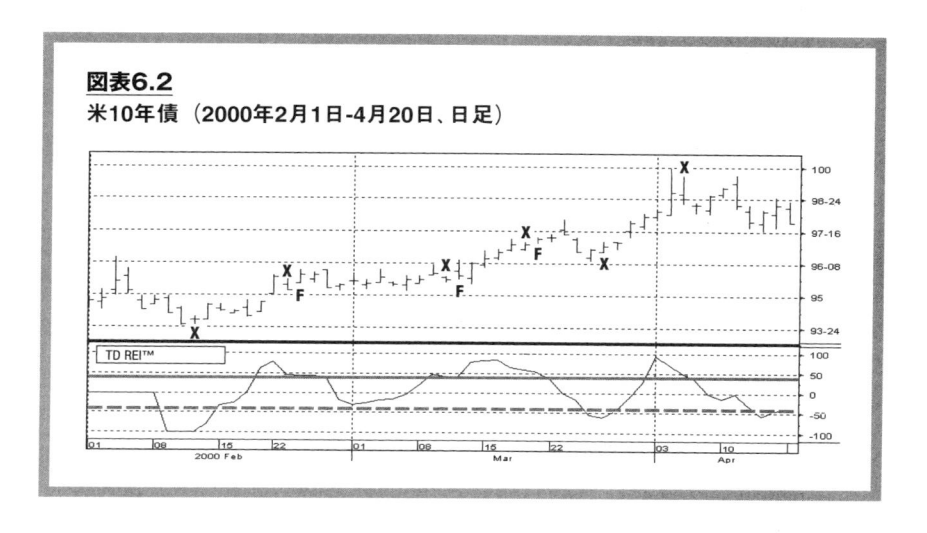

図表6.2
米10年債（2000年2月1日-4月20日、日足）

　図表6．2は米10年物債券の2000年6月限のチャートである。2月10日と11日は、オシレーターの値は共に－40を下回っていた（一番左のXが11日）。最初の日（10日）の終値は前の日の終値と、その日の始値の両方を下回った。2月11日の終値は2月10日の終値を上回った。次の日は2月14日であった。この日の始値は前日の高値を下回り、高値は前日の高値を上回った。その結果、ここにリスクの低い仕掛けのシグナルを出している。もし始値が前日の高値を上回ったならば、それは1日から2日の戻りであるリスクが存在したことになる。それゆえ、それは必須ではないけれども、前日の高値より低い控えめな始値が望ましいシグナルなのである。

　2月中旬から3月末にかけて、売りの可能性が3回あったが、それぞれの例では、高値引けに続いて安値引けが発生し、その終値が前日の終値とその日の始値を下回ることによって、2日間のお膳立てが成立した後、次の日になって、安値が前日の安値を更新しなかったので、シグナルは不成立に終わった（「F」のマークを付けた）。またこの期間に6本の継続時間が出現したので、オシレーターがリサイクルされることなく、シグナルが出現できる限界を超えてしまった。4月の第1週はリスクの低い売りの指示が出現し、このシグナルは4月中は反転することがなかった。反転の可

能性は４月１３日に一度あったが、その日は高値引けとなり、前日のオシレーターの値は－４０を下回っていなかったのだ。

　図表６．３では、ＩＢＭは３月１４日と１５日に高値引けと安値引けのパターンを示し（一番左のＸ）、そのとき５日間のＴＤ　ＲＥＩオシレーターの値は＋４０を上回っていた。しかし、次の日は前日の安値を下回ることができなかった。その後、ＩＢＭは上昇したので、これは幸運であった。このパターンは後になって天井で実現することになった、すなわち＋４０を２日間上回り、高値引けに続いて安値引けが発生し、その翌日は前日の安値を上回る始値と、より低い安値を持っていたのだ。４月１８日のリスクの低い買いのシグナルは完成されなかった。なぜなら始値は前日の高値より上に窓を空けたが、これは買い戻しを暗示している。こういった攻撃的な寄り付きは、１日から２日の戻りによく見られる値動きである。これと逆のパターンが５月３日の売りの指示に見られた。しかしこのトレードは積極的な売りにもかかわらず、うまくいった。７本以上の継続時間は、リスクの低いシグナルを見つけようとするすべての試みが終わったことを物語っている。

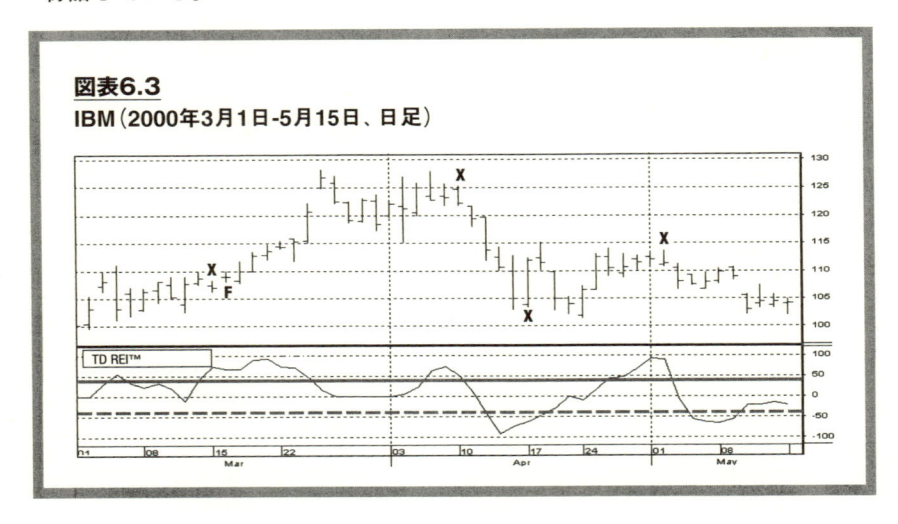

図表6.3
IBM（2000年3月1日-5月15日、日足）

ＴＤデマーカーⅠ™

　マーケット・スタディーズ社によって研究・開発されたもうひとつのオシレーターであるＴＤデマーカーⅠは、売られ過ぎ、買われ過ぎのオシレーターの値に基づいて、潜在的なマーケット反転の機会を識別するように意図されている。ＴＤ ＲＥＩと同じように、ＴＤデマーカーⅠはレンジ相場とトレンドがあるマーケットを区別して、マーケットの根底にある方向やトレンドを確認する。一般に使われているほとんどの買われ過ぎ、売られ過ぎの指標が指数関数的に計算され、終値から終値への日々の価格変化にだけ焦点を合わせているのに対して、ＴＤ ＲＥＩと同じように、ＴＤデマーカーⅠは一連の日中の高値、安値を比較し、算術的に計算されることになる。

　終値同士を指数関数的に計算する代わりに、日中の価格変動を算術的に計算する利点は、マーケットに関係のない要因によって指数が影響を受けることを避けることにある。このような要因はマーケットの終値に不自然な影響を及ぼし、その有価証券が上場廃止になるか、あるいは満期になるまで指標の値をゆがめることになる。大統領の暗殺、停電、あるいは悪天候といった、なにか予期しない、マーケットに関係のない出来事によってマーケットが早く引けることを余儀なくされ、その結果、指標に示される値に影響があるかもしれない。しかし、これらの指標が算術的に計算されているならば、指標が計算されている期間が過ぎれば、このような要因はすぐに排除されることになる。これに反して、指数関数的に計算された指標の場合、その値は永久に影響を受けることになる。さらに、研究によると、日々の終値を比較することは、適切でもなくより信頼性が高くもないことが分かっているので、他のオシレーターで従来用いられている終値の代わりに、ＴＤデマーカーⅠでは、日々の高値と安値の比較が基準価格として選ばれている。

　保ち合いのマーケットでは、ほとんどの買われ過ぎ／売られ過ぎのオシレーターがマーケットの反転ポイントを識別できる。しかし、トレンドがあるマーケットでは、早まった買われ過ぎ、売られ過ぎの指数もまた現れ

ることになる。従来のほとんどのマーケットタイマーは、乖離分析を用いるか、あるいは、底の可能性があるところで価格変動とオシレーターの値を逐次比較したり、天井の可能性があるところで価格変動とオシレーターの値を逐次比較することによって、これらの状況に対処しようとしている。この種の分析は役立つが、誤解を招く恐れがある。継続時間こそがマーケット反転の発生を示す真のシグナルである。またそれが乖離と共に発生するときは単に偶然の一致である。

　特に、継続時間、あるいはオシレーターが買われ過ぎ、売られ過ぎの領域で留まる期間は乖離分析よりも重要である。例えば、一般的に、標準的な期間である6本あるいはそれ以下の期間は、軽度、あるいは適度の買われ過ぎ、売られ過ぎの期間を表し、6本より長い期間は極端あるいは行き過ぎの状態を示している。極端な時期は、オシレーターのリサイクルとニュートラルな値の表示を保証することになる。その後、またオシレーターが買われ過ぎ、売られ過ぎの領域に戻れば、同じ分析が適用されることになる。言い換えれば、もしオシレーターがその領域に留まるのが6本以下の期間であるならば、それが価格反転ポイントと一致している可能性が高いということである。

　さらに重要なことに、オシレーターは理想的なリスクの低い売買機会の領域を示すように意図されている。特に、リスクの低い買いの機会は少し売り込まれたマーケットや、買われ過ぎの領域で継続時間の限界を超えたマーケットで示されることになる。逆に、特に、リスクの低い売りの機会は少し買い込まれたマーケットや、売られ過ぎの領域で継続時間の限界を超えたマーケットで示されることになる。ＴＤ　ＲＥＩやＴＤデマーカーⅡといった他のＴＤオシレーターにもまさに同じ解釈が当てはまることになるが、ＴＤデマーカーⅠオシレーターが買われ過ぎ、あるいは売られ過ぎの領域に留まった期間は、価格の反転が差し迫っているか、それともトレンドが継続するのかの区別をするために重要である。

　他の多くのＴＤオシレーターと同じように、ＴＤデマーカーⅠはマーケットの高値や安値を比較することによって算術的に計算され、また、現在の価格変動が以前の価格変動と重なっているか、それともトレンドを形成

して、そこから離れつつあるかを決定している。それらをいったんプロットすれば、リスクの低い売買の機会があるかどうか確認するために、オシレーターを比較することができる。どの指標あるいはオシレーターが使われるかにかかわらず、さまざまなマーケットタイミング・テクニックをリスクの低い仕掛けのタイミングを計るのに用いることができる。

■ＴＤデマーカーⅠの構成

　ＴＤデマーカーⅠは、現在と以前の高値、そして現在と以前の安値を比較する。もし現在の高値が以前の高値を上回るなら、その差が計算されて記録されることになる。しかし、もし差がマイナスかゼロならば、そこにはゼロの価が割り当てられる。さらに１３本の足について高値同士の比較計算が行われて、それぞれの差が加算されることになる、そしてこの値はＴＤデマーカーⅠ方程式の分子になる。分母の値は、分子の値と現在の安値と以前の安値との差を１３本以上の足について合計した値を足す。もし以前の足の安値が現在の足の安値以下ならば、そこにはゼロの値が割り当てられる。次に、分子は分母で除され、その値は０から１００の間を移動し、株価チャートの下にプロットされる。

■ＴＤデマーカーⅠを使う

　ＴＤデマーカーⅠ指標は、さまざまな期間にわたって構成することができる。ＴＤ　ＲＥＩは通常は５本の足に用いられるので、それをより長期の指標と組み合わせることが望ましい。例えば、１３本の期間のＴＤデマーカーⅠと組み合わせると良い。図表６．４から図表６．６は、この指標が価格変動に応じてリスクの低い売買シグナルを出す様子を示している。
　図表６．４は、スタンダード・アンド・プアーズ（Ｓ＆Ｐ）６月限の日足が、ＴＤデマーカーⅠオシレーターが２５を下回ったり、７５を上回ったりしたときにどう動くかを示している。前者は売られ過ぎの領域と、後者は買われ過ぎの領域を意味している。売られ過ぎ、買われ過ぎの領域に

入る動きを見るだけでは、リスクの低い売買機会を識別するには不十分である。むしろ、売られ過ぎ、買われ過ぎのレベルに入った後の価格変動の相互作用によって売買の判断をすることができる。

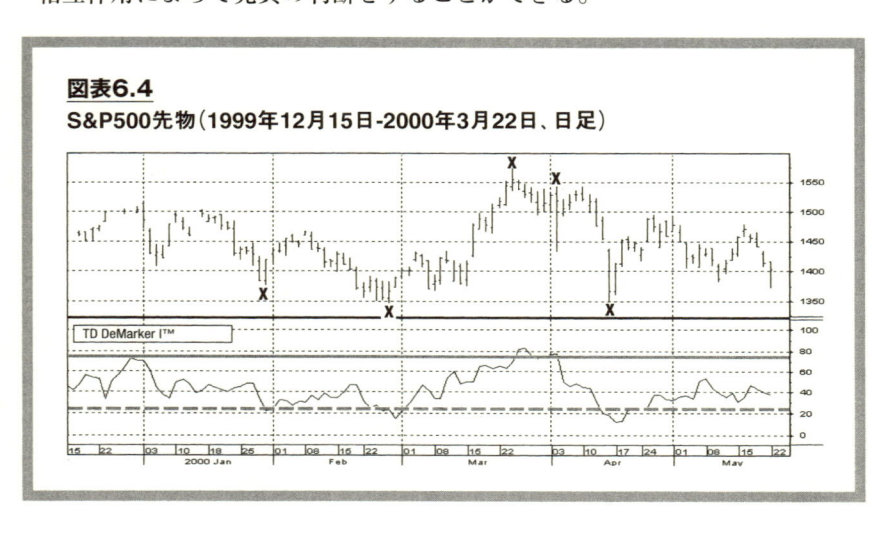

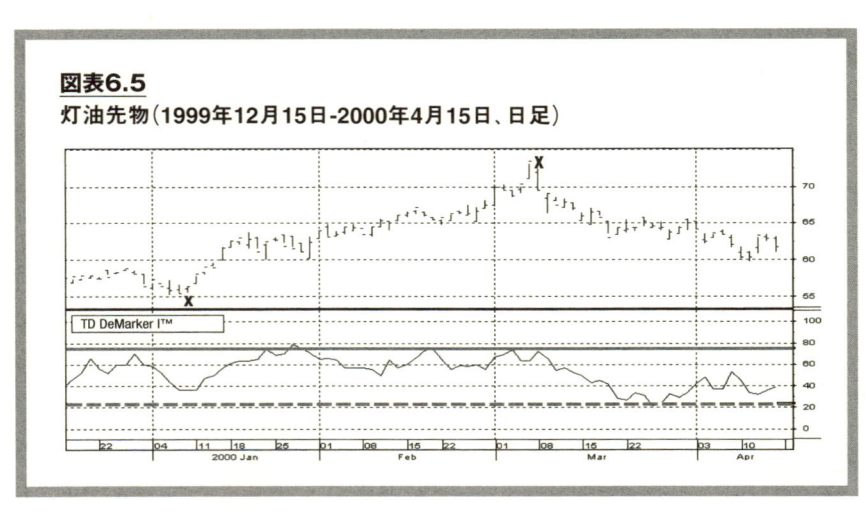

図表6.4
S&P500先物(1999年12月15日-2000年3月22日、日足)

図表6.5
灯油先物(1999年12月15日-2000年4月15日、日足)

例えば、この場合、13本のTDデマーカーIは1月28日、31日、2月24日、25日、28日、29日、4月12日から18日までの期間で売られ過ぎの境界線を下回っている。マーケットに入るのに理想的でリスクの低い買いに必要な条件は、次の3つである。①終値が1本あるいは2本前の安値を下回ること、②終値が始値と以前の終値を共に下回ること、③次の期間の始値が以前の2本の終値のいずれか以下であること——である。もし終値より1ティックでも上の値がついたならば、買う機会が存在することになる。図表6．4で理想的なリスクの低い買いの仕掛けの日にマークを付けた。

　逆に、3月24日から3月28日と、3月30日から4月3日までは、リスクの低い売りの状況が存在することが示されている。ここでは、①終値が1本あるいは2本前の高値を上回ること、②終値が始値と前日の終値を共に上回ること、③次の足の始値は以前の2本の終値のいずれか以上であること——である。もし終値より1ティックでも下の値がついたならば、売る機会が存在したことになる。図表6．4で理想的なリスクの低い売りの仕掛けの日にマークを付けた。継続時間の6番目の日である4月18日以降には、リスクの低い買いはなくなった。

　図表6．5は理想的なリスクの低い仕掛けのレベルを2カ所だけ示している。底での買いと天井での売りである。見て分かる通り、TDデマーカーIを構成するのに長い期間を用いると、売られ過ぎ、買われ過ぎの領域に入る頻度を減らすことになる。オシレーターがそれらの領域の中にあるときには、灯油の価格変動は売られ過ぎ、買われ過ぎの条件を完全に示すはずである。その結果、3カ月の間に売買の機会はたった2回だけだったのである。一方で、この期間にはあきらかにトレンドが存在し、頻繁に売買してもあまり意味はないことが分かるであろう。

　図表6．6は、AMEXバイオ工学指標を記録しているバイオテック・ホルダーズ・トラスト（BBH）におけるリスクの低い売買機会を示している。指標は常に確実な天底を示すわけではないが、通常は重要なトレンド反転ポイントを示している。リスクの低い買いシグナルを示すために、継続時間完了の最後の日にマークを付けた。

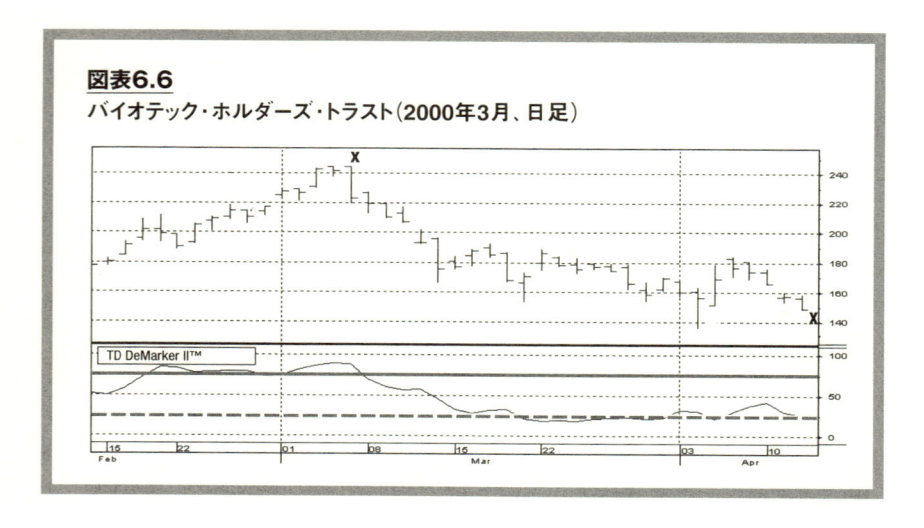

図表6.6
バイオテック・ホルダーズ・トラスト(2000年3月、日足)

ＴＤデマーカーⅡ™

■ＴＤデマーカーⅡの構成

　ＴＤ ＲＥＩとＴＤデマーカーⅠがある足から別の足までの売買の圧力を測るのに対して、ＴＤデマーカーⅡの構成はかなり異なっている。なぜならそれは需給レベルを測るために、さまざまな価格レベルからの価格変動と関係があるからである。分子の値は買い圧力の２つの尺度で構成されている。ある一定期間のその日の高値とその前日の終値との差と、ある一定期間のその日の終値とその日の安値との差を加える。これらの２つの尺度は買いの強さと関係がある。もしその日の高値と前日の終値との差がマイナスなら、買い圧力として、そこにゼロが割り当てられることになる。

　分母は、Ｘ日にわたって計算された分子の値に同期間の売り圧力の値を加えて構成されている。売り圧力は２つの尺度で構成されている。初めに、前日の終値とその日の安値との差を計算し、そしてもしこの値がマイナスなら、売り圧力として、そこにゼロが割り当てられることになる。次にその日の高値から終値を引く。その後、これらの値は分母を算出するために

分子の値に加えられる。言い換えれば、それが買い圧力であるか、売り圧力であるかにかかわらず、ＴＤデマーカーⅡはある期間の買い圧力をトータルな圧力で割ることで算出される。

ＴＤデマーカーⅡは買われ過ぎ、売られ過ぎの条件に関する価格変動を評価する別のものの見方を提供することになる。これまでに説明したオシレーターと同様に、継続時間を判定基準として適用することによって、株価を考慮に入れてこの指標を解釈することが可能となる。ＴＤデマーカーⅡを他の指標と関連して使うことによって、リスクの低い売買機会を単純に評価することが可能になる。

■ＴＤでデマーカーⅡを使う

たいていのオシレーターは、ひとつ以上の期間設定のパラメーターを持っており、それを選択してマーケットに適用させることにしている。ＴＤデマーカーⅡもまた例外ではない。

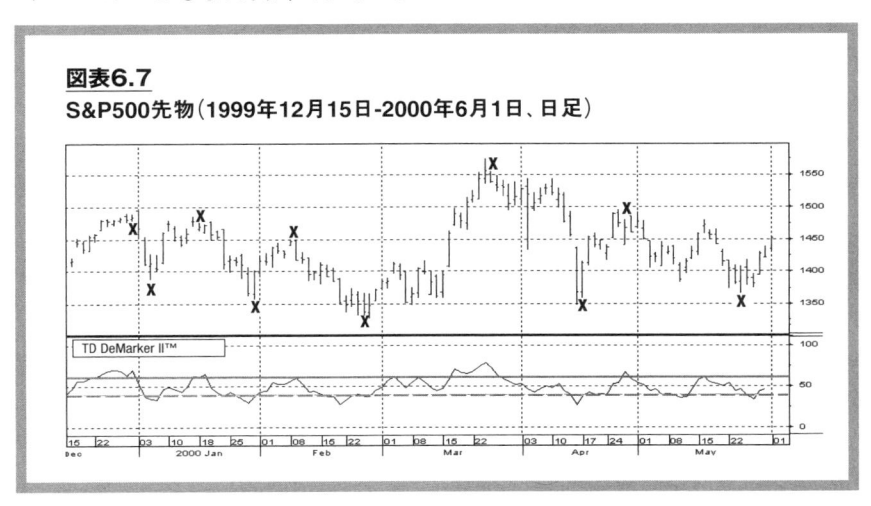

図表6.7
S&P500先物（1999年12月15日-2000年6月1日、日足）

図表6．7では、期間を8本の足に設定することによって、Ｓ＆Ｐ２０００年６月限の値動きが売られ過ぎ、買われ過ぎのレベル（４０、６０）にどれほどうまく順応するかを示している。１９９９年１２月から２０００年４月までのチャートをよく調べれば、買われ過ぎ、売られ過ぎの閾値より外側の動きが天井と底を非常に正確に示していることが分かる。例えば、１９９９年１２月下旬の天井、１月中旬の天井、３月の天井、４月下旬の天井が予測されている。ＴＤデマーカーⅡ指標をフォローすることによって、１月初旬、１月下旬、２月、４月中旬の底を首尾よく見分けることができている。

図表６．８はＩＢＭの値動きを示しており、これもまた底と天井をうまくとらえている。３月初旬の底、３月下旬の天井、４月中旬の底がはっきりと示されている。ＴＤ ＲＥＩやＴＤデマーカーⅠと同じく、価格変動をさらに分析することで、この指標の効用を改善することができる。例えば、いったん売られ過ぎの閾値よりも下に入った後で、それが上に戻ってくる動きを待てばタイミングを改善することができるし、天井ではこの逆をやればよい。つまり、まず買われ過ぎの領域に入った後で、閾値の下に下がるのを待つのである。また、オシレーターの動きも以前に説明したように、価格の関係に集中するといったテクニックを使うこともできる。

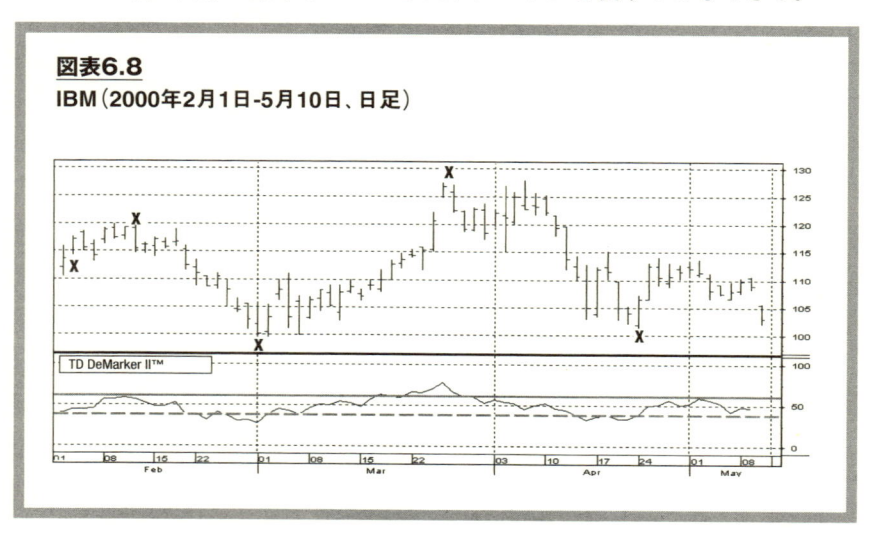

図表6.8
IBM（2000年2月1日-5月10日、日足）

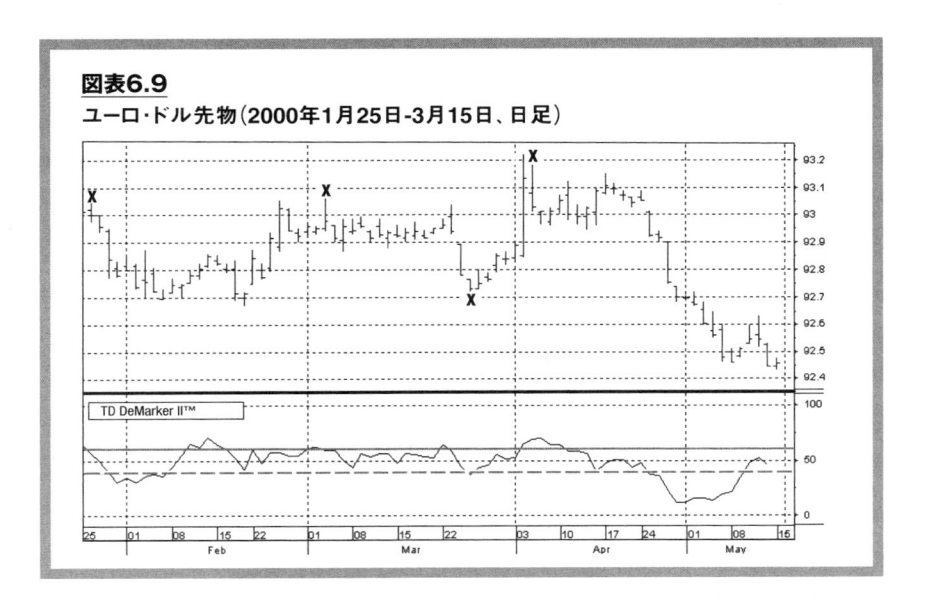

図表6.9
ユーロ・ドル先物(2000年1月25日-3月15日、日足)

図表6．9は、この指標が売られ過ぎ、買われ過ぎの売買機会を示す領域を見つけるために有効であることを再び実証している。2000年3月初旬と4月のユーロ・ドルの天井ではオシレーターが買われ過ぎの指数を示している。3月下旬の底は売られ過ぎの指数と一致している。しかし、5月に売られ過ぎの期間が6日を超えたことで、この期間が継続し、極端な売られ過ぎからニュートラルへの動きと、完全に底を打つ前にもう1回軽い売られ過ぎへの下落がある可能性を示唆している。

カギとなる考察

単に買われ過ぎ、売られ過ぎのオシレーターを使って売買を行う前に、さらに多くの要素に注意を向けるべきである。単に指標の構成が大切であるだけではなく、指標がその過程全体を進んでいくにつれて当てはめられたさまざまな解釈もまた重要である。例えば、オシレーターが売られ過ぎ、買われ過ぎの領域に留まっている期間は、それが買われ過ぎ、売られ過ぎ

であるという事実と同じくらい意味があるのである。それゆえ継続時間の概念は非常に重要である。もし２つ以上の指標を使うのならば、それらは完全に同調していなくてはならない。

　ＴＤ ＲＥＩ、ＴＤデマーカーⅠ、ＴＤデマーカーⅡは、トレーダーに売買タイミングにおける優位性を提供するために組み立てられている。チャートに示した例で明白なように、この章のオシレーターはそれぞれ独立して効果的に機能することになる。しかし、これらのオシレーターを結びつけることによって、あなたの確信は高まり、タイミングに関係したリスクの低い売買機会を選択する努力を大いにシンプルにすることができる。

※参考文献　トーマス・Ｒ・デマーク著『デマークのチャート分析テクニック』（パンローリング）

第7章
株価変動の予測に関するサイクルの活用法

ピーター・エリアデス

　株式相場のサイクル理論によれば、循環力の複合の結果として株価や株価指数が変動する。ファンダメンタルズの要因もまた株価に影響を与えるが、それらの効果は一般的に弱く、基本的には大きな価格変動には及ばず、マーケットのタイミングとは無関係である。ファンダメンタルズ（経済の基礎的要因）は理論的には第二義的で、株価の上昇、下降の角度はそのときどきによって異なる。滑らかなファンダメンタルズの変動の間において上下するのはサイクルであり、株価変動の要因の大部分を占めている。

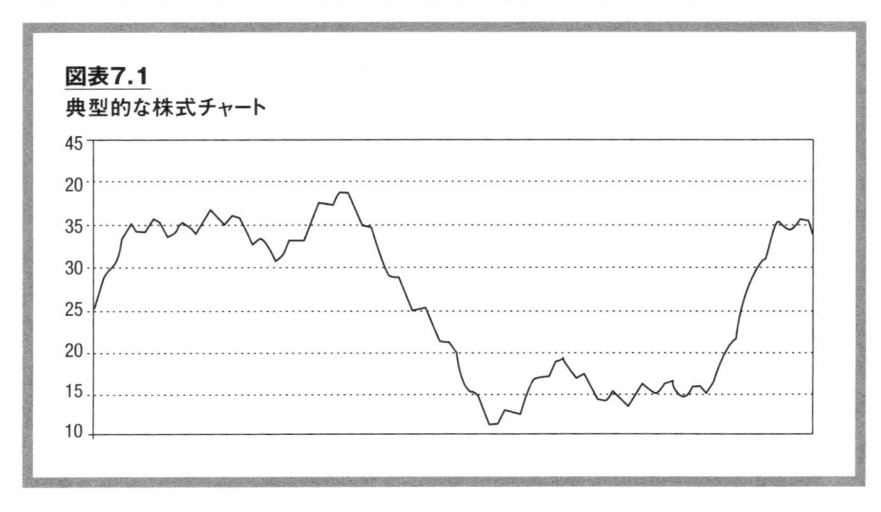

図表7.1
典型的な株式チャート

図表7．1はよく見られる株式チャートである。ほとんどのアナリストは、チャートに描かれた株価変動は、動きのパターンになんらかの予測可能なものがあったとしてもそれはごくまれで、ランダムだと考えている。実際には、この株式チャートは4つのサイン曲線とひとつの直線の組み合わせであることを正確に表している。それはまったく予測可能である。数学志向の人間にとって、それは次のような方程式で表される。

　$y = 12\sin x + 4\sin 3x + 2\sin 6x + 0.04x$。ここでは、yは縦軸で価格を、またxは横軸で、時間を表している。チャートの概念は、クラウド・クリートン著の『アート・オブ・インディペンデント・インベスティング（The Art of Independent Investing）』からのものである。

　図表7．2は、図表7．1のチャートをさらに詳しく説明するために描いたものである。それは、チャートの正確な形を決める4つのサイン曲線と直線からなっている。4つのサイン曲線とひとつの直線の単純な組み合わせがいくつかの共通のテクニカル・パターンを作っている。AからBの下降線はテクニカル・アナリストがディセンディング・トップ・ラインと呼んでいるものである。そのラインの上の動きは一般に強いとみなされている。BからDの価格変動パターンは、底が次第に切り上がっているラインと天井が次第に切り下がってきているラインからなる三角形を形成している。テクニカル分析の教科書が教えているように、その三角形を上方に突き抜ける株価変動があれば、次に予想される株価の動きは急上昇である。もちろん、実際の株価の動きは数学の公式通りにはならないが、一般の予測の原則は当てはまる。

　株式や株価指数、あるいは平均線の動きを決定するためにサイクルがどのように組み合わされるかについて解釈することは、わずか4つのサイクルが株価変動を決めるということを意味しているわけではない。市場に同時に起こっているサイクルにはそれぞれ強度があるが、そのためにサイクルの分析は単に数学の方程式を分類するより難しい手順を要するものになっている。しかし、本章で述べるサイクルのテクニカル分析は数学的技能を必要とせず、株価指数、あるいは場合によっては個別株の価格変動を予測するために用いることができる。

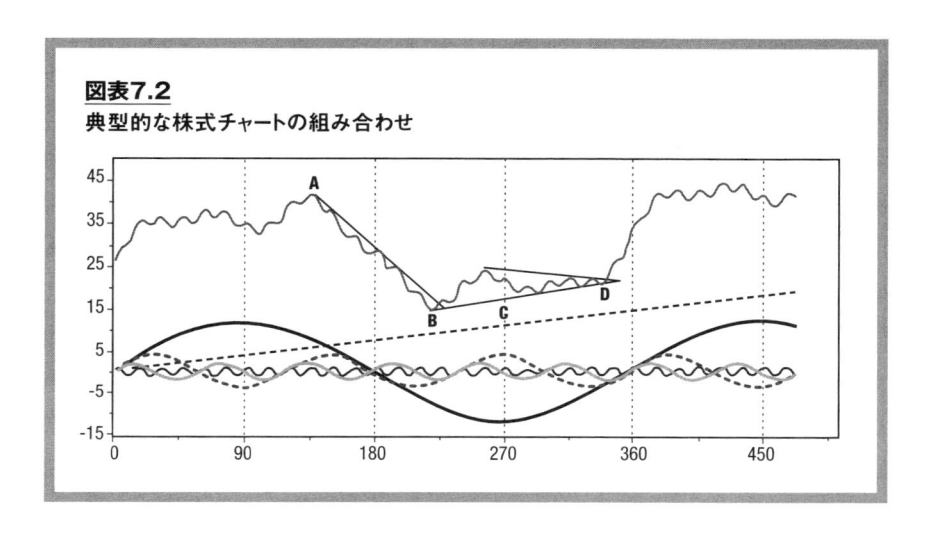

図表7.2
典型的な株式チャートの組み合わせ

オフセットラインを用いて価格変動の予測をするための基本的ステップ

　アナリストは過去25年にわたってサイクル予想の手法を改良してきたが、『プロフィット・マジック・オブ・ストック・トランザクション・タイミング（The Profit Magic of Stock Transaction Timing）』の著書によって多くのアナリストの知的好奇心に火をつけたJ・M・ハーストによって築き上げられた基本的概念を認める必要がある。ハーストはその著書の中で、価格を予測するためのテクニックについて述べており、後にその分析手法をより客観的にするためにそのテクニックを改良している。

　図表7．3は理論的な20週サイクルの2つの曲線を描いたものである。図表の下半分に描かれたチャートでは、そのサイクルを半サイクル分、すなわち10週間先に進めたものが描かれている。その10週先に進めたサイクルは点線で描かれているが、それは実線と交差しており、元のサイクルとは半サイクルごとに底と天井が正反対になっている。実線が点線、すなわちオフセットラインと交差するごとに、実線が点線と交差している点までの距離と上昇または下降の距離とが等しくなるまで実線が続いてい

る。つまり、その交差点はそのサイクルの半分の距離を指している。

　グラフィクスなどもこなせる洗練されたコンピューターが出現する前は、株価変動の予測を行う最良の方法はトレーシング・ペーパーを使うことだった。分析しようとするチャートをトレーシング・ペーパーに描き、いろいろな期間に分けてそのチャートを描いたトレーシング・ペーパーを

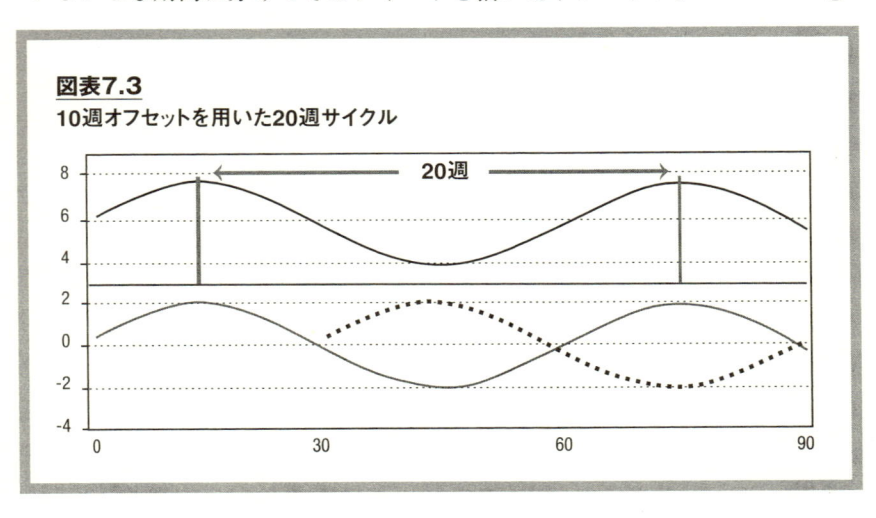

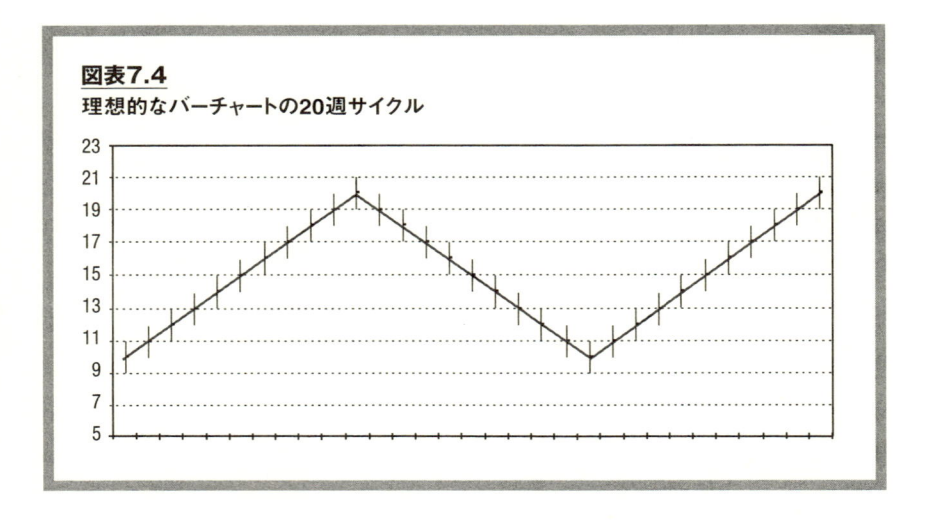

図表7.3
10週オフセットを用いた20週サイクル

図表7.4
理想的なバーチャートの20週サイクル

先に移動することによって、分析しようとしている将来の期間の株価の変動を予測することができる。棒線によって株価の天底が記してあるその日（それが週足チャートであればその週）の価格変動レンジが示されてあるバーチャートがあれば、以下のチャートを用意することによって将来の価格変動の正確な予測を行うことができる。チャートのトレーシングを行う前に、各バー（棒線）の中央を結ぶ直線を引く。市販のチャートやコンピューターによって描かれたチャートを用いるなら、中央の価格ではなく終値を用いてもよい。各バーを結ぶ直線を引き終えて初めてトレーシングの準備完了となる。

　上記と同じことが**図表7．4**に示してある。これはより現実的な、理想的なバーチャートである。この直線は、週の価格帯の中央または平均値を結んだものである。どのように平均値が1週1ポイントずつ10週間上昇し、それから逆行し1週1ポイントずつ10週間下降するかを見てほしい。天井から天井までの距離は20週、また底から底までの距離は20週であり、完全なサイクルである。このような理想的なチャートでサイクル分析を行うなら、そのチャートの上にトレーシング・ペーパーを置き、足の高値と安値の真ん中（中央値または平均値）を単に線で結ぶだけである。次に行うのは、通常のサイクルの長さ——この表の場合は20週である——の半分の距離だけ、つまり10週間先にトレーシング・ペーパーを移動させることである。

　図表7．5はこのテクニックによってなされるサイクル分析のすべてを示している。平均値を結んだ線を分析対象のサイクルの半分の距離分だけ先に移動させた後は、リアルタイムの価格がこのサイクル・ラインすなわち"オフセットライン"の上または下にクロスするかを待つだけである。価格が15のときに、平均値を結んだ線とオフセットラインが交差しているのが分かる。

　価格変動の予測を行うために、どこで価格のバーラインがオフセットラインの上または下にクロスし、それが理論的にサイクルの半分の距離においてなのかを見なければならない。例として掲げたチャートでは、オフセットラインの上でクロスしているのは価格が15のときで、それは算術的

には単純である。その動きが価格が１０のときに始まったなら、理論的にサイクルの半分の時点の価格は１５である。つまり、価格が天井を打つまで、まだ価格はあと５ポイント上昇の余地があるということである。平均値あるいは中値の高値の予想値を求めるには１５に５を加えて、２０ということになる。

　価格の極限値の予測をしたいなら、平均値より週足のバーチャートの高値・安値を用いる方がいいだろう。上記の例においては、価格は９で底を打ち、中間値１５に達し、さらに高値の予測が２１と出ている（９と１５の差が６で、１５に６を加えて２１になる）。もちろん、その反対は価格を下方にとればよい。価格は極値ベースでは２１、平均値ベースでは２０から始まり、中間値である１５まで下降し、さらに、平均値あるいは中央値ベースでは１０、極値ベースでは９の下値の予測値が出る。

　ハーストがこのような価格予測算出のテクニックをまとめたとき、土曜日、日曜日および祝日はスペースを空けた特別のチャートが用いられた。図表７．６は市場が休みの日はスペースを空けた“カレンダーチャート”の例を示したものである。

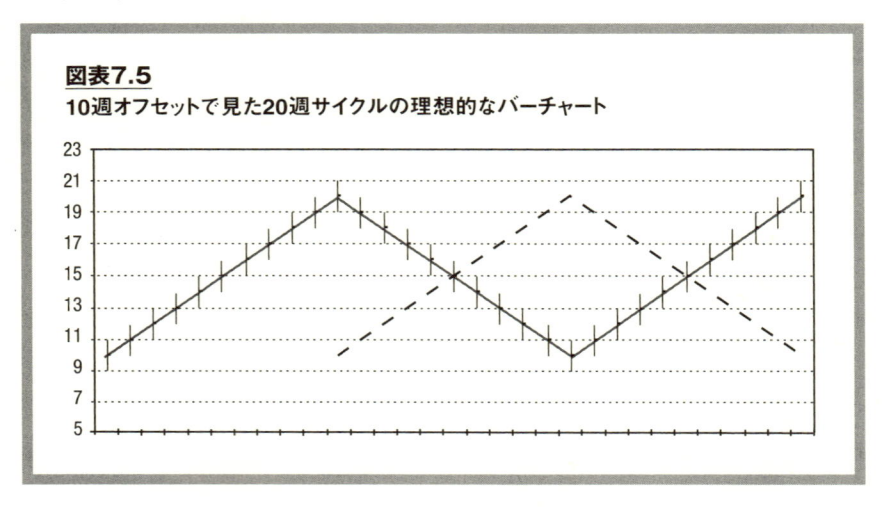

図表7.5
10週オフセットで見た20週サイクルの理想的なバーチャート

図表7.6
ニューヨーク株式総合指数のカレンダーチャート（1999年10月-2000年1月、日足）

名目の価格予測と用語

　ハーストは、さまざまな株価指数や平均株価の価格予測を行うために用いることができる株式市場の株価変動に、いわゆる名目サイクルがあることを述べている。彼はまた週足チャートで分析すべき5つの基本的な"名目"サイクルを判別している。それら5つの名目サイクルとは、以下の通りである。
　①10週　　②20週　　③40週　　④78-80週
　⑤4年（200-220週）
　前に掲げた例は、名目20週のサイクルで、その長さの半分であるオフセットは10週である。週足チャートを使えば、もちろん、日足チャートのように"暦の週"と"市場の週"を区別する必要はない。実際には、価格変動予測の算出法を学ぶには週足チャートから始めた方がいいだろう。名目10週サイクルより短い日々サイクルもある。日々サイクルには、名目10日と名目20日サイクルがあり、それらは価格変動予測を出すのに5暦日と10暦日のオフセットを用いる。さらに、35-40日サイクルもある。それより長い日々サイクルとしては70-80日サイクルがある

が、それは１０週サイクルと同じである。また、名目１４０－１６０日サイクルは２０週サイクルと同じである。以上から分かるように、日々サイクルと週サイクルは重なり合う。日々サイクルと週サイクルの両方を同じ期間（例えば、１４０－１６０日と２０週）で使い、それらの結果を比較するのも面白い。それらの結果は似ている。

■主要な用語と概念

　用語に関して言えば、中央値とは分析対象の価格を表すバーチャートを用いる場合バー（棒線）の中点を意味する。それは単にバーによって表示される高値と安値の平均である。オフセットとは中央値を結んだ元の線を追跡し、時間を先にずらした後にできる"シャドー・ライン"（影線）である。そのよい例は図表７．５に見られるが、それは時間を先にずらしてできる"オフセット"で、２０週サイクルの半分である１０週のタイムスパンを表している。

　最も説明が難しい概念は名目上の価格変動予測であろう。上述した名目サイクルとは、価格変動予測範囲のすべての部分を指している。名目の辞書的な定義は、「いわゆる、名ばかり」といった意味である。それはここで用いるその言葉の定義とまったく同じである。分析対象の株価指数や株式が正確な長さの、実際のサイクルを持っていることを意味しない。名目１０日サイクルの価格変動予測は、相場の上下変動が当初の予測通りにいくことを意味しているわけではない。当初の予測通りに価格が変動するかそうしようとしている前の段階において、名目１０日サイクル価格変動予測は次の２０日名目サイクル価格変動予測を引き起こす。そして、次に、それは名目５週サイクルに基づく価格変動の予測値を引き出す、というように、次々と価格変動予測が継続していくのである。残りすべての価格変動予測が完了して初めて、株価の上下変動が最終的に止まるのだ。あるいは、それは、残りの価格変動予測が無効でこれ以上の予測は出ない、というときである。

■極端な価格変動が起こるときの予測のガイドライン

　サイクルの予測をする場合、通常、その予測に合わせた時間目標を設定すべきではない。一貫して時間サイクルが予測された価格の天底と一致する場合を除き、価格は時間よりも重要な指標なのである。しかし、予想された天井や底が発生するおおよその時期を予想するために一般的な規則がある。その規則は名目サイクルの長さに基づいている。例えば、理想的な名目２０日サイクルは１０暦日間の上げと１０暦日間の下げからなっている。理論的には、相場の上昇変動予測は時間および価格に関して全体の上昇幅および期間の半分の時点から始まる。逆に、相場の下降変動予測は時間および価格に関して全体の下降幅および期間の半分の時点から始まる。名目２０日サイクルの場合は、理論的にはそれ以前の名目２０日サイクルの底値からおおよそ５日目から上昇変動予測が始まる。いったん変動予測がなされると、相場は約５日後に予想された価格に達するということが暗示されている。

　同じ一般的な結果に至る別の方法は、名目サイクルの長さを４つに分けることである。その結果、相場が予想価格に至るのがいつなのか、おおよその期間についての予測が実際に行われる。例を出して説明しよう。相場が３月１日に底を打ったとする。それから５日後の３月６日に、名目２０日サイクルに基づく価格変動予測が行われた。そのサイクルはすでに５日先に進んでいるので、その理想的な相場変動は、名目２０日サイクルがピークをつける前にあと５日間上昇し、次の名目２０日サイクルが底を打つまで１０日間下降する、というものである。このようなことから、その予測された価格が実現されるのは３月１１日を目安とするだろう。

　別の規則を使うこともできる。３月１日に相場が底を打った後の３月３日に株価がオフセットラインを上にクロスしたことによって、名目２０日サイクルに基づく価格変動予測がされたと仮定しよう。前回の底から５日間を数えるより、むしろ別のケースとして、その予測が行われる実際の日付である３月３日から５日間を数える、というものである。その計算によれば、元の計算より３日早い３月８日に予測された価格が実現されること

になる。以上から、予測された価格が実現されるのは３月８日と１１日の間になる。これらは一般的な規則であり、前述の通り、サイクルを予測するよりも価格の方が重要である。

　上げ相場の予測に関する説明はそのまま上げ相場に関する予測に応用できる。最初の規則のケースでは、下降相場の予測値が実現されるおおよその日付を決めるためには、底値からではなく、前回の天井から日数を数える。繰り返し言うまでもなく、短期の価格変動の予測は最小限の予想であり、相場の上昇・下降変動の終わりを意味するものではない。同じ方向にこれ以上のサイクル予測をせずに実際の相場が予測された価格に至った後に初めて、いつ相場の上昇・下降変動が終わるかを予測することができる。

市場サイクル予測の応用

　理論的な背景を説明したところで、実際の相場へ応用してみよう。ほとんどの人が耳にしたことがあり、知らない人はほとんどいないであろうダウ・ジョーンズ総合平均株価を例にとって、株価指数から始める。この平均株価は、ダウ工業株３０種、ダウ輸送株２０種、ダウ公共株１５種からなっている。アナリストがリアルタイムでこれを分析することはまれである。しかしめったに使われない指標を使って分析すれば、今まで述べてきた分析テクニックはそれなりの価値を増すだろう。週足チャートにおける価格変動予測には、分析すべき５つの基本的な名目サイクルがあることを思い出してほしい。まず、名目１０週サイクル（５週オフセット）から始め、それから名目２０週、４０週、７８－８０週、そして４年変動予測チャートへと進んでいこう。

■ダウ・ジョーンズ総合平均株価の例

　平均株価が最高値１４５０．１０をつけた１９９４年１月３１日から始めよう（次に掲げるチャートに示されたすべての数字は、一部の新聞に発表されている高値・安値の"理論値"に対して"実際の"ザラ場の高値・

安値である。例えば、『ウォール・ストリート・ジャーナル』紙に掲載されたダウ・ジョーンズ総合平均株価を見てほしい。それらのチャートの下に、１時間ごとの平均株価を表した表、そして右端にはダウ・ジョーンズ工業株平均、続いて総合平均株価の１日の高値・安値を表した表が載っている。その表は"実際の"高値・安値と"理論的な"高値・安値とを区別している）。

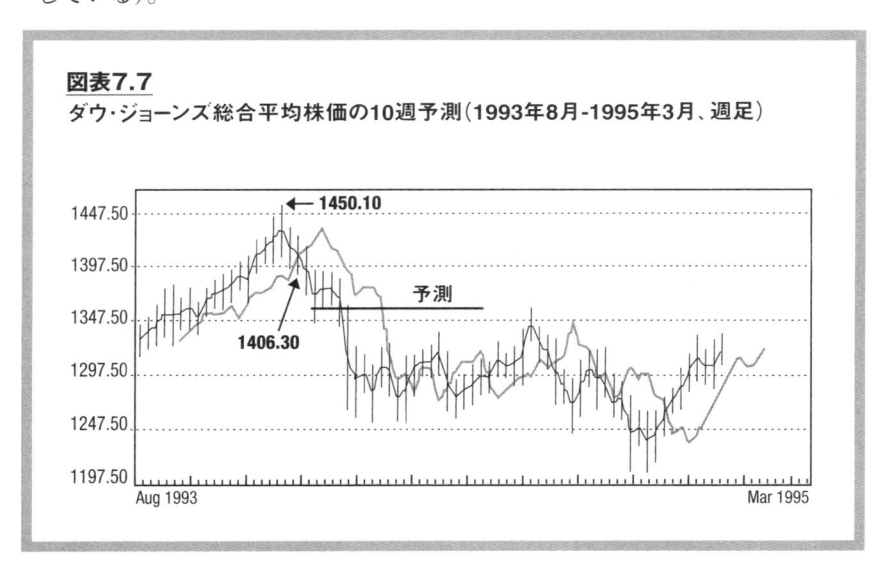

図表7.7
ダウ・ジョーンズ総合平均株価の10週予測（1993年8月-1995年3月、週足）

　１４５０．１０の高値をつけてから２週目と３週目の間に、週間平均値すなわち"中央値"が５週オフセットラインを下に突き抜け、名目１０週の価格変動予測値１３６２．５０±８．８０ポイントを出している。**図表７．７**を見れば、その予測値がどのようにして出されたかが分かる。週間中央値を結んだ線がオフセットラインと下方に交差している価格は、１４０６．３０である。それは、名目１０週に基づく価格変動予測値の半分である。前回の高値が１４５０．１０なので、その高値から上記価格までの距離は４３．８０である。それが半分のポイントであれば、名目１０週の予測値に相場が達するまでにあと４３．８０ポイント下落するはずである。

1406.30の中央点からさらに43.80ポイント下がった予測値は1362.50となる。予測値が与えられるごとに、10％の誤差を許容すべきであるということを注記したい。このケースでは、1450.10の高値から安値の予測値である1362.50まで理想的に相場が動けば、その変動幅は87.6ポイントである。その10％は、8.76ポイントである。したがって、最終的な予測値は1362.50±8.8ポイントとなる。図表7.8を参照してほしい。

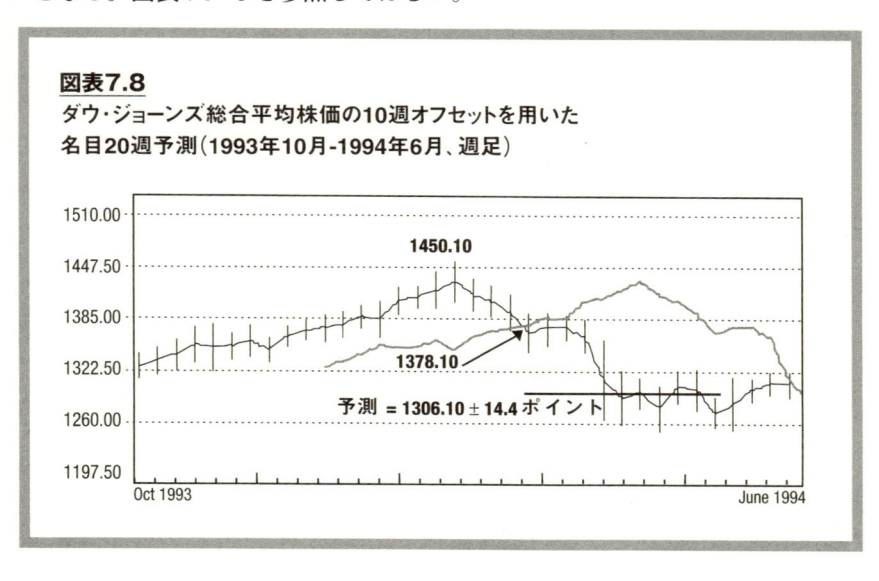

図表7.8
ダウ・ジョーンズ総合平均株価の10週オフセットを用いた名目20週予測（1993年10月-1994年6月、週足）

（1450.10、1378.10、予測＝1306.10±14.4ポイント）

上記の名目10週予測値を出してから1週間、相場が実際に1362.50の予測値へ向かって変動していく過程で、週間中央値ラインは10週オフセットラインを下方に突き破り、名目20週の予測値1306.10±14.4ポイントが算出された。予測値計算に必要なすべての数字は図表7.8に示されている。名目予測の期間が長いほど、その予測値がより意味のある予測となる傾向がある。図表7.7に示された名目10週の予測値は、ダウ・ジョーンズ総合平均株価が1398.3であった1994年2月18日を最終日とする週に出ている。1362.50までの下方

変動予測値は、その予測値が出された日の終値からさらに２．６％の下落を予測している。１３０６．１０までの名目２０週の予測値はダウ・ジョーンズ総合平均株価が１３７５．７であった１９９４年３月４日の週に出されたものである。このときの予測値はさらに５．１％の下落を予測していた。図表７．９を見てほしい。

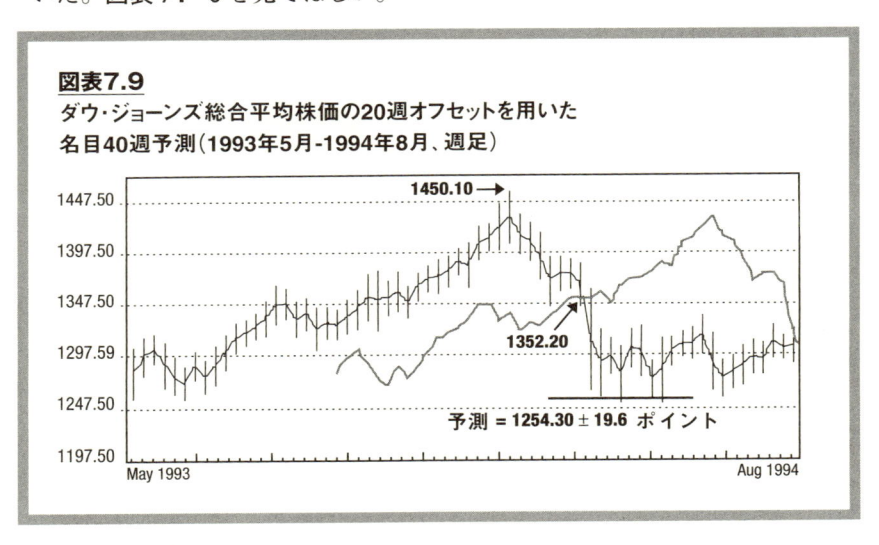

図表7.9
ダウ・ジョーンズ総合平均株価の20週オフセットを用いた名目40週予測（1993年5月-1994年8月、週足）

1450.10 →
1352.20
予測 = 1254.30 ± 19.6 ポイント

May 1993　　　　　　　　　　　　　　Aug 1994

　名目２０週の予測値が出されていた４週間後に、ダウ・ジョーンズ総合平均株価は名目２０週の予測値に向かって変動し、名目４０週の予測値を決めるために使われる２０週を下方に突き破り、新たな予測値１２５４．３０±１９．９ポイントが出された。
　この辺りから分析が複雑さを増す。４月２２日を最終日とする週において、ダウ・ジョーンズ総合平均株価は安値１２９７．８ポイントの予測値の"ウィンドウ"の範囲内で推移していた。それぞれの予測値には誤差として１０％のウィンドウを許容していることを思い出してほしい。上記に掲げた１２５４．３０±１９．９ポイントの名目４０週の予測値は、実際には１２３４．７から１２７３．９ポイントまでの予測範囲を表している。

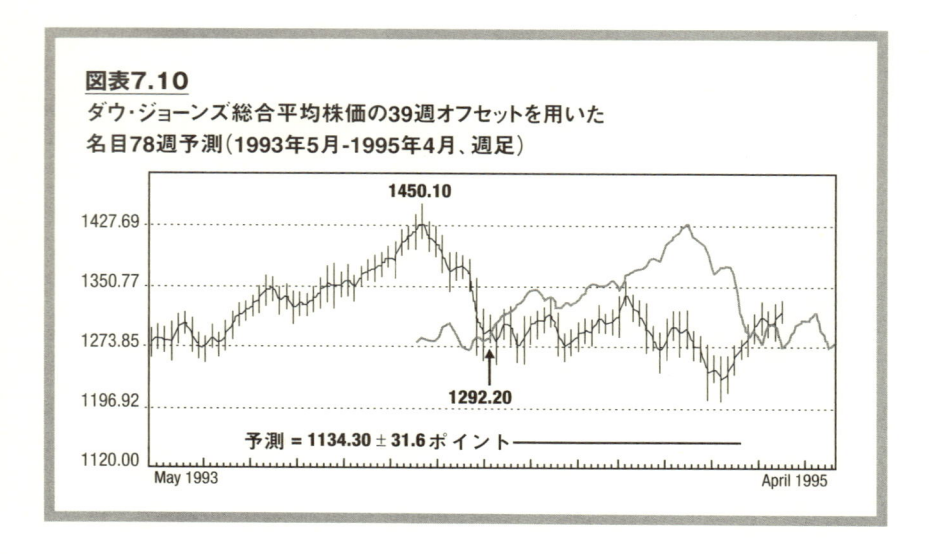

図表7.10
ダウ・ジョーンズ総合平均株価の39週オフセットを用いた
名目78週予測（1993年5月-1995年4月、週足）

1450.10

1292.20

予測 ＝ 1134.30 ± 31.6 ポイント

May 1993　　　　　　　　　　　　　　　　April 1995

　しかし同時に、それは**図表7．10**のように、39週のオフセットラインを下方に破り、名目78週の予測値1134.8±31.6ポイントが出された。

新たな予測値が出るとき
　現在出ている予測値が実現されると、新たな予測値が算出されているかどうかをチェックしなければならない。ここまで行ってきた分析で、実際の相場が予測値に達するたびに、あるいは、ときにはそれより前に（相場が現在の予測値に向かって変動している間に）、新たな予測値が算出される。この相場変動予測のテクニックでは、相場は最新の予測値にそのまま向かって継続的に下降していくのか、あるいは最終的にその予測値に到達する前に反騰をみせるのかは知る術がない。
　図表7．9に示したダウ・ジョーンズ総合平均株価のケースでは、相場の下落は名目40週の予測値の時点で止まり、それから数週間にわたって相場は反騰した。実際には、現在出ている予測値と反対方向に中間の予測値を出す場合がある。これがまさにそのケースである。**図表7．10、図表7．11**でそれを検討してみよう。

図表7．10では、1134．37±31．6ポイントまでの名目78週の予測値が1994年4月の後半に出されている。予測値を出してから9月22日までの22週間平均株価がそれほど下げずに推移した。しかし、注意すべきことは、株価はその反騰にもかかわらず、図表7．10に示されたオフセットラインを一度も上方にクロスしなかった、ということだ。これは、1134．3±31．6ポイントへの下方変動予測値がまだ有効であることを意味する。株価がそのオフセットラインをクロスすれば、上記予測値が"無効になる"。それは図表7．10の30週オフセットラインでは起こらなかった。

それでは更新された名目40週の株価変動予測チャート（図表7．11参照）を見てみよう。1994年4月26日を最終日とする週において、その週の株価中央値ラインは名目40週の価格変動予測ライン（20週オフセット）を1307．89ポイント（コンピューターではダウ価格の100分の1ポイント刻みでラインが交差するポイントを算出することができる）の時点で上方に交差しており、これによって1352．98±9．1ポイントの予測値が算出された。これは、価格上方変動予測値と下方変動予測値が同時に発生していることを意味する。

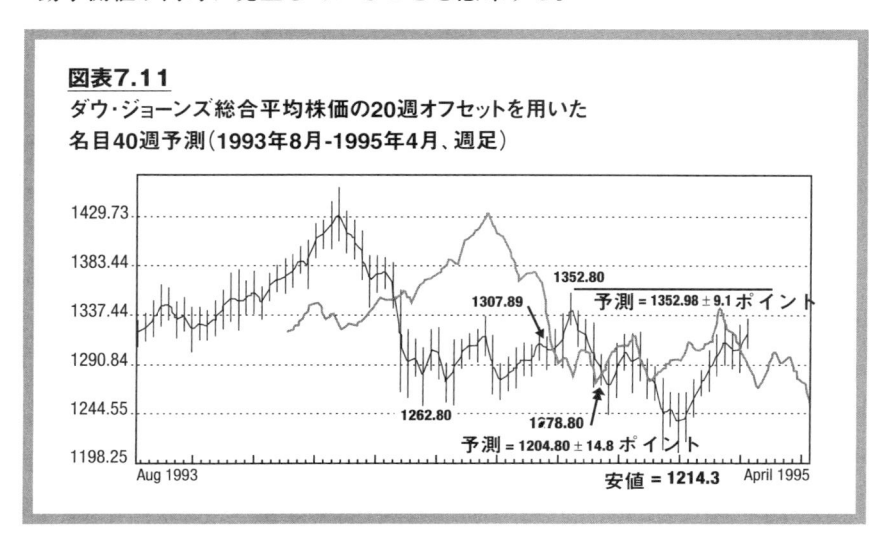

図表7.11
ダウ・ジョーンズ総合平均株価の20週オフセットを用いた
名目40週予測（1993年8月-1995年4月、週足）

一般的な規則としては、予測値は、実際の株価がそれを達成するか無効になるまで継続して存在する。上述の通り、予測値が無効になる唯一の状況は、下方変動予測値が出された後か当初の予測値に株価が達する前に、株価が反騰してオフセットラインを上方にクロスするか、あるいは逆に、上方変動予測値が出された後か当初の予測値に株価が達する前に、株価が反落してオフセットラインを下方にクロスするかのいずれかの場合である。８月３１日において、ダウ・ジョーンズ総合平均株価は１３５２．９の高値に達した。それは予測値からわずか０．２ポイントしか離れていなかった。このような予測をリアルタイムで行ったら、株式を売却したり、空売りしたり、あるいは積極的に弱気な投信のポジションを取るには絶好のタイミングであっただろう。そのような戦略の根拠は、より高い上方変動予測値が出されることなく、すべての上方変動予測値に実際の株価が達した一方で、同時に下方変動予測値がなお有効であったことである。

　１９９４年後半に価格下方変動予測がどのようにしてなされたかを見てみよう。名目１０週および２０週価格変動予測に関連した５週および１０週オフセットの説明に入る前に、まず、名目４０週価格変動予測チャート（図表７．１１）で株価が１．３５２．８０の高値をつけてから、相場はどうなったかを検証しよう（図表７．１１参照）。

　中間の上方変動予測値がほぼ完璧に達成され、株価が再び下降し、名目１０週および２０週の予測値（これらの予測値は図表７．１１に掲げられていない）に達した後、株価は図表７．１１に示された２０週オフセットを１２７８．８ポイントの時点で下方に交差し、これによって新たな下方変動予測値１２０４．８±１４．８ポイントが出された。こうして、予測値の範囲は１１９０から１２１９．６となった。１９９５年１１月２５日を最終日とする週にダウ・ジョーンズ総合平均株価は、１２１９．９の安値に達し、予測値の範囲内にかろうじて入った。それから２週間後、株価はさらなる安値である１２１４．３に達し、十分に予測値範囲の中に入った。しかし、名目７８週に基づいた予測値がさらに下方に残っており、それは１１３４．３０±３１．６ポイントであった。株価がその水準までいけば、株価は、さらに少なくとも、１１６５．９ポイントまで下落するこ

とが予測されていた。株価は結局その予測値に達しなかった。そして、１２４１４．３の安値は、その後の数年にわたる超強気相場直前の重要な安値となった。

予測が当たる率について

　予測が外れた場合に関して、サイクル予測のテクニックから若干の教訓を学ぶことができる。予測が当たる率について具体的な研究がなされたことはないが、予測が当たる率が６５ないし７０％であれば、それは驚異的であろう。もちろん、それは裏返して言えば、３０－３５％の割合で当たらないことを意味している。しかし、ある程度の確信を持っていえることは、他の価格予測の手法と比較して、これははるかに成功率が高いということである。**図表７．１１**において見たように、実際の株価が達した最終の安値が、名目４０週の予測値に極めて近かったことを記憶に留めておくことは大切である。より長期（名目２０週以上）の予測が実際に達成された場合はいつでも、たとえまださらなる予測値が達成されずに残っていたとしても、相場の流れが変わる兆候であることを念頭に置くことは望ましい慎重な態度である。まだ達成されていない予測値が今後達成される可能性があるかどうかを判断するひとつの方法は、実際の株価がすべての短期の予測値を超えて変動したかどうかを見ることである。

　そのテクニックの例を検証しよう。ここまで述べてきた分析では、ダウ・ジョーンズ総合平均株価が名目４０週の予測値に達したとき、さらに下方変動予測値が残っていた。それは、**図表７．１０**に掲げられているように、名目７８週の１１３４．３±３１．６であった。すべての短期予測値を超えて株価が変動すれば、上記予測値が達成される確率は非常に高い。名目４０週の予測範囲は、１１９０から１２１９．６ポイントであった。その範囲の下方値、すなわち１１９０ポイントを実際に株価が超えてさらに下方に向かえば、名目７８週の予測値に株価が到達する可能性はより大きくなる。このケースでは、実際には株価はその予測範囲の最安値には達しなかった。その名目７８週予測値に株価が達するかどうかの判断材料は他になかったであろうか。

図表7．12は、ダウ・ジョーンズ総合平均株価と名目4年の株価変動予測を算出するために用いられる2年（100週）のオフセットを表している。名目40週予測値がチャートの右側の安値で達成されようとしているとき、株価はほぼ正確に名目4年オフセットラインに向かって下落していた。事実、そのオフセットラインが支持線の役目を果たしていたといっても過言ではないだろう。これは頻繁に起こることなのだ。つまり、株価がひとつの予測値に達したとき、株価はさらに下降し、長期予測チャートのオフセットライン上に支持線を見つける、ということである。

残念なことに、ダウ・ジョーンズ総合平均株価はより下方の予測値に達しないだろうと判断するための手掛かりがあったにもかかわらず、それが達成されるか無効になるまで、その予測値は有効なものとして存在する。1995年1月にダウ・ジョーンズ総合平均株価は、39週オフセットラインを上方に交差したため（図表7．13）、名目78週下方変動予測値が無効になり、同時に新たに名目78週上方変動予測値が出た。

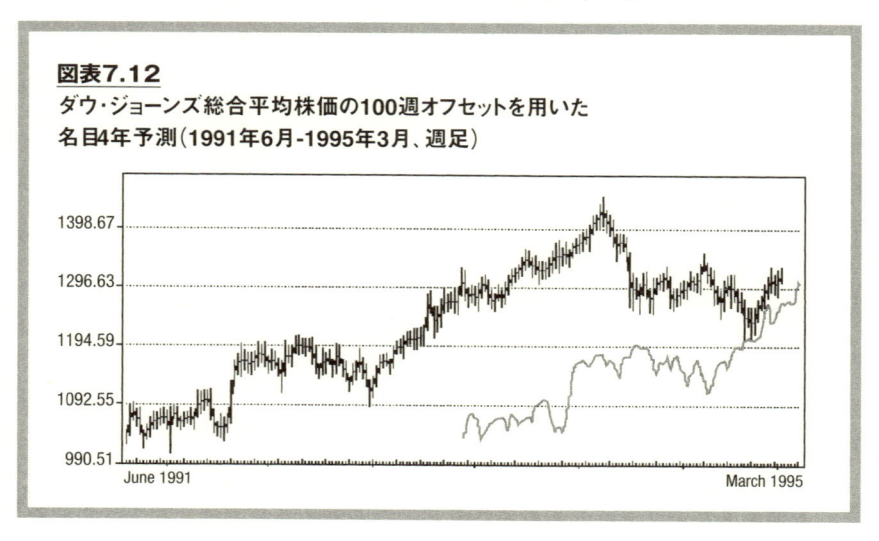

図表7.12
ダウ・ジョーンズ総合平均株価の100週オフセットを用いた名目4年予測（1991年6月-1995年3月、週足）

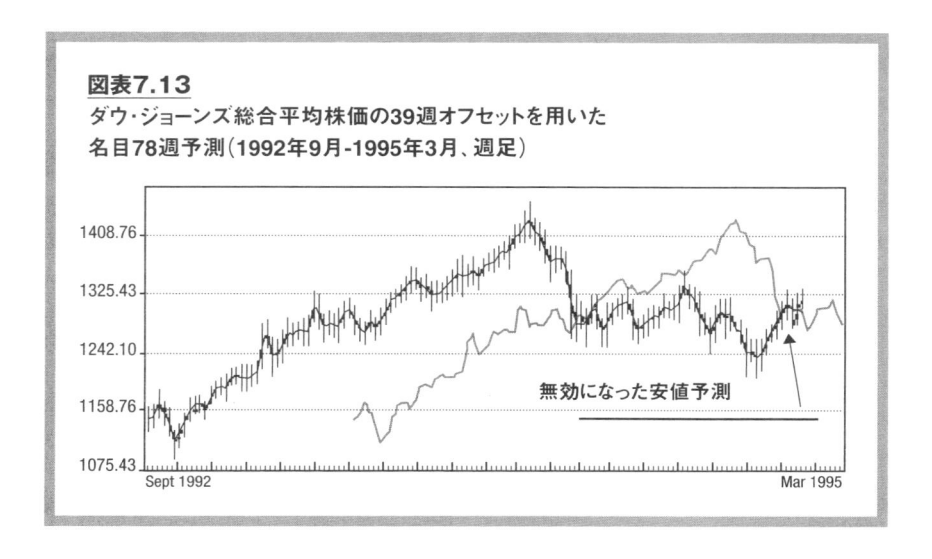

図表7.13
ダウ・ジョーンズ総合平均株価の39週オフセットを用いた
名目78週予測（1992年9月-1995年3月、週足）

無効になった安値予測

時間の経過とともにサイクル予測値は達成されるか、無効になるかのいずれかになる

　中期の高値から中期の安値まで週ごとの価格変動予測が連続して、どのように算出されるかをすべて述べてきた。他の指数を用いることもできたし、もっとうまくいった例を挙げることもできたかもしれない。しかし、ほとんどの人たちに馴染みのないダウ・ジョーンズ総合平均株価を用いることにより、成功例と失敗例の両方を見せることができ、予測分析手法を見せる方法としては、より現実的なものであったと思う。少なくとも理論的には、サイクルに基づく価格変動予測は長い目で見れば正しいはずである。価格変動の予測値は、最終的には達成されるか無効になるかのいずれかだからだ。他の選択肢はない。いったん予測値が無効になれば、他に算出された予測値が残っていなければ、当初の価格変動予測の方向に従って株価が動くことを待つ必要がなくなる。実際には、ひとつの予測値が無効になれば、反対の方向に新たな価格変動予測がなされるのだが。

　しかし、時として株価は、上下いずれかの方向にはっきりと動き出す前に、オフセットラインをはさんで上下に変動する。このような状況下では、忍耐強く株価の変動を見守るしかないが、結局、株価は上下いずれかの方

向にはっきりと動き出すものだ。株価がオフセットラインをはさんで何度も上下運動を繰り返すような状況は、予測分析の複雑性を増すだけである。実際の世界の例をみて、そのような予測分析の難しさを解決するいくつかの手段を考えてみよう。1973年1月から1974年12月にダウ・ジョーンズ工業株平均は過去60年で最悪の弱気市場に見舞われた。ザラ場の理論的高値からザラ場の理論的安値まで平均株価は46．6％も下落したのだ。

■ダウ・ジョーンズ工業株平均の弱気相場の例

図表7．14は1973年1月の天井と19974年12月の底を描いたダウ・ジョーンズ工業株平均の週足チャートである。このチャートのオフセットの長さは100週である。サイクルが長いほどより様々なオフセットがある。価格変動予測に実践的に用いられているもので最長のサイクルは名目4年サイクルである。サイクルは平均200週から220週の長さなので、価格変動予測を算出するのに用いる半分のスパンは100週から110週である。

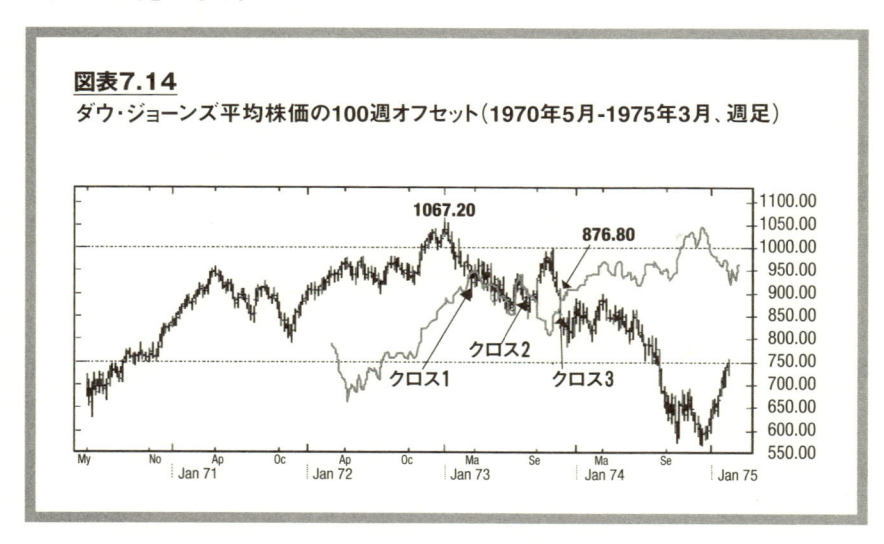

図表7.14
ダウ・ジョーンズ平均株価の100週オフセット（1970年5月-1975年3月、週足）

１９７３年１月に１０６７．２０で天井を打ってから、株価は３度ほど１００週のオフセットラインを下方に突き破っている。最初のものは（チャートにはクロス１と記してある）、９４４の高値をつけてから１０週間後に起こっている。その翌週に株価はオフセットラインを上方に突き破ったため、初めのオフセットラインとの交差によって出された予測値が無効になった。それから４カ月後の１９７３年８月に、株価は再びオフセットラインを下方に突き破り、株価の下降はその後４週間続いたが、結局５週間後には再度オフセットラインを上方に突き破った。３番目は１９７３年１１月に起きたもので、株価は１００週オフセットラインを下方に突き破り、そのままそのラインの下で推移した。そのオフセットラインとの交差は、株価が８７６．８０のときに起きた。これによって、下方変動予測値６８６．４０±３８．１が算出された。

　この１００週オフセットで、そのラインの下方へ向かって株価がはっきりと動き出す前に、２度ほどラインをは挟んだ"上下運動"が見られた。３番目のクロス・ポイントをよく見ると、オフセットを右へ１００週ほど動かせば、株価はさらに低い価格でオフセットラインを下方に交差し、より低い下方変動予測値が算出されることになるのが分かる。このような分析によって、１００－１１０週オフセットの範囲全体を通してオフセットとの下方交差が起こる２つの極限を決めることができる。

　図表７．１５は、１００－１１０週の範囲のいずれかのオフセットを用いて起きたであろう最小可能なクロス・ポイントを示したものである。そこで示されたのは１０７週オフセットである。オフセットをさらに右に、１０８週、１０９週あるいは１１０週へと移動すると、オフセットラインとの下方交差はより高い株価水準で起こっただろうか。

　価格変動予測値を算出するのに、オフセットラインとの上方または下方交差が１回だけ起こるとするなら、上記の予測算出手法は最終的な予測値を出すものとして用いることができるだろう。これを行うために、予測値の計算は単一の交差をもとに行い、誤差として１０％の許容範囲を与えるべきである（予測値の１０％ではなく、直近の高値から安値予測値あるいは高値予測値までの距離の１０％である）。最終的に株価がはっきりとし

た方向性を見せる前にオフセットラインを挟んで何度も株価が上下するような状況は、図表7．15に示されているように、具体的なオフセットの範囲で交差したときの株価の最高水準と最低水準を決めるのが最良の方法である。

　ダウ・ジョーンズ工業株平均の過去60年で最大の弱気相場が、このような予測算出手法によってかなり効果的に分析できるのは興味深い。その弱気相場の底の最も低い予測値は566．80であった。ダウ・ジョーンズ工業株平均の実際の安値は、1974年12月につけた570．01で、1974年12月9日に記録されたザラ場の理論上の安値よりわずか3．21ポイントしか違わなかったのである。

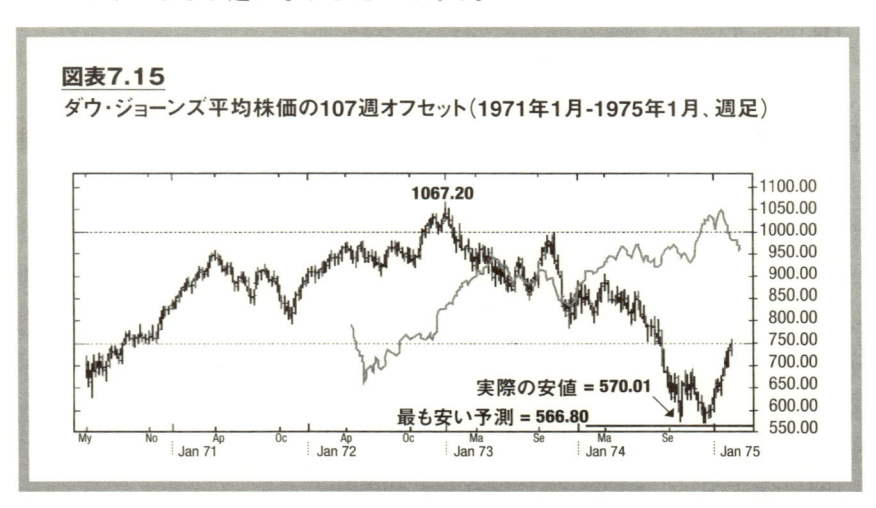

図表7.15　ダウ・ジョーンズ平均株価の107週オフセット（1971年1月-1975年1月、週足）

（1067.20、実際の安値 = 570.01、最も安い予測 = 566.80）

　この予測値算出法の正確さを示すもうひとつの例を見てみよう。

■ダウ・ジョーンズ輸送株平均の例

　図表7．16は1986年4月から1988年3月までのダウ・ジョーンズ輸送株平均のチャートを示したものである。そこには、非常に劇的な

市場の歴史――１９８７年に株価大暴落――が含まれている。あなたは多くの人たちに、あのような暴落市場がどこで真に重要な底を打つのかを予測する方法などない、と吹き込まれただろう。率直に言って、１９８７年の株価大暴落の後で、ダウ・ジョーンズ工業株平均の株価変動予測チャートは、かなり低い安値を探っていたのだ。しかし、１９８７年後半のダウ・ジョーンズ輸送株平均のサイクル予測を行っていた人たちは、ほとんど予測を外すことなく利益を得ていたのだ。

　図表７．１６に示した株価変動予測チャートは、名目７８週予測を算出するための３９週オフセットとともに示したダウ・ジョーンズ輸送株平均の週足チャートである。平均株価は８７３．２４ポイントでオフセットラインを下方にクロスした。１９８７年８月の高値１１１０．１０から計算すると、輸送株平均は、３９週オフセットラインをクロスする前に２３６．６６ポイント下落していた。株価変動予測値は、そのオフセットラインのクロス時点から２３６．６６ポイント下で６３６．３８、小数点以下第２位を四捨五入して６３６．４となる。１９８７年８月のザラ場の高値から１９８７年１２月のザラ場の安値まで平均株価が４０％以上下落した後、輸送株平均は結局ザラ場の安値６４７．０をつけた。それは予測値からわずか１．７％しか離れていなかったのである。

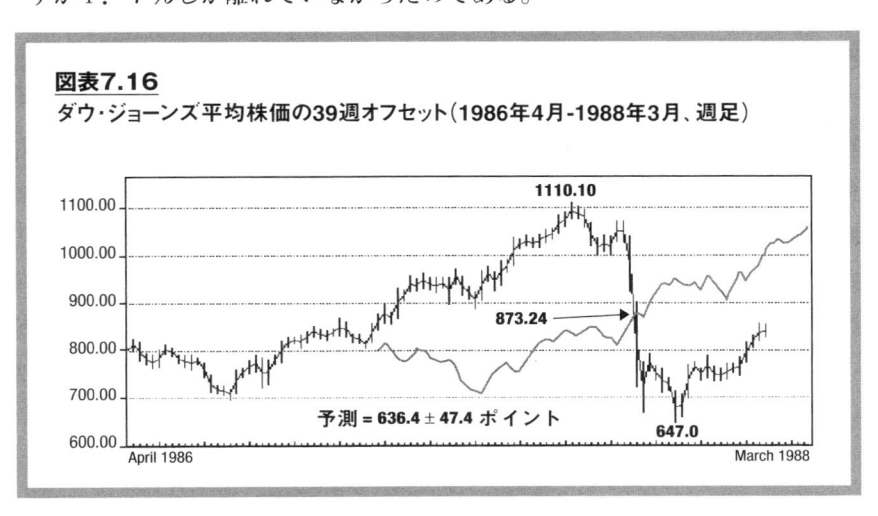

図表7.16
ダウ・ジョーンズ平均株価の39週オフセット（1986年4月-1988年3月、週足）

予測 = 636.4 ± 47.4 ポイント

■週間、日々およびザヤ場の株価変動予測のオフセット

　１９９８年にさかのぼってダウ・ジョーンズ工業株平均の最近の変動を見ることによって、最後の予測演習をしてみよう。８つの基本的な名目サイクルとそれぞれのオフセットの表を掲げるいい機会である。サイクル予測の手法は、例えば、指数の時間足チャート（この場合は６５分であるが、各取引日において６つのザラ場の期間があり、また各取引日の１３の期間に３０分足チャートがある）でも用いることができることを知っておいてほしい。以下に掲げる表は、サイクル予測を算出するために用いられる名目サイクルを半期のオフセットとともに示したものである。

名目サイクルのオフセット

名目サイクル	週間	取引可能日数	暦上の日数	現物チャート（30分足）	先物チャート（27分足）
				2.85-3.25	3.28-3.75
				5.69-6.5	6.56-7.5
				11.38-13	13.13-15
				22.75-26	26.25-30
10日		3.5-4.0	5	45.5-52	52.2-60
20日		7.0-8.0	10	91-104	105-120
5週		12.1-13.8	17.5-20	157.3-179.4	181.5-207
10週	5	24.2-27.6	35-40		
20週	10	48.5-55.3	70-80		
40週	20	96.8-110.6	140-160		
78-80週	39-40	189-194	273-280		
4年	100-110				

■予備的予測 vs "確立された" 予測

　ダウ・ジョーンズ工業株平均の最近のチャート分析を検証する前に、価格変動予測がいかにして"確立される"のかについての概念に触れよう。上に掲げた表において、半期間オフセットのすべては、週サイクルのいく

つかを除いて、単一の数字ではなく数字の範囲が示されている。例えば、名目２０週予測値を算出するために用いられる１０週オフセットに相当する"取引可能日"の日々オフセットは４８．５－５５．３取引可能日数のオフセットを表している。例えば、４８．５オフセットを用いて、株価がそのオフセットラインを上下にクロスしたと仮定しよう。それは"予備的な"価格変動予測値を出す。さらに、オフセットをその範囲のより高い数字、この場合は５５．３日へ移動したとき、株価はオフセットラインをクロスしなかったと仮定しよう。価格変動予測値が確立されたとみなすのは、株価がオフセットラインのすべての範囲より上にあるときのみである。

　新たな予測値が出たと同時に実際の株価がひとつの予測値を達成するのはよくあることである。このような例は、サイクル予測手法にとっては最もやりがいのある状況である。ひとつの予測値が達成されたことは、価格は反転し、反対の方向に向かう可能性があることを暗示している。一方、新たな予測値が出たので、株価は継続してさらに同じ方向へ動く可能性もある。予測値が"確立された"場合にのみ、価格はまだ反転するには条件が整っていないといった自信が増大するのだ。

　価格変動予測手法のどの部分をとっても結果が１００％正確であることを約束するわけではないが、予測値が確立されると、それが当たる確率が相当大きくなる。一方、次に出された予測値が確立されるまでは、それ以前に出された予測値に株価が到達すれば、株価が反転するという可能性が依然として残っている。

　新たな予測値の確立をテストする別の方法は、それが技術的に確立される（オフセット範囲のすべての数字に対して、半期オフセットラインを交差する）前に、前に出された予測の極限値を株価が超えたかどうかを確認することである。例えば、ダウ・ジョーンズ工業株平均に関して名目１０週の下方変動予測値が１０５００±１００ポイントで、平均株価が１０５００まで変動すれば、その予測値は満たされたことになる。１０５００の予測値が満たされたと同時に、新たな名目２０週下方変動予測値９８００が出されたと仮定しよう。名目１０週の予測の極限値である１０４００にダウが到達すれば、たとえ名目２０週予測値の半期オフセット範囲におけ

る可能なオフセットのすべての数字以下であるということで、株価は技術的に９８００の予測値を確立していなかったとしても、名目２０週の予測値は確立されたとみなされるだろう。その理由は、名目１０週の予測値の下方極限値を実際に平均株価が超えたからであり、少なくとも理論的には、その極限値よりさらに下方に株価が変動するだろうという別の予測値を算出せざるを得ないからである。そのような理由から、上記の名目２０週予測値は確立されたとみなすことができるのである。

■ダウ・ジョーンズ工業株平均の例

　サイクル予測がどのようにしてうまく機能するかを、１９９９年後半から２０００年前半のダウ・ジョーンズ工業株平均を振り返って見てみよう。前に週間の価格変動予測チャートを用いて行ったダウ・ジョーンズ工業株平均の分析と今から説明する分析を区別するために、この分析においては日々の暦日チャート（土曜日、日曜日および他の休日・祝日はチャート上にスペースを空けてある）を用いる。「名目サイクルのオフセット」表には、暦日チャートにおける最初のオフセットグループは５日、１０日、１７．５－２０日、３５－４０日および７０－８０日であることが示されている。

　図表７．１７は、名目１０週サイクルの価格変動予測のための３５日オフセットを用いた分析から始めている。この図表には示されていないが、オフセットの一番端の数字、すなわち４０日オフセットを用いるなら、１１５４３．２への上方変動予測値が算出される。平均株価が名目１０週のオフセットラインを上方に交差することによって、予測値の出し方に２つの方法がある。ひとつは、３５日オフセットによって出される予備的予測値を用いて、上方変動予測値１１０９６．６０に直近の安値９８８４．２０からの変動幅全体の１０％を加減することによって算出される。その変動幅（１２１２．４０ポイント）の１０％は、小数点以下第２位を切り捨てて１２１．２ポイントとなるから、予測値は１１０９６．６０±１２１．２ポイントとなる。

図表7.17
ダウ・ジョーンズ平均株価の35日オフセットを用いた
名目10週予測（1999年6月-2000年2月、週足）

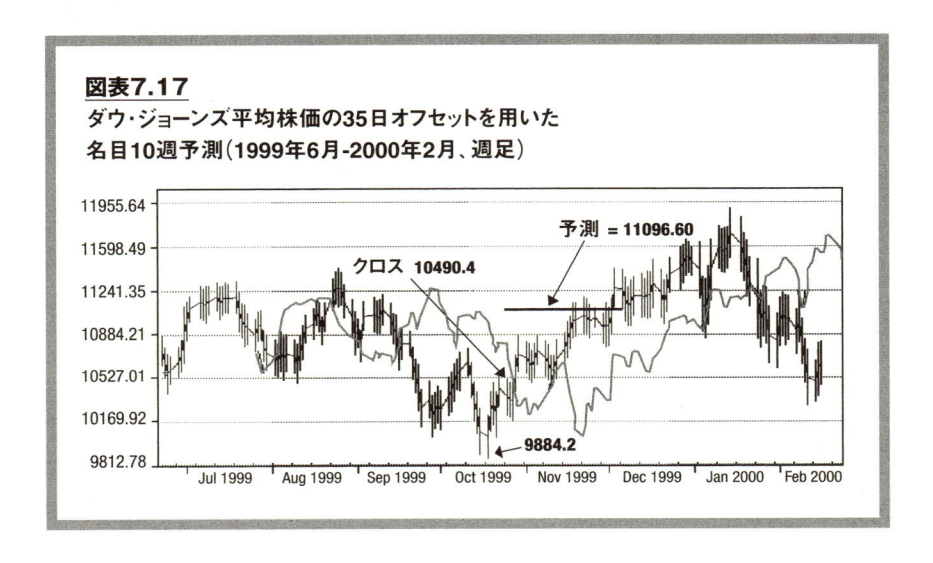

 しかし、予測値を算出するために別の、より正確な方法がある。予測オフセットの極限である４０日オフセットを用いたら、価格上方変動予測値は１１５４３．２と算出されていたはずである。これらは予測値の２つの極限値を表しているので、２つの予測値の平均をとって誤差分を加減することができる。この場合、名目１０週の最終的な予測値は１１３１９．９±２２３．３と算出される。

 株価が１１３１９．９の予測値に達するまでに、より高い予測値が出されていたであろう。**図表７．１８**は７０暦日オフセットを用いた名目２０週価格変動予測チャートである。株価は１１０３４．０５で７０日オフセットラインを上方に突き破り、１２１８３．９の予備的予測値が算出された。しかし、７０日オフセットを用いた価格変動予測チャートを見ると、オフセットをほんの数日先にずらすと、その予測値は実際には高くなるよりもむしろ低くなることに気づくだろう。

 そのオフセットを用いて試してみると、７４．５暦日のオフセットを用いると、上記の予測値よりも低い１１７１６ポイントの予測値が算出される。

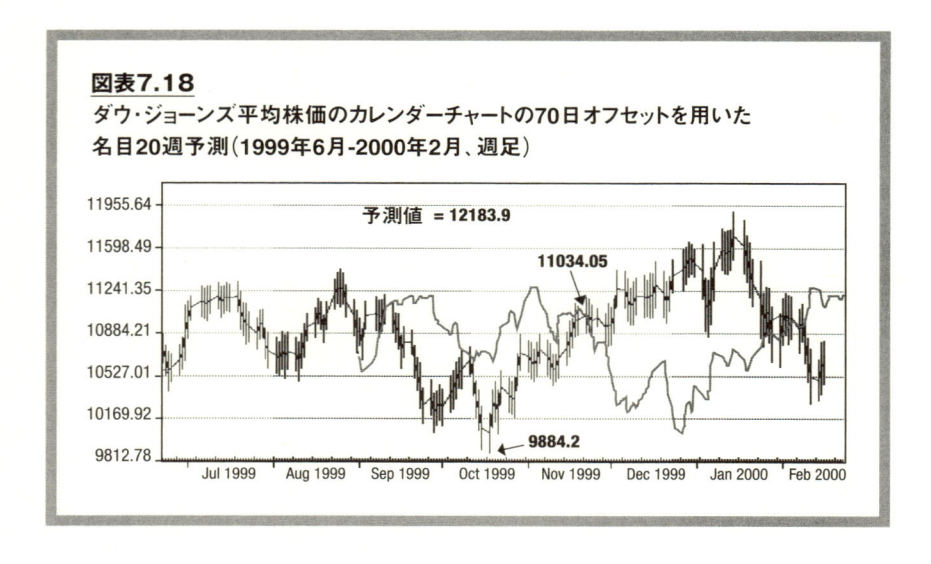

図表7.18
ダウ・ジョーンズ平均株価のカレンダーチャートの70日オフセットを用いた
名目20週予測(1999年6月-2000年2月、週足)

 次のステップは、70暦日から80暦日の間のどのオフセットを使うとより高い予測値が算出され、それはいくらかを決めることである。結局、70日のオフセットを使うと、予測値は12199ポイントと算出され、それは70日から80日の間のオフセットを用いて算出した予測値では最高あるいはそれに最も近かった。ここに完全な名目20週の予測値を算出するための十分な情報がある。2つの極限値、11716と12199の平均は11957.5であり、正式な名目20週予測値は11957.5±241.5ポイントである。2000年1月10日に、ダウ・ジョーンズ工業株平均は、予備的な名目20週予測値が1999年11月に算出されてから初めてその予測値の範囲に達した。その4日後、ダウは理論的なザラ場の高値11908.5に達し、その予測を完全に満たし、わずかに50ポイント、すなわち予測値よりも0.4％低かったにすぎなかった。2000年2月中旬現在、ダウ・ジョーンズ工業株平均の史上最高値の理論値は11908.5であり、2000年2月11日のザラ場の理論価格ベースでダウは13.5％下落し、10301.12であった。

■サイクル価格変動予測を分析の道具に加える

　本章で述べてこなかったサイクルによる価格変動予測の分析手法には多くのサブタイトルやニュアンスがある。しかし、ここで示された手法を用いて自分のサイクル価格変動予測の分析を追求するテクニカル・アナリストにとっては、その手法の基盤は敷かれている。いままで説明してきた半期オフセットは、過去において株価指数や先物において有効であった。一般的な法則として、ある特定の売買対象物がより活発に取引されるほど、それは正確なサイクルに基づく価格変動予測の分析に影響されやすくなる。

　もし分析の対象物に対してオフセットが機能していないようなら、手順を逆にしてやってみるといいだろう。つまり、分析対象物の値動きを示したチャート上で明らかに連続する２つの価格反転のポイントを見るのである。どのようなオフセットが正確な予測値を算出するだろうか。連続する価格反転に関する逆の手順の分析を同じようにやってみよう。本章で示したものにかなり近いオフセットのグループを見いだすだろう。活発に取引されている個別株について、同じ分析を試みることはやってみるだけの価値がある。どのような対象物を分析しようとも、この価格変動予測さの正確さを知って驚くことだろう。

　しかし、この予測が絶対確実でないことを知ってがっかりしてはいけない。他の調査対象物と違いサイクルは、その時々において価格の加減をすることができる。これが不正確な価格の交差や予測値につながっている。価格は、一定期間連続して上下運動を繰り返している中で予測オフセットラインを上下に交差する場合がある。これによって予測が乱れたり、予測を行っている者を困惑させる。しかし、オフセットラインを使った分析は、価格変動予測値を算出する強力な手法である。さらに、このような分析を行っている人はごく少数なので、この分析手法はさらに威力を発揮するものとなる。あなたが好きな他の手法と組み合わせれば、あるいはこの分析手法だけでも、サイクル予測手法はマーケット・アナリストやテクニカル・アナリストが利用できる最も正確で興奮を誘う分析道具のひとつとなるだろう。

第8章

エリオット波動理論の利用法

スティーブン・W・ポーザー

　あなたの投資判断が誤っていたとき、ストップロスに至るよりずっと前にそのことを教えてくれるテクニカル分析法があるとしたらどうだろうか。簡単に扱えて、その他のテクニカル指標やさらにはファンダメンタルズ指標の代わりに使えそうな、価格変動を知るためのロードマップのような分析的枠組みがもしあったとしたら。このような価格分析法が、心のテクニカル分析——群集心理——に基づいて開発されていたら。非常に柔軟で、５分足に用いても月足に用いても、ほとんど同じく機能するツールがあるとしたら。複雑だとしても、従来のトレンドラインやパターン分析、そしてもちろん崇高なるダウ理論にも完全にぴったり適合するツールがもしあったら。このようなテクニカル分析を、株、債券、通貨、商品など、ほとんどすべての流動性ある自由市場に利用できるとしたらどうだろうか。

　このような方法論は、実在するだけでなく、７０年以上前からわれわれの身近にあったものだ。ブラックボックス的なシステムの話ではない。このメソッドの唯一の指標は価格であり、RSI（相対力指数）やストキャスティックス・オシレーターは用いない。RSIでトレードする人はいないし、投資家の成績はストキャスティクスに左右されるわけではない。損益を決するのは、その人が売買したある投資対象の現在価格と、手仕舞いした時点における価格との差なのである。

　この素晴らしいテクニカルツールとは、予測のための数少ないテクニカルツールのひとつである、エリオット波動理論だ。抜け目ないトレーダー

や投資家は、この理論を利用して正確にマーケットの変動を予測することができる。テクニカル分析の大半は、価格予測という意味ではファンダメンタルズ分析よりは概して正確であるが、受動的で価格変化に後れを取る傾向がある。移動平均線は、トレンドが変化した後でクロスすることが多い。一般的に、オシレーターもマーケットがレンジ相場の期間のみに有効である。

波動理論は、単一で用いることも、またトレーダーがマーケットにおける「エネルギー・ポイント」らしきものを見つけて売買するための手助けとなるような指標と組み合わせて用いることもできる。エリオット波動理論には予測に使えるという特徴があると述べたが、それはつまり、マーケットが思惑通りの方向に動き出すと同時に、トレーダーや投資家がそれに対応する準備を整えることができるという意味である。

エリオット波動理論の歴史

エリオット波動理論を生み出したのは、ラルフ・ネルソン・エリオット（1871-1948）である。エリオットの本職は会計士で、長らく鉄道会社に勤務していた。彼はレストラン経営にも興味を持っていて、それをテーマに記事を書いたり、さらには『ティールーム・アンド・カフェテリア・マネジメント』という本まで出している。エリオットは、中米国際鉄道の会計士としてグアテマラでの任期を終えて間もなく病に倒れた。エリオットがアメリカの株式市場について研究を始めたのは、病後の療養期であった。

エリオットは非常に研ぎ澄まされた分析能力の持ち主だった。レストラン経営に関する著書においてさえ、マーケットと経済にはサイクル、つまり波動があると述べている。彼はこうした視点を持っていたがゆえに、ロバート・レアの研究へと進んでいった。ロバート・レアとは、ダウ理論を解説した学術書を著した人物で、それは今なお古典として読み継がれているものだ。エリオット波動理論に、その古いいとこ理論にあたるダウ理論と多くの共通点が見られるのもうなずけるだろう（第1章参照）。エリオ

ットとダウの両者に共通するのは、強気相場に対する基本的見解ばかりではない。この偉大なるマーケット・アナリストは２人とも、トレンド形成期の各時点で投資家やトレーダーがどのように動き、反応したかに基づいて、マーケットの動きを詳述している（**図表８．１参照**）。

　この２つの理論には多くの違いがある。ダウは弱気相場と強気相場を同種のものとして扱っている。弱気相場では先行筋の売り抜け、テクニカル派トレーダーの参加、大衆の投げ売りの期間があるという。エリオットは弱気相場を、途中に調整期をはさんだ２本の幅の広い足によって下方トレンドが形成される期間であると考えた。

　これら２つの理論の際立った違いは、ダウ理論が受動的なのに対して、エリオット波動理論は能動的であることだ。ダウ理論では、複雑多岐な枠組みを利用して、トレンドがすでに変化したかどうかを決める。強気トレンドの終わりのサインが出るには、高値・安値がその前の高値・安値よりも下にくる状態を確認する必要がある。ダウ理論では、反転の可能性をどう見分けるかについてあいまいな概念を提示し、また第１あるいは第２のトレンドがどの程度持続するのかについてもぼんやりした概念を挙げているが、いついくらでマーケットが反転する可能性があるかを知るためのツールはほとんど提示していない。

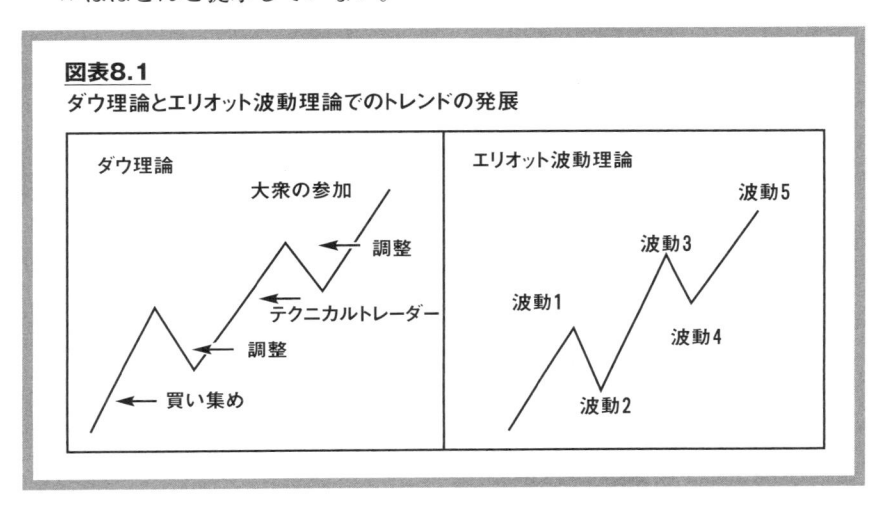

図表8.1
ダウ理論とエリオット波動理論でのトレンドの発展

図表8.2
5波の上昇局面

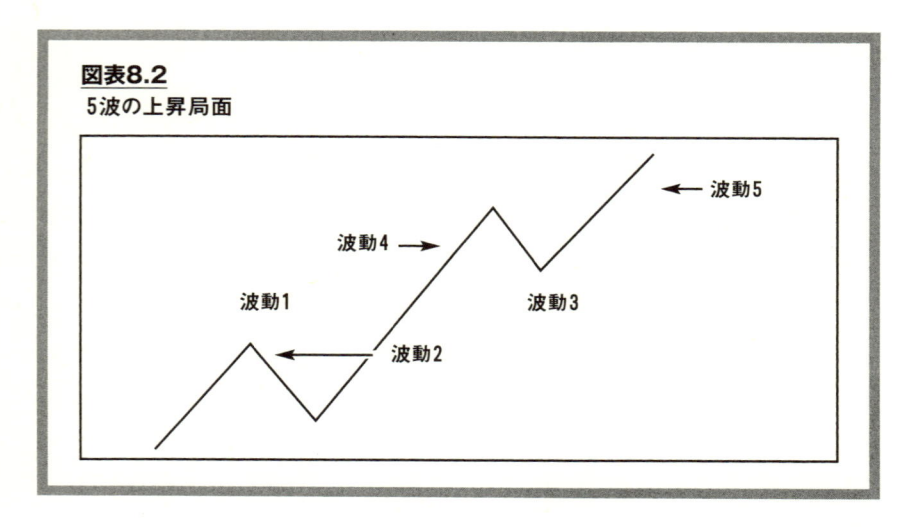

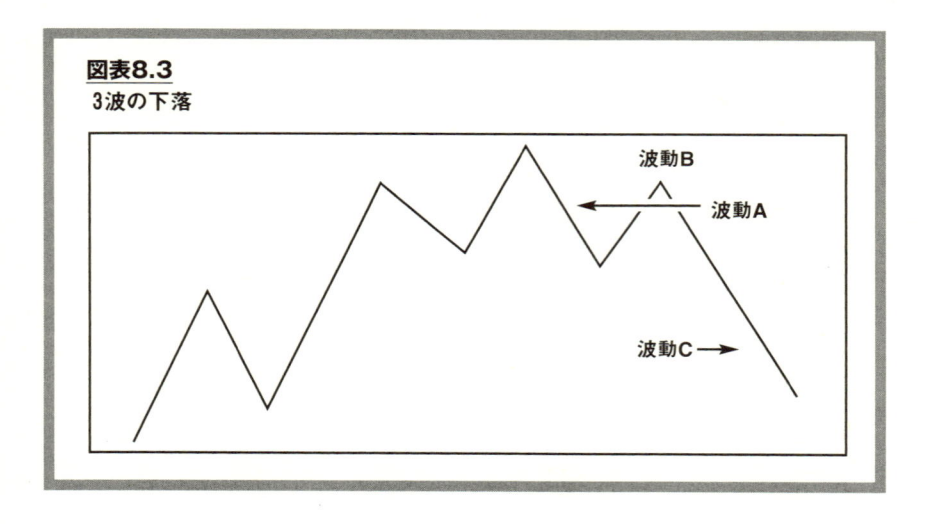

波動1、波動2、波動3、波動4、波動5

図表8.3
3波の下落

波動A、波動B、波動C

　エリオットの分析は、少々異なる観点に立っている。彼は、マーケットは決定論的なものであるという揺るぎない考えの持ち主だった。彼が主張したのは、波動原理を適切に用いれば、マーケットの転換点――時間と価格――を、何年も前に正確に予測することが可能であるということだ。そ

こまで正確な予測をした人はまだいないが、エリオット波動理論は、トレンドがどこで変化するかを高い確率で予測できる、素晴らしく正確なメソッドである。有用性に加え、分析が誤ったときは即座に利用者がそれを察知できるという点が、その特徴として挙げられる。

エリオット波動理論とは？

　エリオット波動理論は、マーケットの動きは大きく２つに分けられるものとしている。それは、強気相場と弱気相場だ。エリオット波動理論は、国家や独占企業に支配された市場を除く、自由取引されているあらゆる資産、債務、商品に適用することができる。株や債券、原油、金や一般的な不動産の価格などだが、これらにとどまらない。エリオットは、強気相場は５段階に分けられると主張した。３つの上昇局面の間に２つの弱い調整がはさまるという形である。３つの上昇局面はそれぞれ第１波、第３波、第５波と呼ばれており、２つの調整局面は第２波、第４波と呼ばれている。**図表８．２**は強気相場の典型モデルである。

　典型的な弱気相場は３段階に分けられる。安値に向かう２つの局面があり、それらはＡ波、Ｃ波と呼ばれる。Ｂ波はマーケットが反発する調整局面である。Ｂ波では時にその前の第５波の高値を上回ることがある。５波から成る強気相場パターンの後、典型的な弱気相場パターンが続く例は、**図表８．３**に示した。

　エリオット波動理論に関して多くの人が誤って解釈している事柄がある。それは５つの波動と３つの波動という行程が、マーケットのすべての局面に現れるという考えである。先に説明した内容は、高値に向かう５波動のパターン、安値に向かう３波動のパターンとも言い換えられるだろう。推進波動というのは、５波動の価格パターンを表現したものにすぎない。３波動のパターンというのは、調整波動のことである。強気相場や弱気相場が必ずしも５波動、３波動の構造になるとは限らない。「ジグザグ」として知られる３波動から成る上昇トレンドの調整においては、Ａ波は５波動の（推進波動としての）下落に細分化できる。この下落は調整局面の一

部であり、より大きな５波動パターンの戻りにすぎない。反対に、Ｂ波動は、高値に向かう３波動から成る動きであると言える。そしてＢ波動は、より小さな３つの波動に２つの上向きのサイクルが組み合わさった形に細分化でき、多くの場合５波動のパターンで完結するのである。

　この複雑さ、また時としてその独自性が、多くの人にとってエリオット波動理論をトレーディングや分析手法に使ってみようという気力を失わせる原因となっている。エリオット波動理論の持つフラクタル的性格も、その難易度をさらに上げる一因となっているが、それは同時に経験を積んだエリオティシャン（自らのトレーディングや相場変動分析にエリオット波動理論を用いてみるために、気の遠くなるような時間を割ける人）にとっては、有益な情報を提供するものとなる。以下に挙げたのは、エリオット波動理論についての一般的ルール、概念、誤った解釈である。テクニカル分析家のロバート・プレクターとＡ・Ｊ・フロストが、その著書において、エリオット波動理論についてより詳細に解説している。

- 第２波では、第１波の１００％以上を引き返すことはない。これには例外がない。
- 推進波動は常に５つの波動になる。だが、ダイアゴナル・トライアングル（斜め三角形）の波動が細分化されるときは、それぞれの波動は３つの波動しか含まない。ダイアゴナル・トライアングルは、昔からあるテクニカル分析におけるくさび型と同じ形状をしている。このパターンは通常、第５波動やＣ波動など、マーケットの大きな動きの最終段階に現れる。
- 調整波動は３つの波動になるか、あるいはトライアングルを形成する。これらのトライアングルは、上昇するか、下降するか、あるいは対称形となる。
- ５つの波動から成るサイクル全体がダイアゴナル・トライアングルの一部でない限り、第４波動は第２波動とは重ならない。
- 第３波は通常、最大の波動となり、最も短い波動となることはあり得ない。トレンドに添って動いている間の第３波は、第１波の１．６１８倍

となるのが典型パターン。第3波が修正波動の一部（つまり、C波の中の第3波）であるとき、通常その波動の大きさは、C波の1番目の波動の1．618倍以下となる。
- 調整波動を確認するのは、非常に難しい場合が多い。
- 不規則な調整波動が現れることは珍しいことではない。実際、「規則的な」調整波動と同じくらいの頻度で現れる。不規則な調整波動が起きるのは、B波がA波の100％以上を引き返すときである。
- エリオット波動理論を用いるために、旧来のチャート分析法やテクニカル指標を捨て去る必要はない。例えば、旧来のヘッド・アンド・ショルダー（三尊）の天井形は、第3波動（左肩）、第5波（頭）、B波（右肩）によって形成される天井と見ることができる。第4波とA波の底をつなぐとショルダーになる。
- エリオット波動理論は、上昇バイアスのかかっていない（債券市場のような）マーケットにも、技術変化によって長期の上昇バイアスがかかった株式市場にも、同じようによく機能する（実際著者は、エリオット波動の原理を外国為替市場や債券市場に用いることで、この理論の適用能力を向上させた）。
- フィボナッチ比率での押し／戻りを知ること。0．236、0．382、0．500、0．618、0．764、1．618、2．618、4．236——まだ他にもあるが、これらが最も一般的である。それ以外にも、フィボナッチ数列——1、1、2、3、5、8、13、21、34、55、89、144、233、377、610……——を覚えること。

波動の特徴を理解する

波動の特徴を理解すれば、マーケットの動きを見分けるのに役立つ。典型的な強気相場と弱気相場において出現する波動について、以下に解説する。
- **第1波**は、市場の心理がほぼ全面的に弱気なときに現れる。ダウ理論では、買い集めの局面にあたる。状況的にはまだマイナス要因が多く、世

論もまだ弱気である。目端の利く人はマーケットが持ち直したところで売る。（従来のテクニカル分析から）すでに底を打った可能性を示唆するものとしては、極端な弱気、安値でのモメンタムのダイバージェンス、下方トレンドラインのブレイク、先の価格下落の最後における取組高の減少――などがある。

- **第2波**は、マーケットがやっと持ち直した部分を急激に戻してしまう。それは弱気筋の見方が全面的に正当化されたように見える状態である。第1波の上昇分を100％近く戻すことも多い。だが第1波の底より下に抜けることはない。第2波は、腰が据わった強気筋以外の全員を振るい落とす。

- **第3波**は、エリオティシャンが待ち望んでいるものだ。これは最も強力な上昇局面となる。価格が加速度的に上がり、出来高も膨らむ。取組高も増加するはずだ。典型的な第3波は、少なくとも第1波の1.618倍以上となり、それよりかなり大きくなることもある。

- **第4波**は複雑で見分けにくい場合が多い。通常それは第3波を38％以上戻すことはなく、その安値は第3波の4番目の波動を下回って落ち込むことはない。第4波の高値は第3波の高値を突き抜けることもあり、しばしば弱い第5波と間違われる。交替の法則によって、第2波と第4波は異なって「見える」はずだということになる。ひとつの波動が正常なら、もう一方の波動は変則的でなければならない。互い違いが基本とされているが、むしろそういう傾向があるということである。互い違いが明白でなければ、無理に第4波と決めつけないこと。

- **第5波**は、多くの場合モメンタムのダイバージェンスによって確認できる。ダウ理論では、大衆投資家すべてがマーケットに参加して、スマート・マネーがそろそろ天井を予想し始める期間にあたる。先物市場では、取組高が第5波の後半で減少し始めることがある。

- **A波**はダウ理論の売り抜け局面にあたる。状況的にはまだプラス要因が多く、ほとんどのトレーダーも投資家もまだ強気である。A波は、3つあるいは5つの波動となる。第1波と共通した特徴がみられる場合が多い。

- B波は第４波と似ていることが多く、確認するのが非常に困難なことがある。１９２９年の株式市場の天井は、変則的なB波と言われることが多い。B波は、先の強気トレンドの一部であるとしばしば勘違いされる。
- C波は、第３波の弱気相場版である。通常は非常に力強い５つの波動から成り、A波の１．６１８倍にまで達することが多い。C波が終わるころはみんなが弱気となり、これが次の強気相場に向けた買いの機会を生む。

エリオット波動理論を使う

　エリオット波動理論を利用する前に、読者のみなさんはエリオット波動理論の用語——モメンタム、ＲＳＩ、センチメント、トレンドライン、チャネル、支持線、抵抗線、ディレクショナル・インデックス、ボリンジャー・バンド、インプライド・ボラティリティ、シーズナル、市場間分析——に加えて、以下の概念を理解しておく必要がある。トレーダーはこれらすべてを、波動をより正確に見分けるためのツールとして利用することができる。

■マルチプル・タイム・フレーム分析

　あるマーケットに数週間、数カ月、数年という期間で投資しようと考えているとしても、あるいはマウスをクリックしてボラティリティの高い株や先物をトレードし、数ポイントを稼ぐデイ・トレーダーをやろうと考えているとしても、仕掛ける前にはまずいくつかのタイム・フレームを検討しなければならない。

　５分足からシグナルを得ようと考えているトレーダーは、１５分、１時間、さらには日足チャートの状態もしっかり把握しておくべきである。マーケットというのは、数日、数週間、数カ月、時には数年前につけた高値や安値を、支持線と抵抗線とみなす傾向がある。週足チャートにトレンドラインが現れたり、１年も続くような戻しのトレンドが現れると、マーケットの動きを止めることがある。こうしたことは、５分足チャートからは

図表8.4
S&P500
（1999年10月-2000年2月、日足）

絶対に分からない。これらを確認する作業を怠るデイ・トレーダーは大きな損失を被る可能性がある。時としてトレーダーは、深く関連するマーケットについてもチェックする必要が生じる。例えば、アメリカの株式市場が２０００年１月２８日に急落した後、市場専門家のほとんどは株式市場の先行きに対して極端に弱気となった。それ以前に、大半のエリオティシャンたちはＡ、Ｂ、Ｃの調整波動が見られないか探していたが、下値目標の多くはすでにブレイクされていた。Ｓ＆Ｐ５００（現物指数）は１９９９年１０月以降の回復幅を５０％戻していたが、同指数は５波動からなる完全なＣ波のパターンを形成してはいなかった。指標によっては１３２０のレンジに入ることを示唆しているものもあった。これは、１９８８年１０月から１９９９年にかけての週足チャートの安値を結んだ仮のトレンドラインと非常に近似していた（図表８．４および図表８．５参照）。

　このちょっとした余分な作業をするだけで、アナリストにとっては多くの有用な情報を得ることになったであろう。トレーダーはあと１日か２日で下げ止まるという期待を抱いていたかもしれない。週足チャートに戻ったトレーダーは、主要支持線の週足のトレンドラインと、１９９９年１０月のレベルへの重要な戻し（６２％）とがほぼ一致したことを確認したかもしれない。残念ながら、これが一致したからといって、価格が実際にその通りになるということの保証になるわけではない。

　株式相場指標を使ってトレードする人は、自分が使っている指標を熟知するだけでなく、それと関連した指標がどのような動きとなっているかも理解すべきである。ナスダックとＳ＆Ｐ５００が異なる動きをみせること

図表8.5
S&P500（1999年9月-2000年1月、週足）

図表8.6
ダウ平均（1999年9月-2000年1月、週足）

が多いのに対して、ナスダックとラッセル2000は同様のパターンをたどることが多い。ダウ平均は通常、Ｓ＆Ｐ500と強い相関関係がある（図表8．5および図表8．6参照）。2000年の1月28日から30日にかけての週末に少し余計にリサーチを行っていれば、デイ・トレーダーは痛い目に遭わなかっただろう。Ｓ＆Ｐ500の週足チャートのトレンドラインは30ポイント近い乖離があったのに対し、同様のダウのトレンドラインはそれよりかなり乖離が小さかった。これはダウの急騰を示唆するものだった。

このちょっとした例からも、さまざまな指標を参照することの重要性がよく分かる。マーケットでは価格にばかり目がいくが、多様な要素を用いて分析を行うのは（「分析麻痺」のワナにさえ陥らなければ）価値あることである。２０００年１月３１日時点ではすべてが下落傾向を示唆していたので、デイ・トレーダーは空売りに走ったに違いない。だがマーケット間の調査をしていれば、思惑とは逆の強気の動きに対して警戒すべきだという注意を得ることができたことだろう。ダウの週足を理解していれば、いち早く空売りポジションを切ることができた可能性が高い。

つまり、マーケット間分析は、エリオット波動理論を用いるトレーダーにとって重要な情報源なのである。自分がトレードしているマーケットに関連するマーケットについて、できるだけ多くのことを理解すべきだ。テクニカル分析を、仕掛けと手仕舞いのタイミングを決定するための唯一のツールとして用いようが、ファンダメンタルズ分析と組み合わせて用いようが、マーケット間の分析（株と債券、ドルと株、商品と債券、ＦＲＢ＝連邦準備制度理事会＝と市場の動向）は必ず役に立つのである（このことに関しては、詳しくは第２章参照）。

■長期トレーディングからデイ・トレーディングまで
――アメリカ株式市場

１９９９年、アメリカの株式市場は史上最強の動きの真っただ中にあった。テクノロジー関連株が数多く上場しているナスダックの総合指数は、１９９９年に８５％以上上昇した。株式市場がとてつもない上昇を遂げると、マーケットの訳知り筋の大半はそれをバブルと形容した。バブルの崩壊を叫ぶ声は次第に強まり、極端なまでになった。保守的な弱気筋は、１９９０年代の日本の株式市場で起きたのと同レベル、およそ６０％の下落を推測していた。ＦＲＢ議長のアラン・グリーンスパンでさえ、１９９９年１０月１４日に、以下のような公式見解を発表している。

以前述べた通り、歴史上、急激なマーケットの反転がほとんど何の前触

れもなく突如として起きている。こうした反転は、非常に短期間で大きな調整をするプロセスとなる場合がある。マーケットにおけるパニック的な反応の特徴とは、短期損失を最小限に抑えることを意図した、劇的な行動の変化である。長期的価値に関する評価は大幅に失われる。過去に述べたことだが、非常に興味深いのは、この手の行動は人間の相互作用を特徴づけてきたものであり、それは昔からほとんど変化していないことである。オランダのチューリップの球根もロシアの株も、市場価格パターンはほとんど同じなのである。

　われわれはこのプロセスをたやすく説明することができるが、今日までのところエコノミストたちは急激な反転の予測には至っていない。これはバブルの崩壊と一般に言われるもので、過去を振り返って初めて明白になるものである。バブルがまさに崩壊寸前であることを予知するには、株やその他資産のさまざまな価格指数を形成している何百万もの投資家（その多くは投資状況の先行きについて精通している）たちが、資産価格が急落すると事前に予測する必要があるのである。

　エリオット波動理論を用いる人の多くは、この何年も続く強気相場で天井を取ろうと試みてきた。このように、人々に天井や底をとらえようとさせるのが、エリオット波動理論の危険のひとつである。もしこれが正確にできればすごいことであるが、分析が誤っていれば悲惨なことになる。「まさに」天井であると判断したレベルが、実は、重要ではあるが一時的なトレンドの変化であるエネルギー・ポイントだった、ということはよくある。多くのエリオティシャンが究極の天井と判断した価格パターンが、１９９７年７月から１９９８年７月にかけて存在した（図表８．７参照）。これらのポイントは２つとも究極の天井ではなかったが、どちらもその後、マーケットが相当下落している。ファンダメンタルズ要因に対する過度の調整は、先に狙いがつけられていたエネルギー・ポイントと重なることが多い。図表８．７の第４波の底は１９９７年のアジア金融危機の極限期にあたり、１９９８年に現れた第５波の天井は、その後のロシア危機およびそれに続くＬＴＣＭなどヘッジ・ファンドの崩壊により形成された。

図表8.7
S&P500（1997年5月-2000年1月、週足）

（図中ラベル：1, 2, 3, 4, 5、調整終了、アジア通貨危機、ロシア危機）

　エリオット波動理論は、アメリカ株式市場のより長期の動向を予測し、それに対するトレーディング・プランを練るために利用することができる。長期の波動をどう数えるかについては、さまざまな意見がある。それについては、ここで株式市場の崩壊の予測に結びつけて考えることはしない（その数え方は、アメリカ株、イギリス株、さらには金の価格までを含む、非常に長期的なチャートをつないで作った数世紀にもわたるチャートをもとにした仮定を根拠にしている）。こうした作業は面白いかもしれないが、非常に純理的で、現実に株式市場のタイミングを計るという意味では実用性がほとんどない。大きな５つの波動が１９８２年に図表８．８で示した第Ⅰ波から始まったと仮定してみよう（実際には１９７５年の底から始まった波動を第Ⅰ波と呼んだ方が正確かもしれない。それに従うと、第Ⅲ波は１９８２年８月に始まったことになるだろう）。

　なぜそんな長期のトレンドを定める必要などあるのだろう？　そんなパターンを利用してトレードする人など、たとえいたとしてもごくごく一握りのはずだ。だがベビーブーム世代など、退職年金が４０１ｋプランに固定されてしまっている長期投資家のことを考えてみてほしい。９０％、たとえ６０％であってもそんな大きな下落の可能性があれば、何らかの抜本

的な資産配分の策をなるべく早く講じる必要がある。長期のトレンドを数えることで、価格リスクを限定する助けとなるヒントを得ることができるのである。

図表8．8で示した仮の波動は、非常に長期的な強気である。第Ⅰ波と第Ⅱ波はより長期の波動であり、第1～第4波は第Ⅲ波を構成する5波動の一部である。第Ⅲ波中の第4波は、第3波の38．2％のフィボナッチ・リトレイスメント（戻り）に近いところで終わっている（図表8．8の中の横線は、第4波がターゲットとする可能性があるフィボナッチ・リトレイスメントを示している）。チャート上では第5波終了後に大規模な調整（弱気相場）が入る大きなリスクが読み取れるが、長期トレンドは非常に力強い。Ｓ＆Ｐ５００は、今後１０～１５年で見れば、３６００まで上昇する可能性を秘めており、あるいは５０００に達するかもしれない。これは、ダウが3万6000まで上がると大げさなことを書いて笑いの種にされている本の主張と一致するものだ。

こうした予測をするには、どういうところでその予測が誤った方向に行き、また自分のトレーディング・プランからマーケットが外れるときをどうつかめばよいのかを理解する必要がある。そのためには、過去の動きを細かく調べ、前進するためのロードマップを作り出さねばならない。

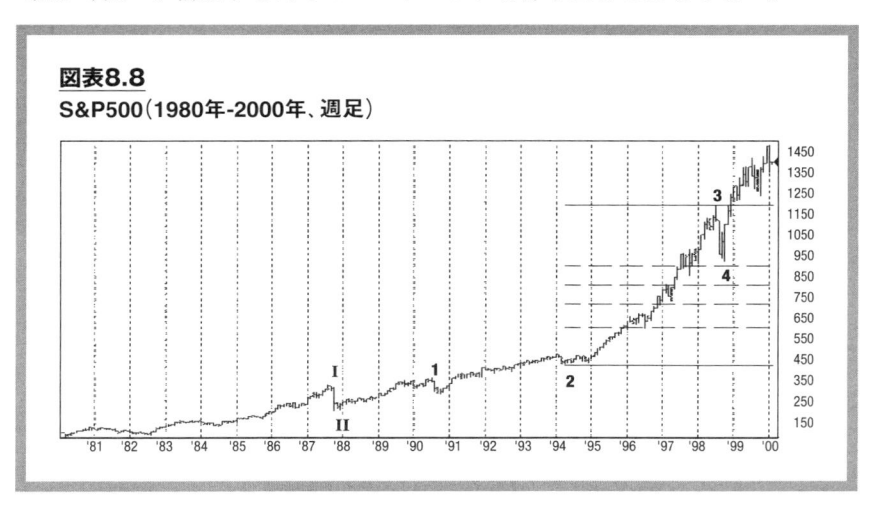

図表8.8
S&P500（1980年-2000年、週足）

■エリオット波動理論のロードマップを作る

　エリオット波動理論のロードマップを作る際には、時間と価格の両方を考慮する必要がある。（先ほどの第Ⅲ波の）第１波は完了するまでに３年かかっている。第２波は約４年続き、第３波も同様である。第４波は完全な形ではないかもしれないが、数カ月続いた。第４波が１９９８年１０月に終わったとすれば、第５波は第１波と同程度の期間、つまり約３年続くであろうと予測できる。ゆえに、タイミングということだけに基づけば、株式市場には２００１年後半以前に大きな調整が入ると考える根拠は存在しない。

　差し迫った時期についてこれ以上検討する前に、さらに調査すべき基本的事柄がある。まず、第Ⅲ波の第５波が完結する時期の合理的なターゲットを探すこと。第１のターゲットを推定するには第Ⅰ波を見ればよく、それは１９８２年に始まり１９８７年８月に完結している。Ｓ＆Ｐ５００はこの期間に１０２．２０から３３７．８９に上昇している。第Ⅲ波が百分率ベースで第Ⅰ波の１．６１８倍になると見積もるのであれば、１９８７年の底から１１５７近辺がターゲットになる。１９９８年の高値は１１９０であり、これはかなり近い。

　第２波に注目してほしい。第２波では実際には上昇が見られた。この珍しい状況はランニング調整と呼ばれる（これが起きたとき、多くのエリオティシャンはこれを正しく認識できなかったようである）。それが暗示したのは、第２波が完結した後に現れる次の波動は極めて力強いものになるであろうということで、実際にそうなった。第３波が第１波の１．６１８倍になるとみるのであれば、Ｓ＆Ｐ５００のターゲットは１２０４になる。その値は現実にマーケットがつけた１１９０に非常に近い。だが、ランニング調整の波動が出た後の３番目の波動が第１波の１．６１８倍になるというのは、基本的に第３波としては最低限のターゲットである。第Ⅰ波および第Ⅲ波の第１波がもとになる２つの上昇波によってひとまとめにされるエネルギー・ポイントは、マーケットの大きな調整を引き起こすに十分であったが、それは第Ⅲ波の終わりではないようであった。

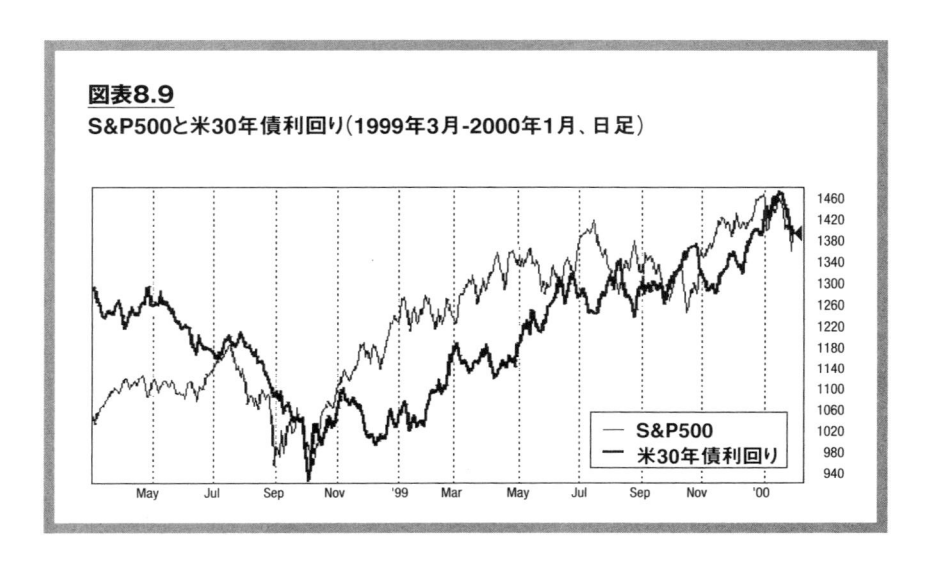

図表8.9
S&P500と米30年債利回り(1999年3月-2000年1月、日足)

　この２つによって見事な予測が一度できたので、さらに予測することでさらに情報を得られるのであれば確認する価値がある。第Ⅰ波の高値と第Ⅱ波の安値に基づいた、第Ⅲ波の次のターゲットは、１８７３（第Ⅰ波の２．６１８倍）になる。第３波が第１波の２．６１８倍に実際なれば、ターゲットは１９４９になる。これは１８７３と非常に近い（ただしＳ＆Ｐ５００先物１００枚を１８７３で空売りしていなければ）。

　それはどこで株式市場と分かれるのだろう？　マーケットの天井を叫ぶ声が、至るところで聞かれるだろう。これはコントラリアンたちを強気にさせた。彼らは、株式市場は心配の壁を登るだろうと言っている。残念ながら、もしも価格が第３波を上っている最中だとすれば、それが心配の壁に見えるはずがない。覚えておくべきことは、推進波動中の上昇局面は相対的に見分けるのが容易であるはずだということである。

　簡単な市場間調査（**図表８．９**参照）をすると、エコノミストたちが過去最高レベルのＦＲＢの金利引上げを求めてはいても、債券相場は底を試そうとしていたことが分かる。過去数年間における株と債券の相関関係は、そのほとんどがゼロと負の間での変化であった。債券価格は、株式市場が活況を呈したときは常に大きな回復をみせることはなかった。だが債券は、

株式市場が短期的な、だが時として激しくボラティリティの高い調整局面に入ると、価格が上昇する傾向があった。債券価格が上昇するとすれば、株は下がっていく可能性があると考えるべきである。相関関係というのは完璧なものではないが、注意を払うべきものである。図表8．9は債券利回りと株価を比較したものだ（債券利回りは債券価格と逆行する）。1999年5月～10月の株価レンジでは、株価と債券価格には正の相関関係があった点に注目してほしい。1999年10月に株価が急上昇を始めると、負の相関関係が強まった。

ここまでで、次のことが確認できた。
- 株が現在第Ⅲ波中の第5波であることを示す最初の印付けは、非常に疑わしい。
- 債券市場は今後大きく上昇するように見え、また過去2、3年において債券と株はお互いに逆行する傾向があった。
- 1998年10月以降に大きく上昇したにもかかわらず、明白な5波動の上昇形はまだ確認できない。

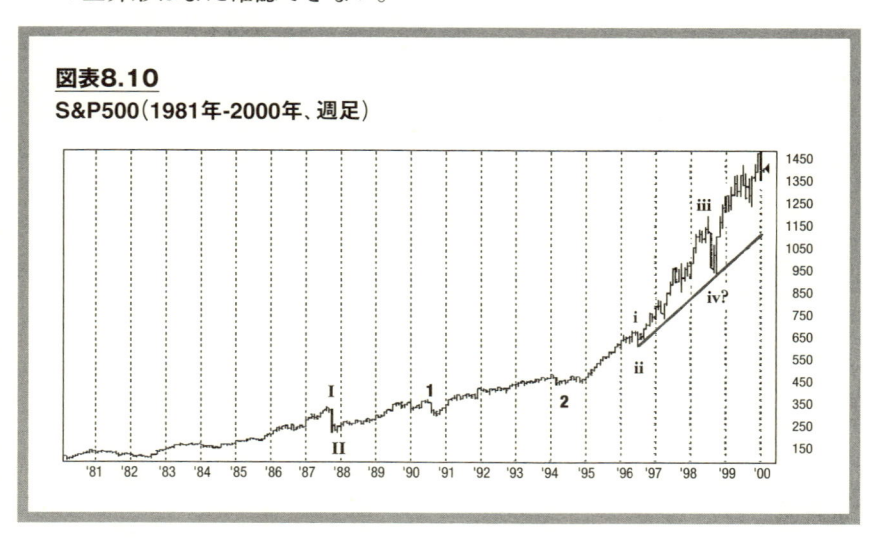

図表8.10
S&P500（1981年-2000年、週足）

次に、波動の数え方を変えて、別の可能性を探ろう（**図表８．１０参照**）。この数え方にすることで、大きな第Ⅲ波を低すぎるレベルで終わらせてしまわずにすむ。第ⅲ波はなお短いが、もはやそれはランニング調整である第２波動から外れた動きの一部ではない。第ⅳ波に"？"マークがついているのは、この波動にかかった時間が短すぎるように見えるためである。さらにはすでに述べたように、１９９８年１０月以降まれにみる強さの上昇をみせているにもかかわらず、その安値から始まった波動は、５波動のパターンで容易にとらえることはできない。これが暗示しているのは、素晴らしい動きであったとしても、それらはより大きな揉み合い相場の一部かもしれないということである。また、下落を示している第ⅱ波は非常に短く規則的な波動であった点にも注目してほしい。第ⅳ波が長く複雑（かつ不規則）となるのは当然のことであろう。

これまでのところ、エリオット波動理論から言えることは、４０１ｋプランの投資家は株式市場でじっと腰を据えているべきだということだ。また、ほどなく中程度の調整が入る可能性があるということも分かる。年金口座を有する非常に長期の投資家は、ターゲット・レベルを１８７３から１９４９に（提案したように、１０～１５年という単位ではそれより少し高くなるかもしれない）上げるべきだという状況下では、行動を起こさない方がよいかもしれない。だが過去２、３年に株を買った人は、今後６～１２カ月に下す投資判断については、真剣に分析した方がよいかもしれない。

すでに述べたように推進波動中の上昇局面は、それがより大きな第３波動の一部と考えられる場合は特に、そうと見極めるのが比較的容易のはずである。１９９８年１０月以降の波動分析は、明白というにはほど遠いものだ。１９９９年半ばの大きな揉み合い相場では、事実上波動を数えることはできない。大まかに言えば、波動を数えられないとすれば、それは調整局面（つまり、推進波動ではない動き──調整は価格下落とは何ら関係がないということに注意すること）である。このルールに従うと、１９９８年の下落は第ⅳ波ではなく、第ⅳ波のａ波ということになる（**図表８．１０**）。

図表8.11
S&P500（1999年9月-2000年2月、日足）

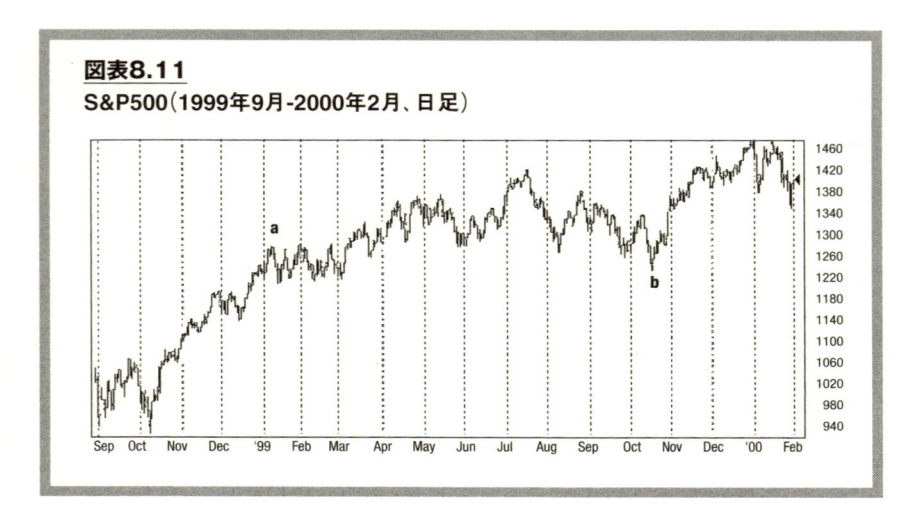

　図表8．11では、a波、b波、c波（図表8．10の第iv波部分を含む）は際立って売買すべきパターンではない。だが、もしもc波がa波の62％となれば（パーセンテージの意味でなくポイントで）、ターゲットは1474となる。この小さなエネルギー・ポイントは、1月の下落を説明づける要素のひとつになる。だが、価格上昇に基づくターゲットは、変化比率ほど信頼性が高くない。百分率を使った計算結果の方が、より正確となる傾向がある。百分率ベースでc波がa波の62％になれば、価格のターゲットは1554となる。だが、他の計算法を使えば1573となる。これら2つの価格ターゲットがこれほど接近するということは、その近辺が、緩やかなトレンドの転換へと導くような強いエネルギー・ポイントとなる大きなリスクがあることを示している。
　以上の分析をもとに、堅牢なトレーディング戦略を練り上げることができる。2000年初め、マーケットは不安定で心配の壁を登っていた。エリオット波動理論を使った分析によれば、マーケットの大きな転換はまだ当分先であった。さらに調査を進めると、米国の株価は、優遇税制が適用される口座の買いを背景として、第1四半期に上昇するという季節要因が強く見られる傾向があるということが分かる。また、過去40年あまりの

トレーディング経験によれば、マーケットの上昇はほとんどが11月から4月にかけてのタイム・フレームに起きている。これらの要因をすべてまとめると、ターゲットは1554に近いところになり、株価上昇はさらに続くであろうという考えが道理に適う。

■ストップとエリオット波動理論

どんな戦略も、ストップ・レベルがなくては完璧とは言えない。最初に設定するストップは、1999年10月以降の上昇に対して62％戻したところであり、これは1327前後となる。あるいは、1998年10月の安値以降の週足トレンドラインの下（1337）に設定することもできるだろうが、戻りを基準にした方が、よりエリオット波動理論の観点に合致する。

ここで一歩進んで、2000年1月31日の上昇後に買うのは正しかったのかどうかを検証しよう。言い換えれば、同日の朝につけた安値は真の底値だったのだろうか（図表8.12参照）？　ダウのトレンドラインがいかにして下げ止まったかをすでに見てきたわけだが、このパターンは本当に1月3日の高値からの下げ止まりを意味するのだろうか？

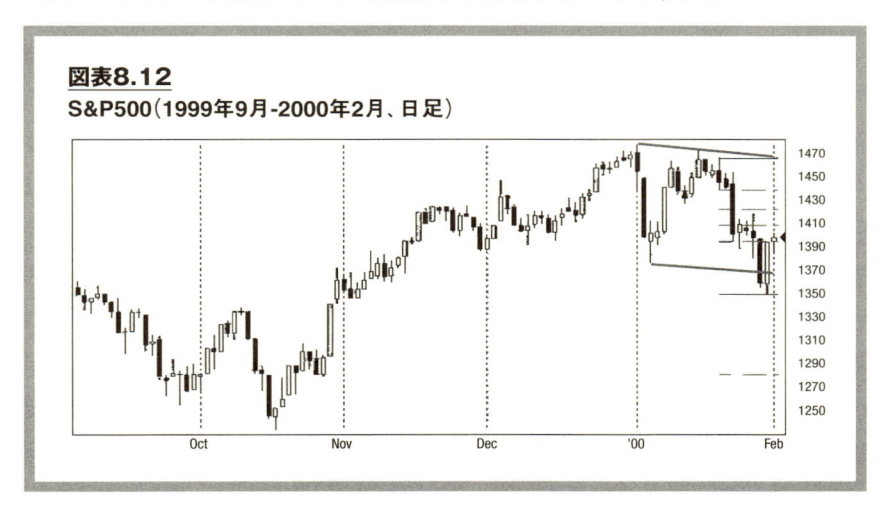

図表8.12
S&P500（1999年9月-2000年2月、日足）

まずざっと見たところ、価格パターンは高値から完全なa、b、c波を形成していることが分かる。残念ながら、この分析にはいくつかの懸念されるポイントがある。

●aよりcの下落の方が大きい。
●下落はチャネルラインも下抜けた。
●下落幅は、１９９９年１０月以降の上昇幅の５０％以下である。
●１日上昇した後、強気に変化したように感じられる。

これらの事柄は、２０００年１月３１日の力強い反騰に裏付けられた強気の傾向を覆すに十分ではなかった。同時に、その価格上昇は、前週からの週足チャートに見られた下落を打ち消す役目もほとんど果たさなかった。１月の時間足チャート（**図表８．１３**）を見てみると、Ｓ＆Ｐ５００が１月１４日に高値更新に失敗してから、好ましい波動カウントが続いていることが分かる。この分析が意味するのは、次に小さな上昇が現れれば、短期トレーダーは新たな空売りの仕掛けを考えるはずだということである。第iii波と名付けた波動の３８％戻しのすぐ上の１４０８、あるいは４番目の第iii波の高値の上の１４１９、そのどちらかにストップを置くべきである。このトレードは注意深く見守る必要がある。チャートが形成された瞬間に見ると、安値を離れたパターンは５波動の上昇に見えた。それは第ｖ波では無理である。価格が急激に上昇してターゲットの１４０８あるいは１４１９が近づいているとすれば、傍観して長期トレードを仕掛けるタイミングを計るのが賢明であろう。

当面、１４０６で短期トレードを仕掛け、１４１９のストップまでは幅があるとしよう。すでに述べたように、エリオット波動理論を使ってトレードすれば、判断を誤ったときでさえ利益を上げることができる。マーケットは１４０８近辺からかなり急落することを予期しなければならない。価格が下がったとしても下げ渋れば、最初に短期トレードを仕掛けたときに決めたストップを即座に下げ、長期トレードに切り換えること。価格が勢いよく１４０６に近づけば、短期トレードをしようとはしないこと。

分析を誤ったときに利益を上げる

判断を誤ってなお利益を上げるにはどうすればよいかという理論上の例を挙げたが、ここではさらに具体的な例を紹介する。

■アメリカ債券市場の例

債券市場のベンチマークとなるのは３０年物債券である（図表８．１４参照）。ロシア危機とアメリカに本拠を置く大規模ヘッジファンドＬＴＣＭの破綻の後、アメリカの債券利回りは急低下した。国際金融システムがほとんど崩壊し、一般債市場が完全に麻痺したのを受けて、１９９８年７

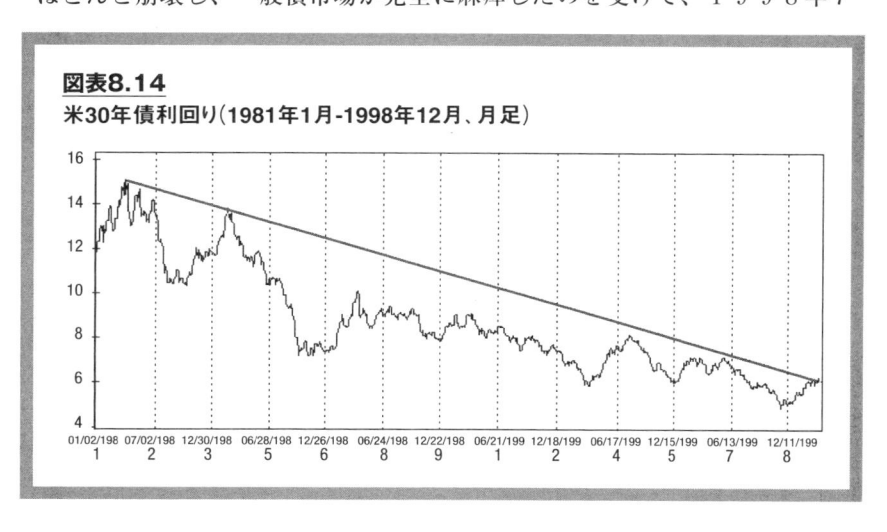

図表8.14
米30年債利回り(1981年1月-1998年12月、月足)

月の終わりに５．７８％だったアメリカの３０年物債券利回りは、１９９８年１０月８日に株式相場が底をつくと同時に４．６９％にまで低下した。

先物価格（債券先物はＣＢＯＴで取引されている）は１３５に達した。このレベルは、多くの長期エリオット波動理論予測に重要な意味を持った。

そのときの債券市場が反転したスピードはまさに驚くべきものであった。１９９８年１０月１５日、ＦＲＢの突然の利下げはマーケットを驚愕させたが、利回りは前日の最低ラインさえ下回らなかった。債券市場は明白に天井を打っていたのである。唯一の問題は、債券利回りがどこまで切り返すかということであった。図表８．１６の１９９９年１０月１５日に注目してほしい。債券利回りはそれまでの１年で概して上昇していた。３０年物財務省債券利回りは、６．４０％にも達し、これは１９９８年１０月８日につけた底よりも１７１ベーシスポイント高かった。短期波動予測によれば、利回りの天井のレンジは６．４０－６．４５であった。マーケットの専門家は非常に弱気になっていた。突如として、預言者たちは利回りの心理的な抵抗線が６．５０％にあると考えられることを忘れてしまっており、長期債券は短期間で６．７５％、場合によっては７．００％にまで上昇するだろうと予測しだした。

利回りがすでにカギとなるターゲット・エリアに達していただけではなく、数年にわたって観察されたいくつかのサイクルも、債券価格がすでに十分な時間をかけて下落した（利回りは上昇した）ということを示していた。１９８１年までさかのぼるトレンドラインがトライされ、これはトレンドの変化の完璧なスポットだった。利回りが短期的に１８年以上のトレンドラインを上に抜けてそれ以上上がることができなかったとき、それは債券を買えという警告（攻撃的トレーダーに対して）だったのである（マーケットが"期待通り"の動きをみせなければ別のトレードをするというのは、攻撃的トレーダーが取る戦略のひとつである。１８年間のトレンドラインが突然変化したとき、大きな売りを引き起こしてしかるべきであった。そうなったとき、逆に買われたのである）。

低利回りからの波動の見極めは、あまりはっきりしなかった。週足チャート上でさえ、トレンドラインと利回りのターゲットを合わせて見たとき

のモメンタムのダイバージェンスは、債券市場は相当回復するであろうということを示す強い手掛かりであった。また、季節的パターンによって、１１月および特に１２月が債券市場にとって望ましい２カ月になることが示されていた。それらをすべて総合すると、Ａ－Ｂ－Ｃパターンとなる大きな弱気調整局面のなかのＡ波動が、６．４０％で完結したということを示唆する結果となった。

　Ａ波動の利回りが４．６９％から６．４０％の幅だったとしたら、債券相場は大きく回復する。図表８．１５に示した５波動パターンの上昇局面は、利回りがさらに大きく上昇することの前兆となる。まず、債券はこれらの利回り上昇を調整する必要があった。フィボナッチの戻しのターゲットは、チャート上に横線で描かれている。予想される最小の上昇は全体の上昇の３８％だった。そのターゲットは５．８５％だ。見込みとしては、５０～６２％の戻しとなる可能性があり、それに伴い利回りは５．５５％あるいはそれ以下まで低下すると予想された。ＦＲＢによる金利引上げのリスクがまだあるとすれば、５．５５％の利回りで５０％の戻しというのが最も公算の高いターゲットとなりそうである。

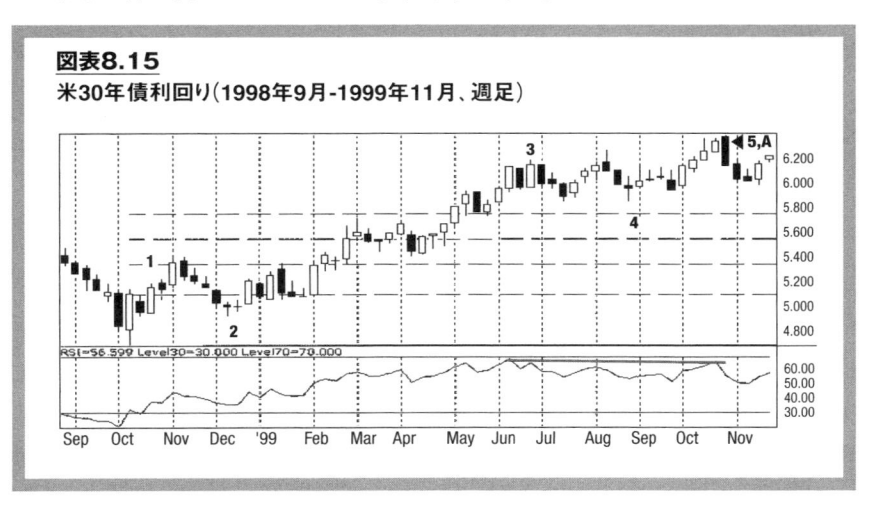

図表8.15
米30年債利回り（1998年9月-1999年11月、週足）

利回りの低下を求めることについて何らかの懸念をする理由がひとつだけあった——株式市場だ。債券価格は、株式市場が強い状況下で２年以上にわたり大きな上昇を遂げることができずにいた。１１月から１２月にかけての期間は通常、株が非常に強気になる期間だ。さらに、株式市場は２０００年——非常に高い確率で２０００年第１四半期終わりか第２四半期初め——までは、大きな下降局面に入る兆候はない。だが、この市場間関係は、テクニカル分析による非常に強気の意見を弱気に変える要素としては相対的に小さすぎたのである。

■ポイントは柔軟性

エリオット波動理論を使えば、攻撃的なトレードをすることができる。ひとたびマーケットが、あなたの分析にとってたとえ少しでも好ましい兆候を見せれば、あるターゲットに達したところでトレードを仕掛けるのは非常に容易になる。債券利回りが日中で５ベーシスポイント以上低下して６．４０％に達したとき、トレードを仕掛けるのは簡単だった。常にトレーディングは安全であるべきなので、私は決して達することのないように思えた６．５０％より上にストップを設定した。

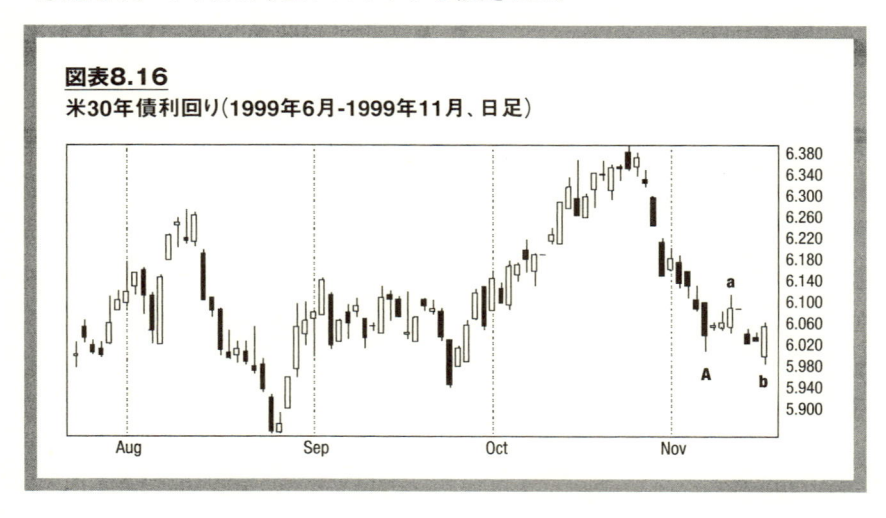

図表8.16
米30年債利回り（1999年6月-1999年11月、日足）

トレードを仕掛けている数日間で、債券利回りは大きく低下した。ちょうど４日後（そのうち２日は価格に窓が空けた）、利回りは６．１５％にまで下がった。日本のローソク足分析（第４章参照）を使ったはらみ足は、トレンドが勢いを失ったことを示すサインである。その考えに基づけば、債券利回りが調整による上昇を見せるだろうと考えることは合理的であった。だが、その適度にネガティブな動きでさえ利回りを持ち上げることができなかった。次の場面では、短期利回りは新安値にまで低下した。６．４０％で天井を打った９日後に利回りは６．０１％となり、下向きのＡ波は完結した（図表８．１６参照）。

ここまではまずまずである。利回りが底を打って１０日目には再びはらみ足が見られ、これは前回の利回り陰線における利回りの高値をブレイクする動きにつながった。これは恐らく、予想されるＡ－Ｂ－Ｃパターンの調整ジグザグのＡ波がここで完結したことを示すシグナルだった（図表８．１６参照）。債券価格はすでに３９ベーシスポイント回復していた。６．４０％に向かう典型的な５０％の戻しと、さらにはＡ波の１．６１８倍となるＣ波によるさらなる低下によって、利回りは５．５６％、あるいは予想される５．５５％の戻しのターゲットに達することが考えられた。

続くいくつかの上下動によって若干の混乱状態となり利回りは再び低下した（その前にまず、戻しのターゲットである６．２０～６．２１％には遠く及ばない６．１２％に上昇した）。利回りは再び反転する前、５．９８％にまで低下した（図表８．１７中のｂを参照）。このポイントでは、まだ強気だと考えざるを得なかった。利回りが新安値をつけたことから、変則的なＢ波と考えるのが最も合理的であった。

通常、トレーダーは上昇全体の６２％の戻しでさえ許容できるだろう（つまり空売りポジションを買い戻すには、利回りは６．２５％以上にまで上昇する必要があっただろうということである）。だが新たな底を打ったため、ひとたび利回りが一時的に大幅上昇して６．１２％まで上がれば（図表８．１７中のａを参照）、とりわけ利回りがつつみ足上昇パターンで反転したという理由から、私は注意する必要があった。確かに、５０％の戻しのレベルを超えて６．２１％になるというのは、５．５５％を目指す

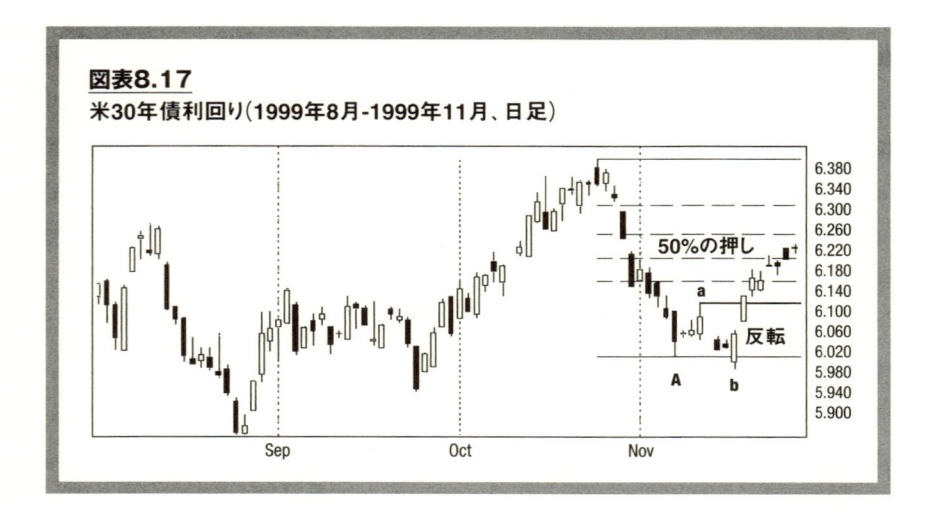

図表8.17
米30年債利回り(1999年8月-1999年11月、日足)

状況下ではあり得ることではなかった。

　反転日が重要だと考える投資家は、ここで手仕舞ったかもしれない。またそうしなかった人たちは、以前の利回り上昇の天井6．12％を超えたところで長期トレードを切ることを考えたはずだ。反転日の終値の6．06％で買い持ちポジションを手仕舞ったとしても、6．12％を超えたブレイクで、あるいは50％の戻しを抜けた6．21％で手仕舞ったとしても、エリオット波動理論を使っていれば極めて誤った予測（5．55％）をしていても、なお上昇全体の50～80％を取れたのである（図表8．17参照）。

エリオット波動理論に基づくトレーディング法の微調整

　エリオット波動理論をトレーディングに適用するのは、極めて骨の折れる仕事である。慣れない者は、その特殊性と難解さに威圧されるだろう。リスクと報酬の関係を適切に理解していれば、トレーダーはこうした問題を克服し、エリオット波動理論を、現実に利益を上げられるトレーディン

グの意思決定ツールとして利用することができる。

　エリオット波動理論における波動の見極めは、ある種のロードマップを頼りにしていると述べた。波動ごとにそれぞれいくつかの特徴がある。これらの特徴は、マーケットの癖が基本になっている。マーケットが予想通りに展開しなければ、その波動の数え方は恐らく間違っている。トレーディング心理学１０１は、常に能動的かつ柔軟でなければならないことを謳っている。マーケットから得られる情報を絶えず読み取らねばならない。自分の分析が誤りであるとマーケットが告げたなら、分析をやり直し、それによって自分のポジションが利益を出すようにもっていかなければならないのである。

　エリオット波動理論に基づいてトレーディングすることで、こうした行動を起こすのが楽になる。自分の波動分析に基づいて予想した通りにマーケットが展開しなければ、即座にポジションを調節すべきである。例えば、第３波だと思った波動が単にＢ波の２番目の波動だったような場合、それは早めの利益確定を意味するかもしれない。攻撃的なポジションを建てて、マーケットがあなたの波動分析に合致しないカギとなる戻しを無視したような場合、それは損切りを意味するかもしれない。

　エリオット波動理論の弱点のひとつは、ストップロスを置くポイントが大勢の同志たちと重なるということだ。つまり、ストップロスが連続して起きて多額のスリッページにつながるという、大きなリスクが存在するということである。絶えずマーケットの動きを検証すれば、ストップに直面する危険を避けることができるはずだ。マーケットの推移を適正な波動の特徴に照らして観察することで、ストップが実際に発動するずっと前にポジションを建て直すことができるようになるだろう。ポジションを建てていて、主要なデータが公表されたことによって、時宜を得たトレードができないほどマーケットが素早く動くような場合といった、ストップを避けられない局面もあるかもしれない。

　また、ストップが発動されるいかなる状況下でも安全が保証されるように、ストップのレベルを自分の波動カウントが誤りだと判明したポイントから少しだけずらすこともできる。合理性のある予想によって、そのレベ

ルに達する前に自分に有利な方向への戻しがあると判断できれば、ストップのレベルを波動のカウントを誤ったポイントよりも上のレベルに再設定することもできる。だがこれは、好ましい戦略ではない。なぜなら、そういうやり方をすることで、正しいトレードをするために行動を起こすというよりは、「自分に都合のよい」調整を期待することになりかねないからである。また、もしマーケットがあなたのポジションには不利な方向に動いて自分の予想が誤りだということが明らかになったのであれば、のるかそるかというレベルの直前までストップを近づけることもできる。そうした場合の最良の戦略は、ストップに至るまで待つことではなく、ポジションを手仕舞うことである。

　包括的かつ柔軟性あるトレーディングができるようになれば、エリオット波動理論を従来のチャート分析や市場間調査、市場センチメント検証などとともに用いることで、トレーダーはかつてないほど安定的に利益を得られる状態を作り出せるはずである（株式市場では、じっと腰を据えているべきだということだ）。

第9章
オプション市場における ボラティリティ・トレーディング法

ローレンス・マクミラン

　株式市場の将来変動を予測しようとする試みは、多くのトレーダーの目を引く。なぜなら、それができる者は力があり聡明に見えるからである。トレーダーはみんな自分の好きな指標や分析のテクニック、あるいは「ブラックス・ボックス的な」売買システムを持っている。たとえあなたが市場の将来変動を予測するのは不可能だということを証明したとしても、ほとんどのトレーダーはそれを認めず、売買や分析のための新しい技術や様々な売買・分析テクニックを組み合わせて使っている例などを挙げるだろう。そして、このような議論が延々と続くことになるのである。

相場を予測するのは可能か？

　優れたオプション・トレーダーは、相場予測には次の2つのカテゴリーがあることを知っている。
　1．短期の価格変動の予測
　2．原資産のボラティリティの予測

　ほとんどのトレーダーは何を買うべきか、そしてそれをいつ買うべきかといったことを決定するのを助ける道具を持っている。これらのテクニックの多くは、特にそれらが売買システムに組み込まれた場合、価値があるように思われる。そして、その意味においては、相場は予測可能であるよ

うに見える。しかし、この種の予測は通常多くの作業を必要とする。それは単に当初のポジションを決めるだけでなく、ポジションの大きさを決める際の資金管理、（トレーリング）ストップオーダー（マーケットの動きに合わせて、仕切りや損切りの逆指値の位置を変えること）を出したり、それを監視するといったリスク管理などである。決して容易ではないのだ。

　さらに悪いことに、ほとんどの数学的研究は相場はまったく予測不可能であることを証明しているのだ。それは、インデックス・ファンドより運用成績が良い者は単に"目先"だけで、たまたま連続して相場を当てただけだ、と暗に言っている。これは本当だろうか。次の例を考えてみよう。ラスベガスへ行って１日でも勝った日があるだろうか。週末ではどうだろうか。１週間ではどうだろうか。たとえカジノのオッズは数学的にあなたに不利であることを十分知っているとしても、これらの質問にすべて"イエス"と答えられる人があなた方の中にいるかもしれない。これらの質問を一生にというような時間枠を広げたらどうだろうか。一生という期間ではカジノで勝てるだろうか。もしあなたがある程度十分に長い期間ギャンブルをしたことがあるなら、この質問に対する答えは、ほとんど確実に"ノー"であろう。

　数学者は株価指数より良い運用成績を出すことはラスベガスでカジノに勝つことと同じで、短期では可能だが長期においては不可能だと考える傾向にある。つまり、数学者が相場は予測不可能だと言うとき、彼らは例えばＳ＆Ｐ５００のような株価指数を長期にわたって一貫して上回る成績を出すことを意味している。

　しかし、反対の意見を持っている者は市場に勝つことは可能であるとか、ゲームは、オッズが決まっているカジノよりも上手なプレーヤーが資金管理のテクニックを使って一貫して勝つことのできるポーカーに似ているといったことを口にする。２つの意見にはそれなりの信憑性がある。しかし、優れたポーカー・プレーヤーになるのが難しいのと同様に、相場の動きを予測するやり方で一貫して市場に勝つこともまた容易ではない。さらに、相場の方向性をとらえてトレードする最も優れたトレーダーでも、１年の間には、損益が大きく振れたり評価損が発生することを知っている。相場

の方向性をとらえて売買するトレーダーにとって、収益率は一般に上下に振れるものである。

　このような収益のブレ、必要な作業量、十分な資金とそれを巧みに管理する必要性といったことすべてが、相場の方向性をとらえて売買するトレーダーが備えなければならない要素である。短期の相場の方向性をとらえてトレードする戦略は、恐らくほとんどのトレーダーには合わないであろう。自分に合わないやり方でトレードすれば、そのやり方でトレードすることによって結局は資金を失うことになってしまう。

　何かより良い代わりの方法はないだろうか。簡単に済ませるなら、インデックス・ファンドを買って忘れてしまうのはどうだろう。オプション・ストラテジストとしては、インデックス・ファンドを買うよりいい方法が確かにあるだろうと思う。相場の方向性をとらえるトレードを困難にしている領域では、それに代わる手法として、ボラティリティ・トレーディングには相当な優位性がある。相場の方向性をとらえるトレードの困難な側面を克服できるなら、その手法に固執してもかまわない。しかし、安全のために、ボラティリティ・トレーディングをその手法に加味してもいいだろう。しかし、相場の方向性をとらえるトレードは、その作業にあまりにも時間がかかるとか、うまく逆指値を活用するのが面倒だとか、あるいは狭いレンジ相場で売っては損、買っては損という状況が続くようなら、ストラドルの買いのほうが好ましいが、ボラティリティ・トレーディングにもっと集中すべきである。

ボラティリティ・トレーディング

　ボラティリティ・トレーディングは、数学志向のトレーダーにとっては魅力的なトレード手法である。なぜなら、彼らは、原資産市場におけるオプション市場のボラティリティ——インプライド・ボラティリティであるが——の予想は一般のトレーダーがそれ相応に予想するものよりかなり外れていることを知っているからである。さらに、これらのトレーダー（マーケットメーカー、裁定取引者など）の多くは、"デルタ・ニュートラル"

（十分にヘッジされた）ポジションを"ニュートラル"に保つのは困難であることを知っている。原資産市場に関するマーケット・オピニオンなしでトレードするよりも良い方法を求めて、彼らはボラティリティ・トレーディングへ方向転換したのである。彼らは、例えば、すべてをボラティリティ・リスクに置き換えることによって、すべてのマーケット・リスクを排除できることを期待したわけではなかった。彼らは単に価格変動リスクに対処するよりも異なった方法で、より落ち着いてボラティリティ・リスクを操作できると思っただけである。

　簡単に言えば、価格変動を予測するより、ボラティリティを予測するほうがずっと容易に思われるのだ。これは、株式市場に参加したすべての投資家が価格予測の仕方を理解していると思っていた１９９０年代のかなりの強気市場のときにも言われ続けていることなのだ（強気市場に惑わされないでほしい）。図表９．１に掲げたチャートを見ていただきたい。

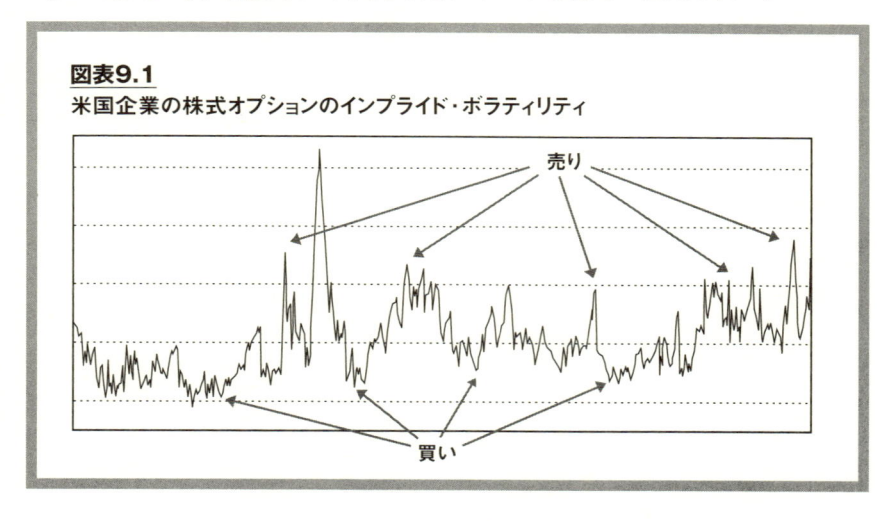

図表9.1
米国企業の株式オプションのインプライド・ボラティリティ

（チャート：売り／買いの矢印付き）

　これは売買するにはいい銘柄であるように思われる。安値近くで買って天井近くで売る。あるいは、天井近くで空売りして、株価が下がってから買い戻すのもいいだろう。長期にわたってレンジ相場を形成してきたよう

に見える。売ったり買ったりした後で、少なくともレンジの幅の真ん中までは戻り、時に、さらに続けてレンジの境界まで動いている。チャートに目盛りがなくとも、トレード可能な対象物のように見える。実は、これはある米国企業の株式オプションのインプライド・ボラティリティのチャートである。どの銘柄（実はこれはシスコシステムズであるが）であるかは問題ではない。というのは、ほとんどの株式、株価指数あるいは先物のインプライド・ボラティリティのパターン——レンジ相場——は似ているからである。インプライド・ボラティリティは、例えば、ＴＯＢ（株式公開買付）、企業買収あるいは株式の分割など株価を動かすファンダメンタルズに決定的な変化があった場合、通常のレンジを超えて変動する。

　このようなパターンを観察したことのある多くのトレーダーは、ボラティリティの動きの予測を試みてきた。ボラティリティを他の要素から切り離して見ることができるなら、株価がどの方向へ動くかは気にしない。あなたはボラティリティの変動幅の下方限界点でボラティリティを買い、そのレンジの中間か上方へボラティリティが戻ったときそれを売る、あるいはその反対のことをすることだけ集中すればよい。実際には、一般の投資家が具体的にボラティリティだけを切り離して見ることはできない。彼らは、株価が動く方向とそのポジションの結果は関係ないようなポジションを建てる一方で、株価に注意を払わざるを得ないのだ。株価の変動を予測することが難しいと何度も感じたことのある多くの投資家には、このようなボラティリティ・トレーディングは魅力的である。さらに、このようなアプローチは強気、弱気相場の両方で機能する。このような理由から、ボラティリティ・トレーディングは多くの個人投資家の注意を引く。あなたが個人的にある売買戦略を巧みに仕掛けるには、それが自分の売買哲学にかなったものでなければならないことを覚えておいてほしい。自分に合わない売買戦略を試みることは損失と欲求不満につながる。もしこのようなオプション・トレーディングのニュートラル・アプローチがあなたにとって関心があるものなら、以下を続けて読んでほしい。

■ヒストリカル・ボラティリティ

　ボラティリティとは単に株式、先物あるいは株価指数の価格の変動速度を表すために用いられる用語である。オプションでは、２つのタイプのボラティリティが重要である。ひとつはヒストリカル・ボラティリティで、これは原資産の価格変動の速度を計るものである。もうひとつはインプライド・ボラティリティで、オプションの残存期間における原資産の変動に対するオプション市場の予測である。これら２つを算出し比較することは原資産の将来変動を予測する上で役に立つ。それは今日のオプション価格を決定する重要な要素である。

　ヒストリカル・ボラティリティはある具体的な数式をもって算出される。それは統計学の最も初歩的な本に出ているが、単なる標準偏差を求める式である。理解する上で最も重要なことは、それは正確に計算されるもので、ヒストリカル・ボラティリティの計算法については議論の余地がほとんどないということだ。実際の算出法が何を意味するのかを知ることは重要でない。すなわち、ある株式のヒストリカル・ボラティリティが２０％である場合、それ自体は熱心な統計学者を除いては誰にとっても比較的大した意味はない。しかし、それは比較の目的で用いられるのである。

　標準偏差はパーセントで表示される。例えば、構成銘柄数の多い株式市場のヒストリカル・ボラティリティは通常１５－２０％である。非常に変動率の高い銘柄のヒストリカル・ボラティリティには１００％を超えるものもある。あなたはこれらの数字を比較し、例えば、後者の銘柄のヒストリカル・ボラティリティは株式市場全体の５倍であると判断する。このようにして、ある銘柄のヒストリカル・ボラティリティと別の銘柄のそれを比較し、どちらの変動率が高いかを判断することができる。それ自体はヒストリカル・ボラティリティの有益な機能のひとつであるが、その活用にはそれ以上のものがある。

　ヒストリカル・ボラティリティは異なる期間別に算出することができ、原資産の変動率が異なる期間においてどのようであるかを知ることができる。例えば、１０日間、２０日間、５０日間、さらに１００日間のヒスト

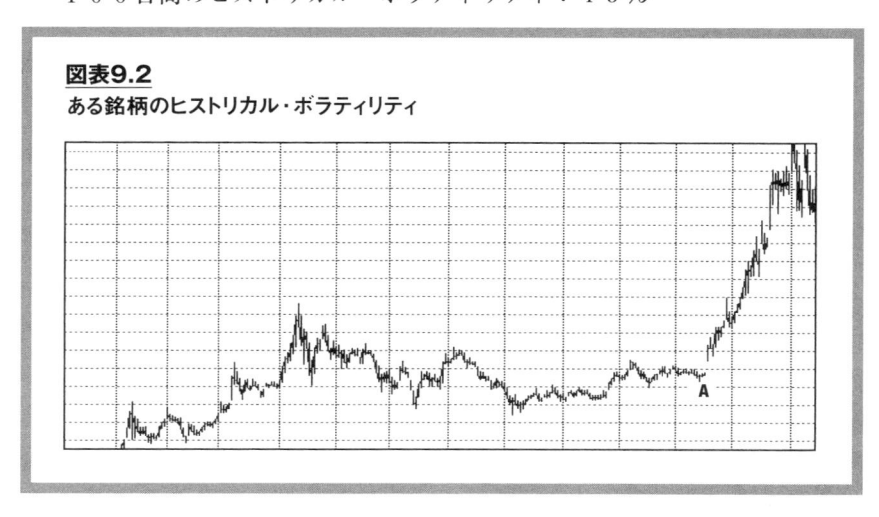

リカル・ボラティリティを算出することはよく行われる。それぞれの期間でヒストリカル・ボラティリティは年換算で表示されるため、相互に直接比較することができる。

図表９．２を見てみよう。それは、かなりの期間にわたって狭いレンジの中で変動している株式（先物でも株価指数でもかまわない）を表している。ポイントＡにおいて、それは最も変動率が低かったと思われる。その時点において、１０日間のボラティリティは非常に低く、例えば、２０％であったとしよう。ポイントＡ直前の株価変動は非常に小さい。また、その時点よりも前の株価はそれより変動率が高く、より長い期間において算出すれば、ヒストリカル・ボラティリティはより大きくなるであろう。図表９．２に示されているように、ポイントＡにおけるヒストリカル・ボラティリティは以下のように算出されるであろう。

　１０日間のヒストリカル・ボラティリティ　：２０％
　２０日間のヒストリカル・ボラティリティ　：２３％
　５０日間のヒストリカル・ボラティリティ　：３５％
　１００日間のヒストリカル・ボラティリティ：４５％

図表9.2
ある銘柄のヒストリカル・ボラティリティ

このようなヒストリカル・ボラティリティのパターンは、直近なほど変動が緩やかになっていることを示している。その価格変動は現在に近いところでは小さくなっている。

　図表9．2を見ると、ポイントAの直後では、短期間に株価が急上昇している。このような価格変動では、インプライド・ボラティリティが急上昇する。チャートの右端において、株価の上昇が止まり、同チャートのどの部分よりも激しく株価が上下運動を示している。株価が直線的に動く場合に比べて、株価が上下に激しく変動する場合の方がヒストリカル・ボラティリティはより高くなる。ボラティリティの数字はそのような特徴を示す。このようにして、同チャートの右端では、１０日間のヒストリカル・ボラティリティの方が急上昇し、期間のより長いヒストリカル・ボラティリティはそれほど上昇しない。その理由は期間の長いものはポイントA以前の価格変動を含んでいるからである。**図表9．2**の右端におけるヒストリカル・ボラティリティは以下のようになるだろう。

　　１０日間のヒストリカル・ボラティリティ　：８０％
　　２０日間のヒストリカル・ボラティリティ　：７５％
　　５０日間のヒストリカル・ボラティリティ　：６０％
　　１００日間のヒストリカル・ボラティリティ：５５％

　このようなヒストリカル・ボラティリティを見ると、株価はより直近で変動が大きく、より長く期間をさかのぼるほど変動は小さいことが分かる。オプション価格の算出にどのヒストリカル・ボラティリティを用いるか、および確率のモデルについては後ほど述べることにする。ある売買戦略がうまくいくかどうか、そして現在のオプション価格が安いか高いかを判断するためにボラティリティの見積もりをする必要がある。例えば、「ＸＹＺの株価が２月の期日までに少なくとも１８ポイント上昇すると思う」とは言えない。それにはある種の根拠がなければならない。今から２月までにその会社がどうなるかインサイダー情報があるわけではないので、その根拠はボラティリティの予想といった統計であるべきだ。

　ヒストリカル・ボラティリティは、もちろん、ブラック・ショールズ・

モデル（あるいは他のモデル）に入力する要素として役に立つ。実際、いかなるモデルにおいてもボラティリティを入力することは重要である。その理由は、ボラティリティはオプション価格決定要素として主要なものだからである。さらに、ヒストリカル・ボラティリティは単にオプション価格を算出する以上に重要なものである。後ほど示すが、それは株価変動を予測したり、算出したりするのに必要である。あなたが「株価がここからそこまで行く確率や特定の目標値を超える確率はどのくらいか」といた質問をするとき、それはそのもとになる株式（指数あるいは先物）の価格のボラティリティに大きく依存しているのである。

　前出の例から、銘柄によってはヒストリカル・ボラティリティは非常に大きく変動する場合があることは明らかである。たとえヒストリカル・ボラティリティのひとつの算出法（20日間のヒストリカル・ボラティリティが最も一般的に用いられる）に固執したとしても、それは大きな頻度で変化する。このような理由から、現在のヒストリカル・ボラティリティをもとにオプション価格や株価変動を予測することは、決して正しい結果に結びつかないことが分かる。統計的なボラティリティは、時間が先に進むに従って変動するのだ。その場合、変動に対する予測は外れてしまう。したがって、予測は保守的な方法で行うことが大切である。

■インプライド・ボラティリティ

　インプライド・ボラティリティはオプション特有のものである。とはいえ、「原資産のインプライド・ボラティリティ」と通常呼ばれるような単一の数値を算出するためには、ある特定の原資産に関するさまざまなオプションのインプライド・ボラティリティをひとまとめにする必要がある。

　いかなるときでも、オプション・トレーダーは以下のオプション価格に影響を与える要素を知っている。株価、権利行使価格、オプションの残存日数、金利および配当。唯一残された要素がボラティリティである。それは、実際にはインプライド・ボラティリティである。それはオプション・トレーディングでは大きな作り物の要素である。インプライド・ボラティ

リティが高すぎれば、オプション価格は割高である。反対に、インプライド・ボラティリティが低すぎれば、オプション価格は割安である。割高、割安といった用語は、実際には理論的なオプション・トレーダーによってそれほど用いられることはない。なぜなら、それらの言葉は、オプションがどのくらいの価値なのかをあなたが知っていることを暗に意味しているからである。現代の言葉では、オプションは低い、あるいは高いインプライド・ボラティリティで取引されているといった言い方をする。つまり、それによって過去のインプライド・ボラティリティがどうであったのか、そしてそれを比較して現在のそれは高いか低いかを意味するのだ。

　本質的には、インプライド・ボラティリティとは、売買対象であるオプションの残存期間における原資産の今後の統計的な変動率についてのオプション市場の推測である。もしトレーダーがオプションの残存期間において原資産価格の変動率が高くなると感じるなら、オプションの買い値を上げ、結果としてオプション価格は高くなるであろう。逆に、トレーダーがオプションの残存期間において原資産価格の変動率が低くなると感じるなら、そのトレーダーはオプションに対して高い代金を払わないだろうし、そのために買い値を下げるだろう。そしてその結果、オプション価格は比較的安くなる。ここで注記すべき大切なことは、トレーダーは通常、将来どうなるかについて知らないということである。オプションの残存期間において原資産がどのように変動するかは知る由もないのである。

　インサイダー情報は市場に漏れない、と仮定するのは非現実的である。つまり、ある特定の人たちが企業業績、これから発表される新商品、株式公開買い付けなどまだ公にされていない情報を持っているとしたら、彼らは積極的にオプションを買い求め、その結果、インプライド・ボラティリティは上昇するだろう。特定の場合において、インプライド・ボラティリティの急激な上昇は、あるトレーダーが将来について何かを知っていることの表れである。少なくとも、発表されようとしている企業について具体的な何かを知っているということである。

　しかし、ほとんどの場合、インサイダー情報でトレードしている者はいない。マーケットメーカーであろうと一般投資家であろうと、オプション

を売買するとき、彼らはみんなボラティリティについて予測を行わざるを得ないのである。これは本当である。なぜならトレーダーが払うオプション価格はボラティリティの予測（トレーダーがそれを認識していようとそうでなかろうと）に大きく影響されるからである。想像の通り、オプションの残存期間において、そのオプションのボラティリティはどのようになるか、ほとんどのトレーダーは分からない。彼らは単にヒストリカル・ボラティリティをもとにまあまあと思える価格を払っているのだ。その結果、今日のインプライド・ボラティリティは実際のヒストリカル・ボラティリティとまったく乖離してしまっている。

インプライド・ボラティリティのより数学的な定義を望む人は、以下のことを考慮するとよい。オプション価格は以下の関数である。

オプション価格＝ｆ（株価、権利行使価格、時間、無リスク金利、ボラティリティ、配当）

以下の情報が与えられているとしよう。

現在のオプション価格　　：６
ＸＹＺの株価　　　　　　：９３
７月限９０のコール価格：９
７月限の残存日数　　　　：５６日
配当　　　　　　　　　　：０ドル
無リスク金利　　　　　　：６％

このような情報は、オプション・クオートより単純にいつでもすべてのオプション・トレーダーが入手可能であるが、インプライド・ボラティリティだけは別である。オプションの現在の価格を得るのにブラック・ショールズ・モデル（いかなるモデルでもよい）にどのボラティリティを入れなけれならないのだろうか。つまり、次の方程式を解くのにどのボラティリティが必要か。

６＝ｆ（９３、９０、５６日間、６％、×、０ドル）

そのモデルに市場価格６を算出させるために必要なボラティリティは、ＸＹＺ７月限９０コールのインプライド・ボラティリティである。この場

合、インプライド・ボラティリティは４８．８％である。

■実際のボラティリティを予測する指標としての
　インプライド・ボラティリティ

　単にインプライド・ボラティリティが計算できるからといっても、その計算は将来のボラティリティを正確に当てることを意味しない。上述の通り、オプション市場は株式の価格変動以上に、原資産がどのくらい変動するか分からない。もちろん、ボラティリティが今後どうなるかを予測する一般的な方法はあるが、なおオプションは過去の水準から乖離した水準のインプライド・ボラティリティで取引される場合があり、オプションの残存期間中でも株式の変動を正確に予測するには不十分である。ここで覚えておいてほしいのは、インプライド・ボラティリティは将来を見た予想であり、それはトレーダーの予見をもとにしているということだ。将来の出来事に関するどんな予測も外れることがあるのと同様に、それもまた間違う場合がある。

　このような疑問は恐らく一般のトレーダーがしばしば持つものであろう。つまり、インプライド・ボラティリティは実際のボラティリティを予測する上で有効な指標か、ということである。インプライド・ボラティリティとヒストリカル・ボラティリティは一点に向かって収束すると仮定するのは合理的に見える。実際にこれは正しくない。少なくとも、短期間でも正しくない。さらに、それらが収束するとしても、どちらをみるのが正しいのだろうか。インプライド・ボラティリティかヒストリカル・ボラティリティか。つまり、インプライド・ボラティリティが原資産の価格変動に合うように動くのか、あるいは逆に、インプライド・ボラティリティに合わせて株価変動の速度が高くなったり低くなったりするのだろうか。

　このような概念を説明するために、以下の図がインプライド・ボラティリティとヒストリカル・ボラティリティの比較を示している。図表９．３はＯＥＸ株価指数の動きを示している。一般にＯＥＸオプションは割高である。つまり、ＯＥＸのインプライド・ボラティリティはほとんど常に、

図表9.3
OEXのインプライド・ボラティリティと
ヒストリカル・ボラティリティ（1999年1月-1999年12月）

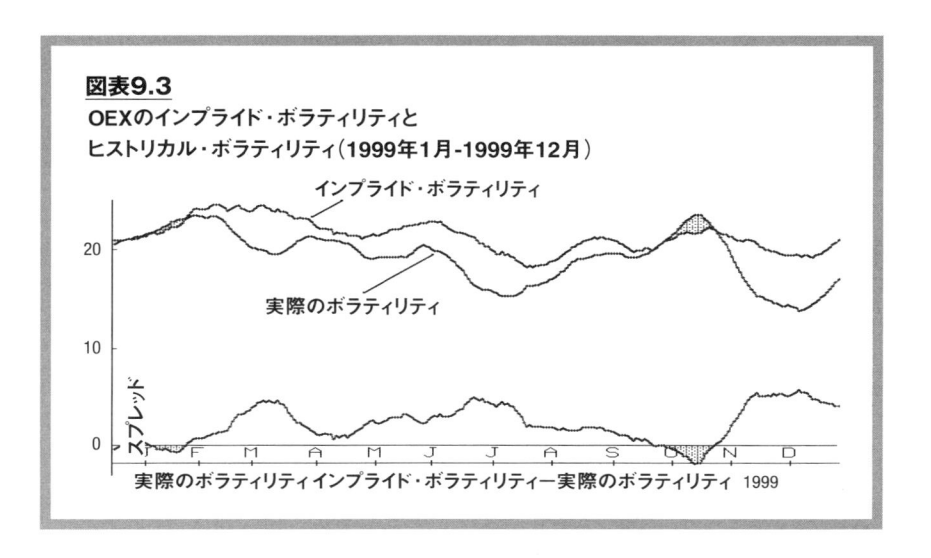

実際のボラティリティより高い。

このチャートには次の3つの線が描かれている。①インプライド・ボラティリティ、②実際のボラティリティ、そして、③それらの差――である。これらが描く曲線に関して、重要な違いがある。

インプライド・ボラティリティ曲線

このインプライド・ボラティリティ曲線は、OEXに関する日々のインプライド・ボラティリティの20日移動平均を示したものである。すなわち、各々の1日の数字は、その日のOEXの全体的なインプライド・ボラティリティとして算出されたものである。これらの日々の数字を滑らかにするために20日単純移動平均を用いている。ここに示された日々のOEXオプションのインプライド・ボラティリティは、OEXオプション全体のインプライド・ボラティリティを示している。これはボラティリティ・インデックス（VI）がアットに近いオプションのボラティリティを表示しているのとは異なる。すべてのOEXオプションを用いることによって算出されるボラティリティは、VIのそれとは若干異なるが、それぞれ同じボラティリティのパターンを示している。つまり、OEXオプションの

ボラティリティがピークを付けている時点と同じ時点で、ＶＩのボラティリティもピークを付けている。これらのインプライド・ボラティリティは"平均値計算"式を用いて算出されている。すなわち、その売買日における各オプションのインプライド・ボラティリティは売買量とアットからの乖離幅の比重をかけて、ひとつの総合的なインプライド・ボラティリティとして表示している。

実際のボラティリティ曲線

　グラフに示された実際のボラティリティは、通常、ヒストリカル・ボラティリティと考えられているものよりやや異なっている。それは、インプライド・ボラティリティより２０日遅れて算出される２０日ヒストリカル・ボラティリティである。このようにして、インプライド・ボラティリティ曲線のそれぞれの点は２０日遅れて算出される２０日ヒストリカル・ボラティリティ曲線の点とマッチする。これらの２つの曲線は多かれ少なかれ、ボラティリティの予測と２０日間の期間において実際に起こったことを示している。これらの実際のボラティリティは２０日の移動平均によってその動きが滑らかになっている。

２つのボラティリティの差を示す曲線

　これら２つのボラティリティの差はきわめて単純である。それは図の下方に描かれている。その差が"ゼロ"を示す線が描かれている。この"差を示す曲線"が"ゼロ"線と交差するとき、ボラティリティの予想と２０日後の実際のボラティリティが同じであることを示している。"差を示す曲線"がゼロより上であれば、インプライド・ボラティリティが高いことを示している。つまり、オプションは割高なのだ。逆に"差を示す曲線"がゼロより下であれば、実際のボラティリティが予想していたより高かったことが示されている。この場合、オプションは割安である。後者は**図表９．３**では影になっている部分である。単純に言えば、図表において影の部分ではオプションの買いをしたいであろう。また影のない部分では、オプションの売り手になりたいであろう。

図表9．3では、OEXオプションは一貫して割高であることが示されている。オプションが一貫して割高であるOEXのようなひとつの側面しか示さないチャートはほどんどない。ほとんどの株式は、"差を示す曲線"において"ゼロ"の上下変動を示す。

　注記すべき大切なことは、インプライド・ボラティリティは、それに続く実際のボラティリティの予測する十分な指標ではないということである。もしそうであれば、"差を示す曲線"はほとんどの場合ゼロに近いはずである。実際には、インプライド・ボラティリティが過大・過小評価され、それはゼロから大きく乖離して上下に大きく変動している。

　これは以下のことを意味している、つまり、ボラティリティを買うか売るかを決定する基準として、インプライド・ボラティリティとヒストリカル・ボラティリティの差を用いるのは正しくなく、そして資金を失う恐れがある。例えば、XYZのオプションのインプライド・ボラティリティが３０％で、ヒストリカル・ボラティリティが２０％であるとき、この情報から、ボラティリティを売るべきか買うべきかの結論を導き出すことはできない。それは関係がないのだ。

　それはむしろ、りんごとりんごを比べる方がずっとよい。つまり、インプライド・ボラティリティとその過去の水準を比較するのである。この概念は後ほど詳しく述べる。

　チャートにおいてひとつはっきりしていることがある。それは、インプライド・ボラティリティは、実際のボラティリティより変動が大きいということである。それは、ボラティリティを予測する自然なプロセスであるように思われる。例えば、相場が大きく下落した場合、インプライド・ボラティリティは適度に上昇する。それは**図表9．3**のOEXオプションの例で観察することができる。それは、１９９９年１０月に相場が急落したときに起こったグラフ上の唯一の影の部分である。その前の年には、相場がさらに激しく下落したとき（１９９７年と１９９８年８月－１０月）、OEXの実際のボラティリティは一時的にインプライド・ボラティリティより高くなった（**図表9．4**参照）。つまり、オプション・トレーダーやマーケット・メーカーはオプション価格を算出するのにボラティリティを

予測しているが、彼らは幾分中途半端な予測をしているようだ。というのは、極端なボラティリティの予測は外れる可能性が高いからだ。もちろん、いずれにせよ、ボラティリティの予測は外れる。なぜなら、実際のボラティリティが急変動するケースがあるからである。

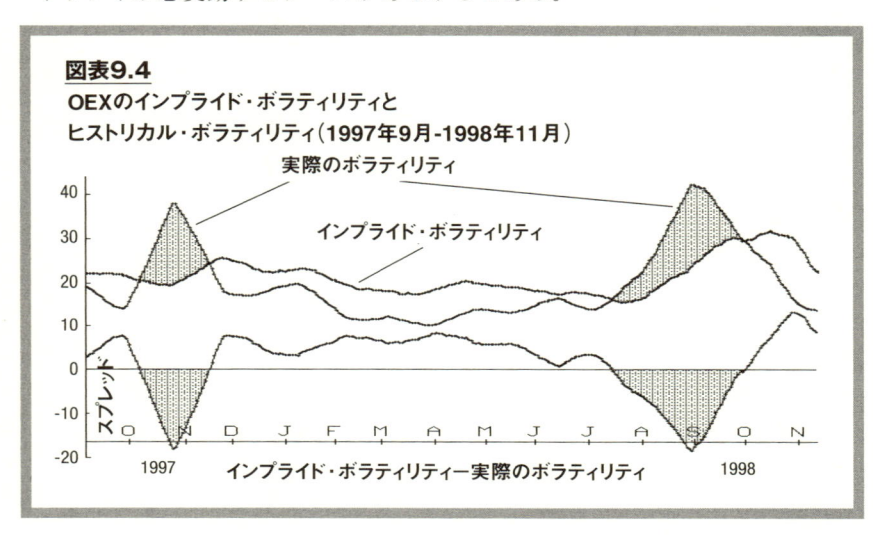

図表9.4
OEXのインプライド・ボラティリティと
ヒストリカル・ボラティリティ（1997年9月-1998年11月）

■割高・割安のボラティリティの選択

　ボラティリティ・トレーダーの目的はインプライド・ボラティリティが恐らく誤っているだろうと判断される状況を探し、その状況が表面化したときに利益を得られるようなポジションを取ることである。すなわち、原資産の変動とは関係なく、インプライド・ボラティリティが過大評価か過小評価されている状況を探し当てるのがボラティリティ・トレーダーの主な目的である。これは、企業業績や他のファンダメンタルズの要因をもとに株価が割高か割安かの判断を試みるファンメンタルズのアナリストとさほど違わない。

　別の観点からみると、ボラティリティ・トレーディングはまた投資の逆張り理論である。すなわち、原資産市場は安定的な動きであろうと他のみ

んなが思っているとき、ボラティリティ・トレーダーはボラティリティを買うのである。他のみんながオプションを売ろうとして、オプションの買い手を見つけるのが難しいとき、ボラティリティ・トレーダーは市場に入ってオプションを買う。もちろん、ボラティリティ・トレーダーはポジションを取る前に厳格な分析を済ませていなければならない。しかし、このような状況が現れたとき、トレーダーは大衆とは反対のポジションを取ることが多い。ボラティリティ・トレーダーは大衆がボラティリティを売っているときにそれを買い（少なくとも、大半のトレーダーが買おうとしないとき）、他のみんながこぞってオプションを買い、オプション価格が極端に高いとき、ボラティリティを売るのだ。

■ボラティリティの極限

あなたが安いと考えるオプションをすべてを買うことはできない。株価変動の確率について考慮しなければならない。さらに重要なことは、高いと思うすべてのオプションを単に売ることはできないということだ。オプションが高いのにはそれなりの理由があるかもしれない。少なくとも、誰かがこれから発表されようとしている企業のニュース（例えば、買収や予想以上の企業業績など）について、インサイダー情報を持っているかもしれない。

実際には、アナリストやトレーダーはこれから株価が大きく動く手掛かりとなる売買高の大幅増加を探し求めている。言葉を換えて言えば、インプライド・ボラティリティの増加とともに売買高が増加するのは、インサイダー情報を持った誰かがオプションを買っているという良い知らせである。そのような場合には、オプションが数学的に高いとしても、ボラティリティを売るべきではない。

ボラティリティの売り手はオプション市場が企業に関する何かを予想しているシグナルとして2つのことを監視している（この場合、"ボラティリティ売り"は避けるべきである）。その2つのこととは、オプション売買高の増加と、インプライド・ボラティリティの突然の上昇である。それ

らのうちのひとつか、どちらともが、企業に関する実際のニュースが公になる前にレバレッジが効いた売買対象物を買おうとしているインサイダー情報を持ったトレーダーによって引き起こされた場合がある。

オプション売買高またはインプライド・ボラティリティの突然の増加

　オプション売買高の大幅増加で分かるように、インサーダー情報に基づくトレーディングの兆候は識別可能である。通常、売買高増加のほとんどは、オプションの期近限月で見られる。特にアット・ザ・マネーのオプションで顕著になる。その次に多いのはすぐ次のアウト・ザ・マネーであろう。活発な売買はそこにとどまらない。他のオプション・シリーズ（他の限月および権利行使価格）に波及する。というのはマーケットメーカーが、自分の仕事の役割上インサーダー情報を持ったトレーダーが買っている期近限月のオプションを空売りするというように、すべてのオプションを自己勘定で売買しなければならないからである。さらに、マーケットメーカーは他のトレーダーを、恐らくは自分の株式ポートフォリオに対して割高なコールを売ろうとする機関投資家であるが、売買に誘いこもうとする。このような売買が活発になれば、それは、ボラティリティ売りを控えよというサインである。

　もちろん、いかなる日にも、オプションが異常に活発に取引されている多くの株式銘柄があるが、売買高の増加はインサイダー情報に基づく取引とは関係がない。これは機関投資家の持つ株式ポートフォリオに対するヘッジとして、大量のカバード・コールか、プットの買いかもしれないし、あるいは裁定取引者に比較的大きなポジションのコンバージョンかリバーサル裁定取引かもしれない。あるいはヘッジファンドが仕掛けた大きなスプレッド・ポジションかもしれない。これらのいかなるケースでもオプション売買高は大きく増加するが、これは彼らがこれから発表される企業のニュースに関してインサイダー情報を持っていることを意味しない。むしろ、オプション売買高の増加は通常の市場の単なる機能にすぎない。

　インサイダー情報による取引の策謀から、これらの裁定取引やヘッジ取引を区別するものは何だろうか。まず、そのような場合には、オプション

売買量が他のオプションシリーズに波及しない。第2に、株価自体の動きが鈍くなる。しかし、本当にインサイダーによる取引があれば、マーケットメーカーは活発にコール買いに走る。これらのマーケットメーカーはヘッジの必要性を知り、公開株式買い付けや株価を上昇させるような他の企業情報が出てくるような状況では単体のコール売りを望まない。前述したように、彼らはオファーされたいかなるオプションをも買い上げようとするだろう。しかし、これらはそれほど多くない。最終的には、自分のリスク（以下に述べる"ネガティブ・オプション・デルタ"である）を抑えるのは株式を買い付けることだ。このようにして、オプション取引が活発になり、価格が高くなる。もし株価が上げれば、誰かが何かを知っていることを示している。しかし、オプションは高いが、他の要素が顕在化していないなら、また、特に株価が下がっているなら、ボラティリティを売るほうがいいと思うかもしれない。

　しかし、インサイダー情報を持った人に狙われているオプションがあり、売買高にそれが表れていないケースもある。このような状況は流動性のないオプションに起こる。このようなケースでは、フロアブローカーがインサイダー情報を持った人たちからオプションの買い注文を預かるが、マーケットメーカーは多くのオプションを売らない。大量のオプションを売るより、オファー価格をつり上げるのを好む。このようなことが数回連続して起これば、フロアブローカーが繰り返しビッドを上げ、そのたびにわずかの数量のオプションしか買わないので、オプション価格は非常に高くなる。一方、マーケットメーカーはオファー価格を上げ続ける。結局、フロアブローカーはそのオプションは売買するにはあまりにも高すぎると判断し、それから撤退するだろう。顧客はそのとき恐らく株式を買い付けるだろう。どのようなケースでも、ビッドとオファーの価格がつり上げられるので、そのオプションの価格は非常に高くなるが、流動性がないため、売買量は少ない。このような理由から、オプション売買量の増加による警告は発生しないのだ。しかし、このようなケースでは、ボラティリティの売り手は慎重でなければならない。ある主要な企業ニュースが発表される直前に市場に入るのは望まないだろう。手掛かりは、短期間のうちに（1日

以内）インプライド・ボラティリティが急上昇するということである。これだけが十分警告になりうる。

　ここ押さえておくべき重要なことは、オプション価格が突然高くなった場合は、そして特に、強い株価の動きと株式売買量が伴っていれば、それが起こっているしかるべき理由があるということだ。その理由は企業ニュースの発表という形でまもなく公にされるだろう。インプライド・ボラティリティの突然の上昇は、そのようなニュースが発表されることを潜在的に物語っている。このような状況ではボラティリティの売り手は、市場に参入するのを控えるべきである。

　一方、企業ニュースの結果としてオプション価格が高くなった場合は、ボラティリティの売り手は快く売買できるだろう。恐らくそれは、芳しくない企業業績が発表され株価がその影響を受けて下落し、インプライド・ボラティリティが上昇している状況であろう。このような状況では、インサイダー情報を持っている数少ない者だけが知っている隠れた事実を扱っているわけではないので、その企業に関する情報にアクセスし、きちんと分析することができる。きちんとした分析をもとに、あなたは慎重で潜在的な利益性のあるボラティリティの売り戦略を展開することができる。

　原資産である株式が弱気である状況下でオプション価格が高くなる別のケースがある。これは株価指数や先物に当てはまる。１９８７年の株価暴落は極端なケースであるが、暴落の期間にインプライド・ボラテリティはピークを付けた。インプライド・ボラティリティの急上昇につながった株式市場の急落の例は他にもある。１９８９年１０月、１９９７年１０月、１９９８年８－９月がそうである。そのような状況では、ボラティリティの売り手はなぜインプライド・ボラティリティが高いかを知っていた。その理由を知っているので、ニュートラル・ストラテジーや将来に対する相場観をもとにポジションを建てることができる。しかし、オプション価格が高く、誰もその理由が分からない状況では注意しなければならない。これはインサイダー情報によるものかもしれないし、ボラティリティの売り手はポジションを取るのを先に延ばすべきである。

安いオプション

　オプションが安いとき、その理由はあまりはっきりとは分からない。はっきりとしているのは、企業構造が変わったかもしれないということだ。恐らく、それは買収されるかもしれないし、あるいは同じような規模の企業を吸収したのかもしれない。いずれの場合でも、合併した企業の株価はその前の企業の株価より変動は小さい。企業の公開買い付けが完了しようとしているケースでは、インプライド・ボラティリティは下がる。そのため、そのオプションは安いという誤った印象を与えてしまう。

　同様に、より多くの株式を発行し、以前に比べて株価が安定するような良好な企業業績の柱を築いているのは成熟した企業であろう。インターネット企業はその典型的なケースであろう。初期の段階では、株価が大きく上下に変動し、そのオプションは比較的高いインプライド・ボラティリティで取引されている。しかし、そのような企業が成熟してくると、他のインターネット企業が買われ、吸収合併によってより大きな、確立した企業が出てくるようになる（アメリカ・オンラインとタイム・ワーナー・コーポレーションがその例である）。そのようなケースでは、会社が成熟するにつれ実際の（統計上の）ボラティリティは逓減し、インプライド・ボラティリティも同様な動きを示す。表面的には、ボラティリティの買い手には、オプションを買うのに魅力的な水準に見える。しかし、さらに検証してみると、それには正当な理由があることが分かる。インプライド・ボラティリティの減少にそれなりの正当な理由があるようなら、ボラティリティの買い手はその株式を無視し、他の売買機会を探すことになる。

慎重になるべきとき

　ボラティリティが低すぎようと高すぎようと、ボラティリティが極限の状況にあるときは、すべてのボラティリティ・トレーダーはその状況を疑ってみることだ。計算違いによって実際には安くないオプションが安く表示されている場合は、ボラティリティの買い手には恐れるものはほとんどない。このケースでオプションを買えば、損失につながるだろう。継続的に余分にオプション料を払い続ければ大きなダメージにつながるが、その

ような間違いが限られた場合で起こる場合は、恐らく致命傷には至らないだろう。

　しかし、ボラティリティの売り手は買い手以上に注意を払わなければならない。ひとつの間違いが致命傷になる可能性があるからだ。過去の水準からみて異常に高いコールを単独で売った場合、株式公開買い付けによってその銘柄の株価がつり上げられれば、売り手は致命的ダメージを受けるだろう。プットの単独売りは株式の買い付けと同じなので多くのトレーダーはプット売りはより安全だと思っているが、プットの売り手も売買には慎重でなければならない。株式購入はリスクがないと言った者がいるだろうか。株価が８０ドルから１５ドルか２０ドルに文字通り暴落すれば――例えば、サンライズテクノロジーやオックスフォード・ヘルスが３０ドルから２ドルへ株価が下落したように――、プットの売り手は致命傷を受けるだろう。オプションの売りによって被る損失のリスクは大きいので、窓を空けて大きく株価が変動するような状況下では、大きな痛手を被ることがある。そのような理由から、オプションの売りを行う前に、オプション価格が高い理由を検証するのは売買を実行する絶対条件である。例えば、ある小規模のバイオテク会社が２週間後に発表されるＦＤＡ（米食品医薬品局）による訴訟の結果を待っているという状況下で、その銘柄のすべてのオプション価格か突然高くなったとすれば、オプションの売り手は勝利者にはなれないだろう。株価の水準が大きく変わるだろうと感じるトレーダーが少なくともいるだろう。オプションを売るべき他の状況を探したほうが良さそうである。

　先物や株価指数の市場には株式公開買い付けもなければ、窓を空けて価格が変動する要因となる驚くような企業業績やニュースの発表はないが、これらの市場のオプションの売り手もまた慎重に行動することが肝要だ。先物市場では、価格変動を大きくする要因となる穀物の作柄状況や需給の発表、あるいは政府の経済発表がある。オプション価格が高い状況の正当な理由づけになるようなニュースの発表前にオプションを売れば、ボラティリティの売り戦略は――それがヘッジによるものであろうと――、痛手を被ることになりかねない。

■ベガ

　オプションの実践家は、インプライド・ボラティリティが変化したときにそれに伴ってポジションをどう調整すべきかについての考えを持っていなければならない。オプション・ボラティリティの変化がオプション価格にどのように影響を与えるかについて、いくつかの基本的なことを理解することが大切である。技術的なことを言えば、ベガという用語がボラティリティの変化がオプション価格に与える影響の度合いを定量的に示している。単純に言えば、ベガはオプション・ボラティリティが１％変化したときのオプション価格が変化する額を表す。

　例を挙げよう。ＸＹＺが現在５０ドルで取引されているとする。同銘柄の７月限５０コールの価格は７　1/4である。配当はなく、金利は５％であると仮定する。また、７月限の残存期間は３カ月である。この与えられた情報によって、７月限５０コールのインプライド・ボラティリティは７０％であると判断できる。これはかなり高い数字であり、ＸＹＺは変動の激しい株であることが分かる。インプライド・ボラティリティが７１％に上昇した場合、このオプション価格はどうなるだろうか。モデルを使うことで、７月限５０コールは理論的に７．３５であると算出できる。これにより、ベガは０．１０（小数点以下第２位までで表す）であることが分かる。つまり、ボラティリティが１％上昇すると、株価は７．２５ドルから７．３５ドルへと１０セント上がるのだ（注：ここにおける％ポイントは７０％から７１％への上昇というように、１％を意味する）。

　それでは、インプライド・ボラティリティが減少した場合はどうか。同様に、モデルを使って、オプション価格の変化を算出することができる。この場合、インプライド・ボラティリティが６９％へと下がり、他の条件は同じであると仮定すると、同オプションの価格は０．１０変化し（この場合、価格の下落である）、理論的に７．１５ドルとなる。

　この例は、ボラティリティがどのようにコールオプションに影響を与えるかについて興味深く、かつ重要な側面を指摘している。ボラティリティが上昇すれば、オプション価格は上昇し、またボラティリティが減少すれ

ば、オプション価格は下落する。このように、オプション価格とボラティリティの間には直接的な関係がある。

数学的に言えば、ベガは、ボラティリティに関してのブラック・ショールズ・モデル（オプションの価格決定に用いるモデル）から部分的に派生したものである。上記例において、ＸＹＺの株価が５０ドルのときの７月限５０コールのベガは０．０９８と算出することができ、これはあなたが検証してたどり着いた０．１０の価値に非常に近い。

ベガはプットとの価格とも直接的な関係がある。つまり、ベガが上昇するとプットの価格もまた上昇する。

例を挙げよう。前出の例と同じ基準を用いて、ＸＹＺの株価が５０ドル、７月限の残存期間が３カ月、短期金利が５％、配当はない、と仮定する。この場合、それぞれ与えられたインプライド・ボラティリティの下でのプットとコールの理論価格は以下の通りである。

株価	7月限50コール	7月限50プット	インプライド・ボラティリティ	プットのベガ
50	7.15	6.54	69%	0.10
	7.25	6.64	70%	0.10
	7.35	6.74	71%	0.10

このように、コールのベガと同じように、プットのベガもまた０．１０である。

実際、同じ条件の下ではコールとプットのベガは同じであると言える。これを証明するには、変換に関する裁定式を参照する必要がある。コールの価格が上昇し、他のすべての条件が変わらなければ——すなわち、金利、株価、権利行使価格が同じであれば——、プットの価格も同額分上昇しなければならない。インプライド・ボラティリティが変化すれば、コールの価格が変化し、同様にプットの価格も変化する。こうして、コールとプットのベガは同じになる。

デルタ、あるいはモデルの他の派生的要素で行うことができるが、ポジション全体のベガ、すなわち、ポジション・ベガを算出することができる。

ポジション・ベガは、個々のポジションのベガと買いまたは売り建てたポジションの数量を掛けることによって求めることができる。ポジション・ベガは、単にオプションの数量とベガと、オプション１枚当たりの株数（通常１００株である）を掛けたものである。

例を挙げよう。単純なコール・スプレッドを用い、次の掲げる価格が存在するものとする。

対象	ポジション	ベガ	ポジション・ベガ
XYZ株式	なし		
XYZ ７月限50コール	3枚買い	0.098	+0.294
XYZ ７月限70コール	5枚売り	0.076	-0.380

ネット・ベガ・ポジション：-0.086

このような概念は大変重要である。なぜなら、自分の建てたポジションが期待した方向にいくかどうかを知らせてくれるからである。例えば、あなたが価格の高いオプションを判別し、インプライド・ボラティリティが今後減少し、最終的にヒストリカル・ボラティリティの水準に収束していくと判断したとしよう。そのとき、あなたは"ネガティブ・ポジション・ベガ"を持つポジションを建てることを望むだろう。ネガティブ・ポジション・ベガは、インプライド・ボラティリティが減少したときに利益になることを示すものである。反対に、あなたがボラティリティの買い手であり、オプションが割安である状況を認識した場合、ポジティブ・ポジション・ベガを持つポジションを建てるだろう。これは、インプライド・ボラティリティが上昇したときに利益になるポジションである。いずれの場合でも、デルタや残存期間といった他の要素はポジション実際の利益の額に影響を与えるが、それでもなおポジション・ベガの概念はボラティリティ・トレーダーにとっては大切である。例えば、安いオプションを見つけて、ネガティブ・ベガを持つ変わったスプレッド・ポジションを建てても役に立たない。そのようなポジションを建てることは、あなたが意図する目的――この場合は安いオプションの購入――とは合わないであろう。

ボラティリティの売買

■デルタ・ニュートラル・ポジション

　多くの場合、ボラティリティを売買するとき、当初はデルタ中立のポジションを建てる。すなわち、そのようなポジションは、それが利益になるか損失になるかは原資産の今後の価格変動よりもそれのボラティリティの動きに依存しているという意味において、原資産の価格変動に対して強気あるいは弱気に傾いていない。しかし実際には、一般投資家は、ポジションが利益になるかどうかの要素として、ボラティリティを価格変動と完全に切り離すことができない。それができたとしても（マーケットメーカーはボラティリティを完全に切り離したポジションを建てるのが難しい）、売買手数料、スリッページ、そして買値－売値の差など、かなりのコストがかかる。このような理由から、一般投資家がボラティリティ・トレードによって儲けるには、しばしば原資産の価格変動の方向性についての判断をしなければならない。

　当初ニュートラル・ポジションを建てることによって、トレーダーはできるだけ長く価格変動への対処法を先延ばしにすることができる。ボラティリティ・トレーディングの背景にある信条のひとつは、ボラティリティの動きを予測するほうが、原資産価格の将来変動を予測するよりもやさしいということである。このようなわけで、より難しい意思決定を先延ばしにできるなら、ぜひそうすべきである。

　ニュートラルという用語を用いるとき、それは一般にポジションがデルタ・ニュートラルであることを意味する。すなわち、原資産価格の短期変動による損益を相互に相殺する少なくとも2つの要素からなる（コールとプットの買い建てなど）ポジションである。

　例を挙げる。XYZ社の株価が60ドルであり、ボラティリティの買い、例えば、7月限の権利行使価格60のストラドル（7月限60コールと7月限60プットを同時に買い建てる戦略）を考えているとしよう。完全なニュートラル・ポジションを作るためにコールとプットのデルタを用いる

ことができる。以下の情報が与えられているものとする。

XYZ株式	オプション	オプション価格	デルタ
60	7月限60コール	5.50	0.60
60	7月限60プット	3.63	-0.40

　上記のコール2枚の買いとプット3枚の買いによって完全なニュートラル・ポジションを作ることができる。つまり、2枚のコールの買いによって、コールのネットポジション・デルタは＋1．20（＝0．60×2）となり、一方、3枚のプットの買いによって、プットのネットポジション・デルタは－1．20（＝0．4×3）となる。これら2つだけのポジションの組み合わせによってひとつのポジションを作る場合、2つのオプションのデルタの割り算によってデルタ・ニュートラル・レシオを算出することができる。

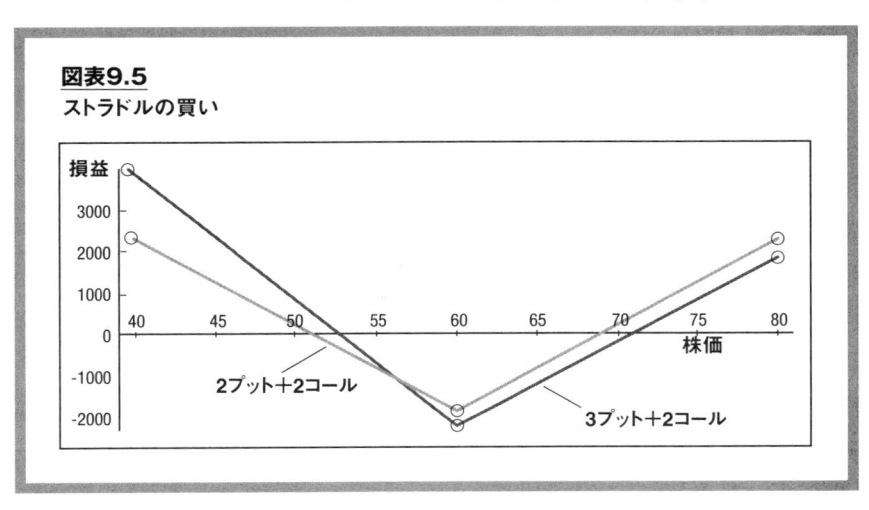

　　ニュートラル・レシオ＝（コールのデルタ）÷（プットのデルタ）
　　　　　　　　　　　＝0．60÷－0．40＝－1．50

図表9.5
ストラドルの買い

（損益／株価のグラフ：2プット＋2コール、3プット＋2コール）

マイナス表示を無視すると、レシオは1．50となり、コールの枚数の1．5倍の枚数のプットを買うことによって、完全なニュートラル・ポジションを作ることができる。上記のようにコール2枚に対してプット3枚でいいし、またコール50枚に対してプット75枚でもよい。比率が3：2であればよく、それによってデルタ・ニュートラルとなる。

実践的な側面として、売買の数量が小さい場合、すなわち、デルタ・ニュートラル・レシオが1：1より若干大きい程度であれば、例えば、ストラドルの買いポジションを建てるのに、単純にコールとプットを同枚数買ってもいいだろう。図表9．5はコールとプットの枚数が1：1の場合と2：3の場合の、オプション期日における収益率を示したものである。

■ボラティリティが安いか、高いか、あるいはそのいずれでもないかの判断

ボラティリティ・トレーディングにおける最初のステップは、現在のボラティリティが極限、すなわち、極端に安いか高いかの状況を判断することである。この判断方法のひとつは、図表9．1に示したようなチャートを数多く見ることである。しかし、これは根気のいる作業であり、このようなことを行ってもなお、どれが安いのか高いのかを判断する確かな定義を与えてくれるわけではない。もうひとつの方法は、こちらの方がより厳格な規範を持っているが、過去にボラティリティ売買が行われた時点と現在のボラティリティの水準を比較するものである。

百分位数ランキングの判別

百分位数の概念を定義するために、どのボラティリティ算出法を用いるかといった質問はしばし脇に置いておこう。ほとんどの人たちは百分位数という用語を知っていると思う。それは、個々の項目が類似の項目からなる全体の中のどこに位置するかを知るために用いられる統計用語である。例えば、ある高校3年生がSATテスト（能力達成度テスト）で1300点を取り、それは百分位数85番に入ったとしよう。これは、その生徒の

点数が、同テストを受けた全高校生の８５％より高い点数であったことを示している（これは単なる例であり、著者はＳＡＴテストにおいて百分位数８５番が実際にどこに位置するのかについて知らない）。同様に、ある特定の株式について長期にわたる過去のボラティリティの数字と現在のボラティリティの数字を持っているなら、現在のボラティリティが百分位数のどの部分に位置するかを判断するのは容易なことである。

例をまた挙げよう。ＸＹＺが現在インプライド・ボラティリティ５４％で取引されているとしよう。ひとつの総合ボラティリティ——この場合、５４％であるが——を算出するにあたって、ＸＹＺの個々のオプションのインプライド・ボラティリティに比重をかけて計算するのがかなり一般的である。表面的には、５４％が高いのか安いのか分からない。しかし、終値を用いて、日々の総合インプライド・ボラティリティのデータを蓄積したと仮定しよう。今、過去６００日の総合インプライド・ボラティリティの数字を見て、現在の５４％が百分位数のどこに位置するのかを検証する。これがインプライド・ボラティリティの現在の百分位数の一般的な決め方である。

ヒストリカル・ボラティリティの現在の百分位数の決め方も同様にして算出することができる。いずれの場合でも、現在の百分位数が第１０位以下であれば、ボラティリティは低いと考えられる。また、それが第９０位以上であれば、ボラティリティは高いとみなすことができる。

２つのボラティリティの活用

ボラティリティには２つしかない。"ヒストリカル"（"実際の"あるいは"統計上の"ともいわれる）と"インプライド"である。ヒストリカル・ボラティリティは、原資産価格が現在までどれくらいの速度で変動してきたかを示す。インプライド・ボラティリティは、原資産価格がこれからそのオプションの残存期間において、どれくらいの速度で変化するかを示すかについてのオプション市場の推測である。これらはまったく異なる数字を示すことが容易に分かるであろう。例えば、ＦＤＡから新薬の認可を待っているある会社の株価の例を見てみよう。多くの場合、そのような

会社の株は狭いレンジで取引され、そのため、ヒストリカル・ボラティリティは低くなる。しかし、オプションは極めて高い価格で取引され、高いインプライド・ボラティリティはＦＤＡのルールが決定したとき、株価が窓を空けて跳ね上がるだろうという予想を反映している。

　このようなことから、あなたはこれから取るポジションの分析について、ヒストリカルとインプライド・ボラティリティのどちらを使うべきかの問題に直面するだろう。しかし、問題をさらに難しくしているのは、これら２つのボラティリティの双方とも、もっと詳細に検証する必要があるということである。例えば、ヒストリカル・ボラティリティをもとにするトレーダーが１０日、２０日、５０日さらに１００日、あるいは１年のヒストリカル・ボラティリティを見る場合を考えてみよう。これらもまた、かなり異なる数字になるだろう。以下はその統計上のボラティリティの例である。

　　ＸＹＺ株の統計上のボラティリティ
　　１０日　：　　８％
　　２０日　：１３％
　　５０日　：１５％
　　１００日：１９％

　これらの数字がかなり異なっているという事実は、過去１００日間にＸＹＺの株価がどのように変動したかを反映している。明らかに、１００日前はその株価は反動がかなり激しく、上下に大きく動いていた。しかし、現在の株価はかなりなだらかであり、実際のボラティリティが減少してきていることを示している。このように過去にさかのぼる期間が短いほど実際のボラティリティを示す数字は小さくなっている。

　さらに、ＸＹＺのオプションのインプライド・ボラティリティが、現在２０％であると仮定しよう。

　ボラティリティ・トレードのポジションを分析するのに何をすべきだろうか。このような数字の中から、あなたはどのボラティリティを用いるべ

きだろうか。明らかに、確かなことは何も言えない。もし言えるなら、ボラティリティ・トレーダーは億万長者になっているだろう。しかし、いくつかの合理的なアプローチを取ることは可能である。

　まず、インプライド・ボラティリティとヒストリカル・ボラティリティが同じであると考えてはいけない。つまり、ＸＹＺのオプションのインプライド・ボラティリティが２０％で、期近限月の統計上のボラティリティはそれよりずっと低いという状況で、これはボラティリティの売り戦略に適しているということを示しているわけではない。実際、市場によっては、インプライド・ボラティリティとヒストリカル・ボラティリティは長期にわたってかなり違っていることもあり得るのだ。このような市場では、原資産市場がかなり激しく変動しているときにおいてのみ、２つのボラティリティの数字が接近する。

　ヒストリカル・ボラティリティとインプライド・ボラティリティについて話すと、最近の研究で、これら２つのボラティリティが現在同じで将来も同じであると想定されているとき、ストラドルの買い戦略は８０％の確率で利益になることが知られており、これは有益な情報である。経験のあるボラティリティ・トレーダーは８０％の確率はストラドルの買いが成功する確率としてはあまりにも高すぎるというだろう。個々のケースではそのような確率はあり得るが、すべてのストラドルの買い戦略がそのような高い成功率を持っているわけではない。つまり、インプライド・ボラティリティとヒストリカル・ボラティリティがたまたま同じであった場合、それは即、ストラドルの買いの絶好の機会であるという意味ではない、ということだ。なぜなら、それら２つの数字が将来も同じであるわけではないからである。

　インプライド・ボラティリティに関しては、その現在の数字が高いか低いかが判断できなければならない。それが低ければ、オプション買い戦略を考えるべきである。なぜなら、インプライド・ボラティリティはその変動幅の真中に戻れば、ボラティリティの買いポジションはそのボラティリティの動きによって利益を得ることができるからだ。反対に、インプライド・ボラティリティが高く、かつそれが高いファンダメンタルな理由（株

式公開買い付けなど）がないなら、オプション売り戦略を仕掛けることができる。そして百分位数の活用が勧められる。

　仕掛けようと考えているいかなるポジションの分析にも利用できるヒストリカル・ボラティリティとインプライド・ボラティリティを計る物差しとしての百分位数を初めに見ることによって、ボラティリティ・トレーディングを仕掛ける状況判断をすることができる。しかし、分析の目的がオプションの価格が安いか高いかを判断するだけなら、インプライド・ボラティリティのみを用いるべきである。

■ボラティリティを買う戦略

　ボラティリティ・ポジションをニュートラルから始め、現在のオプションが安いか高いかを判断するのにインプライド・ボラティリティの現在の水準を利用しようと考えているなら、今すべきことはボラティリティの買いまたは売り戦略に関する具体的事項について列挙することである。

　ボラティリティの買いは存在するオプション売買戦略の中でもっとも魅力的なオプション売買戦略のひとつである。そのリスクは限定的であり、大きな利益を得る潜在性があり、ポジション調整などの高い売買技能を要する戦略ではない。そのため、プロと同様に一般大衆投資家が用いることのできる売買戦略であると言える。

　特に、インプライド・ボラティリティが低く、他の統計上の要因を満たしているときに用いるボラティリティの買いは、ストラドルの買いを指している。それは実際にポジションを仕掛ける前に以下の4つの具体的な基準が満たされていなければならない。

- インプライド・ボラティリティが低くなければならない。
- 確率の計算で、株価がストラドルの損益分岐点に達する確率が80％以上であることが示されていなければならない。
- 原資産である株価の過去の変動の検証によって、その株価が決められた期間内に決められた幅の変動をみせるということが示されていなければ

ならない。
●ファンダメンタルズの検証により、ボラティリティが低いファンダメンタルの理由（株式公開買い付けのオファーが受け入れられた事実など）がないことが示されていなければならない。

　このようなアプローチは実は、市場を予測する上での譲歩にすぎない——株価の変動幅も予測するのは不可能であるが。つまり、このストラドルの買い戦略を仕掛けるとき、株価が上下どちらに動くは分からない（あるいは気にしない）。付け加えて言えば、相場の方向性を予測して行う売買に比べて、このような手法は日々ベースで管理するのが容易である。
　このようなストラドルの買いは完全にボラティリティと関係しており、一般のトレーダーがオプションに関する書籍から誤って理解していると私が考えている概念とは、大きく異なっている。すなわち、株価が将来どのように変動するかといった予想をもとに、一般のトレーダーはストラドルの買いを仕掛けているということである。株価の変動幅、すなわちボラティリティを予測することができるなら、ストラドルのための分析は必要ないだろう。
　ストラドルの買い戦略を仕掛けることが意味をなすのは、株式市場について未知の要素——すなわち、まったく新しい企業のファンダメンタル情報や一般的な市場の変化（市場が暴落を先読みしているなど）に関連して株価が窓を空けて変動するなど——が、その売買戦略を仕掛けたトレーダーに大きな利益をもたらすということである。ストラドルの買い手は株価の大変動を好む。株式では通常、投資家を驚かすようなニュースに関連して日々大きな株価変動が見られる。株価の変動幅が通常の変動幅水準を超えて、予測不能であった大きな変動が見られれば、少なくともストラドルの買い手は利益を上げることができる。表面的には無関係の場所で起こる小さな変化が後に大きな影響（恐らくさらに混沌としたもの）を及ぼすというカオス理論だけが、株式市場ではよくみられる変動を認めている。それは多くの分野に当てはまるが、ある人々がそれを、特に１９８７年の株価大暴落の後に、株式市場に応用したのだ。それは通常の数学理論では予

測不能に思われたが、カオス理論の下では可能のように思えたのである。カオス理論が株価の予測は不可能だと言っており、多くの人たちもそうだ言っているなら、株価を予測する試みは止め、質の高い売買戦略に集中すべきであろう。そのような売買戦略とは、インプライド・ボラティリティが低いときに仕掛けるストラドルの買いである。

　より詳細な例を挙げれば、ストラドルの買いの４つのステップについての理解の助けになるだろう。このような同じ概念を他のボラティリティの買い戦略、例えばストラングルの買い（アウト・オブ・ザ・マネーのコールとアウト・オブ・ザ・マネーのプットを同時に買う戦略）やバックスプレッドの買い（例えば、イン・ザ・マネーのコールを１枚売ると同時にアット・ザ・マネーのコールを２枚買う戦略）に適用することができる。これらの売買戦略は、リスク限定で、相場の一方またはどちらの方向においても潜在的に無限大の利益を得る可能性がある。

　前述の例においては、実在しない株式ＸＹＺの例を挙げたが、ここでは実存する株式ノキア（ＮＯＫ）の例を挙げることにする。それは、具体的な売買戦略について詳細に検証する場合、具体的な株式に関連づけたほうが分かりやすいからである。ここで示すのは、１９９９年１０月の同銘柄の実際の株価であり、４月限権利行使価格１０５ドルのストラドルの買いの例を用いる。

　ストラドルの買いについて分析しており、以下の情報が与えられていると仮定する。

　　ノキア（ＮＯＫ）の現在の株価　　：１０３ドル
　　総合インプライド・ボラティリティ：３６％

第１基準：オプションは安くなければならない

　ＮＯＫの過去６００売買日数を検証すると、その総合ボラティリティは３４％から８２％であることが分かった。現在の３６％のボラティリティはインプライド・ボラティリティの百分位数第３位であることが分かった。「オプションは安くなければならない」（過去の数字の中で百分位数において１０番以下であった）という第１基準は満たされた。

一般に、ボラティリティの買い戦略では、残存期間が少なくとも3カ月——5カ月ないし6カ月が好ましいが——のオプションを用いるべきである。この期間に固執すれば、タイム・ディケイによってオプション価値がはげるまでには十分な時間の余裕を持つことができる。逆に、ストラドルの買いにおいて十分なオプションの残存期間がなければ、ストラドルの買い手にとって、タイム・ディケイが大きな障壁になる。

　具体的に述べよう。次に示す価格は実際に存在したものである。まず、2つのオプションのインプライド・ボラティリティは若干異なっていることが分かるだろう。理論的には、それらは同じはずであるが、プットのオファー価格がコールのインプライド・ボラティリティより若干高めに設定されている。また、これらのオプションの個々のインプライド・ボラティリティは両方とも総合的ボラティリティより若干高いが、ほとんど同じであることに気がつくだろう。

オプション	オファー価格	インプライド・ボラティリティ	デルタ
4月限105コール	11.75	37.3%	0.56
4月限105プット	10.63	38.8%	-0.44

第2基準：成功率が高くなければならない

　この基準を満たすためには計算機が必要である。オプション期間の最終日に、株価が特定の価格を上回る確率だけでなく、その期間中において特定の価格を上回る確率が計算できるものが好ましい。上記のニュートラル・ポジションでは、プット56枚とコール44枚のそれぞれの買いが必要であるが、この例の目的として、分析を容易にするために、コールとプットそれぞれ1枚の買いといった単純なポジションを考えよう。

　ストラドルの価格がコールとプットのそれぞれの価格を足したもので、22 3/8ドルである。これは、オプション期日において利益を上げるためには、その価格分だけ権利行使価格の上下いずれかの方向に動かなければならないということを意味する。

4月限ストラドルの買い付け価格：22.38（11.75＋10.63）
期日における上方の損益分岐価格：127.38（105＋22.38）
期日における下方の損益分岐価格：82.63（105−22.38）

　大事なことは、オプション期日まであと6カ月の間にNOKの株価が、127 3/8まで上昇するか、82 5/8まで下落する確率がどのくらいかを知ることである。この確率を算出するのに、この予測のために計算機に入力すべきボラティリティが求められる。この時点では、ヒストリカル（統計上の）・ボラティリティが計算に用いられる。

　確率の計算で知りたいのは、株価が動く速度であり、ヒストリカル・ボラティリティは正確な株価変動速度の測定を行うので、ヒストリカル・ボラティリティがその確率計算に用いられる。ここでは、インプライド・ボラティリティについては考えない。もちろん、どのヒストリカル・ボラティリティを用いるかは主観の問題である。NOKの場合は、株価の過去の変動について以下の情報が知られているものとする。

ヒストリカル・ボラティリティ
　10日　：50％
　20日　：43％
　50日　：37％
　100日：40％

過去600日の百分位数第50位：44％

　ボラティリティの買い戦略の分析には、確率の過大評価を避けるために、確率予測にはこれらの数字のうちより低いものを用いるべきである。つまり、楽観的な側面より慎重な側面を重視して評価すべきである。オプション価格は、過去の数字が示すよりもかなり低く表されるので、安いオプションに関しては、上記のやり方が一般的である。元の例に戻って、以下の情報を入力してみよう。

確率計算

株価　　　　　　：１０３
ストラドルの価格：２２．３８
残存期間　　　　：６カ月（１３２売買日数）
ボラティリティ　：３７％

　これらの与えられた情報によって算出すると、オプション期日までの期間中の一時点において、ＮＯＫの株価が損益分岐価格あるいはそれを超える確率は９２％である。
　この確率が少なくとも８０％であれば、第２基準は満たされたことになる。このケースはこの基準を十分満たしている。

第３基準：過去の実際の株価変動によって、その株価がそのような変動を示す力があることが確認されなければならない

　第２基準は、ある程度の株価変動を反映した過去のヒストリカル・ボラティリティに基づいている。しかし、この第３基準はより具体的である。ＮＯＫの株価が６カ月の期間の中でどれくらいの頻度で２２．３８の変動幅をみせたかを知るために、ＮＯＫの実際の価格（例えばチャート）を見たい。チャートを持ち、そしてプログラミングができれば、具体的に上記に対する答えを見いだすことができる。それができなければ、価格変動を示すチャートを見て単にその確率の見積もりを試みるのもいいだろう。この分析を試みた時点でのＮＯＫのチャートが図表９．６に示されている。
　このチャートは特別なサイズにしてある。横長のボックスの高さは２２ポイントで、それはストラドルの価格とほぼ同じである。これによって、与えられた時間枠（６カ月）の中で、株価が、同ポジションが利益を出すために求められる規模（２２ポイント）の変動をみせるかどうかを見るのが容易になる。チャートを見て分かるように、チャートの右側の部分で、ＮＯＫの株価は頻繁に２２ポイントの変動をみせている。しかし株価が３０ないし４０ドルだった２年前にさかのぼると、そのような規模の変動はない。実際に厳格に分析してみると、このチャートで株価が２２ポイント

の変動規模をみせたのは、この期間全体のおおよそ６０％である。確率としては高いが、第３基準を満たすのに求められる８０％には達していない。

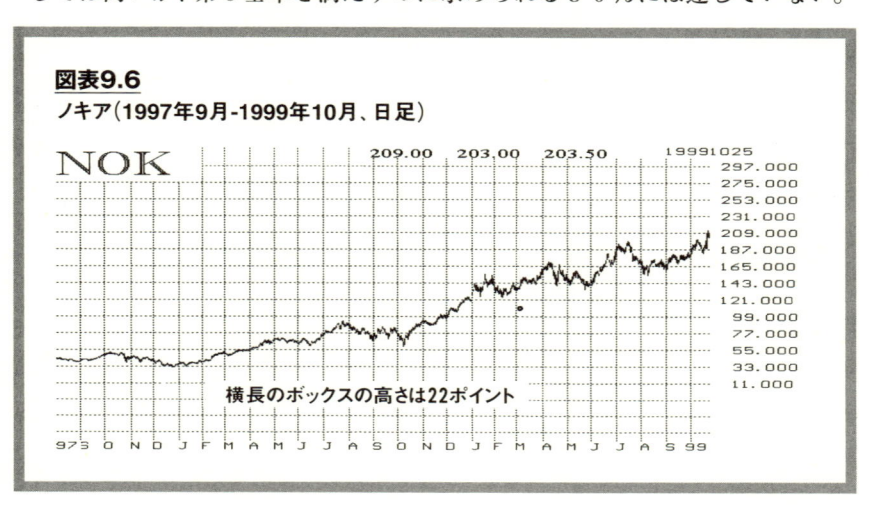

図表9.6
ノキア（1997年9月-1999年10月、日足）

NOK　　209.00　203.00　203.50　　19991025
297.000
275.000
253.000
231.000
209.000
187.000
165.000
143.000
121.000
99.000
77.000
55.000
33.000
11.000

横長のボックスの高さは22ポイント

97 S O N D J F M A M J J A S O N D J F M A M J J A S 99

　しかし、このような分析手法は若干改良する必要がある。すなわち、実際の変動額ではなく変動率を見なければならない。特に、２年間で株価がこれほど上昇した銘柄についてはそうである。このケースでは、ストラドルのコストは２２．３８であり、それは現在の株価（１０３）の２２％である。こうして、第３基準を満たすためには、６カ月においてどれくらいの頻度で株価が２２％の変動をみせたかという質問に答える必要がある。データを厳格に分析すると、このチャートにおいて、ＮＯＫの株価が２２％の変動をみせたのは約９８％であった。第３基準を軽く満たしているのである。

第４基準：ボラティリティが低いファンダメンタルな理由が存在しない

　最後に、ＮＯＫのインプライド・ボラティリティが低い有効な理由が存在するかどうかを判断するため、ファンダメンタルズをチェックしなければならない。キャッシュ・ビッドかＮＯＫの全株式買い付けに関する株式

公開買い付けによる企業買収がひとつの理由として考えられる。明らかなことだが、キャッシュ・ビッドがなされて、それが完了しようとしているなら、株価のこれ以上の変動は考えにくく、したがってオプションは低い価格で取引されるであろう。これはＮＯＫについては当てはまらない。もうひとつの考えられる理由は、ＮＯＫと他の会社の懸案の合併である。合併後の企業の株価はＮＯＫの株価に比べて統計上のボラティリティは、まったく違異なったものになる可能性がある。これもまたＮＯＫについては当てはまらない。他に考えられる株価の変動が小さくなった理由は、以下のことである。すなわち、その企業が十分に成熟し、かつてきわめて投機的だと考えられていた事業が安定してきたとしたら、どうかということである。この種のことは実際にインターネット関連企業に起こってきた（アメリカ・オンラインがその好例である）。しかし、これもまたＮＯＫには当てはまらない。

　こんなわけで、４つの基準すべてが満たされ、当銘柄はストラドル買い戦略の絶好の候補となったのである。

ストラドル買いのフォローアップ

　もちろん、ポジションや売買戦略を選ぶだけでは十分でない。いったんポジションを仕掛けたら、それを管理しなければならない。このようなトピックには長い論議が必要だが、簡単に説明すると、どれくらいのリスクを取り、どのくらいの利益を狙うかについて、いくつか述べておくべきことがある。

　まず、リスクに関して言えば、ストラドルの価格は一定の固定された額なので、その全部をリスクにさらすことができる。成功率の高いポジションを選ぶのに多くの労力を費やしているので、それは決して非合理的なやり方ではない。あるいは当初ストラドルの買いにかかったコストの６０％ぐらいにリスクを限定することもできる。それは、ストラドルのビッド価格がその水準に達したらポジションを手仕舞うというようにメンタル・ストップを置くのである。いずれの場合においても、ストラドルのリスクは限定的であり、ストラドルは当初のコストの数倍の価値にもなり得るので、

潜在的な収益性が高い。６０％のストップ・ロスを用いることにより、６カ月ストラドルのポジションを約５カ月間保有することができる。なぜなら、株価がストラドルの権利行使価格辺りに留まっていても、ストラドルの時間価値がはげるのに長い時間を要するからである。

　利益を得るには多くの方法があるが、貪欲になることなく可能な限り利益を伸ばすように努めるべきである。株価が損益分岐点に達したらすぐに、あるいは株価がチャート上重要な水準（上限の抵抗線あるいは下限の支持線）に達したら、部分的に利益を確定することによって欲のリスクは避けることが可能である。イン・ザ・マネーに達したオプションの３分の１ないし半分を売り、また、損しているポジションのすべては売ることである（こうすることによって、あなたはアウトライトのオプション・トレーダーになるが、実際に、あなたはすでにアウトライト・トレーダーになっている）。原資産の株価が大きな変動を見せるやいなや、あなたはもはやニュートラル・トレーダーではないのだ。あなたのポジションはデルタを持つようになる（株価が上昇すればデルタは正の数であり、株価が下落すれば、デルタは負の数である）。あなたの持っているポジションは、ニュートラル・ストラドルというよりむしろ、オプションのロング・ポジションであるので、ポジションにより多くの注意を払いながら管理しなければならない。これがこのアプローチを勧める理由である。

　最後に、原資産の株価が引き続き思惑通りに変動すれば、トレーリング・ストップを使うといいだろう。終値をもとに計算される株価の２０日単純移動平均で十分であろう。

　ストラドルの買いを仕掛けた後のＮＯＫの株価の推移が、図表９．７に示さしている。そのチャート上に２０日単純移動平均線が描かれ、また上方の損益分岐点（１２７の価格水準）に直線が引いてある。ＮＯＫの株価がいったん上方の損益分岐点を超えると――そうなるのにわずか２週間しかたっていないが、そのときＮＯＫは１１月末前で、１３０まで上昇していた――いくらかでもプレミアムがあれば４月限１０５プットを売却し、４月限１０５コールの半分を利食った。これらのポジションの調整をするにあたって、メンタル・ストップとして株価の２０日単純移動平均を用い

ながら、コールの残りのポジションは保持した。その日は**図表９．７**では、"ストップアウト"と記されている。その時点で株価は１５５を超えており、残りのコールは５０以上で売ることができたであろう（権利行使価格が１０３で株価が１５５であれば、コールは５０ほどイン・ザ・マネーである）。

もちろん、ボラティリティの買い手が利益を得る他の方法もある。それは、ポジションを保有している間にインプライド・ボラティリティが上昇した場合である。この場合、原資産の株価が損益分岐点、あるいはそれを超えて変動することは利益になる必要条件ではない。ポジションを保有している間に、こうして利益が拡大していけば、ポジションを利益の一部を確保すべきだ。さらに、インプライド・ボラティリティが百分位数第５０位まで戻ったら、ポジション全体を手仕舞うのがいいだろう。

ストラドルの買い戦略については、活用できる他の方法がある。例えば、"ストラドルに対するトレーディング"と呼ばれている手法であるが、それは上記の部分的利益確保と似ている。ここで覚えておいてほしいことは、少なくともポジションの一部は無限大の利益を狙えるように残しておくことである。以上、見てきたように、このアプローチでは、目標利益の設定や他の利益が限定されてしまう売買戦略は勧めない。

図表9.7
ストラドルの買いを仕掛けた後のNOKの株価の推移
（1999年9月-2000年1月、日足）

ボラティリティを売る戦略

ネイキッド・オプションの売り

　単純化して言えば、上記のプロセスを逆にして、それをボラティリティを売る戦略に用いることができる。もっとも単純なボラティリティ戦略は、ヘッジせずにオプションを単独で売ることである（これをネイキッド・オプション売りという）。これは必ずしも最良で最も賢明なアプローチではないが、分析が容易である。ネイキッド・オプション戦略では、ストラングルの売りが仕掛けてみたい売買戦略であろう。すなわち、アウト・オブ・ザ・マネーのプットとコールを売る戦略である。この場合、ボラティリティを買う戦略で用いた基準を用いて、それらをボラティリティを売る戦略用に調整するといいだろう。ネイキッド・オプションの売りでの最大の懸念は、株価がネイキッド・オプションの権利行使価格に達する確率、すなわち、ネイキッド・オプションがイン・ザ・マネーになる確率であろう。ネイキッド・オプションの売り手は、ネイキッド・オプションが危険な状態、つまり、イン・ザ・マネーに入ったときにポジションを手仕舞うか、別の権利行使価格にポジションを移行（ロール）することを考えなければならないので、上記の確率は大切である。ストラングルの売り戦略においては、それを仕掛ける前に以下の基準を満たす必要がある。

- オプション価格が高いこと――インプライド・ボラティリティの百分位数において第９０位で取引されていること。
- 利益になる確率が高いこと。前述したように、確率の計算機によって、株価が損益分岐点に達する確率を決めることができる。しかし、ネイキッド・オプションの売りでは、オプション残期間中に株価が損益分岐点に達する確率は低い方が望ましい。例えば、２５％以下といったところである。
- 株価のチャートによって、ポジションの保有期間中にオプションがイン・ザ・マネーに入る確率が十分に低いことが過去の株価変動から明らかであること。

●オプションが高いことに関して明らかなファンダメンタルズ上の理由がないこと。これには、懸案の企業業績発表、新商品の発表、企業買収・合併、訴訟の判決、あるいは重要な商品に関する政府当局（例えば、ＦＤＡ）による勧告などが含まれる。オプション価格が上昇するときは、事前に知らないインサイダー情報を誰かが知っている可能性が常にある。例えば、企業買収や企業業績の期中発表などである。

以上の理由から、ヘッジのないネイキッド・オプション売りは、経験があり、十分な資金力があってリスクに対する許容度が十分であるトレーダーでなければ、多くの場合、賢い売買戦略とは言えない。そのようなトレーダーであっても、一般には、株式オプションに対して、指数オプションや先物オプションを主として売買している。その理由は、それらの市場では原資産価格が窓を空けて大きく変動することはきわめてまれだからだ。しかし、ボラティリティを売る戦略としてのヘッジのないネイキッド・オプションの売りに代わる売買戦略がある。

クレジット・スプレッド

ネイキッド・オプションに代わる戦略のひとつがクレジット・スプレッドである。これは、アウト・オブ・ザ・マネーのオプションを売ると同時に、さらにアウト・オブ・ザ・マネーのオプションを売る売買戦略である。それは、ネイキッドのストラングル売りポジションがストラングルの買いポジションによってリスクが限定されているポジションである。これは、"コンドー"と呼ばれるオプション売買戦略である。それはまた"ウィングの買い"としても知られている。

例を挙げよう。ＸＹＺが６０ドルで取引されており、オプションは非常に高いと判断したとしよう。

ネイキッド・オプションを嫌い、リスクが限定された次のポジションを仕掛けた。

| ７月限７５コールの買い | ７月限５０プットの売り |
| ７月限７０コールの売り | ７月限４５プットの買い |

このポジションは、プットによるブル型のクレジット・スプレッドとコールによるベア型のクレジット・スプレッドからなっている。最大リスクは５ポイントで、このポジションが仕掛けられたときのクレジット（ネット受取りプレミアム）より小さい。

　このコンドー・ポジションに要する証拠金がリスクであるが、それは、両方のスプレッドからの当初受け取りプレミアムより１０ポイント少ない。これは、ネイキッド・オプションに要する賞金に比べてかなり少額である。

　つまり、

● ネイキッド株式オプション売りに要する証拠金は原資産である株式の価格の２０％にオプション・プレミアムを加え、さらにアウト・オブ・ザ・マネーの額を差し引いたものである。ただし、証拠金は株価の１５％以上でなければならない。

● ネイキッド指数オプション売りに要する証拠金は、原資産である指数の価格の１５％にオプション・プレミアムを加え、さらにアウト・オブ・ザ・マネーの額を差し引いたものである。ただし、証拠金は株価の１０％以上でなければならない。

　多くの初心者はこのクレジット・スプレッドを試みるが、すぐに、実現益に比べて売買手数料のコストが高く、潜在的リスクに対して潜在的な利益が小さいことに気づく。さらに、オプション期日前の被権利行使のリスクがある。差金決済をもとにする指数オプションではリスクは大きく、求められる証拠金の額も大きく変わる場合がある。そのため、最終的には利益になるような売買戦略も途中で損切りせざるを得なくなる状況が存在する。

　しかし、上記の基準を満たすようなポジションを仕掛け、さらにそのポジションを注意深く管理するならば、ネイキッド・オプションやクレジット・スプレッドのようなボラティリティを売る戦略は収益性のある売買戦略であろう。

ボラティリティを売る戦略に代わる売買戦略

　ほとんどのトレーダーにとって、ネイキッド・オプション売りやクレジット・スプレッドは、両方とも利益よりも問題が多い売買戦略である。彼らは、潜在的な利益が大きく、リスクが限定されているボラティリティを売る戦略がないかと思っている。よく見られる売買戦略ではないがそのような条件を満たす戦略がひとつある。この売買戦略は、オプション価格の下落（すなわち、ボラティリティの減少）から利益を得るものである。価格（インプライド・ボラティリティに関してではない）の最も高いオプションがより長期のオプションである。そのようなオプションを売り、それらをヘッジするのは優れた売買戦略であろう。

　望ましい特徴を備えた最も単純な売買戦略は、カレンダー・スプレッドの売りである。それは、期先限月のオプションを売り、同じ権利行使価格の期近限月のオプション買いによって、ヘッジをする戦略である。確かに、両方のオプションとも高い（期近限月のオプションは期間先限月のオプションより若干インプライド・ボラティリティが高いかもしれない）。しかし、より長期のオプションは絶対的な額においてプレミアムが高いのだ。それで、両方のオプション価格が下落すれば、長期オプションの価格の下落幅のほうが短期オプションのそれより大きい。この状況をよりよく説明するために例を挙げよう。

　以下の価格は８月時点のものである。オプションは高く、ボラティリティを売る戦略に必要な第１基準を満たしているものとする。すなわち、インプライド・ボラティリティは百分位数第９０位である。

```
ＸＹＺ　　　　　　　　：１１９
１０月限１２０コール：６．７５
１月限１２０コール　：１１．２５
```

　ここで仕掛ける売買戦略は、１月限１２０コールを１枚売り、同時に、１０月限１２０コールを１枚買うものである。上記の価格から、この戦略によってネットの受け取りプレミアム（双方のオプション・プレミアムの差）は４ 1/2ポイントである。これはスプレッド取引なので、このポジシ

ョンは１０月のオプション期日までには手仕舞う。スプレッドが４ 1/2より小さくなれば、このポジションは利益になる。このスプレッドの仕掛けの基準は、ボラティリティを売る戦略のところで述べたものと同じように評価することができる。

　いくつかのシナリオを考えてみる。まず、ＸＹＺの株価が急落し、１０月限１２０コールが無価値で期限切れになったケースと、ＸＹＺが１０月限の期日において株価が１０５以下であったケースでは、１月限１２０コールが４ 1/2以下で取引されていれば、このスプレッドは利益になる。次に、ＸＹＺの株価が大きく上昇し、１月限１２０コールの時間価値が減少したケースでは、１０月限の期日において株価が１３８以上でスプレッドを４ 1/2以下で買い戻すことができれば利益になる。それでは、どこにリスクがあるのだろうか。１０月限の期日において株価が１２０近辺であれば、損失のリスクが発生する。このケースでは、１０月限のコールは価値がないまま満期を迎える、一方は１月限のコールの価格は明らかに４ 1/2であろう。したがって、同スプレッドを手仕舞った時点では損失が発生する。図表９．８はこのスプレッドが１０月限の期日における損益について表している。

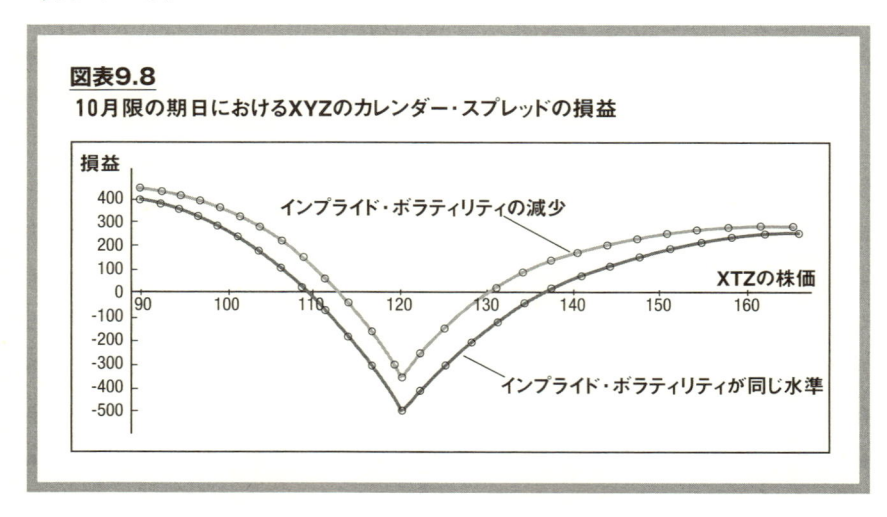

図表9.8
10月限の期日におけるXYZのカレンダー・スプレッドの損益

損益／XTZの株価

インプライド・ボラティリティの減少
インプライド・ボラティリティが同じ水準

これらのシナリオは、いずれもインプライド・ボラティリティの減少について触れていない。しかし、ＸＹＺのオプションが通常の価格構造に戻れば、同戦略から利益を得ることができる。例えば、このスプレッドは通常約３　１/２であって、４　１/２ではないとしよう。このスプレッドの価格を押し上げているのは、インプライド・ボラティリティの上昇である。**図表９．８**はまた、インプライド・ボラティリティが百分位数第５０位に落ちれば、同スプレッドが利益になることを示している。

　上記の売買戦略はリバース・カレンダー・スプレッドと呼ばれているものである。このスプレッドを修正したものは潜在的により望ましいポジションになるだろう。すなわち、より高い権利行使価格のコールを買う戦略である（一方において、売るほうは上記リバース・カレンダー・スプレッドの例で示した同じ権利行使価格を用いる）。ポジションをニュートラルに保つために、売りの枚数より買いの枚数を多くする。例えば、上記例のように、ＸＹＺ１月限１２０コールを１枚売り、ＸＹＺ１０月限１３０コール（権利行使価格が１３０であることに注意）を２枚買う。２：１の枚数が同ポジションをおおよそニュートラルにする。

　上記と同様に、このスプレッドにおいては当初受け取りプレミアムがあり、１０月限のオプション期日までにポジションを手仕舞う。前述の例と同様に、ＸＹＺの株価が急落すれば、１月限１２０コールの価格がスプレッドの当初受け取りプレミアムより安い価格で買い戻すことができるので、このスプレッド取引は利益になる。反対に、株価が大きく暴騰すれば、このスプレッドは無限大の利益をもたらす。なぜなら、コール１枚の売りに対してコールの買いは２枚だからである。スプレッド・ポジションを持っている間にインプライド・ボラティリティが下がれば、同スプレッドはまた利益をもたらす。このスプレッドは、１０月限のコールの買いポジションがコールの売りポジションによるリスクをカバーしているので、１０月限の期限が切れるまではリスクは限定されている。このスプレッドの最大のリスクは１０月限の期日が来た時点で、株価がちょうど１３０──買っているコールの権利行使価格──のときである。このレシオ・スプレッドのリスクは上述したリバース・カレンダー・スプレッドより大きいが、

それはもとより想定されていることであり、このレシオ・スプレッドはより大きな潜在的利益が期待できるのだ。

　株式オプションや指数オプションに用いるときは、これらの売買戦略には注意すべきことがある。取引所が定めた証拠金の規定により、長期オプションの売りポジションはネイキッド・オプションとしての証拠金が要求される（たとえ１０月限の期日までオプションの買いポジションによってリスクがヘッジされていても、である）。これらの売買戦略は、株式や債券を証拠金として利用できるトレーダーに非常に適している。株式や債券を売却することなく、それらを証拠金として利用することによって、株式や債券のポートフォリオをこれらのオプション売買戦略に活用できる。先物オプションにおいては、これらのスプレッドはヘッジ・ポジションとみなされ、より合理的なアプローチを取ることができる。

　要約すると、これらのリバース戦略は、オプションが高いときはいつでも適用可能である。これらの戦略はリスク限定で、原資産市場の変動が大きいとき（市場上下いずれかの方向に十分な大きさの変動をみせるとき）、あるいはインプライド・ボラティリティが減少したとき（オプション価格が下がる）、利益を上げることができる。最大のリスクは、オプションの期日が来た時点で、株価または指数が買っているオプションの権利行使価格と同じ水準であったときである。

ボラティリティ・トレーディングの主な利点

　ボラティリティ・トレーディングは、市場へのアプローチとして予測可能な方法である。ボラティリティはほとんど変わりなく一定のレンジの中で取引されている。それゆえに、原資産市場の実際の変動と比べれば、ボラティリティの動きはより正確に予測することが可能である。そうであっても、ボラティリティ・トレーディングに対するアプローチでは注意しなければならない点が存在する。ボラティリティが"安い"か"高い"かを判断するのは、労力を要するリサーチが必要である。市場に対してどのようなシステマティックなアプローチを取ろうとも、リサーチが不十分であ

れば、優れた結果は期待できない。

　ボラティリティを買う戦略は、初心者やプロを問わず、かなり多くのトレーダーに適している。これは自分の売買戦略の一部に加えるべきだ。しかし、ボラティリティを売る戦略はよりプロ的な売買戦略であり、それを試みる前にその戦略が自分の投資哲学に適したものであるかどうか検討する必要がある。もちろん、そうは言っても、確率分析に基づく厳格なアプローチをもってすれば、ボラティリティ・トレーディングから利益を上げることができる。真の優位性とは、適したポジションを建てれば――リスク限定・利益無限大のポジションであるが――比較的ストレスのない方法で相場にアプローチすることができるという点である。さらに、株価の上下いずれの動きからも、またボラティリティが以前の"通常の"水準へ戻るという運動から利益を上げることができる。これらの要素によってボラティリティ・トレーディングは次のような特徴を持った優れた戦略となっている。すなわち、その売買戦略の実践家は、株式市場全体がどのように変動しようとも、それに関係なく、夜ぐっすりと眠れるということだ。

※参考文献　『ＤＶＤ　マクミランのボラティリティ完全戦略』『ＤＶＤ　マクミランのオプション戦略の落とし穴』『ＤＶＤ　マクミランのオプション売買入門』（すべてパンローリング）

第10章
市場心理によってテクニカル分析を強化する方法

バーニー・シェファー

　「すべてはチャートの中に織り込まれている」とテクニカル・アナリストが言えば、「それはバカげている」と"ランダム・ウォーク"の信奉者は言う。「株価の動きはランダムだからチャートから、将来の株価変動を予測するのは不可能だ。現在の株価が企業の事業見通しについてすべての情報と予想を反映しているので、それが株式の将来の価格を占う最善のものだ」と彼らは主張するのである。

　テクニカル分析の実践家でありテクニカルアナリスト協会の会員として、私は当然ながら、そのようなランダム・ウォークの論議には同意しない。しかし、また、私はテクニカル・アナリストが抱えている問題についても受けとめている。過去の株価や出来高のパターンの研究をもとにして将来の株価を予測することはできないと主張するのは、バカげているという私のテクニカル・アナリスト仲間に心から同意している。しかし同時に、私はチャートは"すべてを語っている"わけではないとも強く信じている。なぜなら、純粋なチャート分析には、将来の株価を的確に予測する上で非常に重要な市場心理の要素が含まれていないからである。

　市場心理分析の基礎は逆の思考である。ウォール街のアナリストであり著述家でもあるウィリアム・オニール氏は次のように述べている。「株式市場は、効率的でもなければランダムでもない。効率的でないのでは根拠の不十分なマーケット・オピニオンがあまりにも多すぎるからであり、ランダムでないのは強力な投資家の感情がトレンド（価格）を形成するから

だ」(ジャック・シュワッガー著『マーケットの魔術師』日本経済新聞社)。

「根拠の不十分なオピニオン」は、ウォール街では様々な形を変えて流れ、何年もの間"周知の事実"と直面しながら非常に頻繁に飛び交ってきた。例えば、『ビジネス・ウィーク』誌が毎年1回12月に特集しているエコノミストが行う翌年の経済成長見通しは、過去4年間、毎年1．5％から2％と過小評価されてきた。この4年間の経済成長率は平均して4％であったのに対して、彼らの見通しの誤差はあまりにも大きい。さらに、彼らの経済見通しが誤った原因は以下に掲げるような、一般に信じられていたエコノミストやウォール街のオピニオンリーダーの意見をそのまま信じたことである。それは、「1990年代の強力な経済成長は常軌を逸したものであり、平均的なものに戻る」ということだった。行動金融論の分野では、そのような行動は、ひとつの信念を持つと現実との不協和をもたらすという"認識の不協和"として知られている。その理由は通常、彼らが長期間その信念を持ち、あがめているからである。『エコノミスト』誌の1999年12月18日号に掲載されていたのだが、「精神医学者はことをときどき『否定』と呼んでいる」。"効率的市場"や"洗練された市場参加者"が正しく"すべての既知の情報"に、正しくアクセスできる能力についてはあまりにも多く語られている。

あなたは次のように問うだろう。「しかし、ウォール街でのこのような認識の不協和から起こる、利用できる非効率性が金融市場に存在するのか」と。答えは明快で、「イエス」である。1998年下半期において、米財務省証券30年物の利回りは記録的な低水準である4．7％まで急落した。このときのアジアやロシア経済危機によって、エコノミストやウォール街関係者は、世界経済はデフレか経済後退の方向に向かっており、経済恐慌の可能性もある、と確信していたのである。1999年の米30年物債券利回り予想は4％までの低下であり、1998年8月、9月、10月の各月の経済見通しに関するインタビューに多くの関係者は、株式市場は弱気相場に転じる、と答えている。

つまり、ウォール街の"専門家"はアメリカ経済や株式市場を何年にもわたって過小評価してきたが、それが1999年にやっと報われるときが

来たと思っていたのだ。その報いは株式市場の弱気相場への突入と金利の低下という形で表れると思っていたのである。１９９９年の実際の経済状況は直近の過去とほとんど変わらないことが判明した。ウォール街の恐怖に基づく認識の不協和が、１９９８年に新たなピークに達した。経済成長率は加速度的に上昇し、１９９９年は記録を更新した。第４四半期までには、国内総生産（ＧＤＰ）の成長率は６％を超えたのである。

　このような景気の強さは、金融市場にどのように反映されただろうか。ナスダック総合指数は１９９８年１０月の安値である約１５００ポイントから反騰し、同年末までに２０００ポイントをつけた。その年の上昇率は４０％を上回っていた。にもかかわらず、１９９８年１２月発行の『ニューズウィーク』の経済予測特集は、景気後退と１９９９年における潜在的な経済恐慌について述べ、１９９９年末のナスダック総合指数は２０８１ポイントと前年末の株価とほとんど変わらないだろうと予測していた。しかし、実際には、ナスダック総合指数は１９９９年末に４０００ポイントを超え、その予測のコンセンサスの数字の２倍だったのだ。さらに、１９９９年の債券市場は１９２７年以来の悪い状況で、利回りは６．５０％まで上昇した。

逆思考の適切な応用

　ウォール街のオピニオンリーダーが経済見通しを何年にもわたって（時には何十年にもわたって）とんでもない間違いをするということを示すのは、一般的な投資の知恵を無批判に受け入れることへの警告と、"市場効率仮説"の愚かさを示すものとして役に立つだろう。市場心理の分析を利益に結びつかせるようにうまく利用することは、ウォール街のいいかげんな考えが生み出すチャンスを生かし、そのいいかげんな考えがあなたに呼び起こす恐怖や欲望が、あなたに逆思考の必要性を教えてくれるのだ。

　ハンフリー・ニールは現代における最も明快で聡明な逆思考の持ち主である。ニールは１９４０年代から１９６０年代にかけて投資に関するニュースレターを刊行してきた著述家であり、投資顧問でもあり、アナリスト

でもあった。彼は数多くの投資に関する貴重な本を著しているが、その中に１９５４年に最初に出版した『アート・オブ・コントラリー・シンキング（The Art of Contrary Thinking）』がある。彼は逆思考を"思考法"とか、将来を占う水晶球ではなく"思考のための道具"と表現している。それは、学習について教科書が教えてくれること、つまり、疑問点について様々な面を見る習慣をつけるといったようなことを、投資家の立場に立って発展させるものに他ならない。

　ニールは、群衆の習慣やその投資家に対する意味合いについて多くの意見を持っているが、群衆の裏を行けといった一般に多く人たちが強く信じていることに関してコントラリーオピニオンの定義をしないように注意している。彼は以下のことが非常に重要であると考えている。すなわち、それは、投資家が批判的かつ独立して考える能力を開発することであり、どれもこれもというわけではないが、健全に物事に対する懐疑的な態度を取るようにすることである。彼によれば、もしそのような過程を経て自分の意見と群衆が一致すれば、そうであってもよい。

　群衆は批判的というよりも、感情的に物事を考える傾向があり、自分の意見を守り、判断ミスを認めたくないという人間の性質より強い性質はないということから、真の逆思考のアプローチを取る人はほとんどがコンセンサスと違った結論にたどり着く。しかし、ニールは支配的な意見とそれとは反対の意見の統合として、逆思考のプロセスを表現するのに大変苦労した。これは以下の理由による。すなわち、「一般化された意見のすべて部分が間違いであったりタイミングが悪かったりするわけではないので、われわれが逆思考によって分析する一般化された意見の一部である事実を否定することを避けているということである」。つまり、コンセンサスである意見のすべてを排除するのはバカげているし、実際、コンセンサスについて論争すべきでないときがある。これは、逆思考の持ち主はすぐにコンセンサスとして信じられていることを排除するといった、一般にそう思われていることとは異なる。

　投資家心理を分析する手順に関して、ニールは"公の投資"を代表する群衆について多く意見を持っている。彼の著書『アート・オブ・コントラ

リー・シンキング』からの次の引用は心理分析についての基本的な概念を含んでいる。

- 群衆は考えずに衝動的に行動するので、一般大衆の意見は多くの場合、間違っている。
- 一般大衆の意見はすべて間違っているのだろうか。明らかに答えは、ノーである。一般大衆は間違っている以上に正しいときの方が多い。株式市場では、トレンドが継続している間は大衆が正しいが、トレンドの始まりと終わりに間違う。
- 群衆は用心し、かつ慎重でなければならないときに非常に熱狂的で楽観的である。そして、大胆であるべきときに彼らは非常に怯えている。
- 群衆はほとんど正しいと思われているときに、結局は間違っていることが分かる。群衆は、トレンドの終焉では間違っているが、平均してトレンド形成期間中は正しい。
- 群衆意見を一般的にまとめたものについての評価は――過大評価であれ過小評価であれ――ごく一般的に見られるものである。
- コントラリー・オピニオン（逆の意見）の理論に関する問題の解法は、支配的な大衆の意見を知ることや彼らの間に流行っているものや彼らが集中しているものの度合いを測るのがさほど難しくないのと同様に、決して難しくない。

　群衆は多くの場合間違っているという事実は、投資家が通常持っている知恵と照らし合わせても論争の余地はない。しかし、群衆は間違っているよりも正しいのときの方が多く、重要な転換点では一貫して間違っているという事実はウォール街では必ずしも受け入れられているわけではなく、理解されているわけでもない。事実、１９９０年代の強気市場が継続している間中、弱気論が唱えられた大きな誤りは、ますます多くの大衆投資家が市場に参加していることと、市場に対する熱狂が強気相場がもうすぐ終わる明らかなサインだと思われていたからだった。大衆は、１９８０年代初期に始まった強気相場の最後の天井において足下をすくわれ、過剰投資

しているだろう。それは過去いかなる相場でも、大衆投資家が最後の天井で相場にのみ込まれていったのと同じである。一方、うまくやっている投資家は、投資家心理が、大衆投資家が当たっている期間、トレンドと合致しているか、あるいは、それが大衆投資家が壊滅的な間違いを犯すトレンド終焉の警告を発しているのかを判断するための道具を持っている。

　上記に掲げたニールの著書からの引用の最後の２つは、機能する心理分析手法――投資家心理を客観的に計るもの――を開発する上での重要な問題である。１９９０年代の例を再び挙げると、ウォール街のオピニオン・リーダーや金融関係のメディアは自ら、"市場バブルの破裂"による不可避の壊滅的状態から投資家を救うために、通常の強気市場の知恵をめぐらす状況に直面して渦中に飛び込んでいる"大胆な少数派"と表現している。しかし、市場は過大評価され、暴落でないにしても、急激な下落へと向かうだろうと彼らが信じていた測るので、実際には、普通の投資家までもが１９９０年代の株式市場についてのそのように考えるようになってしまったのである。そのようないいかげんな考えが不十分な投資の結果をもたらしたのは、この強気市場につきまとった懐疑的な考えが広まっていたということを認識しなかったからである。

心理指標とテクニカル指標間の関係

　試験では、テクニカル分析のしっかりとした基礎を持たずにトレードで成功する方法はない。そのような基礎には、あなたにとっての"トレードの操縦役"としてうまく機能する一通りのテクニカル指標を発展させたものだけでなく、伝統的なテクニカル指標を知っていることを含む。伝統的なテクニカル指標は知る必要がある。その理由は、単純に言って、そのような指標は、多くの市場参加者が知っていて、そして実際に使っているので、他のトレーダーに行動を起こさせる一定の価格水準や条件に定義を与えているからである。つまり、それは、あなたが市場を知る上での目安のひとつになる。そして、それはあなたにトレードの意思決定を促す役目を果たすものの、それが主たる役目でなければ最良であろう。

あなたにとってのトレード操縦の主たる役目を果たすものは、必ずしも独創性のあるものや独自のものである必要はないが、少なくとも"テクニカル分析１０１"に載らないような指標であるべきだ。あなたの手法を過度に複雑にすることなく、そのような指標を発展させることができれば、あなたは自分がトレードで成功する確率を上げるだろう（もちろん、トレーダーの個性、リスク許容度、資金管理の技術もまた、最終的にトレードで成功する上で非常に大切である）。

　残念ながら、テクニカル分析が機能せず、さらに状況を悪化させ、テクニカル・アプローチが避けなければならない市場の感情にのみこまれてしまう重要な時期がある。最近の例は１９９８年秋に見ることができる。優位な立場にあった私のテクニカル・アナリスト仲間が弱気になってしまったのだ。市場心理の分析がいかに従来のテクニカル分析に付加価値を与えるかを説明するために、以下を読んでいただきたい。バーニー・シェファーの『オプション・アドバイザー・ニュースレター』１９９８年９月号から引用したマーケット・コメントである。

　われわれは弱気相場に突入したのだろうか。金融関係のメディアが毎日流すパニックを誘うような不協和音にいちいち耳を傾けなければならないような状況にいれば、誰もがそう思うだろう。問題は、それは弱気相場のように感じられるが、実際には合理的な定義をもってすれば、それは弱気相場ではないということである。２０カ月移動平均線を添えた１９８７年から現在までのＳ＆Ｐ５００株価指数（ＳＰＸ）のチャート（図表１０．３参照）をご覧いただきたい。このチャートでは、弱気相場の期間ははっきりと円で囲んである。それは１９８７年－１９８８年、１９９０年－１９９１年と１９９４年で、ＳＰＸがカギとなる重要な長期移動平均線を割り込んでいる。期間をさらにさかのぼってみると、１９７３年－１９７４年、１９８１年－１９８２年の弱気相場ではＳＰＸは２０カ月移動平均線を割り込んでいたのである。そこから期間を先に戻して、現在の相場を見てみると、ＳＰＸはその２０カ月移動平均線の支持線を破ろうと試したが、現在その５％上の水準に留まっている。弱気相場はまた、強気相場の高値か

ら２０％以上の調整によって始まると定義されている。この定義をもってしても、ＳＰＸの調整率は、高値から１９.６％が上記数字に最も接近したものであるので、まだ弱気相場には転じていないのだ。投資家心理は現在あまりにもどうしようもないほど弱気なので、弱気相場の状況から言えば、それはかろうじて“正常”だとみなすことができる。上述の通り、われわれがなお客観的判断基準からして強気相場にいるなら、このきわめて弱気な市場心理の意味するところは、市場は紛れもなく強気だということだ！どのような判断基準をもって私は市場心理を“どうしようもない弱気”と決めるだろうか。①プット・コール・レシオが史上最高であること、②オプション・トレーダーの心理を表すＣＢＯＥのボラティリティ・インデックス（ＶＩＸ）が１９８７年の株価大暴落以来の数字を示していること、③８月に株式投信の資金流出が見られ、また低利回りの短期資金運用ファンドへの資金流入が見られ、それがフィデリティ・セレクト・マネー・マーケット・ファンドの運用残高が史上最高水準にあること、④株式新規公開が法律上機能しないこと、⑤前月に、１９８７年の株価大暴落後、「株式市場は死んだ」と言わんばかりの言葉が飛び交ったように、「世界は終わりに近づいている」といったような見出しが雑誌の表紙を飾るようになってきていること。ダウが５０００ポイントに達してから弱気論者が不平を言ってきた“株価の評価”とは何か。前年には、米１０年物債券の利回りは２％も低下した。同時期の株式市場は若干上昇したが、１０年物債券の利回りと同水準だった株式配当利回りも、現在では１９８７年と１９９４年の株価が底の水準だったときと同じである。もし現在、資金をフルに市場に投じているなら、そのポジションはそのままにしておくべきだ。また現在、市場から離れているなら、大型株へフルに投資すべきである。

　１９９８年１０月時点で市場はまだ合理的に定義された弱気相場に突入していなかったということは、ここでは大衆投資家としての“群衆”だけでなく、ウォール街のストラテジストや多くのテクニカル・アナリストにとっても、関係なくなってしまったということに注意してほしい。この時期には、すべてのマーケット関係者が潜在的な世界恐慌や市場の暴落とい

った恐怖心に煽られていたが、それらはすべてが振り払われてしまったのである。テクニカル・アナリストは、弱気相場を予想する上で過去の指標を見るのはコインを投じて表が出るか裏が出るかをやっているのも同然だったとしても、"弱気の息"を吐いている指標を探そうと躍起になっていた。

　上記のマーケット・コメントで指摘されているもうひとつの重要なポイントは、市場に関してのテクニカル指標と市場心理を示す指標間の関係と共通点である。１９９８年１０月の私の仮説は次のようなものであった。すなわち、客観的な判断基準の観点から市場はまだ弱気相場に入っていないが、私の市場心理分析指標によれば、投資家心理は、"チャートが示すものとは離れて弱気"になっており、相場は近く上昇するだろうという意味合いを含んでいた。そのような弱気心理が相場の下落期間中に発生すれば、それは"犬が人間を噛む"といった表現を使えるような状況で、恐ろしいほどの事態にはならない、ということである。弱気相場は弱気心理を起こし、弱気相場で弱気な感情がはっきりと表れれば、それ自体は、相場の底打ちを予想する根拠には決してならない。しかし、強気相場が継続している中で起こる弱気感情は、特に、その感情が極端である場合には"犬が人間を噛む"ようなものであり、比較的まれではあるが、相場は強烈に上昇に転じることを暗示している。

　投資家は、強気相場では通常かなり強気であり、安心しきっており、強気相場での株価の押し目では比較的恐怖心がない。このような場面こそ、市場心理分析者の技術がその役目を果たすときである。それは、市場の買い勢力が、相場が天井を打つほどの勢力を現し、市場の強気心理が極限に達しているかどうかを判断するものである。しかし、強気相場とともに弱気感情が表れているときは、市場心理分析者の仕事は簡単である。買い勢力がまだ極限に至っていなので、天井をつけるまで強気相場はまだ継続する余地を残しているのが明らかだからだ。

　上記の１９９８年１０月のマーケット・コメントから学ぶことができる２つの主要な教訓がある。ひとつは、感情的な思考といいかげんな投資分析は"大衆"に限ったことではなく、専門家もしばしばこのような落とし穴に陥る可能性がある、ということだ。したがって、ニールが提唱してい

る規律ある客観的な思考プロセスは投資を成功へと導く上で重要である。第2に、感情の極限の状態はチャートに表れず、従来のテクニカル指標とは独立した市場心理を示す指標によって測ることができるので、客観的な市場心理指標は、伝統的なテクニカル分析にかなりの付加価値を与える。まさに終わろうとしているトレンドと、値幅においても時間においてもまだ継続の余地を十分残しているトレンドをチャート上で区別することはできない。事実、テクニカル分析には「チャートは、相場が天井をつける直前において最もきれいに見える」という格言がある。しかし、市場心理分析指標は、これからもきれいな姿であり続けるチャートと、醜い姿に変わってしまうきれいなチャートを見分けることができる。

市場心理を示す指標

　市場心理分析へのアプローチは、質的なものや定量的なものに分類することができる。いずれのアプローチも効果的で、それら2つのアプローチを同時に使えば、効力はかなり増すだろう。質的アプローチは、実際の資金の流れから結論を導くことはしない。質的アプローチは、新聞や雑誌記事の検証、ラジオやテレビの解説、インターネットやニュースレターの解説、投資顧問、先物トレーダー、ストラテジスト、エコノミスト、個人投資家などの市場参加者の調査を通して、市場の予測を行うことである。これらは市場に関するさまざまな予想をまとめる上で非常に重要な情報源である。

　これらの情報源をすべて検証することは、最も役に立つ情報に焦点を合わせない限り、きりのないほど時間の食う仕事になりかねない。さらに、すべての投資家が「自分が言葉で言っている通りのところに」資金を投入しているわけではないのだ。したがって、純粋に市場心理分析の質的アプローチにのみ頼ることは、潜在的な買い勢力と売り勢力の均衡の釣り合いを見極める上で正確さを欠くことになりかねない。例えば、選挙前の予想と選挙の結果の大きな違いを考えてみるといいだろう。最後に、質的アプローチから自分が結論づけたいことを質的指標によって、結論づけるよう

に自分自身を信じ込ませることは極めて容易なことなのだ。

　一方、定量アプローチは、具体的な取引銘柄に関する売買データを収集することによって、自分の手で運用する資金に対して個人やファンド・マネジャーが実際に行っている投資活動を細かく観察することである。例えば、シェファー・インベストメント・リサーチ社は、投資家心理の「普及と集中の度合い」（ニールの言葉による）を客観的に測るために、市場に関する意見、投信の資金の流入・流出、株式の短期動向などの分野のデータを収集し分析している。

■市場心理を質的に測る手法

調査

　ニールは"専門家"の予想に関して、次のように言っている。「将来の価格変動の予測に関する無数の予想はおおむね現在起こっていることをもとに行われている」。１９５０年代にさかのぼってみると、これはそのまま当てはまる。そして、幅広い予想や質の高い予想を行うさまざまな予想のための道具が開発されてきたものの、現在もそれは当てはまる。１９９３年末に『ビジネス・ウィーク』誌が行った調査で、エコノミストは１９９４年は債券市場にとっていい年になるだろうと予想した。しかし１９９４年の債券市場は、実際には１９２７年以来の最悪の状況となった。１９９４年末に、これらの専門家は、責任をもって１９９５年もまた債券市場にとってはいい年にはならないと予想した。しかし、１９９５年は債券市場は強い動きを示したのだ。

　しかし、市場予想者が現在のトレンドをもとにして予想を行わないとすれば、それはどのような意味合いを含んでいるのだろうか。『ビジネス・ウィーク』は毎年、年末近くになると相場予想について彼らが調査した内容を掲載する。それは、相場、金利、特定の株式が翌年どうなるかについてマーケット・ストラテジストや投資顧問の予測を載せている。以下に示すように、過去４年にこの調査は信頼に足る逆張りの指標となっていることが証明された。

『ビジネス・ウィーク』による1996年-2000年の ダウ平均の年間変動予測に関する調査

予想対象年	予測平均 (変動率)	年末の平均株価 (年間変動率)	実際の年末終値／予測 乖離率
1996	5430 (+6.1%)*	6448 (+26.0%)*	18.7
1997	6587 (+2.2%)	7908 (+22.6%)	20.0
1998	8464 (+7.9%)	9181 (+16.1%)	8.5
1999	9567 (+4.2%)	11497 (+25.2%)	20.2
2000	12154 (+5.7%)	-	-

*1995年は年間33.5%の上昇率を見せ、5117ポイントでその年を終えた。
2000年の空欄はこの調査内容の発表字にデータがなかった。

ダウ・ジョーンズ工業株平均が１９９５年の３３.５％という輝かしい上昇率を見せた後で、これらの専門家がいかにして過去の平均上昇率を下回る数字を予想していたかを見てみたい。また、上記の表の最後の欄に示されているように、これらの予想数字が一貫してダウの変動率よりも過小評価されていたのを見てほしい。この例から得られる教訓は、専門家は過去の平均利回りを一貫してかなり上回るトレンドに逆らって予想を出してきたということである。「既存の情報に逆らう」心理が強く働いている限り、このような強い利回りが継続する可能性が高いということである。その理由はなぜか。"オピニオン・リーダー"が最近の利回りに基づいて将来の予測をするといった既存の情報に基づく予測によって明らかなように、ほとんどの人たちが現在の状況の継続性を信じるようになると、相場は天井をつけるからである。そのような強い信念が支配的になると、市場に投じることのできる資金は実際に投資され、ほとんど抵抗を示すことなく上昇してきた相場がその後たどる道は"下り坂"になるのである。

来る年の市況に関しての良い見通しを予想しても、これらの予測は短期には、幅広い市場を誘導するには役に立たないだろう。しかし、１週間ベースで、トレーダーや投資顧問について調査を行っている定期購読誌がある。例えば、マイケル・バークが編集している『インベスター・インテリジェンス』（www.chart-craft.com）は１週間ベースでいろいろな投資家の

調査を行っており、強気論者と弱気論者の比率や、相場が調整局面を求めている投資家の比率を発表している。**図表１０．１**の矢印は、弱気論者の比率が強気論者のそれを同じか上回っている１９９６年の数少ない例で、相場の長期上昇トレンドの中で素晴らしい短期の買いチャンスが発生したことが示されている。同時に、強気比率が比較的に高くなり、短期の調整あるいは往来相場がそれに続いてすぐに起こった。

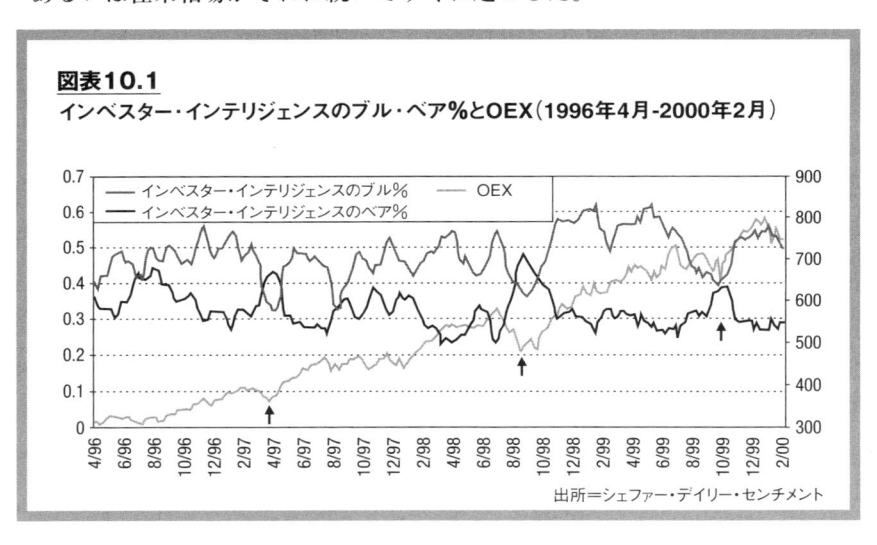

図表10.1
インベスター・インテリジェンスのブル・ベア％とOEX（1996年4月-2000年2月）

出所＝シェファー・デイリー・センチメント

「コンセンサス」（www.consensus-inc.com）は調査内容を掲載している週刊誌である。１週間ベースで先物トレーダーの見方をまとめた"強気市場論コンセンサス・インデックス"は、株価指数、債券、金を含む先物数銘柄の強気論者の比率を要約している。『インベスター・インテリジェンス』同様に、この情報は逆張り派には役立つと言える。**図表１０．２**に示されているように、強気論者の比率が相対的に高いとき（１９９８年４月、１９９９年１月、２０００年１月）、株式市場の動きは弱くなる傾向にあり、逆に、その比率が低くなると（１９９８年８月および１９９９年１０月）、買いチャンスは発生する。

　このような調査によって測定できる弱気心理が、なぜ強気相場の中で相

場の強さを意味するのだろうか。上述の通り、これは"人間が犬を噛む"状況なのである。強気市場は、押し目における安心と通常強気心理を投資家に植え付ける。強気相場での株価の反落が大きな恐怖心と弱気な感情を引き起こす原因になった場合、キャッシュとして余っていた資金が相場を支持し、さらにそれを押し上げることになることを示している。

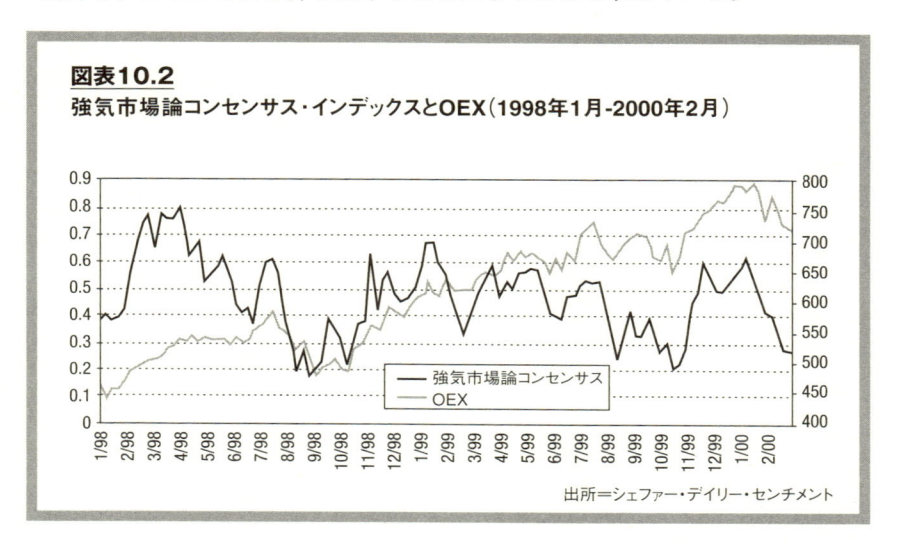

図表10.2
強気市場論コンセンサス・インデックスとOEX（1998年1月-2000年2月）

出所＝シェファー・デイリー・センチメント

カバーストーリー

　特定の株式やより多くの株式によって構成される株式市場の市場心理をとらえるのに用いられる優れた質的情報源は、雑誌のカバーストーリーである。なぜそうなのか。雑誌の出版社は、各号の売り上げを最大限にすることを目的とした事業を行っているということは周知の事実である。そのような目的を果たすため、雑誌は多くの場合、その日の"ホットな"話題でカバーを飾るのだ。覚えておくべき重要なことは、ある出来事が主要なニュース誌の表紙を飾るほど主要なテーマになったとき、ほとんどの人はそのニュースに基づいて行動するだろう、ということだ。つまり、そのようなカバーストーリに沿って形成されているトレンドは、その出来事がニューススタンドで目に入るようになる前に、すでに株価に十分に織り込ま

れている可能性が高い。複数の出版物が似たようなテーマを掲載し、似たような結論で終わっている場合、カバーストーリは逆張り派にとっては非常に効果がある。

　カバーストーリによる逆張り派の劇的な投資行動の最適な例は、１９９８年８月と９月に掲載された弱気相場をテーマにしたカバーストーリーに見られる。多くの主要出版物は株式市場の下落や"世界経済の凋落"にスポットを当てたカバーストーリを掲載した。時系列的にこれらの例を挙げよう。

● エコノミスト（８月８日号）：下落相場のチャートを指しながらサングラスをかけ、歯を出して笑っている熊の絵と「笑いながら苦痛に耐えろ」の見出し。
● バロンズ（８月３１日号）：「雄牛は立ち直れるか」の見出しで、表紙は熊が雄牛を転がしている絵を掲載。
● フォーチュン（９月６日号）：「このマーケットはブタになったのか？」
● バロンズ（９月７日）：「ついにノックアウトか？」──猛り狂うブルをベアが打ちのめしている。
● フォーチュン（９月２０日号）：「９８年の暴落──米国経済は持ちこたえられるか？」。カバーストーリは、「困難に陥ったせ界は最終的には米国経済の拡大を阻むだろう」といった内容。
● フォーブス（８月２１日）：「ハルマゲドンか、１９８７年の再来か」
● タイム（９月２４日号）：「ブームは終わったか？」の表紙は、人々は急下落相場のチャートの上で転げ落ちている絵によって表題を強調している。

　これらのカバーストーリーは、Ｓ＆Ｐ５００株価指数（ＳＰＸ）がテクニカル上の強い支持線である２０カ月移動平均線を破るのを試しているときに（図表１０．３参照）、タイミングよくウォール街を駆け巡った。このようなメディアの相場に対する懐疑的な姿勢は、テクニカル上の支持線は守られるだろうという優れた指標となる。実際、ＳＰＸは１９９８年１０月初旬のブームの後３カ月間で２５％上昇している。

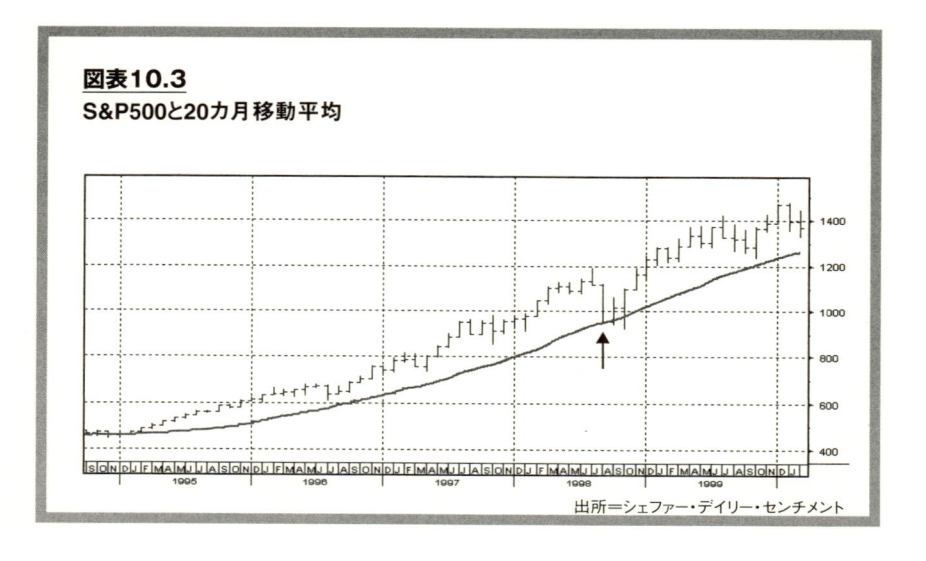

図表10.3
S&P500と20カ月移動平均

出所＝シェファー・デイリー・センチメント

　大衆ニュース誌はビジネス誌に比べて、逆張り派にとってより強烈なカバーストーリーを掲載している。例えば、「破滅しつつあるビル」の見出しで表紙を飾った『タイム』誌1999年11月号は、風船に針が刺さりそうな気球に乗っているビル・ゲイツを描写している。司法省の調査のニュースが渦巻いているときに、マイクロソフト社を取り巻く数多くの暗い話が飛び交っていたのだ。同じようなカバーストーリーが『エコノミスト』によって掲載されていた。その見出しは「マイクロソフト社の信用は今、はじけた」であった。幸いなことに、マイクロソフトの株価に関しては、市場は1999年11月18日の司法省の判決を難なく切り抜け、株価は重要な10カ月支持線で反騰をみせ、翌月には13％の上昇を見せた。
　もちろん、カバーストーリーは常に逆張りの指標として機能するわけではない。例えば、サン・マイクロシステムズ社（SUNW）は株価にとって有利な記事がいろいろな雑誌に掲載されていた（『フォーチュン』1997年10月13日号、『ビジネスウィーク』1999年1月18日号）。しかし、株価は次々と高値を更新していった。カバーストーリーに対して逆張り的なスタンスを取る場合は、そのストーリーに"乗る"かどうかを判断するために、トレーダーはファンダメンタルズとテクニカルズの両方

を細かく調べなければならない。いつ市場心理がトレンドに合っていて、いつ反転の警告を発しているのかを判別しなければならない。ＳＵＮＷのケースでは、企業業績が良好である一方で、テクニカル的に株価は相当に強い動きを示していた。他の例と同様に、この例でも、群衆の裏を行こうとする前に、ファンダメンタルズが変化するのを待ち、あるいはチャート上の株価の動きが悪化するのをとらえるのが賢明なやり方であることが分かっている。

■市場心理を定量的に測定する方法

　質的アプローチによる市場心理の測定はそれ自体、限界があるが、それは市場参加者の心理を測る上でそれなりの役割を果たしている。また、それは、測定の材料が一般に入手可能だという利点がある。しかし、その測定法によっては、実際に資金がどのように、そしてどの程度流れるかについては正確にとらえることができない（ニールが言うところの普及と集中の度合い）。ここで重要な役割を果たすのが定量的な測定手法なのである。定量的な市場心理分析では、どれだけの資金がどのように市場に配分されるかを正確に測定できる具体的なデータを収集する。原市場の心理を正確に数字で割り出し、その意味合いを読み取るために、過去のデータを分析しテストする。それから、市場参加者の意見やニュースストーリーに反映される一般的な市場のフィーリングや市場参加者の態度によるよりもむしろ、投資を行っている者の実際の行動によって市場に対する楽観的態度や悲観的態度を判別する。

　例えば、それぞれのオプション取引所は、この種のリサーチや分析を可能にしてくれる統計的数字を日々提供している。オプションとは、ある定められた日（満期日）以前にあらかじめ決められた価格で特定の株式の一定数量（通常１００株）分を買う、あるいは売る権利をそのオプションの持ち主に与えるものである。コール・オプションは、具体的な時間までに特定の価格で株式や株価指数（原資産と呼ばれる）を買う権利（義務ではない）をそのオプションの買い手に与える契約である。コール・オプショ

ンの買い手は、オプションの満期日前に原資産の価格が上昇することを予想する。反対に、プット・オプションの買い手は、プットが満期を迎えるまでに、特定の価格で株式や株価指数（原資産と呼ばれる）を売る権利（義務ではない）を持つ。プット・オプションの買い手は、定められた期間に原資産の価格が下落することを予想する。このようなことから、最も基本的な観点から言えば、コールの需要がプットのそれに比べて高い場合は、それは市場に対する楽観的見方を反映したものであり、一方、プットの需要がコールのそれを上回っていれば、それは市場参加者が相場の先行きを悲観していることの表れである。

オプション売買状況を分析するためのいくつかの手法がある。ひとつは、日々ベースでプットとコールの売買高の内訳を調べることである。オプションの出来高とは、単に日々のそれぞれ（具体的な株式、限月、権利行使価格ごとの）特定のオプションの取引枚数である。それぞれ異なるオプション・シリーズや権利行使価格ごとの特定の株式や株価指数オプションすべての出来高の総数を算出することによって、コールの売買とプットの売買を比較することができる。こうすることによって、株価変動とは切り離して、その株式に対する市場心理をつかむのである。

市場心理を測定するためにオプションを活用するもうひとつの手法がある。それは取組高の数字の分析である。株式の株数持ち分比率（シェア）は、その会社の一部を実際にどれだけ所有しているかを表している。オプションは単に規格化された契約にすぎず、ひとつの契約にはそれぞれ買い手（ホールダー：オプション所有者）と売り手（ライター：買い手の権利行使に対して義務を負う者）がいる。オプションの出来高が売買活動や売買数量の指標であるのに対して、取組高は日々の市場終了時点におけるオプションの新規建て玉の数量を指す。これは株式で言えば、"浮動株"に相当する。オプション取引がいかに取組高に影響を与えるかは、市場参加者が新規にオプションを売買するか、すでに買っているか売っているオプションを手仕舞うのかによる。もし買い手と売り手の双方が新規にオプションを売買する（一方がオプションを買い、他方がオプションを空売りする）なら、オプション取組高はその取引数量分だけ増加する。反対に、買

い手と売り手の双方がオプションを手仕舞うために売買するなら、オプション取組高はその取引数量分だけ減少する。

　市場心理分析の目的は、それぞれプットに対する需要とコールに対する需要の形で市場に対する楽観論と悲観論を表面に出すことである。簡単に言えば、より高い出来高と取組高は一般に需要を表す。出来高や取組高は買いよりも売りによって、それらの増減の影響を受けると言える。一方、１枚ごとの取引ベースでみると、売りやスプレッド取引というよりも、買いのほうがより多く見られる。これは、特に最も売買高の多いオプションについて言える。そのようなオプションは期近限月で、より投機的に取引される"アウト・オブ・ザ・マネー"の権利行使価格に取引が集中している。このように、大半のケースで、多い売買高と取組高は投機家によるオプション需要の高さを示している。先物市場のアナリストは、オプション取組高の変化が強気論者によるものか弱気論者によるものかを推測しようとするが、オプション市場のアナリストはプットとコールの取組高の内訳から利益を得ようとする。オプションと他の市場の測定手法が相場、株式、セクターの定量市場心理分析にどのように応用されるかを見てみよう。

■定量分析による市場タイミングを測る指標

プット・コール・レシオ

　前述の通り、オプション売買高の数字を活用することによって、全般的な市場心理を定量化することができる。市場心理を測定する指標として最もよく使われるものの２つがシカゴ・ボード・オプション取引所（ＣＢＯＥ）の株式プット・コール・レシオとＳ＆Ｐ１００（ＯＥＸ）プット・コール・レシオである。これらを正しく使うと、市場心理をつかんで市場変動を効果的にタイミングよくとらえる助けとなる。

　ＣＢＯＥの株式プット・コール・レシオは、市場全般の変動のタイミングをとらえる上できわめて信頼できる市場心理の測定手法である。その指標は、ＣＢＯＥで日々取引されるされるプットオプションの出来高をコールオプションの出来高で割ることによって求められるレシオである。１９

９０年以来、そのレシオの９０％は０．３１から０．６７の範囲で変動している。

この単純な指標は市場心理について、何を伝えてくれるのだろうか。プット・コール・レシオは、潜在的に大きな買い勢力に基づいて市場は上昇するのか、あるいは市場を押し上げるための資金の不足によって様子見状況になるのかを測るひとつの方法である。高いプット・コール・レシオは、多くの場合、市場に過度の悲観論が渦巻いており、大量の資金は市場に入らず、"待機"状態となることを示している。反対に、低いプット・コール・レシオは、多くの市場参加者が市場の先行きについてあまりにも楽観的な見方をしているので、市場をこれ以上押し上げる資金がないことを示している。

シェファー・インベストメント・リサーチ社は、もっと信頼できるサインを得るためにデータを平準化し、ＣＢＯＥの株式プット・コール・レシオの２１日移動平均に焦点を当てている。この移動平均を用いて、同社は、指標が強気相場と弱気相場の条件のサインを出すレンジの定義づけを可能にしている。１９９０年以来、そのレシオの２１日移動平均は主として、０．３３から０．５５の間で推移した。一般的に、レシオ移動平均が０．４７を超える水準に達すると、高い数字は売られ過ぎの表れだとして強気相場の条件のサインを発する準備を同社はする。反対に、レシオ移動平均が０．３７より低い水準に達すると、それは短期トレーダーがほとんどフルに投資しているというサインであり、市場は往来相場に向かうか、あるいは、市場に悪影響を与えるようなニュースが新聞・雑誌の見出しを飾るようになると、市場は大きく下落するか、往来相場の下を突き抜けるような攻撃を受けやすい。

これらのレシオは、相場が反転する条件を整えているということを単に示しているにすぎない。レシオがピークを打ち、反対の方向に向かうようになって初めてアクションを取るのである。このレシオがピークを打った場合、次のことを示している。すなわち、市場が様子見状態になるか、空売りが見られるようになった後、投資家は市場に対してより楽観的になりつつあるということである。そのような場合、空売り玉は買い戻され、待

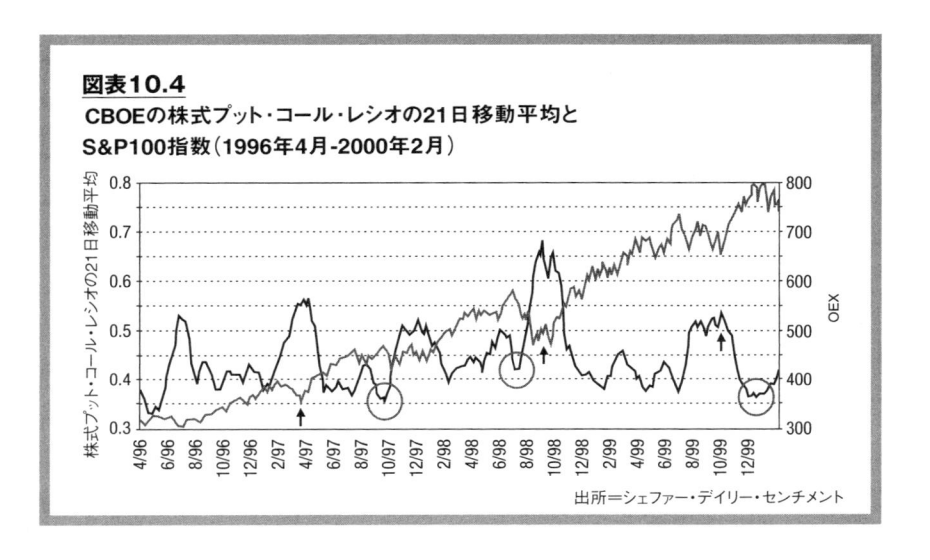

図表10.4
CBOEの株式プット・コール・レシオの21日移動平均と
S&P100指数（1996年4月-2000年2月）

出所＝シェファー・デイリー・センチメント

機していた資金が市場に投入されるので、相場は上昇する。対照的に、この指標が低くなると、投資家が楽観的だった時期の後に、投資家が市場に対して悲観的になることを意味している。今まで買われていた株式は売られ、資金は市場から出ていくので、相場は反落する。

　図表１０．４はこれらの関係を示している。１９９７年４月、１９９８年９月、１９９９年１０月のプット・コール・レシオのピーク（図の矢印）を付けた後、相場は大きく上昇しているのが分かる。反対に、１９９７年１０月、１９９９年１２月のプット・コール・レシオの谷は（図の丸で囲んだ部分）は、相場が安くなる前に見られる。レシオは常に上下に変動しているので、そのピークや谷は、それが絶対的な売買高の数字の高低に達したときに起こっている。極端な強気心理はさらに極端になる（弱気心理についても同じ）という事実は、１９９０年代に強気心理はクライマックスに達し相場は天井を打った、と独断的に繰り返し主張してきたアナリストにとっては、大きなワナとなったことが証明されている。彼らは、危険このうえないことだが、「大衆は、トレンド形成期間中は正しい」ということを理解していなかったのである。

　株式プット・コール・レシオは効果的な道具ではある一方、Ｓ＆Ｐ１０

０（ＯＥＸ）のプット・コール・レシオは、２０００年初期まで市場心理をとらえる上で非常に信頼できる指標であった。この指標について本章で述べるのは、株価指数のプット・コール・レシオのアプローチを示すだけでなく、市場は急に変化する場合があるので、従来の指標に目を見張るだけでなく、新しい指標にも注意を払うことの必要性を理解してもらいたいからである。

１９９０年から２０００年初めに、ＯＥＸオプションの売買高はＣＢＯＥで日々取引されるオプションの全数量の１５％以上を占めていた。株式市場ではいかなる銘柄も、そのような数字を示したことはなかった。いかなる株式も株式市場全体を代表することはできないが、大型株式１００銘柄からなるＯＥＸは、株式全体を代表していると合理的に判断することができる。ＯＥＸオプションは幅広く取引されているので、それは幅広い市場での投資家の市場心理をとらえる上で活用することができる。この場合、ＯＥＸのプット・コール・レシオを算出するためにシェファー社は、ＯＥＸの日々のオプション売買高を用いた。プットの売買高がコールのそれを相対的に上回った場合は、同レシオは極めて高くなり、潜在的な買い勢力が増加したため、強気相場の条件が整ったことを示す。反対に、コールの売買高がプットのそれと比較して多い場合は、同レシオは極限まで低下し、過度の市場楽観論を意味する。それは多くの場合、市場に対する警告のサインとして機能する。

一般的にＯＥＸプット・コール・レシオは効果的な指標である。しかし、相場強気論を示している同指標がさらに強力になるときがある。そのような状況を示すひとつの例は、ＯＥＸのプット・コール・レシオが１．６０か、それ以上に高くなり、同日ＯＥＸの指数も高くなった場合である。図表１０．５はそのようなサインの後でＯＥＸが通常上昇していたのを表している。実際、その図によれば、サインが出た後の２５日間の指数のパフォーマンスは、任意に選んでとった指数のパフォーマンスの２倍であることを示している。

どうしてそのようになるのか。ＯＥＸが上昇している日は、上昇している指数から利益を得ようと投資家がコールを買うのが自然な相場に対する

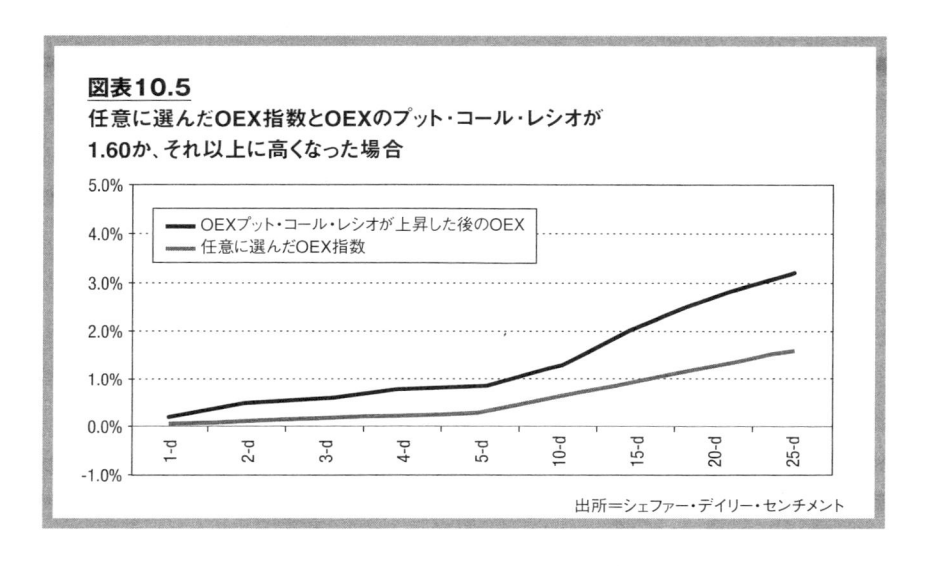

図表10.5
任意に選んだOEX指数とOEXのプット・コール・レシオが1.60か、それ以上に高くなった場合

凡例：
- OEXプット・コール・レシオが上昇した後のOEX
- 任意に選んだOEX指数

横軸：1-d、2-d、3-d、4-d、5-d、10-d、15-d、20-d、25-d
縦軸：-1.0%～5.0%

出所＝シェファー・デイリー・センチメント

反応である。指数が上昇している日に投資家がコールの代わりにプットを大量に買う場合、彼らはトレンドに逆らっている（"人間が犬を噛む"）のであり、ストップロス注文を入れた"空売り"ポジションと同じリスクを取っていることになる。これが起これば、これらのポジションをカバーしようとする行為が市場に弾みをつけることになる。こうして、相場悲観論が消滅し、空売りポジションが買い戻されるので、株式はかなりの上昇をすることになる。

　本章を執筆している現在、OEXの出来高はかなり減ってきている。その理由のひとつは、ナスダック１００信託（ＱＱＱ）オプション（本項の次に述べる）の人気が出てきたことである。例えば、１９９９年下半期のOEXオプションの売買高は、総数で９万３６枚であったのに対し、２０００年上半期は７万８５６枚であった。この出来高の減少は、ＯＥＸオプションを取引する参加者が少なくなったことを意味している。これは、投資家心理を測定する道具としてのＯＥＸプット・コール・レシオの信頼性が薄れたことを意味する。一方、ＱＱＱオプションはその人気が上がっている。例えば、１９９９年下半期のＱＱＱオプションの総出来高は１万３００１枚であったのに対して、２０００年の上半期６カ月の出来高は７万

２４３８枚であった。シェファー社は、ＱＱＱオプションのプット・コール・レシオの高低が市場において暗示するものを研究することによって、日々のＱＱＱオプションの出来高を採用している。市場の変化は速い。かつて信頼の高かったものも、市場の状況の変化とともに通用しなくなってしまうのである。これは。他の指標にも当てはまる重要な点である。

ＳＰＹとＱＱＱの出来高

　マーケットの大底を予測する上で効果的なもうひとつのマーケット指標は、アメリカン証券取引所に上場されているＳ＆Ｐ５００預託証券（ＳＰＹ）とナスダック１００信託株（ＱＱＱ）の売買高である。それらの証券は両方とも、それぞれＳ＆Ｐ５００とナスダック１００の指数のパフォーマンスに連動するように投資されたポートフォリオを代表している。これらの証券は、個人投資家が容易にこれらの主要株価指数に投資できるように提供されたものである一方で、それらはまた市場心理を測定する効果的な手段を提供している。なぜか。ＳＰＹとＱＱＱはティックが下向きのときに（指数が下落時）、指数を空売りすることができるという意味で他の株式と区別されているからである。ほとんどの株式は、積極的な空売りによって流動性のない株式の暴落が起こらないように、アップティック（株価上昇）を示した後でしか空売りを仕掛けることができない。ＳＰＹとＱＱＱの価格は、そのときどきの一時的な需給の偏りから直接的に形成されるのではなく、それらの元の株価指数から来ているのである。そのため、それらの価格は、俊敏な空売りによる影響を受けない。これらの指数預託証券はいつでも空売りができるので、相場が下落している日には、これらの銘柄に相場に対する悲観的行動が反映される。このような性質から、シェファー社は、ＳＰＹとＱＱＱの出来高を個別の数字と、その合わせた数字の両方を用いてモニターしている。そして、下降相場で過度な悲観的空売りがいつ発生するかを判断している。

　特に関心があるのが、相場が下落している日で、ＳＰＹとＱＱＱの出来高が極限に達するときである。そのようなことが起こった場合は、以下のことが示されている。すなわち、市場心理はかなり悲観的で、投資家は、

相場はさらに下落するだろうという恐怖から、ポートフォリオをヘッジするために、こぞってこれらの証券の空売りを仕掛けるのだ。これほどの割合の投資家の悲観的心理は、一般的には相場上昇のサインである。その根拠は、群衆は買いポジションを防衛的に手仕舞っているだけでなく、安値で積極的に空売りを仕掛けているということだ。同時に、もしこれらの証券の売買高が相当減少すれば、投資家は相場に対して安心しきっているかもしれないので、それは、相場はさらに下落するというサインになる。図表10．6は、SPYとQQQの出来高とOEXの価格変動の関係を示したものである。QQQは、2000年3月17日に2:1の株式分割を行っていることに注意してほしい。

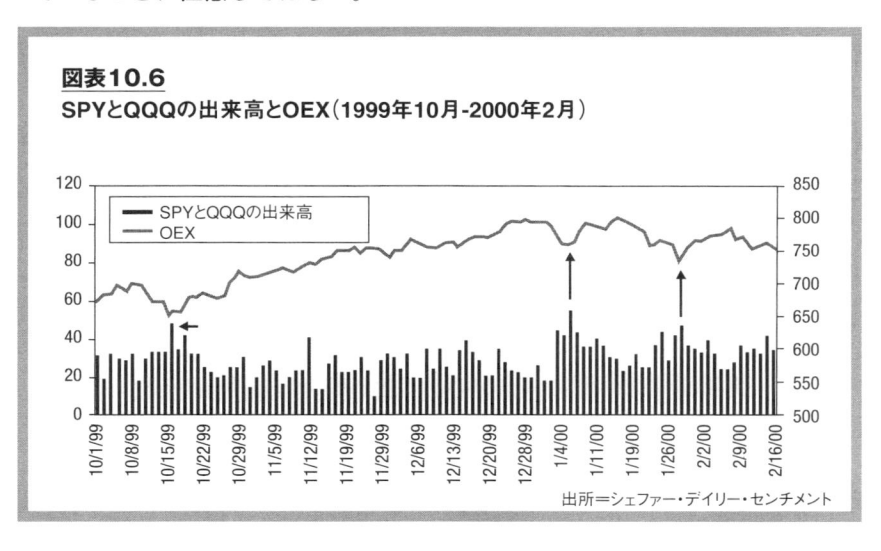

図表10.6
SPYとQQQの出来高とOEX（1999年10月-2000年2月）

出所＝シェファー・デイリー・センチメント

1999年10月および2000年1月に2度にわたって急増した出来高は株価指数の短期的な底値を示した。

投信の資金の流れ

市場心理はまた、強気志向の投信と弱気志向の投信の間の資金の流れをモニターすることによって定量的に測定することができる。シェファー社は、ライデックス・ファンド・グループ間の資金の流れを追っている。このグループファンドは複数のファンドから成っており、投資家は、自分が

相場に対して強気か弱気かに基づいて低コストでかつ煩わしさがなく資産配分の変更を行うことができる。ライダックス・ノバ・ファンドは、ＳＰＸの１５０％のパフォーマンスを出すように設計されており、一方、ウルサ・ファンドはＳＰＸと逆相関の収益率が求めるように設計されている。ウルサ・ファンドは確かに長期投資としては、現在の強気相場が続く間は成績が芳しくないが、相場の反落や調整の「タイミングをとらえようとすれば」、非常に効果があるだろう。

　当初、シェファー社は、おおよその投資家心理を測定するためにノバ・ファンドとウルサ・ファンドの資産の比率を活用した。１９９８年から１９９９年にかけてテクノロジー・セクターの人気が増すと、投信の投資家はますますライデックス・ファンドに資金を配分するようになった。そのファンドはナスダックス株式に関して強気のポジションを取るファンド（ＯＴＣファンド）と弱気のポジションを取るファンド（アルクトス・ファンド）から成っていた。ノバ・ファンド同様に、ＯＴＣファンドはテクノロジー株中心のＮＤＸ（ナスダックス総合株価指数）の株価変動に合わせて運用され、アルクトス・ファンドはＮＤＸの収益率と逆の収益率が出るように設計されている。このため、シェファー社は市場心理を測定する定量的な指標としてライデックスＯＴＣ・アルクトス・レシオを加えた。さらに一歩進んで、シェファー社のライデックス　ＯＴＣ・アルクトスレシオは、強気志向のファンドであるノバとＯＴＣファンドの資産合計を、弱気志向のファンドであるウルサとアルクトス・ファンドの資産合計で割った値を採用した。この指標は、単にＳＰＸやＮＤＸに対する市場心理だけでなく、投信に対する投資家心理を測定するものとして完璧なものである。株式市場は長期で見れば成長するので、時間の経過とともに強気志向のファンドと弱気志向のファンドのパフォーマンスには大きな隔たりが出てくる。シェファー社のライデックス・レシオは、この要素を各構成ファンドのＮＡＶ（純資産額）を割り出すことで調整している。この結果、ＮＡＶ調整後のレシオは各ファンドの実際の資金の流出入額によってのみ影響を受ける。

　ＮＡＶ調整後のロング・ショート・レシオが低水準の極限まで動いた場

合、それは極端な悲観論を表している。それは、市場が潜在的に強気相場に移る環境を整えていることを示している。というのは、資金が"ロング・ポジション"のファンドから流出し、"ショート・ポジション"のファンドに流入して、ショート・ポジションを作っているからである。一方、この指標が極端に高い場合は、市場に対する過度の楽観論を示している。これは、多くの場合、市場が弱気な状況に陥る前に起こる。資金がフルに投資され、また、ショート・ポジションが買い戻され、買い勢力が市場の恐怖感を消し去り安心しきった状態だからだ。図表１０．７はＯＥＸのＮＡＶ調整後のレシオを表している。レシオが１．５０を下回ったとき相場の上昇気運の条件が整い、また、それが３．００を超えると市場は弱気になる傾向がある。

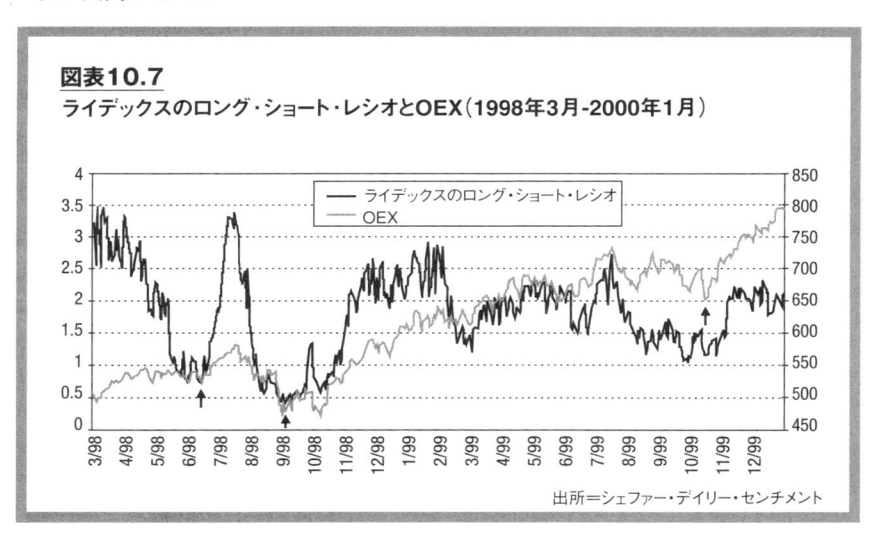

図表10.7
ライデックスのロング・ショート・レシオとOEX（1998年3月-2000年1月）

出所＝シェファー・デイリー・センチメント

■株式およびセクターのタイミングのための定量化された指標

プット・コール取組高レシオ

　ここまで、市場のタイミングを計るための市場心理測定値として売買高に基づくレシオに焦点を当ててきた。ここでは、個別株やセクターに対する投資家心理を測るために取組高を用いる。個別株では、日々の売買高が非常に大きく変動するので、大きな変動がもたらす誤差のために強気サイ

ンと弱気サインを区別するのが難しい場合がある。次の表は5日間のモトローラ（MOT）のオプション売買高を表したものであるが、これは上記のポイントを示している。そのような短い時間枠では、0．09から0．62で推移しているプット・コール・レシオから、市場心理に関する意味のある結論を導き出すことは不可能であろう。日々の売買高がもっと多く、比較的一貫性があるいくつかの銘柄があるが、特定の株式のオプション取引——取組高——を通して投資家心理を測定するもうひとつの手法について考えてみよう。

5日間のモトローラのオプション売買高

日付	コールの売買高	プットの売買高	プット・コール・レシオ売買高
99/9/2	856	499	0.58
99/9/3	8137	748	0.09
99/9/7	10530	1489	0.14
99/9/8	4248	1419	0.33
99/9/9	2595	1621	0.62

　個別株に対する現在の投資家心理を評価するために、取組高を用いる多くの方法がある。最も単純な分析手法はプット・コール・レシオを用いるものである。プットの取組高をコールの取組高で割って求めるレシオによって、株式に対する投資家心理を簡単に表すことができる。株式の取組高の数字は毎日ゼロから始まるわけではないので、"日々"の数字は時間とともにより平準化される。以下に掲げる表は同時期のモトローラのオプションの、売買高ではなく、取組高を表している。これらの取組高の数字は、売買高の数字と比べて、その変動幅がかなり小さい。そのため、アナリストは同株式に対する投資家心理のより良い測定を行うことができる。取組高に焦点を合わせるもうひとつの利点は、同じ取引日の仕掛けと手仕舞いの両方を取る売買高は、取組高の数字には表れないということである。そのような売買高は、伝統的なプット・コール・レシオに含まれるデータの相当な部分を表すことができるが、それが相場の方向性を暗示するのはそ

の指標が算出された当日だけである。

5日間のモトローラのオプション取組高

日付	コールの取組高	プットの取組高	取組高に基づく プット・コール・レシオ
99/9/2	25,979	14,071	0.54
99/9/3	26,432	13,942	0.53
99/9/7	29,432	14,112	0.47
99/9/8	31,547	14,699	0.47
99/9/9	30,931	14,801	0.48

　市場心理を測定する場合、主な関心事は、大衆投資家が市場の先行きについてどのような確信を抱いているかである。（機関投資家というよりむしろ）大衆投資家の市場心理の逆の見方は市場の先行きを予測するものとして、より信頼性があることが分かっている。これらの投資家の性質をより良く表しがちなオプション情報を収集するには、オプションの期近3限月に集中することである。これらは、小口の投資家が集中して取引しがちな限月だからである。同株式に関する現在のプット・コール取組高レシオと過去のレシオを比較することにより、投資家の同株式に対する楽観また悲観の相対的度合いを正確に測定することができる。レシオに絶対的な数字は、銘柄によってかなり異なるので、以上のことはきわめて重要である。このように同銘柄の現在と過去のレシオを比較することは、"りんごとりんごを比較すること！と同じであり、こうすることによって、相対的な投資家心理の状態を正確につかむことができる。

　図表10.8は、1年間のプット・コール取組高レシオを表している。株価が底を打つかその前に、同レシオは相対的に高い水準になっていることに注目してほしい。このような高水準のレシオは、株式に対する悲観論が増長しているか、ピークに達していることを示す。これは、株価の底が近いかすでに底を打っているというサインである。反対に、低水準のレシオは、株価が天井を打つ前で、過度に上昇している可能性があることを示

している。より重要なことに、低水準のプット・コール・レシオは、株価はすでに下降基調にあるが、まだ底値は遠いかもしれないということを示している。その理由は、投資家はなお同株式の"バリュー"を引き続き認めているため、潜在的には、これから大きな売り圧力が出てくる可能性があるからである。しかし、株価がさらに下がれば、これ以上株式を保有するには機会費用が大きすぎるという理由から、これらのバリュー投資家はあっさり降参してしまうかもしれない。

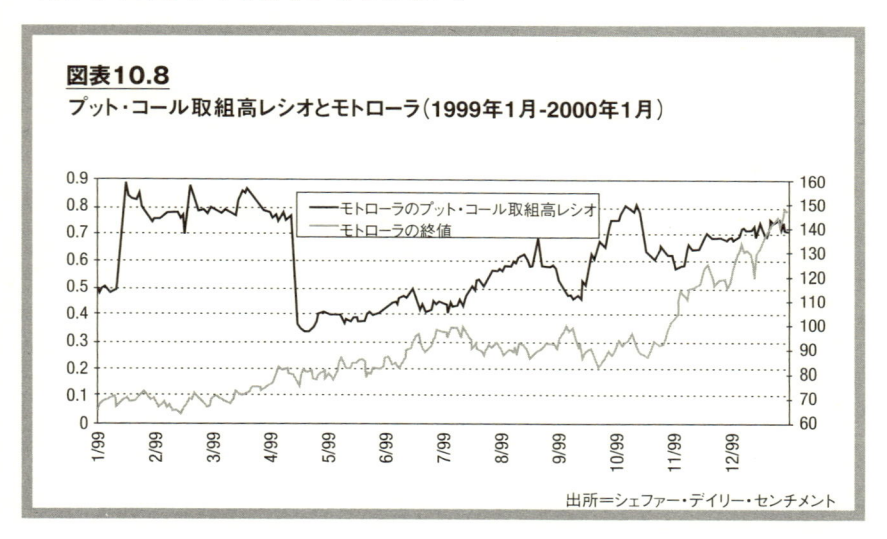

図表10.8
プット・コール取組高レシオとモトローラ（1999年1月-2000年1月）

出所＝シェファー・デイリー・センチメント

取組高の形状

　個別株に対する投資家心理を分析ために取組高を活用する別の方法は、"取組高の形状"を調べることである。株式の取組形状とは、単にそれぞれの権利行使価格のプットまたはコールの取組高の数字をいう。このアプローチは、株価の支持および抵抗の水準を判断する上で効果があることが分かっている。これは、期近限月のオプションのデータを用いれば非常に効果がある。取組高形状は、それぞれの権利行使価格の取組高を表すコールとプットの棒グラフを隣合わせに描いたチャートを用いて作ることができる。

図表１０．９は１９９９年１２月１日のインテル（ＩＮＴＣ）の取組高形状を表したものである。コールは権利行使価格８０の取組高が最高であるが、プットは権利行使価格７５のものが最高である。これはそれほど偶然ではなく、ＩＮＴＣは前月に株価が７５から８０の水準のレンジ相場を形成していたのである。これらの水準がどのようにして潜在的な支持と抵抗のポイントとして機能するのだろうか。まず、５や１０の切りのいい数字は常に支持価格水準や抵抗価格水準として機能する傾向がある。買い手は、例えば、相場が反落して７５の切りのいい数字の値段まで下がった場合、その水準を買いポジションを建てるポイントにするか、あるいはすでに建てている空売りポジションを買い戻すポイントとして見る傾向がある。一方、売り手は、相場が上昇して、切りのいい数字である、例えば、８０まで行ったなら、その水準で買いポジションを手仕舞うか、あるいは新規に空売りポジションを建てるだろう。このような切りのいい数字の株価水準に相当する権利行使価格のオプションには、十分な取組高があるという事実は、株価の支持および抵抗水準の目安になる。

　図表１０．９のインテルの例を見ると、その株式に強気な投資家は、株価が８０の水準を超えて上昇することを予想して、権利行使価格８０のコールを大量に買っていることが分かる。一方、「そうはならないだろうと思っている」８０コールの売り手は（株価が実際に８０を超えて上昇すれば、かなりの損失にさらされる）、限られたレンジ相場の中で、相当な売り玉を抱えている。これらのコールの売り手は、オプション期日が近づくにつれ、非常に重要な要因になる。その理由は、彼らは一般に原資産である株式を所有しており、株価の上値を抑えるために、その株式を売ってくる可能性があるからである。もちろん、これは１００％確かなものではない。買い需要がその株価を十分に高く押し上げるほどに多くなった場合、コールの売り手が原資産であるその株式を買うことでオプション・ポジションをヘッジするため、株価は加速度的に上昇するようになる。

　投資家心理の観点から言えば、アウト・オブ・ザ・マネーのコールの取組高が多いことは、大衆投資家が株価の先行きを楽観視している表れである。一方、アウト・オブ・ザ・マネーのプットの取組高が多いことは、オ

プション・トレーダーが相場の先行きに対して懐疑的であることを示している。

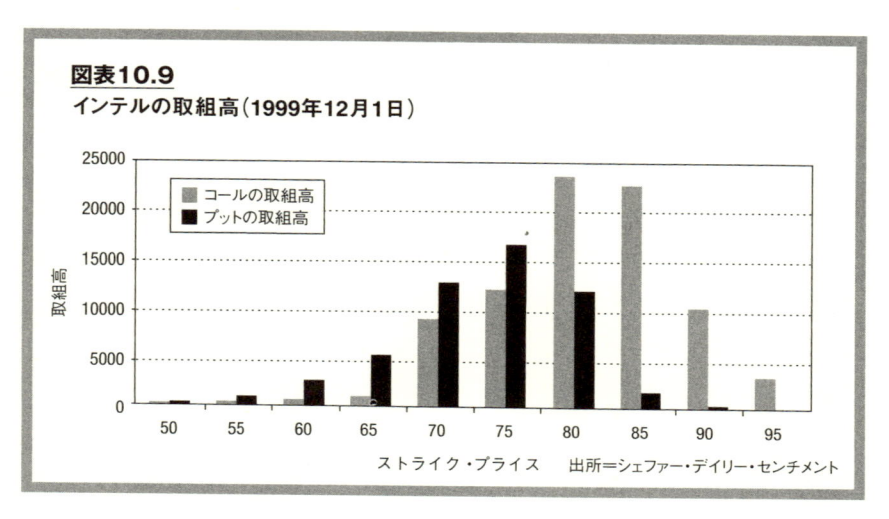

図表10.9
インテルの取組高（1999年12月1日）

（棒グラフ：コールの取組高、プットの取組高。横軸＝ストライク・プライス 50～95、縦軸＝取組高 0～25000）

出所＝シェファー・デイリー・センチメント

セクターごとのプット・コール取組高レシオ

　この分析手法をさらに一歩踏み込んでみると、各産業セクター内の主要銘柄のプット・コール取組高レシオからなる合成レシオを算出することによって、さまざまなセクターにおける投資家心理を見ることができる。個々の銘柄のデータを集めれば、これは非常に単純な作業である。それぞれのセクターの投資家心理を測定するには、個々の銘柄の期近限月３カ月の取組高のデータを使うとよい。合成レシオは、個々の銘柄のレシオを同じ比重で計算して求める。このセクター・プット・コール・レシオを見る効果的な方法は、現在のレシオを過去のレシオと比較してランクをつけることである。現在の数字が過去の数字の百分位数で少なくとも第７０位よりも高ければ、そのセクターに対する投資家心理がかなり悲観的であることを示している。ファンダメンタルズ的にも、テクニカルズ的にも同セクターに対して強気の裏付けがあれば、そのセクターは強気と見られる。反対に、現在の数字が過去の数字の百分位数で第３０位以下であれば、その

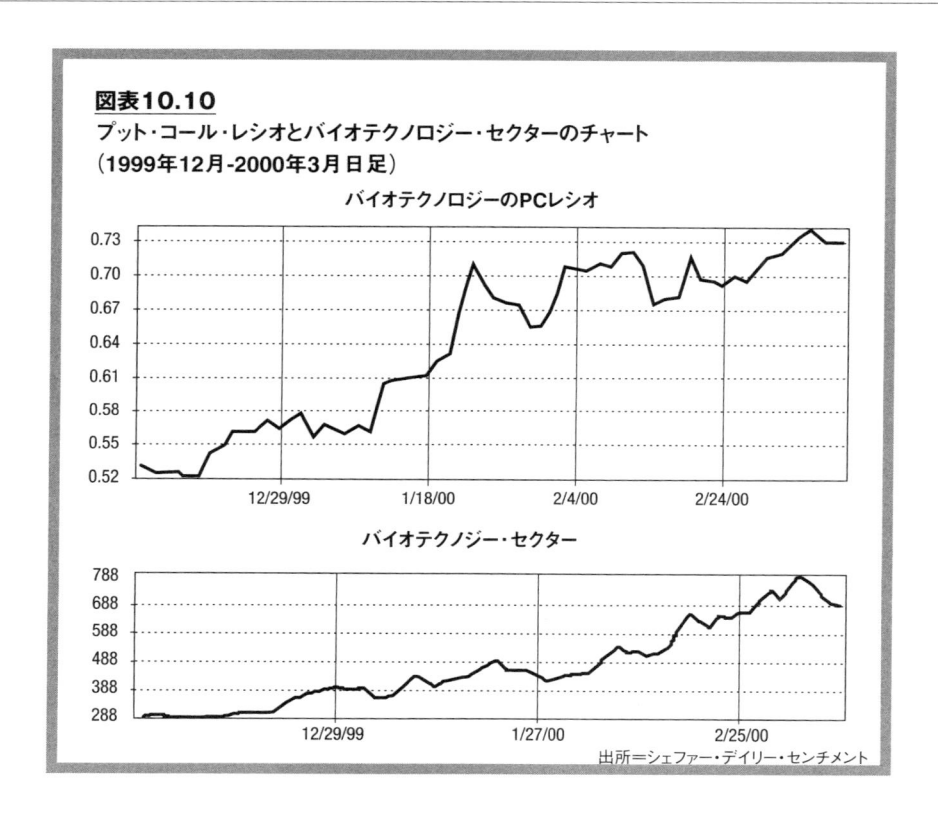

図表10.10
プット・コール・レシオとバイオテクノロジー・セクターのチャート
（1999年12月-2000年3月日足）

バイオテクノロジーのPCレシオ

バイオテクノジー・セクター

出所＝シェファー・デイリー・センチメント

セクターに対する投資家心理がかなり楽観的であることを示している。それは、ファンダメンタルズが弱く、そのセクター指数の構成銘柄がテクニカルズの観点から悪化していれば、そのセクターは今後弱いだろうという意味合いがある。このようなことから、合成プット・コール・レシオが相対的に高い上昇基調のセクター内における比較的強い牽引役の銘柄に対しては、強気姿勢で臨むべきである。

　この種の分析が適用できる例は、1999年と2000年初期のバイオテクノロジー・セクターに見ることができる。1999年12月中旬において同セクターは加熱気味で、アメリカン証券取引所のバイオテクノロジー・セクター指数の構成銘柄のプットの買いが目立った。図表10．10に見られるように、同セクターは3カ月もしないうちに、150％を超える上昇率を示した。一方、プット・コール・レシオは1年後に最高水準ま

で上昇したのである。これは、別の説明の仕方をすれば、株価の先行きに対する悲観的な見方が株価をさらに押し上げる材料になった例である。

空売りの残玉数

　空売り残玉数を観察することは、個別銘柄の投資家心理のデータを引き出すもうひとつの貴重な方法である。空売り残高は、投資家が借りた株式を売ったときに空売り玉として計算される。空売りの基本的な戦略は、空売りした株式が下落し、売り手がその株式を売った価格よりも低い価格で買い戻して、借りた株式を埋めることによって利益を得ることである。証券会社は、月に一度、顧客口座で空売りした株数を報告することが義務づけられている。このような情報はそれぞれの銘柄ごとにまとめられ、公表される。月一度の株式の空売り残玉数の数字を見ることによって、大衆投資家がその株式に対してどの程度悲観的に見ているかを把握することができる。ほとんどの場合、空売りの残玉が多ければ、その銘柄に対する一般的な見方は芳しくないということを示している（大量の空売りは、企業買収のような裁定取引から起こっている場合がある）。逆張りの観点からは、このような株式に対する悲観的姿勢は、その株価が上昇基調にあれば、強気のサインとなる。前述の通り、株価が強い動きを見せている状況での弱気心理（この場合は、大量の空売り残玉である）は、多くの場合、株価はかなり強い動きを示すことを暗示している。

　図表１０．１１は、１９９９年のインテルの空売り残玉数を示している。これを見ると、空売り残玉数が４月に大きく増加したことが分かる。これは、株価が４月から５月にかけて反落し、２００日移動平均の支持水準まで下落したときに起こっている。これは、投資家が同株式に対してかなり悲観的になったことを表している。何回かの押し目を伴って株価が強く反発するであろうことを暗示する大量の空売り残玉は、潜在的に急激に株価が上昇するであろう重要な支持水準で見られる。それは、支持水準から株価が上昇すると、空売りによる損失を限定的に抑えようと株式の買い戻しが入るからである。インテルが１９９９年６月から９月まで上昇した例に見られるように、これは、すでに上昇基調にある株式をさらに押し上げる

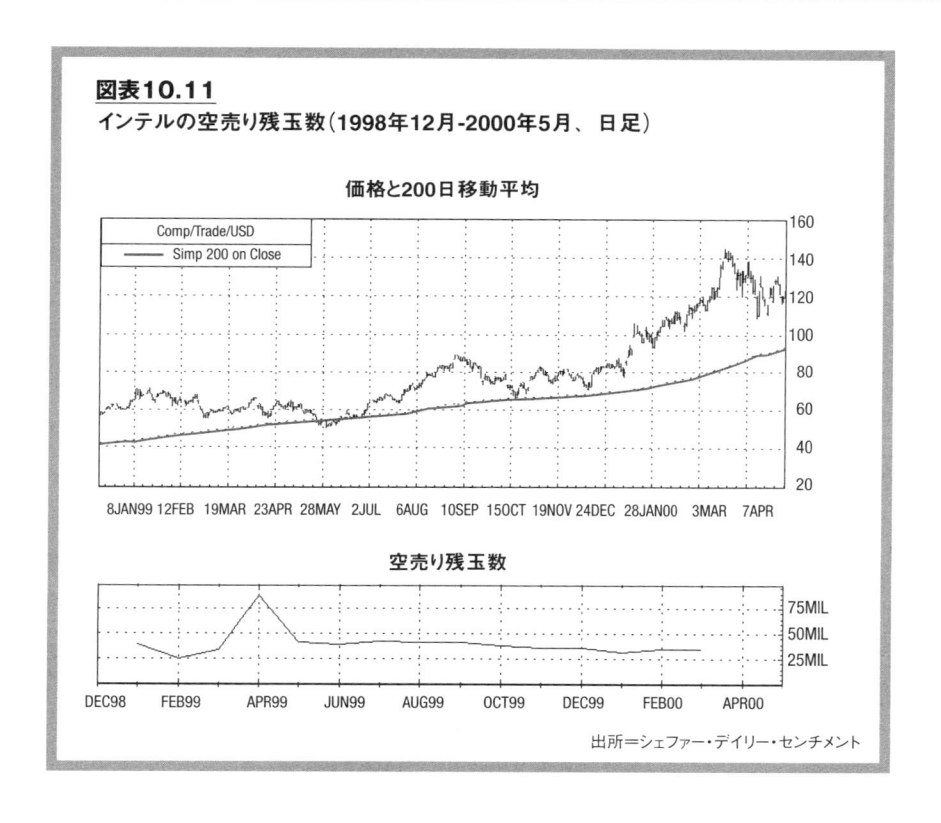

図表10.11
インテルの空売り残玉数（1998年12月-2000年5月、日足）

価格と200日移動平均

空売り残玉数

出所＝シェファー・デイリー・センチメント

効果を与えるのだ。

　空売りの多くは現在ではヘッジと関連しているので、投資家心理を正確に測定する手法としての空売り残玉数はもはや有効ではないという考えは、以下の理由から退けることができる。まず、このような考えを支持するだけのしっかりとしたデータがない。事実、空売り玉がコールの買いポジションによってヘッジされているというのは、上場オプション市場では全く表れない。さらに、パニック的な空売り玉の買い戻しは、大量に空売りされている株式によく起こり、これは、同株式の空売り玉残玉数の相当な減少によって後日確認される。それらの数字を定期的に観察すれば、これらの手法やテクニックによって、伝統的なファンダメンタルズやテクニカル分析を提供している"レーダー・スクリーン"では見ることのできない多くの利益機会を、投資家はとらえることができるのだ。

機能する投資家心理：ケース・スタディ

　以下の例は、"市場期待分析"（シェファー社独自のアプローチで、投資家心理分析とテクニカル分析およびファンダメンタルズを組み合わせたもの）をいかに適用し、トレーディングの成果の向上にこの手法をどのように活用できるかについて示したものである。

　"市場期待分析"のひとつのアプローチは、"トップ・ダウン"手法である。それは、以下の３つを判断することによって適用される。①株価の方向性、②株価上昇が期待できるセクターとそうでないセクター、③関連する株式市場およびセクター環境から利益を得られる銘柄と、利益が得られない銘柄——である。

■株式市場の例

　上述したように、株式市場での投資家心理を判断するために活用できる測定可能な重要な指標は、株式のプット・コール・レシオ、ＳＰＹとＱＱＱの出来高、そして、ライデックス投信の資金の流れである。１９９９年１０月の時点で、これらの多くの構成銘柄を持つ市場で投資家心理を測定する指標は、すべて同市場に対する強気シグナルを示した。これは、相場の強気筋に対しては理想的な状況であった。

　例えば株式プット・コール・レシオの２１日移動平均（**図表１０．１２参照**）は、１９９９年１０月に０．５４に達し、下降し始めた。それは、同株式がこれから強烈に買われる兆候であった。オプション・トレーダーによって示された予想を確認するのが、ＳＰＹとＱＱＱの出来高の合計である。同時期の同出来高合計の数字は、かなりの水準に達していた。**図表１０．１３**に示されているように、ＳＰＹとＱＱＱの出来高合計は１０月に４７９０万株に達し、相場の先行きに対する悲観論がかなりのピッチで拡大していることを示している。この数字は、前回の史上最高出来高３９３０万株を抜いている。

第10章　市場心理によってテクニカル分析を強化する方法

図表10.12
CBOEの株式プット・コール・レシオの21日移動平均とOEX
（1996年3月-2000年2月、日足）

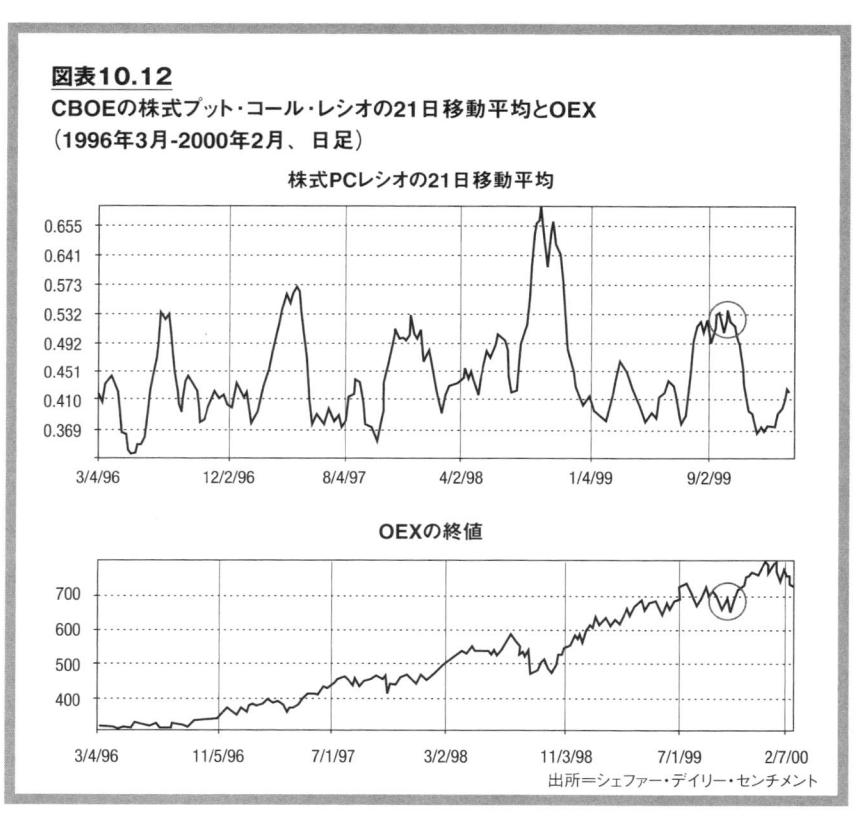

株式PCレシオの21日移動平均

OEXの終値

出所＝シェファー・デイリー・センチメント

図表10.13
SPYとQQQの出来高（1999年9月-2000年3月、日足）

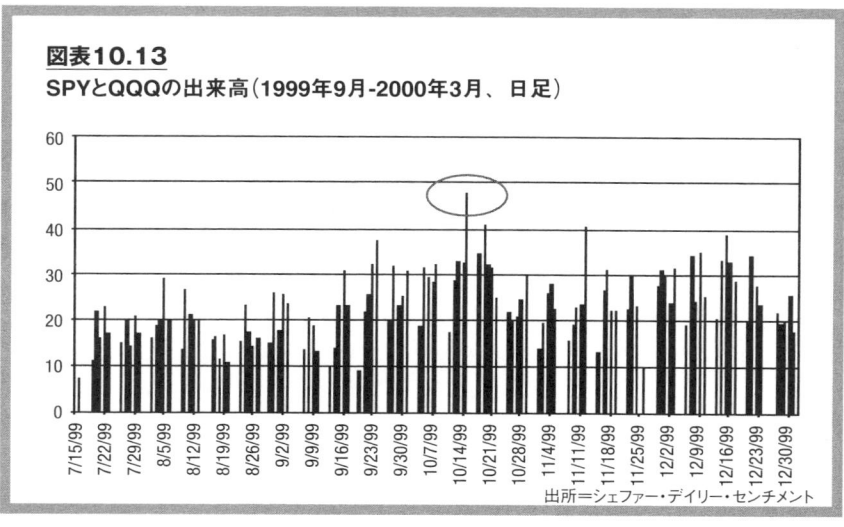

出所＝シェファー・デイリー・センチメント

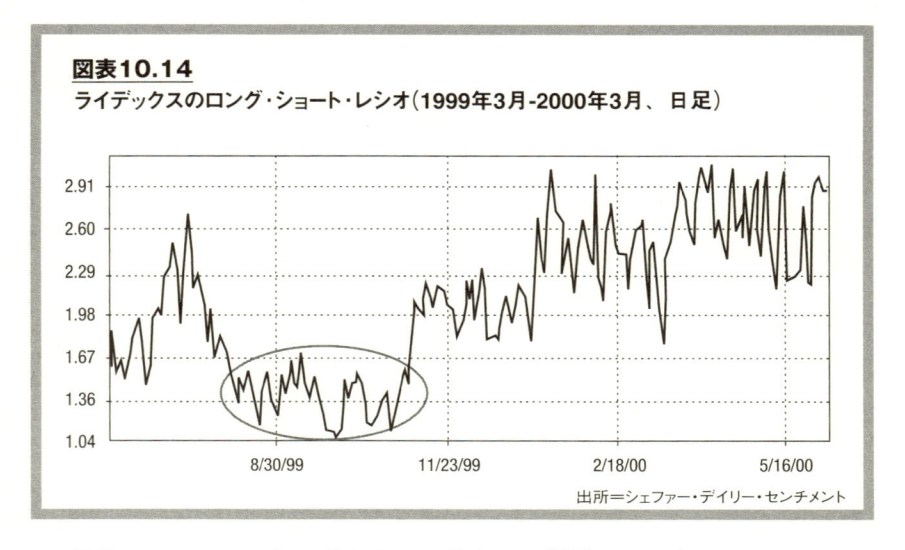

図表10.14
ライデックスのロング・ショート・レシオ（1999年3月-2000年3月、日足）

出所＝シェファー・デイリー・センチメント

　最後に、１９９９年８月から１１月までの期間で、ライデックスのロング・ショート・レシオは重要な水準である１．５０台をかなり下回っていた（図表１０．１４参照）。投信の投資家は、株式市場の下落に賭けていたのである。それは、強気志向のファンドから弱気志向のファンドへ資産が大きく移っていたことに表れている。

■セクター・タイミング

　株式市場は大底を打つだろうと判断した後の次のステップは、強気相場でより大きな収益機会を提供する最適なセクターに焦点を合わせることである。２０の主要産業セクター指数の構成名銘柄のプット・コール・レシオをチェックするべきである。１９９９年１０月に、次の１～３カ月で大きく上昇する可能性のあったセクターのひとつは、コンピューター・ハードウエア指数だった。フィラデルフィア証券取引所のボックス・メーカー指数（ＢＭＸ）は、シェファー社のプット・コール取組高レシオにおいて約０．８０まで上昇していた。このレシオは過去の数字と比較して最高水準に達しており、同セクターに対する悲観的な投資家心理がピークに達している表れであり、同セクターの株価が大きな上昇トレンドを描くであろ

うひとつの兆候である（ＢＭＸは１０カ月移動平均線の水準まで下落していた）。

■銘柄選択

　ＢＭＸを構成する１０銘柄のうち、最も大きな収益を上げる可能性のある銘柄を選ぶことである。同指数の構成銘柄のうち、アップルコンピュータ（ＡＡＰＬ）は、そのグループの中では相対的に強い潜在的な牽引役であった。なぜか。まず、ＡＡＰＬのプット・コール取組高レシオは、重要な１．０水準よりもかなり上回っていたことである。これは、実際にコールの売買枚数よりもプットの売買枚数の方が多いことを意味している。そして、これは、特に強気相場では、異常な悲観心理の形状を表している。図表１０．１５に見られるように、ＡＡＰＬの同レシオは悲観論の極限を示す高さであった。実際には、同レシオは百分位数第９０位で、シェファー・インベストメント・リサーチ社は１９９９年１０月１５日にＡＡＰＬの買い推奨を行った。

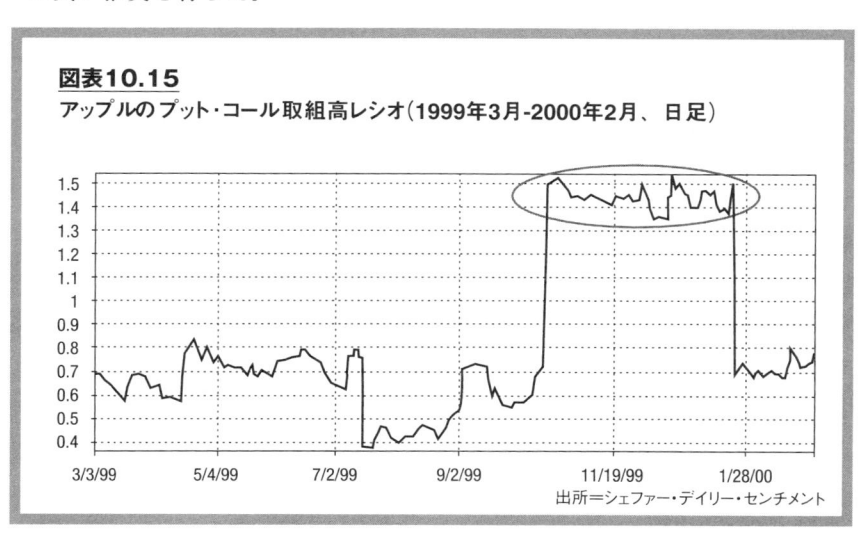

図表10.15
アップルのプット・コール取組高レシオ（1999年3月-2000年2月、日足）

出所＝シェファー・デイリー・センチメント

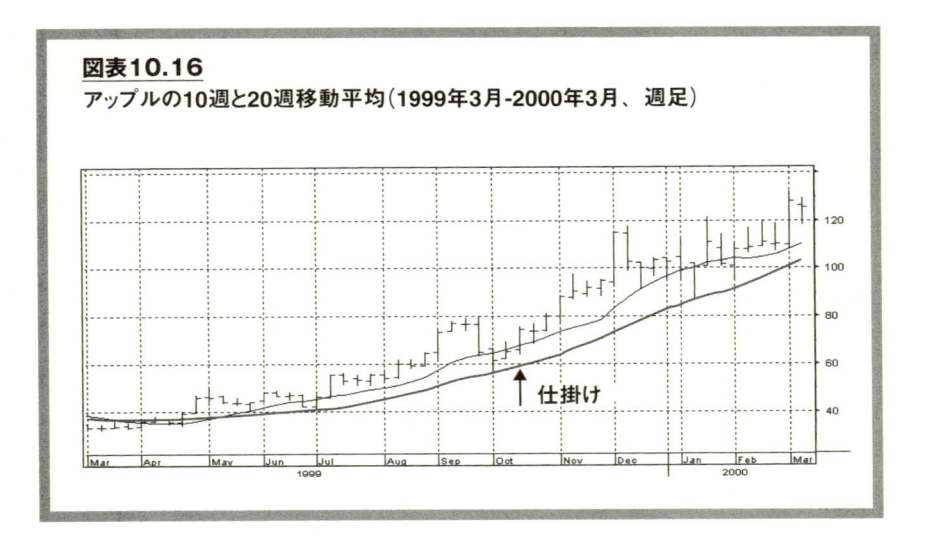

図表10.16
アップルの10週と20週移動平均（1999年3月-2000年3月、週足）

↑仕掛け

　図表１０．１６のＡＡＰＬのチャートを見ても分かるように、この株は１０週と２０週の移動平均線に沿ってトレンドを形成していった。このトレンドラインは破られることのないサポートになった。これは、ＡＡＰＬの中期のトレンドが強気筋によって支えられていることを示している。
　テクニカル分析家と投資家の心理が強気になっているだけでなく、ファンダメンタルズ派も強気になっているのだ。それは、スティーブ・ジョブズが最高経営者としてこの会社に帰ってきたことを、ウォール街が歓迎している証拠だろう。

■結果

　ここで示した"市場期待分析"の適用はかなりの好成績を見せた。つまり、これらの３つの分析のいずれもが予測通りの結果を示したのである。まず、ＳＰＸ（Ｓ＆Ｐ５００）は１０月に６．２％上昇し、その年の最後まで強い動きを示し、結局、１９９９年第４四半期は１４．５％の上昇率であった。１０月におけるＢＭＸの動きは期待ほどではなかったが、１９９９年の最後の２カ月で２５％以上上昇した。最後に、ＡＡＰＬは予想通

り、加速度的に株価が上昇し、１０月に２６％の上昇、１９９９年最後の３カ月間の上昇率は６２％であった。

■逆張り分析を活用する上での注意

　ハンフリー・ニールは、単独の取引アプローチとしての逆思考分析の潜在的能力について、非常に謙虚な態度を示している。氏の著書『アート・オブ・コントラリー・シンキング』の中で、彼は次のように述べている。

　逆思考の理論はひとつの思考法であり、それに過度の比重を置いてはならない。それは予測システムというよりも、一般的な予測の欠陥を補うものである。つまり、それは思考するための道具であって、未来を占う水晶球ではない。それは、人に与えられた主題を通して考えさせるものなのだ。今まで言われてきたように、「物事を最後まで考えないのなら、あなたは思考するのを止めてしまっているのである」。彼は続けて次のように言っている。「はっきりとした予想を行うために理論を使うより、むしろ予想する上での間違いを避ける意味で理論は価値がある、と言った方が正しいと、私は思う」と。

　ニールは直接的な予想の道具として、自分のアプローチを使うことに２つの懸念を抱いている。そのひとつは、「市場における支配的な意見」、すなわち投資家心理の客観的かつ正確な測定法の開発の難しさに関係している。これは常に私に付きまとってきた関心事であり、実際に私は約２０年を、それらの測定値が客観性と正確性の条件を満たすことができるように、本章で述べてきた定量的に投資家心理を測定する手法を開発し磨くことに費やしてきたのである。これらの試みを通して、私は、ニールの理論には備わっていないひとつの優位性を持つに至った。それは、投資家や投機家の集合的な意見についての客観的な情報の宝庫を提供している、強力な上場オプション市場である。

　相場を予測する直接的な道具としての逆思考アプローチの活用に関する

ニールの第2の懸念は、タイミングの重要な要素に関するものである。ニールが述べているように、「逆の意見は通常先んじている」にもかかわらず、彼は次のようにも述べている。「市場の動きは速いかもしれないが、市場を注意深く見ることはなお役に立つ。あなたは、間違いを許容し、行動を起こすのが早すぎるかもしれないということを認識しなければならない。それでも、バスに乗り遅れることはない」

　トレーディングの観点からの問題は、逆思考分析手法は、多くの場合、実際に相場が天底をつける相当前に、相場の天底の条件を認識してしまうことである。これは、本章で述べた"犬が人間を噛む"という概念によく似ている。強気相場では、投資家の強気心理が予想され、過度の強気心理が"予想されていた"水準をはるかに超えて継続する場合がある。そのため、強気相場での強気心理は、タイミングを図る道具ではない。これは、弱気相場での弱気心理についても同様のことがいえる。

　しかし、現在の市場環境での投資家心理指標を評価できるように、その市場環境を定義するための客観的なテクニカル手法を用いることによって、このようなタイミングの問題を克服することができる。強気相場の中の悲観的な投資家心理や弱気相場の中の楽観的な投資家心理を客観的に示せば、タイミングを図る作業はかなり容易になるだろう。前述の通り、強気相場での悲観的投資家心理を表す"人間が犬を噛む"という心理状況は、強気相場の継続を強く支持する要因となる。それは、弱気相場での楽観的投資家心理が弱気相場の継続を支持する要因となるのと同じである。

　しかし、もしあなたが相場の方向と一致して"犬が人間を噛む"心理状態にいたとしたらどうだろうか。強気相場は、強気の投資家心理が極限に達したときに天井を打ち、弱気相場は、弱気の投資家心理が極限に至ったときに底を打つのである。しかし、投資家心理がピークに達するまでに、投資家心理の極限状態はどこまで行くのかを判断するのは不可能なので、それを実際のトレーディングの世界に応用するのは非常に難しい。シェファー社のデータ・ベースによれば、ＣＢＯＥの株式プット・コール・レシオの２１日移動平均は３０％を下回ったことがない。そのため、もし将来同レシオ移動平均がその水準を下回れば、投資家の強気心理を示す指標と

しては歴史的に未踏の水準ということになる。レシオがその水準に達すれば相場はバカげた株価水準に達しているだろう。投資家心理が依然強気で、買い勢力がまったく衰えないなら、相場は引き続き上昇する余地を残している。プット・コール・レシオが３０％を下回れば、相場が最終的に天井を打つまでに、それが２５％を下回ることはないと誰が言えるだろうか。

　投資家心理をテクニカル分析を組み合わせているトレーダーにとって、理想的な売買状況（上記においてＡＡＰＬのケース・スタディで述べた）を投資家心理分析が比較的役に立たない状況と区別することは重要である。売買対象である株式の投資家心理が"あまりにも強気"で、価格面から見て"高い"という理由から、テクニカル的に強気に大きく傾いている株式を空売りするのは、まったくバカげているだろう。それは、ちょうど"投資家心理が弱気"で"株価が安く"、チャートがひどいから株式を買う、というのがバカげているのと同じである。逆バリ主義とは、"安い株式"や"低位株"を買うことに関することではなく、"期待度の低い状況"を買うことである。アップルコンピュータのケーススタディでは、テクニカル的にもファンダメンタルズの観点からも、"期待度の低い状況"が頻繁に発生したのである。

※参考文献　アレキサンダー・エルダー著『投資苑』、チャールズ・マッケイ著『狂気とバブル』、デビット・Ｎ・ドレマン著『株式投資は心理戦争』（すべてパンローリング）

第11章
個別株市場における投資家心理の測定法

ラリー・ウィリアムズ

　短期トレーダーの９０％は損をしている。このことはトレーダーの大多数がたいていは誤っていることを意味している。そうだとしたら、どうしたら彼らと常に反対のことをすることができるのだろうか。

　大衆に向かってトレードするアイデアは決して新しくはない。１９３０年代にさかのぼるが、恐らくガーフィールド・ドリューは最初にこのアイデアを支持しただけでなく、問題に対する実行可能な解を提案した最初のアナリストだろう。ドリューは大衆投資家の行動を、顧客資産（もしくはブローカーにおける残高）と端株の空売りの２つに分類した。これらの指標のうち最も耐久力があるものは、端株の空売りだった。ドリューの付けた理由は、端株の定義は１００株未満であったため、伝統的な１００株単位で買うほど資金がない零細投資家の活動を代表していたからである。

　７０年以上の間、この指標は次のようなことを証明してきた。マーケットの安値においては端株の空売りが異常に高いレベルを示すが、一方、大衆の強気を示す端株の空売りの減少は市場下落の前触れとなる。悲しいことであるが、多数派の投資家は、それを理解できないようである。

　うれしい真実は、われわれは多数派の逆をすることができるということだ。

　ウォーリー・ヘイビー、リチャード・ディサート、マーティー・ツヴァイ、ネッド・デイビスなどのアナリストはこれに関して、さらに研究を深めた。彼らの研究は全体的な株式市場のタイミングに集中していた。恐ら

くこの分野での最も著名な指標は、ニュースレターを執筆する投資顧問の相場感を測定するインベスターズ・インテリジェンス・サービスだったろう。３５年以上にわたる有名なニュースレターの執筆者の記録は、大衆は正確に将来を予測することができないというのと類似していた。

　１９６０年代後半に、商品アナリストでありマーケット・ベインの創始者であるジム・シベットは、個別商品に対するニュースレター執筆者の強気度を記録し始めた。彼の研究はセンチメントのデータが市場全体のタイミングだけではなく、個別商品のタイミングにも利用できることを示した。

　彼のデータは非常に明確である。つまり、主要な商品市場では、アドバイザーの過大な強気の評価に対しては下落が続き、過少な強気の評価に対しては上昇が続いたのだ。

　シベットの研究は週間データに基づいていた。マーケット・アナリストのジェイク・バーンスタインのほうは、日次ベースで５０人のトレーダーの強気と弱気を調べ始めた。彼の広く取引される商品での日々の相場感に関する研究は、同じく核心を突いている。つまり、個別ベースでも日次ベースでも、投資家の相場感はこれから市場がどう動くのかについて、格好の洞察を提供してくれているのだ。

投資家の相場感が個別株に与える影響

　インターネットのおかげで、今日では多数派意見を決定するために多くのアドバイザーを日ベース、週ベースで追跡できる。これまではそのような調査をタイムリーに行うことはほとんど不可能であった。現在では、世界中のトレーダーと投資家の意見に即座にアクセスできるので、多数派の意見を収集できる。

　この章で議論し解説する特定の指標は独自に開発したものだが、一般的な部分は違う。もしリソースと時間があれば、読者も自分でこれを実行できる。ウェブサイトを訪問して、印刷物を調べて、対象とするアナリストのうち何人が強気かを調べることによって指標が得られる。次に、この数字を全体に対するパーセントで表現することによって、生の、もしくは基

本となる強気のパーセンテージが得られる。

データを平滑化することも可能だが、大衆の強気に対するテクニカル尺度をパーセントに直した後にする。毎日取引している大衆のそれぞれにインタビューをする代わりに、われわれ『コモディティ・タイミング』は、マーケット全体に対する割合として大衆の最も可能性の高い活動を測定する（これは１９６０年代に始めた私のアキュームレーションとディストリビューションに関する研究とは若干異なる見方である）。日々のマーケットから測定されるこれらの数字は、週ベースの数字と融合して見る。

結果として得られる指標は、読者が期待することを裏付けてくれる。つまり、マーケットの中期の高値は高いレベルの投資家の楽観によって特徴づけられているのに対して、マーケットの安値はほとんどいつも低いレベルの投資家の楽観によって明らかになる。

１７世紀のフランスの天才数学者であり、「我思う、故に我あり」という格言で有名なルネ・デカルトが、恐らく体系的な懐疑に基づく哲学の創始者である。彼は明らかにギャンブルで生計を立てていたが、哲学的な成果に加えて、「真実は多数派というよりは、少数派によって発見される」という投機に重要な引用句を残した。

トレーダーの言葉で言い換えると、「多数派が、トレンドが上向きであることを認識したときが、トレンドの変化が最も発生しやすいときである」ということだ。

したがって、デカルトの言葉であろうと、ガーフィールド・ドリュー、マーティー・ツヴァイ、あるいは私の研究であろうと、マーケットの動きの真実は明らかにされたか、少なくとも確認はされたのだ。つまりほとんどの場合、無知の投資家や多数派の考え方の逆をトレードすればいいのである。

この章での数字は、週足チャートにセンチメント指標を図示したものである。センチメント指標は各チャートの下に表示されている。調査標本に占める強気の割合が７５％以上で強気の過熱レベルが発生し、２５％以下でマーケットの安値が発生している。

図表11.1
J・P・モルガン（1996年-2000年、週足）

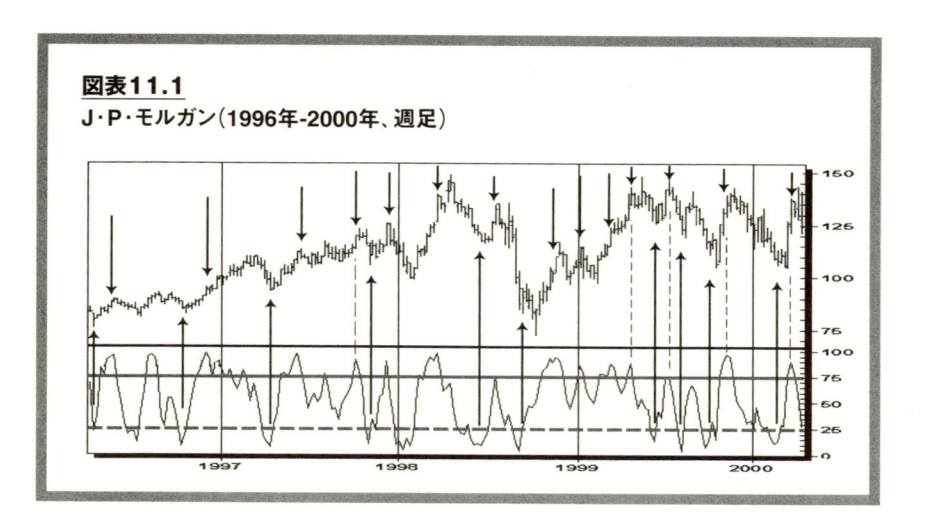

図表11.2
ミネソタ・マイニング・アンド・マニファクチャリング（1996年-2000年、週足）

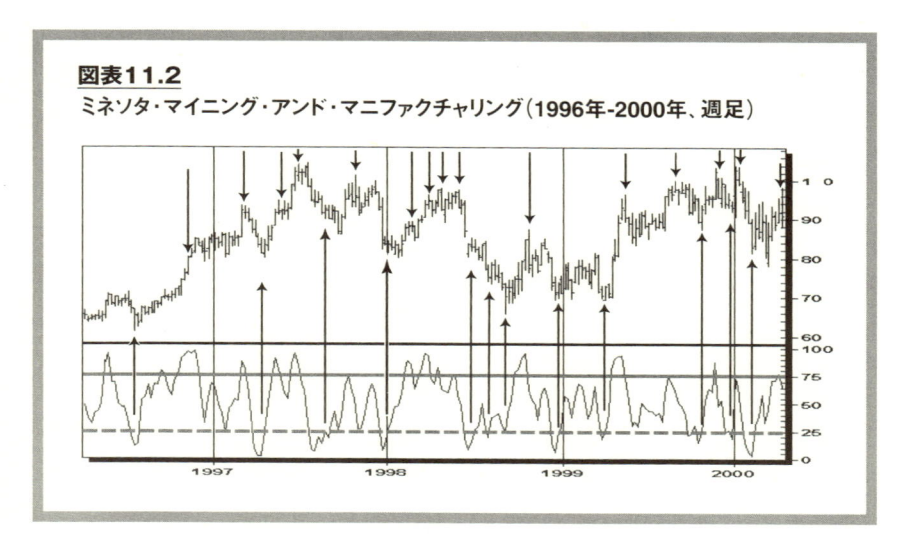

基本ルール

　センチメント指標を利用する最初のルールは、強気や弱気の過剰な領域は相場が反転するところであるということだ。紀元前５００年にヘラクレ

スは、「あらゆる傾向は行き過ぎ、自ら反転を呼び起こす」と言った。

この現象の証明として、図表11．1の1996年から2000年春までのJ・P・モルガンのチャートを見てほしい。強気と弱気の行き過ぎた領域が図示されている。これらの領域の大多数は、利益となるトレードを始める機会を示している。これは本当に例外ではなく、規則的なのだ。

図表11．2のミネソタ・マイニング・アンド・マニファクチャリング（MMM）のチャートは、一般的な考察のいくつかが真実であることを示している。75％以上の大多数のアドバイザーが強気なときは、価格はそれに続く数週間、上昇よりも下落しがちである。

同様に、強気のアドバイザー数が25％以下であるときは、マーケットの上昇する可能性が大きくなる。確かに、過去4年間で利益をもたらす上昇のほとんどは、センチメント指標が25％以下であったことによって示されている。物理学における熱力学第2法則は、すべてのものは秩序立った状態から無秩序の状態へと遷移する傾向があるということである。無秩序あるいはエントロピーは、常に増加する。それは、マーケットで発生する事象である。つまり、共通の見通しであるエントロピーの減少を意味するトレンドに存在する秩序性は、トレンド反転といった他の領域のエントロピーをも増加させているのである。

その会社が何をしていようと関係ない。つまり、J・P・モルガンのような銀行でも、MMMのような財閥でも、メルクのような製薬会社でも起こり得るのだ（図表11．3参照）。ジャングルの規則は依然として有効である。事実上、1997年以降におけるメルクの理想的な買いと売りのタイミングは、すべてセンチメント指標が正しい領域にあることと一致している。

指標は主要な高値と安値を当てている。それは良いニュースだ。悪いニュースは、正確でないシグナルもいくつか与えることである。いくつかの不正確なシグナルを避けるためのテクニックが少なくともひとつあるが、それは以下で議論する。

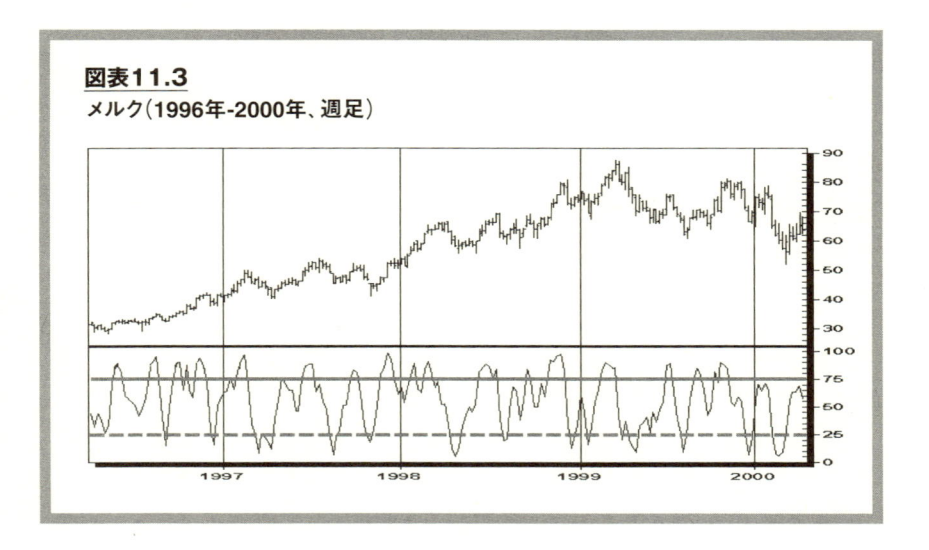

図表11.3
メルク(1996年-2000年、週足)

指標の利用法

　読者がメルクの長期トレーダーであると想定しよう。現物株を所有しているが、プットとコールを売って追加収入を得たいとする。そのとき、センチメント指標は非常に価値あるものとなる。単純にアドバイザーの25％以下が強気のときにプットを売り、75％以上が強気のときにコールを売るのだ。

　恐らく読者は、ポートフォリオに加えたい銘柄を追跡していることだろう。読者の唯一の質問はベストの買いタイミングはいつか、ということだ。たいていは間違うという記録があるのに、なぜ多数派が強気のときに株を買うのだろう。単純に週ベースの指標が25％以下に下落したときに投資を仕掛けてほしい。テクニックの機械的な単純さを考えると、結果は本当に注目に値する。

　図表11．4は、メルクの1998年から2000年までの買いシグナルを示している。テクニックは完全ではないが、長期的な買いに対して多くの矢印が理想的な出動ポイントを示していることは驚嘆に値する。もうダーツを投げる必要はない。代わりにダート投げを追いかければいい。

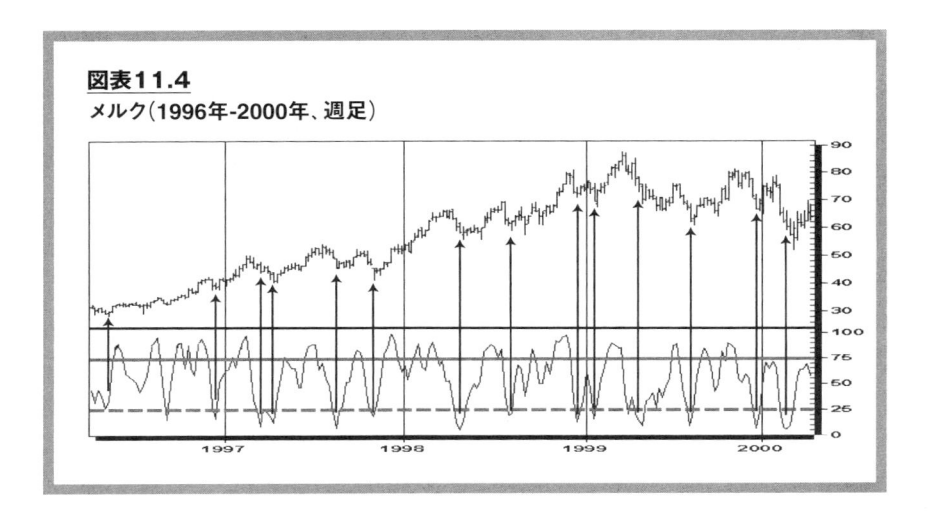

図表11.4
メルク(1996年-2000年、週足)

　アメリカ人のマイクロソフトに対する熱狂は、政府の介入のおかげで2000年には冷めてしまった。「政府は国民を助けるためにここにある。そして、米国史上、最も成功を収めた企業家は不正を働いたに違いないと結論する。さもなければ、どうしてこんな成功ができよう」という司法と官僚の姿勢のため、多くの家庭が何百万ドルものカネを損した。

　それでも興味深いことに、われわれの「群衆の逆をしろ」ルールは健在で、機能していたのだ。センチメント指標は、会社の史上最大の下げを演ずる前の週には77％に上っていたのだ（**図表11．5参照**）。確かに、主要な動きのほとんどは、人気の高いアドバイザーたちの過度の強気や弱気によって明確に示されている。

　これは新しい現象ではない。**図表11．6**の1992年から1995年までのマイクロソフトのチャートを考察してほしい。再び、行き過ぎの同じパターンは進行中だった。それは振り子が、誰もがトレンドの存在を信じるポイントから、誰も信じなくなるポイントまで揺れ動く自然サイクルを示している。

　投機とは、大部分の人が他人がするべきことをしていると思っているときに、他人がしないことをする芸術である。

図表11.5
マイクロソフト（1997年-2000年、週足）

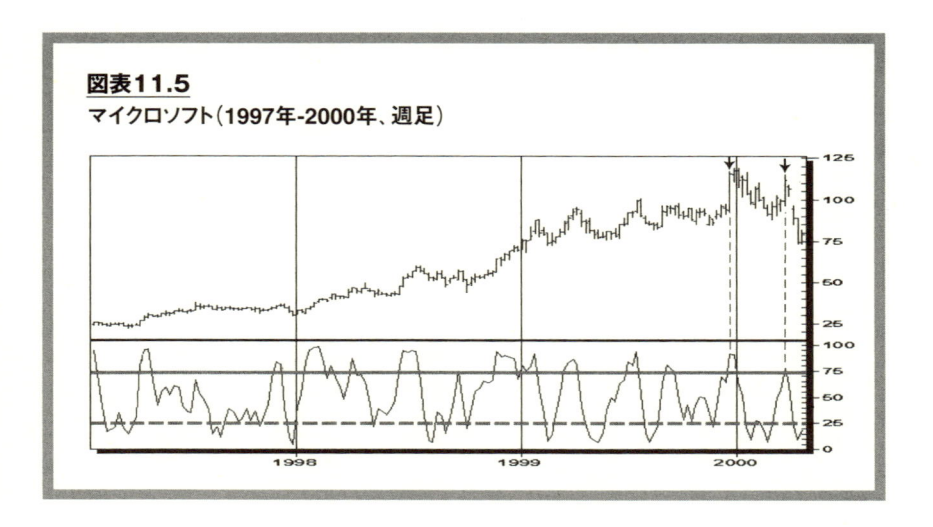

図表11.6
マイクロソフト（1992年-1996年、週足）

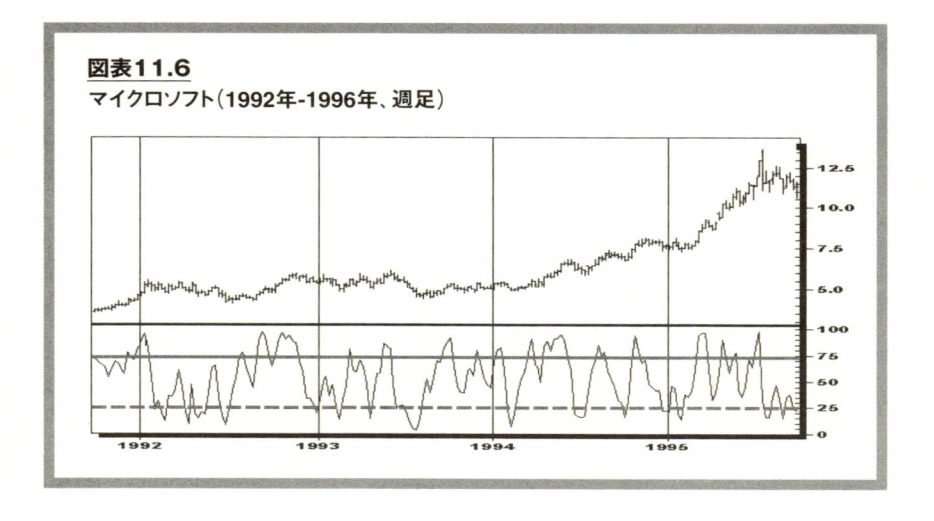

アドバイザーが強気になりすぎたり弱気になりすぎたりする原因

　指標を動かそうとする力は、いついかなるときもマーケットの進む方向

である。上昇が強くて長いほど、アドバイザーは強気となる。彼らを強気にさせることはたったのひとつである。マーケットの強い上昇だ。彼らを弱気にさせることもたったのひとつである。下落だ。トレンドがフレンドであることは事実だ。しかし、こうしたアドバイザーを強気や弱気の極致にさせるのはトレンドの強さである。

　それでもトレードの最初のルールは、トレンドに逆らわないことではないのだろうか。センチメント指標は、「トレンドは終了するまでフレンドである」という古いことわざを理解する助けとなる。

　トレンドの終焉において、これらの大多数がトレンドに飛び乗ったときに収益の好機が訪れる。要するに、センチメントに関するデータは、私の３８年間にわたる株式経験の中で、マーケットがトレンドの最終局面にあることを示す最良の指標であったということだ。

　トレンドの強さ（すなわち、強い上昇）は、マーケットを予測する者にとって催眠効果を持つ。上昇が大きいほど、彼らの夢遊病的な意識のもうろう状態が深くなる。上昇以外にこれらの人々を強気にさせるものはない。それはあたかもレミングのように、考えることをやめたかのようだ。トレンドが終焉に近づくほど、彼らの多くは崖から飛び降りるのだ！

　指標を勉強する時間を作れば、トレンドの終了局面では、これらの集団はトレードの負け組についていることが分かるだろう。アドバイザーたちは中間点付近でトレンドと同調し始め、トレンドが完了に近づくにつれて、行きすぎる結果となる。言い換えると、群衆はしばらくの間はトレンドをとらえ正しくいられる。トレンドが強くなるにつれ、彼らのポジションは大きくなる。

　上昇は、誰もが強気になったときに最高潮に達する。だとしたら、いったい誰がそのあと買うのだろうか。

　私の仲間であり、この本に寄稿もしているトム・デマークは、「マーケットは買い手が参入するから底を打つのではなく、もう売り方がいないから底を入れ、買い方がいなくなるから天井を打つのだ」と指摘している。センチメント指標は、単純に非感情的かつ数学的な方法でこれを指示するのだ。

アドバイザーたちのこのグループは、中間点においてはマーケットの見通しに対して正しいことがあり得ることを念頭に置いてほしい。しかし、群衆が異常に偏り、潜在的な売りである７５％以上の値を示し、潜在的な買いである２５％以下を示したときはチャンス到来である。

　アメリカ人は、多数派は正しいと信じながら育った。悲しいかな、その多数派である彼らが支配するようになった。これは危険な信仰だ。われわれ３人がいて、２人が読者を殺すことを決めたとしても、その権利があるのだろうか。多数決原理・衆愚政治は、それに対して「イエス」と言う。

　多数派は元から間違っているわけではなく、この先間違うだろうということもない。けれども、多数派が行きすぎた状態では、正しいというよりも間違う傾向があることを事実は物語っている。ゆえに、センチメントを利用するトレーダーには、成功する可能性が増す時間枠が存在するという優位性がある。他には何を望むというのだろう。

　それでも、まだ早いかもしれないことを認識するべきである。トレードを仕掛けるのには、追加の確認サイン、もしくは短期の仕掛けテクニックが必要になるだろう。多くの仕掛けテクニックがあるが、センチメント指標が提供するような適切なお膳立てが伴わない場合、そのほとんどは失敗する運命にある。

落とし穴を避ける

　センチメント指標が提供する望ましくないシグナルを、どうすれば除外することができるだろう。

　株の長期投資家としての経験からみて、２５％の最高の買いシグナルは市場全体が上げトレンドにあるときに発生することに気づいた。週の終値が１８週移動平均線よりも上にあれば、長期トレンドは上昇であるといった、とても単純な方法でこれを測定することができる。つまりセンチメント指標が買いゾーンに達したなら、価格が終値１８週移動平均線の下にあるときに買うよりも、上で買うほうが利益になる可能性が高いのだ。

　１９９７年から１９９９年までのディズニーのチャートを用いて、分析

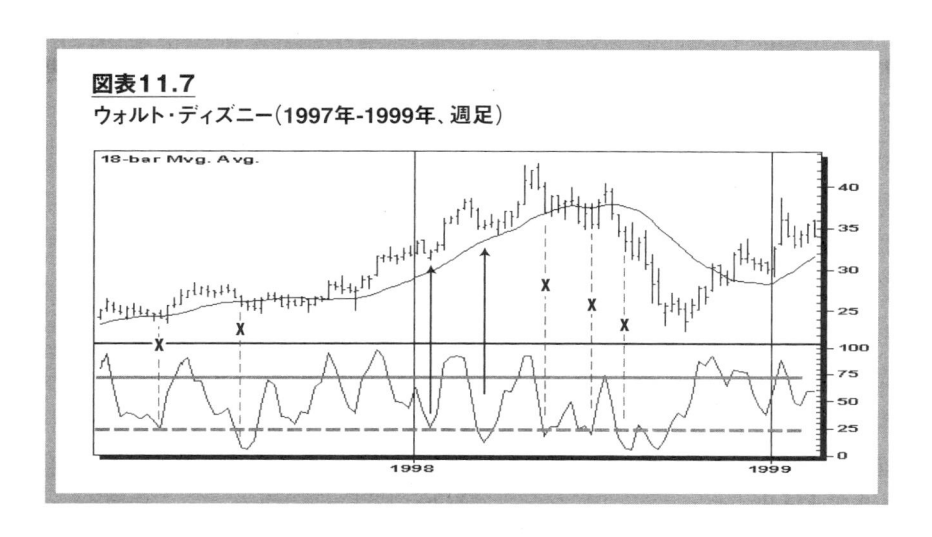

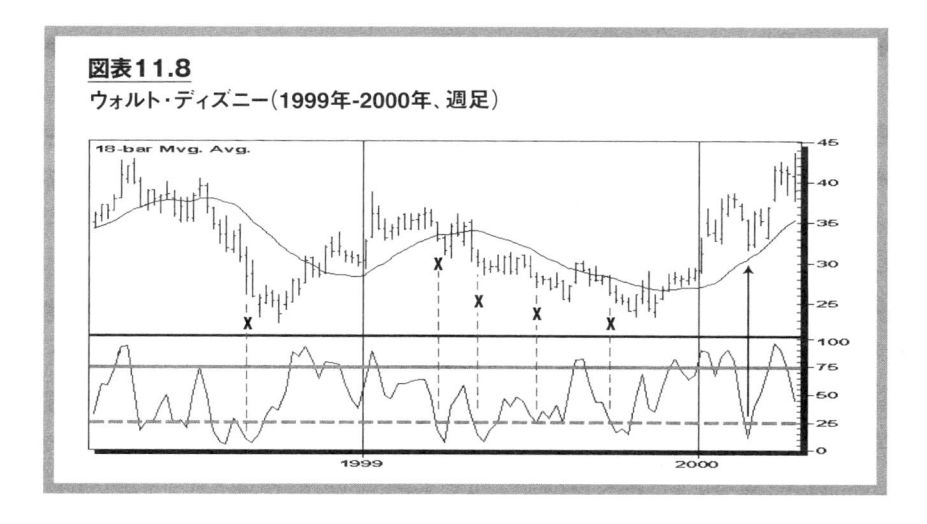

図表11.7
ウォルト・ディズニー（1997年-1999年、週足）

図表11.8
ウォルト・ディズニー（1999年-2000年、週足）

を始めよう。

　図表11．7、図表11．8は、両方の条件を満足するポイントを図示している。つまり、週の終値が18週移動平均線よりも上にあり、センチメント指標が25％未満ということだ。Xはそのほかのシグナルを示して

いる。それらの数が多いことに注目してほしい。良いのも悪いのもあるが、2つの指標が同期するシグナルに特に注意してほしいのだ（1997年から2000年までの間にそのようなシグナルが3つしかないことに注目してほしい。トレード数は少なければ少ないほど良いのだ）。

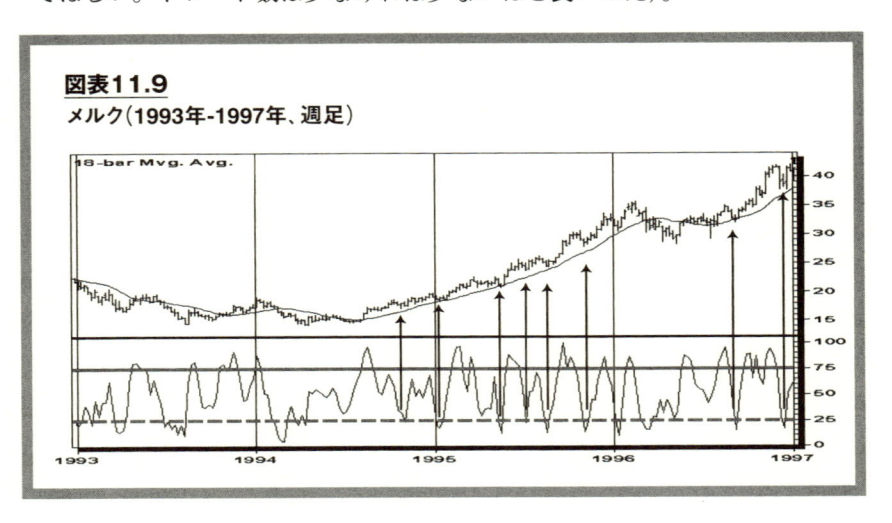

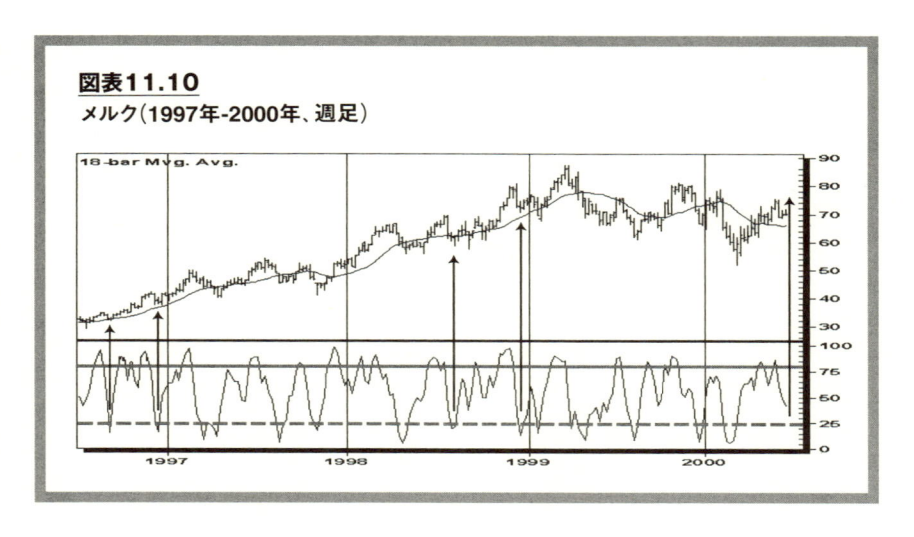

図表11.9
メルク（1993年-1997年、週足）

図表11.10
メルク（1997年-2000年、週足）

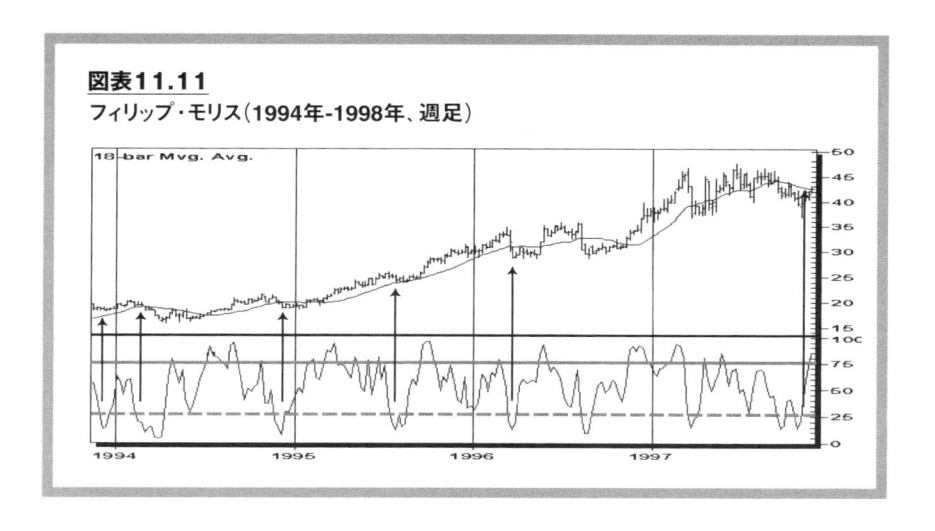

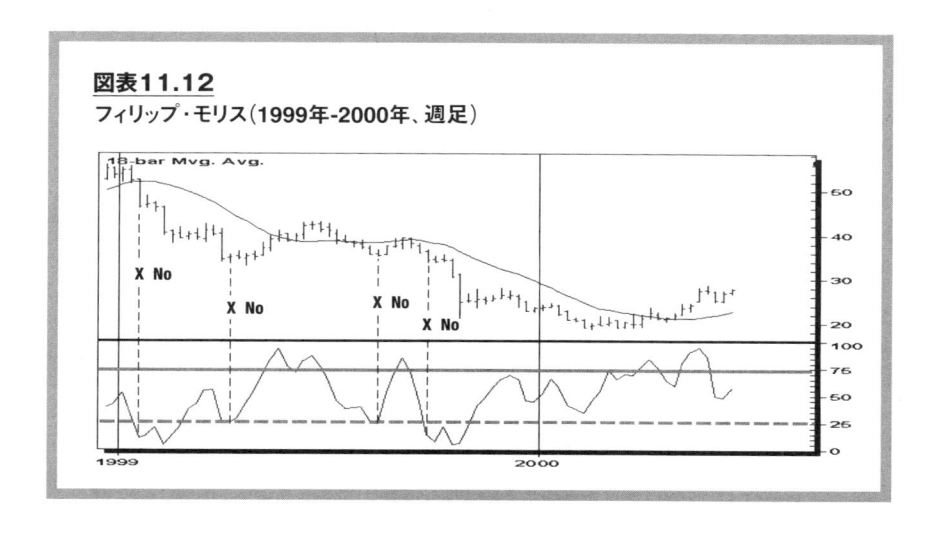

図表11.11
フィリップ・モリス(1994年-1998年、週足)

図表11.12
フィリップ・モリス(1999年-2000年、週足)

　上記のアイデアを念頭に置き、2つの指標が一致するときだけ買いシグナルを表示しているメルクのチャートを再度見てみよう。
　図表11．3との差異が何と大きいことだろうか。図表11．9と図表11．10は、はるかに少ないトレードを指示し、指標が７５％を最初

に超えたときに手仕舞えば、事実上それらのすべてが利益になっている。

　図表１１．１１と図表１１．１２は、フィリップ・モリスのチャートで、センチメント指標を用いた数多くの買いサインを提示している。これらの機会の多くは、集団訴訟が株価の下落をもたらした１９９９年に至るまで利益になった。週の終値が１８週移動平均線よりも下にあったために、買い出動とはならなかった買いサインに注目してほしい。

　確かに、理想的とはほど遠いポイントを除外するためには他の手法も選択できるが、これは悪くない手法である。

　ちょうど反対のルールで空売りも仕掛けられる。つまり、センチメント指標が７５％を超え、週の終値がその１８週移動平均線よりも下にあるときを探すのだ。

多数派がやらないことをやる

　長い目でみると、株は負債、収益、インサイダーの買いなどと関連する「本当の」理由によって、上がったり下がったりする。それらの理由は本当に重要であり、株式市場の歴史を長期間勉強したことがある人なら分かるはずである。実際、これらのファンダメンタルズは株式の長期ポジション・トレードを際立たせる最良の方法のひとつだ。

　しかし、短期もしくは中期ベースでは、価格は時として大きく変動する。これらのうねりの多くは疑いなくランダムであり、予測不能である。それでも、これらの中期的な高値の大部分は、買い手が多すぎることをセンチメント指標が示すまさにそのときに起こるのだ。

　マーケット安値については正反対だ。それらのほとんどは、売り方か、売り推奨するアドバイザーが多すぎるときに形成され、多数派はたいてい間違うということを、マーケットは証明する運命にあるという明確な証拠となっている。

　同様に面白いことは、ある特定の会社が何をしようとしまいと、関係がないということである。関係することはボートの片方に乗組員が乗りすぎたら転覆してしまうということだ。トレンドが上向きであることを多数派

が認識したと思ったちょうどそのときに、トレンドは変化する運命にある。

　長期投資を選択するために、会社のファンダメンタルズの基礎を勉強することによって、多額の配当を手にできる。けれども、これらに対する出動のタイミングを計るには、多数派がやらないことをやりたいと思うはずだ。今日の通信網とインターネット・サイトのおかげで、マーケットに転機をもたらす多数派によるプレッシャーに捕まらないように、このゲームの参加者の考え方を追跡し集計することができるのである。

※参考文献　ラリー・ウィリアムズ著『ラリー・ウィリアムズの短期売買法』『ラリー・ウィリアムズの株式必勝法』『ラリー・ウィリアムズの「インサイダー情報」で儲ける方法』（すべてパンローリング）

第12章
マネーマネジメント・テクニックでリスクをコントロールする方法

コートニー・スミス

　トレードで成功するために最も重要な要素は、トレーダーの精神状態である。そしてこの章のテーマである資金とリスク管理も、それとほとんど差がないくらい重要である。これ以前のすべての章のテーマである実際の仕掛けや手仕舞いのテクニックは、これらに比べてかなり重要度が低い。

　適切なリスク管理なくしてトレードで利益を上げることはほとんど不可能に近い。あなたのテクニカル手法やシステムがどれぐらい素晴らしいかは重要ではないのである。世界中で最も素晴らしいトレードシステムであっても、適切なマネーマネジメント・テクニックが欠ければ失敗することになるであろう。

　このことをよく分かってもらうために、バカげた例をひとつ挙げよう。あなたは75％の確率で勝てるトレードシステムを持っているとしよう。そして負けたときは1000ドルを失い、勝ったときは10億ドルを受け取れることにする。そして当初資金1000ドルでトレードを始める。最初のトレードを行ってみると負けてしまった。あなたは吹き飛ばされてしまった！　10億ドルを儲ける機会を完全に失ったわけだ。あなたはたった1回の損失に対してさえ、それに対処してトレードを続けることができるだけの資金すら持っていなかったことになる。

　もちろん、これはバカバカしい例ではある。しかし大部分のトレーダーにとっては現実に近いことである。ここでもっと現実的な例を示そう。コイン投げに賭けることにしよう。勝った場合には1ドルを受け取り、負け

た場合には１ドルを失うと仮定する（現実の世界では、たいていの儲かるトレードシステムは３５％から４０％の確率で勝ち、負けた場合の１ドルに対し勝った場合には２ドルを得ることになる）。賭けを当初１００ドルで始めることにする。さらに１０００回コインを投げ、そこでゲームが終わることにする。もし１回コインを投げるごとに２５ドル賭けるならば、あなたが破産する可能性はどれくらいだろうか？　ほとんど１００％である！　それでは１０ドルだけ賭けたらどうだろうか？　まだほとんど１００％なのである！

　ここでの問題は、１０００回のコイン投げの間には、あなたが連続して負けるときがあるということなのである。もしあなたが毎回資金の２５％を賭けるならば、４回負けが込んだだけで吹き飛ばされてしまうことになる。例えば、負け、勝ち、負け、負け、勝ち、負け、負け、そして負けと続いたとしよう。それでおしまいだ！　たった８回のコイン投げで吹き飛ばされることになる！

　もし２５ドルではなく１０ドル賭けることにすればより良い結果になるだろう。しかし本当はあまり良くはならないのだが。今度は、破産する前に、正味１０回負ける（勝ちと負けの差が１０回になる）ことができる。１０００回のコイン投げにおいて、正味１０回の負けが起きる確率はほぼ１００％である。

　しかしもし１ドルだけ賭けたならばどうか？　今度は吹き飛ばされるためには、正味１００回の負けが必要となる。１０００回のコイン投げで、正味１００回の負けが起きる確率は１％以下である。言い換えれば、掛け金を１ドルに落とすことによって、破産する可能性を１％以下にすることができるわけだ。この例から得られる教訓は重要である。

　基本的には、ただ単に１回の賭け金を少なくすることによって、破産する可能性を排除することができるのだ。

　専門家によると、先物トレーダーの９０％は資金を失い、５％がトントンで、そしてたった５％のトレーダーだけが利益を上げるということだ。したがって、先物のトレーダーは、ただ掛け金を非常に低い額に抑えるだけで、敗者である９０％の集団から、最低限トントンを確保できる１０％

の集団に移ることができるのである。

　もし破産してしまったら、何百万回もトレードすることはできない。あなたがもし絶対に勝ちたいのであるならば、ゲームを確実に継続できるようにしなければならない。しかし、多くのトレーダーは成功する機会が訪れる前に破産してしまうのだ。ちょっと気の毒だが、彼らは本業に戻ることになる。絶対に必要なのは、ゲームに留まることなのである。

　もしあなたがトレードシステムを持っているならば、どう調整すればそれで儲けることができるだろうか？

　あなたは生き延びて、来るべきドローダウンを切り抜けられるだけの資金を持つ必要がある。そして、儲かるトレーダーになるために必要な技術と情報をマスターするために、十分長い間確実にゲームを続けることができるようにする必要がある。

比率固定の賭け

　トレードし続けることを可能にするシステムは、比率固定の賭けと呼ばれている。すなわち、すべての賭けやトレードは全体の資金に対し一定の比率のリスクを取ることになる。例えば、すべてのトレードに資金の１％を賭けると想定しよう。もし取引口座にある資金が１０万ドルならば各々のトレードに１０００ドル賭け、２万ドルならば２００ドル賭けることになる（私は各々のトレードに０．５％のリスクしか取らないことにしており、１％以上のリスクを取ることはめったにない。このやり方は私を非常に保守的にしている）。こうすれば破産することはほとんどあり得ない。

　その理由はゼノンのパラドックスによって説明することができる。ゼノンは次のパラドックスを「考案した」ギリシャの哲学者であった。壁に矢を撃つと想定しよう。ある時点では、矢は壁までの中間地点にある。最初の中間地点から測って、壁までの間にさらに中間地点があるだろう。今度は、この２番目の中間地点から壁までの間に、さらにもうひとつの中間地点が存在する。以下同様である。どんな位置からでも、壁までのあいだに「無数の」中間地点を設定することができる。ゼノンはここで分かりきっ

た疑問を提示している。

　もし壁との間に常に中間地点があるのならば、いったい矢はどうやって壁に刺さることができるのだろうか？

　解答は哲学者に任せたほうがよいだろう。しかしトレーダーはここで、根本的な前提を使うことができる。もしあなたが常に口座にある資金に対し一定の比率のリスクしか取らないならば、資金を失うにつれて、各々のトレードではより小さいリスクを取ることになる。例えば、口座に１０万ドルの資金があり、各々のトレードで１％のリスクを取ると決めたとする。最初の３回のトレードで損をすると想定しよう。第１回目のトレードでは１０００ドルを失い、口座には９万９０００ドル残っていることになる。９万９０００ドルの１％は９９０ドルであるから、これは次のトレードでは９９０ドルのリスクを取ることを意味する。もしさらに負けたなら、次のトレードでのリスクは９８０．１ドルである。なぜなら、口座に残った９万８０１０ドルの１％は９８０．１ドルだからである。口座に５万ドルしか残っていない場合には、５００ドルだけリスクを取ることになるだろう。ちょうどゼノンのパラドックスのように、口座残高の１％のリスクを取っていけば、そこには「無数の」数があるように見える。

　もちろん、現実の世界はそんなふうにうまくはいかない。結局、あなたは口座残高をトレードできないレベルにまで減らしてしまうだろう。それにもかかわらず比率固定のシステムは、大きく負けが込む期間があったとしても、非常に長い期間にわたってゲームを続けることを可能にするだろう。これは、あなたがゲームに留まることが可能であることを意味し、それはゲームに勝つ見込み以上のものを与えてくれているのである。

ストップロスを決めて、それからルールを適用しろ

　あなたのトレード口座には１０万ドルの資金があり、各々のトレードで資産の１％のリスクを取ろうとしていると仮定しよう。あなたは債券のマーケットで潜在的なヘッド・アンド・ショルダーの天井を見つけた。ネッ

クラインを下に切ってブレイクダウンしたのを見て、あなたは売り玉を建てることにする。そして、もし間違っていた場合の理想的な損切ポイントを決める。それの理想的な損切ポイントは、１枚につき７５０ドルのポイントだったとする。何枚のポジションを取ることができるだろうか？

　ここでのルールは、各々のトレードで許されるリスクは１０万ドルの１％であるということである。したがって、許されるリスクは１０００ドルである。ということは、あなたが建てられる枚数は１枚だけであることを意味する。なぜならばもし２枚の売り玉を建てたならば、１５００ドルのリスクを取ることになるからである。

　それでは、１枚につき５００ドルだけリスクを取るように、損切ポイントを変更することは許されないのだろうか。まず理想的な損切ポイントを識別しなければならない。それから、マネーマネジメントのルールを適用するのだ。この順序を逆にしてはならない。マネーマネジメント・ルールは過剰売買を防ぎ、長くトレードできることを保証する自己規律を与えるために存在するのである。

　また、１０年物債券、５年物債券、２年物債券、ドイツ国債といった他の銘柄を余計に売ることも許されないのである。リスクの１％ルールは中心となるポジションに関連したすべてのポジションに適用されるのだ。あなたは債券を売ることができるが、他のいかなる金利先物も売ることはできない。債券とそれに強く関連するすべての銘柄の総リスクは口座残高の１％を決して超えてはならない。

　そうなると極めて少しの枚数しかトレードできないことに気づくだろう。なぜなら多くの銘柄は別の銘柄と互いに関連があるからである。あなたはそれぞれの銘柄のグループの中で最も良い機会を選ばなくてはならない。

　あなたはＳ＆Ｐ５００を買うか、ダウを買うか、それともナスダックを買うかを決めなければならない。ルールはすべての銘柄を買うことを許してはいないからである。

十分な資金でトレードを始めろ

　あまりにリスクを小さく限定することの潜在的な問題のひとつは、大きな運用資金を必要とするということである。1枚当たり少なくとも750ドルのリスクを取ることなく先物をトレードすることは難しい。それは1％ルールに固執すると、口座に7万5000ドルの資金を持っていなくてはならないことを意味する。多くのトレーダーは口座にそんなにたくさんの資金を置いてはいない。もしあなたがそういったトレーダーの1人であるならば、別の仕事を見つけて口座に少なくとも10万ドル預けるようになるまで資金を蓄えなさい（もちろん、誰もこの忠告を聞きはしない。しかし、率直に言って、それは問題に対する最も良い解決方法である）。

　さもなければ、あなたは他の解決方法を試みなくてはならない。例えば、オート麦や去勢豚といった銘柄でトレードを始めることである。

　これらの銘柄では、通常そのリスクを1枚当たり500ドル以下に抑えることができる。もうひとつの可能な解決法は、オプションあるいはスプレッド（サヤ取り）のトレードをすることである。これらは両方ともさらに複雑な分析が必要である。

　マネーマネジメント・ルールはポートフォリオ全体のリスクのレベルをコントロールすることができる。例えば、各々のポジションのリスクを資産の1％に抑えるのに対し、全体ポートフォリオのリスクを5％、あるいは場合によっては3％に抑えるのである。したがって、すべてのポジションが同時に損切りに引っかかった場合には、あなたは5％の損失を被ることになる。これは、もしすべてのポジションが全滅したならば、口座残高のたった5％を失うことを意味する。それでも一大事である。

冷静になれ

　システムトレーダーとは違って、自由裁量のトレーダーは負けが込んできたら何日かトレードを休むべきである。例えば、あなたが上記の5％ルールに引っかかったと仮定しよう。2～3日休みを取ってあなたの頭をク

リアにしなさい。落ち着いて、クールで、そして冷静になりなさい。人間は大金を失った後は非常にバカなことをしたい衝動に駆られるものである。「損を取り戻すためにポジションを倍にする」とか、あるいはマーケットを罰したい気持ちになっているかもしれない。あるいは、あなたは自信を失って次のトレードに対して尻込みしているかもしれない。どちらの場合も、2～3日休みを取って頭をハッキリさせてからマーケットに戻ってきた方が良い。投資によって利益を上げるためには、あなたの精神状態が最も影響力を持つ要因なのである。それを軽く見てはいけない。

さて、ここでもうひとつ重要なルールがある。1カ月で10％以上の損失を出してはならない。もし10％以上の損失を出してしまったら、すぐにトレードをやめて長い休暇を取りなさい。あなたは破滅的な月を持たないようにしなければならない。ここでの10％ルールは、たとえあなたが幾分痛手を被っているとしても決して大惨事を招かないことを保証することになる。

実際、マネーマネジメントの重要な利点のひとつは、それによって破滅が避けられるということである。たいていのトレーダーは通常の連敗には対処することができる。しかし破滅には誰も耐えることはできない。もし1カ月で50％の損失を出したなら、あなたは投資顧問としての仕事を失うだろう。まさにそういった出来事に見舞われたプロトレーダーを、私は何人か知っている。顧客が誰も彼らを告訴しなかったことは運がよかった。彼らは現在、みんな生活のために他の仕事についている。

あなたはそういった種類の損失に個人の投資家として対処することができるかもしれない。しかしそれは難しいことだ。さらに、自ら進んで困難な状況に身を置く理由などどこにもないはずだ。

規律を守れ

リスク管理ルールとは、本当はトレードの心理学を取り扱う方法であることに注目してほしい。この章は、トレードの心理学はトレードにおける最も重要な要素であるという考えから出発している。成功したトレーダー

の著書やインタビューを読んでみるといい。そうすれば、トレードで成功するための最も重要な要素は、適切な精神状態を保つことだとみんな強調しているはずだ。特に、トレーダーが利益を上げるために必要とする、心理的に重要な特性は規律である。リスク管理ルールとは、そこで必要とされる規律を実行しようとする試みなのである。

　リスク管理について考察してみると、別の興味深い性質に気づくことになる。それはリスク管理を行えば、貧弱なシステムが良いシステムに変わることがあるということだ！　例えば、検証期間においてトレードシステムを悪く見せる多くの原因について考えてみよう。一般的な問題としては、検証期間内にシステムがいくつかの大きな損失を計上したということがある。ここがマネーマネジメントの概念が役に立つところである。

　損失を棒グラフに表して、Y軸を損失の大きさに、X軸をその損失が発生した頻度にしてみなさい。たいていの場合そこに見られるのは、ほとんどの損失は控えめなものであるが、いくつかの大きな損失が発生しているということである。金額ベースの損切ポイントをどこに置いたらよいかを見つけるために棒グラフを調べてみなさい。その損切はほとんどの大きな損失を除去してくれるものの、それが使われる回数は少ない。

　例えば、検証した結果、１００回損失が発生していると仮定しよう。損失のうち９５回は１０００ドル以下であり、あなたはこれに対処することができると仮定する。しかし、１０００ドルより大きい損失が５回あり、その中には５０００ドルより大きい損失が２回あるとしよう。

　手仕舞いは、システムのシグナルか、もしくは１０００ドルでの損切りの、どちらか損失が少ない方で行うというようにルールを変更するのである。こうすれば一般的には全体の損失の２０％から４０％を減らすことができる。ごくまれに、大きい含み損が結果的に利が乗るポジションに変わることがある。しかし、そうなることは非常にまれなので、この単純なテクニックによって、損をするシステムの多くを儲かるシステムに変えることができる。さらに、恐らくそれはほとんどすべてのシステムの質を著しく高めることになるであろう。

　ところで、マネーマネジメントを実行して悪いこととは何だろうか？

それは大したことではない。

　第一に、トレードするにあたっては規律を持たなければならないということだ。その場合、個々のポジションやポートフォリオ全体のリスクを算出するために少しばかり仕事をしなければならない。率直に言って、これは大した仕事ではない。

　第二に、必ずしもそうはならないかもしれないが、収益が恐らく減ることになるだろう。一般的に、強力なリスク管理ルールを持っているトレーダーは、どの年であれ、トレーダーの中で上位１０％に入ることはないであろう。ここで説明したようなリスク管理ルールを使って、１年に１０００％の運用成績を上げることは困難である。莫大な利益を上げるためには、多くのリスクを取る必要がある。

　しかし、その場合、リスク調整済の収益（ポートフォリオの収益を毎月の収益の標準偏差によって割った値）は、急上昇することになる。あなたは恐らくそれより低い収益を上げることになろうが、しかしそれは劇的に低いリスクによってもたらされているのである。ポートフォリオのリスクを厳しくコントロールすることで、長い間ゲームに留まることができる。

　各々のポジションサイズを決めるためには１％ルールを用い、ポートフォリオ全体のリスクをコントロールするためには５％ルールを使ってほしい。そしてトレードを続けるために、必ず正しい態度が取れるようにしなさい。もしこれらのルールに従うならば、あなたの利益と自信は両方とも急激に成長することだろう。

※参考文献　ラルフ・ビンス著『投資家のためのマネーマネジメント』『ＤＶＤ世界最高峰のマネーマネジメント』、ラーズ・ケストナー著『トレーディングシステム徹底比較』（すべてパンローリング）

編者紹介

リック・ベンシニョール
Rick Bensignor

編集をしたリック・ベンシニョールは、モルガン・スタンレー・ディーン・ウィッターのバイス・プレジデントであり、上級テクニカルストラテジスト。彼はまたニューヨーク大学助教授で、社会人向けのクラスでテクニカル分析を教えている。それ以前には、ニューヨークのいくつかの先物取引所でフロアトレーダーを14年間勤めた後、ブルームバーグのテクニカル分析、先物、商品に関する上級プロダクトスペシャリストになった。現在、ベンシニョールは妻と3人の子供たちとニューヨークのロングアイランドに住んでいる。

訳者略歴

長尾慎太郎 (ながお・しんたろう)

1990年、東京大学工学部原子力工学科卒。90～95年シティバンク勤務、95年からCTA(商品投資顧問)のトレーダー。訳書に『魔術師リンダ・ラリーの短期売買入門』『タートルズの秘密』他。

世良敬明 (せら・たかあき)

1995年、明治大学政治経済学部政治学科卒。日系商品取引員の営業を経て、現在はシカゴで翻訳・記者業務に従事。米国CTA(商品投資顧問業)の免許を持つ。訳書に『魔術師リンダ・ラリーの短期売買入門』『デジタル・デイ・トレーディング』(ラジオたんぱ)他。

増沢浩一 (ますざわ・ひろかず)

1984年、明治大学商学部商学科卒。国内金融機関および外資系金融機関で資金取引や各種デリバティブ取引に従事。その後、各種金融市場や不動産での運用・助言業務を経て、現在、新規ベンチャー企業の立ち上げ準備中。訳書に『バフェットからの手紙』他。

増田丞美 (ますだ・すけみ)

1985年に米コロンビア大学大学院を卒業後、野村証券会社、モルガンスタンレー(ロンドン現地法人)を経て、海外ヘッジファンドでデリバティブによる資産運用に携わる。現在、日本ユニコム株式会社投資商品事業部および同社米国現地法人AURA,INC.(投資顧問会社、非常勤役員)に従事。著書に『オプション売買入門』、訳書に『カプランのオプション売買戦略』他。

柳谷 雅之 (やなぎや・まさゆき)

1990年、電気通信大学電子情報学専攻博士課程前期卒。遺伝的アルゴリズムの研究に従事の後、1997年10月よりパンローリング株式会社のマーケット・アナリスト。訳書に『ラリー・ウィリアムズの短期売買法』『トレーディングシステム徹底比較』他。

New Thinking in Technical Analysis
Trading Models from the Masters
Edited by Rick Bensignor

Copyright©2000 by Bloomberg Press. All rights reserved.
This translation published by arrangement with Bloomberg Press
c/o The Marsh Agency through The English Agency(Japan)Ltd.

ウィザードブックシリーズ⑮

魔術師たちのトレーディングモデル
テクニカル分析の新境地

2001年3月22日　初版第1刷発行
2008年7月5日　　第2刷発行

編者　―――― リック・ベンシニョール
訳者　―――― 長尾慎太郎、世良敬明、増沢浩一、増田丞美、柳谷雅之 ⓒ
発行者　――― 後藤康徳
発行所　――― パンローリング株式会社
　　　　　　　〒160-0023 東京都新宿区西新宿7-21-3-1001
　　　　　　　TEL 03-5386-7391　　FAX 03-5386-7393
　　　　　　　http://www.panrolling.com/　E-mail info@panrolling.com
編集　―――― エフ・ジー・アイ (Factory of Gnomic Three Monkeys Investment) 合資会社
装丁　―――― 新田"Linda"和子
組版　―――― マイルストーンズ合資会社
印刷・製本　― 大日本印刷株式会社

落丁・乱丁、その他不良がありましたら、お取り替えいたします。
本書の全部、または一部を無断で複写・複製・転載、および磁気・光記録媒体に入力することなどは
著作権法上の例外を除き禁じられています。

2001 Printed in Japan

ISBN978-4-939103-36-0

アレキサンダー・エルダー博士の投資レクチャー

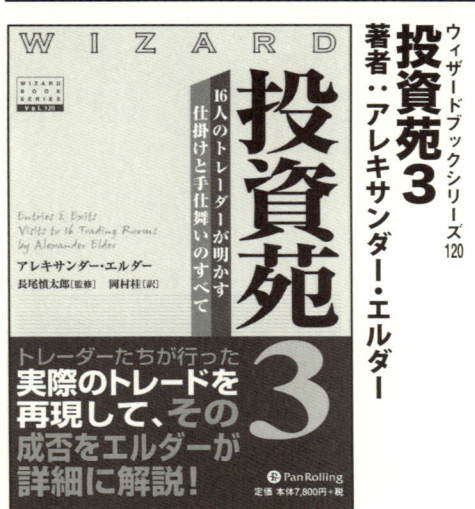

投資苑3
ウィザードブックシリーズ120
著者：アレキサンダー・エルダー

16人のトレーダーが明かす仕掛けと手仕舞いのすべて

トレーダーたちが行った実際のトレードを再現して、その成否をエルダーが詳細に解説！

定価 本体7,800円＋税　ISBN:9784775970867

【どこで仕掛け、どこで手仕舞う】
「成功しているトレーダーはどんな考えで仕掛け、なぜそこで手仕舞ったのか！」――16人のトレーダーたちの売買譜。住んでいる国も、取引する銘柄も、その手法もさまざまな16人のトレーダーが実際に行った、勝ちトレードと負けトレードの仕掛けから手仕舞いまでを実際に再現。その成否をエルダーが詳細に解説する。ベストセラー『投資苑』シリーズ、待望の第3弾！

投資苑3 スタディガイド
ウィザードブックシリーズ121
著者：アレキサンダー・エルダー

マーケットを征服するための101問
資金をリスクにさらす前にトレード知識の穴を見つけ、それを埋めよう！

定価 本体2,800円＋税　ISBN:9784775970874

【マーケットを理解するための101問】
トレードで成功するために必須の条件をマスターするための『投資苑3』副読本。トレードの準備、心理、マーケット、トレード戦略、マネージメントと記録管理、とレーダーの教えといった7つの分野を、25のケーススタディを含む101問の問題でカバーする。資金をリスクにさらす前に本書に取り組み、『投資苑3』と併せて読むことでチャンスを最大限に活かすことができる。

DVD トレード成功への3つのM～心理・手法・資金管理～

講演：アレキサンダー・エルダー　　定価 本体4,800円＋税　　ISBN:9784775961322

世界中で500万部超の大ベストセラーとなった『投資苑』の著者であり、実践家であるアレキサンダー・エルダー博士の来日講演の模様をあますところ無く収録。本公演に加え当日参加者の貴重な生の質問に答えた質疑応答の模様も収録。インタビュアー：林康史（はやしやすし）氏

DVD 投資苑～アレキサンダー・エルダー博士の超テクニカル分析～

講演：アレキサンダー・エルダー　　定価 本体50,000円＋税　　ISBN:9784775961346

超ロングセラー『投資苑』の著者、エルダー博士のDVD登場！感情に流されないトレーディングの実践と、チャート、コンピューターを使ったテクニカル指標による優良トレードの探し方を解説、様々な分析手法の組み合わせによる強力なトレーディング・システム構築法を伝授する。

トレード基礎理論の決定版!!

ウィザードブックシリーズ9
投資苑
著者:アレキサンダー・エルダー

定価 本体 5,800円＋税　ISBN:9784939103285

【トレーダーの心技体とは？】
それは３つのＭ「Mind=心理」「Method=手法」「Money=資金管理」であると、著者のエルダー医学博士は説く。そして「ちょうど三脚のように、どのＭも欠かすことはできない」と強調する。本書は、その３つのＭをバランス良く、やさしく解説したトレード基本書の決定版だ。世界13カ国で翻訳され、各国で超ロングセラーを記録し続けるトレーダーを志望する者は必読の書である。

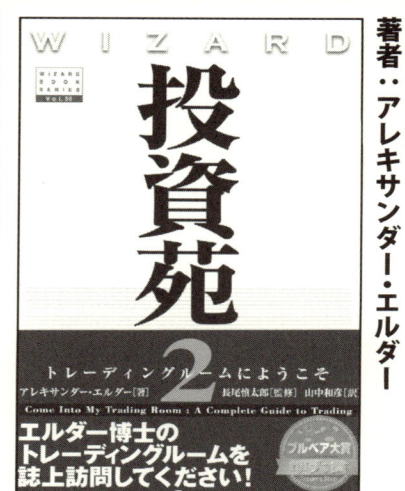

ウィザードブックシリーズ56
投資苑2
著者:アレキサンダー・エルダー

定価 本体 5,800円＋税　ISBN:9784775970171

【心技体をさらに極めるための応用書】
「優れたトレーダーになるために必要な時間と費用は？」「トレードすべき市場とその儲けは？」「トレードのルールと方法、資金の分割法は？」──『投資苑』の読者にさらに知識を広げてもらおうと、エルダー博士が自身のトレーディングルームを開放。自らの手法を惜しげもなく公開している。世界に絶賛された「３段式売買システム」の威力を堪能してほしい。

ウィザードブックシリーズ50
投資苑がわかる203問
著者：アレキサンダー・エルダー　定価 本体2,800円＋税　ISBN:9784775970119

分かった「つもり」の知識では知恵に昇華しない。テクニカルトレーダーとしての成功に欠かせない３つのＭ（心理・手法・資金管理）の能力をこの問題集で鍛えよう。何回もトライし、正解率を向上させることで、トレーダーとしての成長を自覚できるはずだ。

投資苑2 Q&A
著者：アレキサンダー・エルダー　定価 本体2,800円＋税　ISBN:9784775970188

『投資苑2』は数日で読める。しかし、同書で紹介した手法や技法のツボを習得するには、実際の売買で何回も試す必要があるだろう。そこで、この問題集が役に立つ。あらかじめ洞察を深めておけば、いたずらに資金を浪費することを避けられるからだ。

バリュー株投資の真髄!!

ウィザードブックシリーズ4
バフェットからの手紙
著者：ローレンス・A・カニンガム
定価 本体1,600円+税　ISBN:9784939103216

【世界が理想とする投資家のすべて】
「ラリー・カニンガムは、私たちの哲学を体系化するという素晴らしい仕事を成し遂げてくれました。本書は、これまで私について書かれたすべての本のなかで最も優れています。もし私が読むべき一冊の本を選ぶとしたら、迷うことなく本書を選びます」
———ウォーレン・バフェット

ウィザードブックシリーズ10
賢明なる投資家
著者：ベンジャミン・グレアム
定価（各）本体3,800円+税
ISBN:9784939103292

ウィザードブックシリーズ116
麗しのバフェット銘柄
著者：メアリー・バフェット、デビッド・クラーク
定価 本体1,800円+税
ISBN:9784775970829

ウィザードブックシリーズ44
証券分析【1934年版】
著者：ベンジャミン・グレアム、デビッド・L・ドッド
定価 本体9,800円+税
ISBN:9784775970058

ウィザードブックシリーズ125
アラビアのバフェット
著者：リズ・カーン
定価 本体1,890円+税
ISBN:9784775970928

ウィザードブックシリーズ87・88
新 賢明なる投資家
著者：ベンジャミン・グレアム
ジェイソン・ツバイク
定価（各）本体3,800円+税　ISBN:(上)9784775970492
　　　　　　　　　　　　　　　　　(下)9748775970508

【割安株の見つけ方とバリュー投資を成功させる方法】
古典的名著に新たな注解が加わり、グレアムの時代を超えた英知が今日の市場に再びよみがえる！　グレアムがその「バリュー投資」哲学を明らかにした『賢明なる投資家』は、1949年に初版が出版されて以来、株式投資のバイブルとなっている。

ウォーレン・バフェットが師と仰ぎ、尊敬したベンジャミン・グレアムが残した「バリュー投資」の最高傑作！　「魅力のない二流企業株」や「割安株」の見つけ方を伝授する。

なぜバフェットは世界屈指の大富豪になるまで株で成功したのか？　本書は氏のバリュー投資術「選別的逆張り法」を徹底解剖したバフェット学の「解体新書」である。

グレアムの名声をウォール街で不動かつ不滅なものとした一大傑作。ここで展開されている割安な株式や債券のすぐれた発掘法は、今も多くの投資家たちが実践して結果を残している。

バフェットがリスペクトする米以外で最も成功した投資家、アルワリード本の決定版！　この1冊でアルワリードのすべてがわかる！　3万ドルを230億ドルにした「伸びる企業への投資」の極意

マーケットの魔術師 ウィリアム・オニールの本と関連書

ウィザードブックシリーズ 12
オニールの成長株発掘法
著者：ウィリアム・オニール

定価 本体 2,800円＋税　ISBN:9784939103339

【究極のグロース株選別法】
米国屈指の大投資家ウィリアム・オニールが開発した銘柄スクリーニング法「CAN-SLIM（キャンスリム）」は、過去40年間の大成長銘柄に共通する7つの要素を頭文字でとったもの。オニールの手法を実践して成功を収めた投資家は数多く、詳細を記した本書は全米で100万部を突破した。

ウィザードブックシリーズ 71
オニールの相場師養成講座
著者：ウィリアム・オニール

定価 本体 2,800円＋税　ISBN:9784775970331

【進化する CAN-SLIM】
CAN-SLIM の威力を最大限に発揮させる5つの方法を伝授。00年に米国でネットバブルが崩壊したとき、オニールの手法は投資家の支持を失うどころか、逆に人気を高めた。その理由は全米投資家協会が「98～03年に CAN-SLIM が最も優れた成績を残した」と発表したことからも明らかだ。

ウィザードブックシリーズ 93
オニールの空売り練習帖
著者：ウィリアム・オニール、ギル・モラレス
定価 本体 2,800円＋税　ISBN:9784775970577

大化けする成長株を発掘する方法（DVDブック）
著者：鈴木一之　定価 本体 3,800円＋税
DVD1枚 83分収録　ISBN:9784775961285

ウィザードブックシリーズ 19
マーケットの魔術師
著者：ジャック・D・シュワッガー
定価 本体 2,800円＋税
ISBN:9784939103407
オーディオブックも絶賛発売中!!

ウィザードブックシリーズ 49
私は株で200万ドル儲けた
著者：ニコラス・ダーバス　訳者：長尾慎太郎、飯田恒夫
定価 本体 2,200円＋税　ISBN:9784775970102

氏いわく「売る能力もなく買うのは、攻撃だけで防御がないフットボールチームのようなものだ」。指値の設定からタイミングの決定まで、効果的な空売り戦略を明快にアドバイス。

今も世界中の投資家から絶大な支持を得ているウィリアム・オニールの魅力を日本を代表する株式アナリストが紹介。日本株のスクリーニングにどう当てはめるかについても言及する。

トレーダー・投資家は、そのとき、その成長過程で、さまざまな悩みや問題意識を抱えているもの。本書はその答えの糸口を「常に」提示してくれる「トレーダーのバイブル」だ。

1960年の初版は、わずか8週間で20万部が売れたという伝説の書。絶望の淵に落とされた個人投資家が最終的に大成功を収めたのは、不屈の闘志と「ボックス理論」にあった。

マーケットの魔術師シリーズ

マーケットの魔術師
ウィザードブックシリーズ 19
著者：ジャック・D・シュワッガー
定価 本体 2,800 円＋税　ISBN:9784939103407

【いつ読んでも発見がある】
トレーダー・投資家は、そのとき、その成長過程で、さまざまな悩みや問題意識を抱えているもの。本書はその答えの糸口を「常に」提示してくれる「トレーダーのバイブル」だ。「本書を読まずして、投資をすることなかれ」とは世界的トレーダーたちが口をそろえて言う「投資業界の常識」だ！

新マーケットの魔術師
ウィザードブックシリーズ 13
著者：ジャック・D・シュワッガー
定価 本体 2,800 円＋税　ISBN:9784939103346

【世にこれほどすごいヤツらがいるのか!!】
株式、先物、為替、オプション、それぞれの市場で勝ち続けている魔術師たちが、成功の秘訣を語る。またトレード・投資の本質である「心理」をはじめ、勝者の条件について鋭い分析がなされている。関心のあるトレーダー・投資家から読み始めてかまわない。自分のスタイルづくりに役立ててほしい。

ウィザードブックシリーズ 14
マーケットの魔術師 株式編《増補版》
著者：ジャック・D・シュワッガー
定価 本体 2,800 円＋税　ISBN:9784775970232

投資家待望のシリーズ第三弾、フォローアップインタビューを加えて新登場!!　90年代の米株の上げ相場でとてつもないリターンをたたき出した新世代の「魔術師＝ウィザード」たち。彼らは、その後の下落局面でも、その称号にふさわしい成果を残しているのだろうか？

◎アート・コリンズ著 マーケットの魔術師シリーズ

ウィザードブックシリーズ 90
マーケットの魔術師 システムトレーダー編
著者：アート・コリンズ
定価 本体 2,800 円＋税　ISBN:9784775970522

システムトレードで市場に勝っている職人たちが明かす機械的売買のすべて。相場分析から発見した優位性を最大限に発揮するため、どのようなシステムを構築しているのだろうか？　14人の傑出したトレーダーたちから、システムトレードに対する正しい姿勢を学ぼう！

ウィザードブックシリーズ 111
マーケットの魔術師 大損失編
著者：アート・コリンズ
定価 本体 2,800 円＋税　ISBN:9784775970775

スーパートレーダーたちはいかにして危機を脱したか？　局地的な損失はトレーダーならだれでも経験する不可避なもの。また人間のすることである以上、ミスはつきものだ。35人のスーパートレーダーたちは、窮地に立ったときどのように取り組み、対処したのだろうか？

トレーディングシステムで機械的売買!!

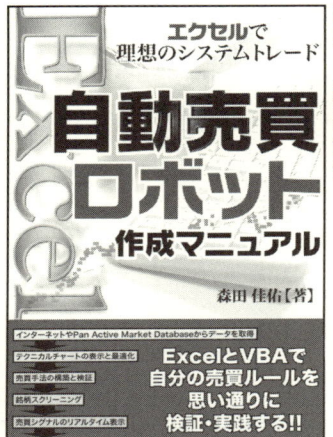

自動売買ロボット作成マニュアル
エクセルで理想のシステムトレード
著者：森田佳佑

定価 本体2,800円＋税　ISBN:9784775990391

【パソコンのエクセルでシステム売買】
エクセルには「VBA」というプログラミング言語が搭載されている。さまざまな作業を自動化したり、ソフトウェア自体に機能を追加したりできる強力なツールだ。このVBAを活用してデータ取得やチャート描画、戦略設計、検証、売買シグナルを自動化してしまおう、というのが本書の方針である。

売買システム入門
ウィザードブックシリーズ 11
著者：トゥーシャー・シャンデ

定価 本体7,800円＋税　ISBN:9784939103315

【システム構築の基本的流れが分かる】
世界的に高名なシステム開発者であるトゥーシャー・シャンデ博士が「現実的」な売買システムを構築するための有効なアプローチを的確に指南。システムの検証方法、資金管理、陥りやすい問題点と対処法を具体的に解説する。基本概念から実際の運用まで網羅したシステム売買の教科書。

現代の錬金術師シリーズ
自動売買ロボット作成マニュアル初級編
エクセルでシステムトレードの第一歩
著者：森田佳佑
定価 本体2,000円＋税　ISBN:9784775990513

操作手順と確認問題を収録したCD-ROM付き。エクセル超初心者の投資家でも、売買システムの構築に有効なエクセルの操作方法と自動処理の方法がよく分かる!!

トレードステーション入門
やさしい売買プログラミング
著者：西村貴郁
定価 本体2,800円＋税　ISBN:9784775990452

売買ソフトの定番「トレードステーション」。そのプログラミング言語の基本と可能性を紹介。チャート分析も売買戦略のデータ検証・最適化も売買シグナル表示もできるようになる！

ウィザードブックシリーズ 54
究極のトレーディングガイド
全米一の投資システム分析家が明かす「儲かるシステム」
著者：ジョン・R・ヒル／ジョージ・プルート／ランディ・ヒル
定価 本体4,800円＋税　ISBN:9784775970157

売買システム分析の大家が、エリオット波動、値動きの各種パターン、資金管理といった、曖昧になりがちな理論を適切なルールで表現し、安定した売買システムにする方法を大公開！

ウィザードブックシリーズ 42
トレーディングシステム入門
仕掛ける前が勝負の分かれ目
著者：トーマス・ストリズマン
定価 本体5,800円＋税　ISBN:9784775970034

売買タイミングと資金管理の融合を売買システムで実現。システムを発展させるために有効な運用成績の評価ポイントと工夫のコツが惜しみなく著された画期的な書！

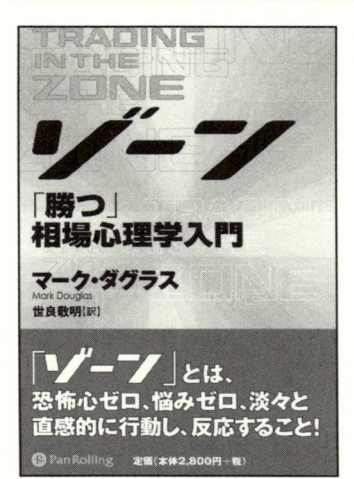

心の鍛錬はトレード成功への大きなカギ！

ウィザードブックシリーズ 32
ゾーン 相場心理学入門
著者：マーク・ダグラス

定価 本体 2,800円＋税　ISBN:9784939103575

【己を知れば百戦危うからず】
恐怖心ゼロ、悩みゼロで、結果は気にせず、淡々と直感的に行動し、反応し、ただその瞬間に「するだけ」の境地、つまり「ゾーン」に達した者こそが勝つ投資家になる！　さて、その方法とは？　世界中のトレード業界で一大センセーションを巻き起こした相場心理の名作が究極の相場心理を伝授する！

ウィザードブックシリーズ 114
規律とトレーダー 相場心理分析入門
著者：マーク・ダグラス

定価 本体 2,800 円＋税　ISBN:9784775970805

【トレーダーとしての成功に不可欠】
「仏作って魂入れず」──どんなに努力して素晴らしい売買戦略をつくり上げても、心のあり方が「なっていなければ」成功は難しいだろう。つまり、心の世界をコントロールできるトレーダーこそが、相場の世界で勝者となれるのだ！　『ゾーン』愛読者の熱心なリクエストにお応えして急遽刊行！

ウィザードブックシリーズ 107
トレーダーの心理学
トレーディングコーチが伝授する達人への道
著者：アリ・キエフ
定価 本体 2,800 円＋税　ISBN:9784775970737

高名な心理学者でもあるアリ・キエフ博士がトップトレーダーの心理的な法則と戦略を検証。トレーダーが自らの潜在能力を引き出し、目標を達成させるアプローチを紹介する。

ウィザードブックシリーズ 124
NLPトレーディング
投資心理を鍛える究極トレーニング
著者：エイドリアン・ラリス・トグライ
定価 本体 3,200 円＋税　ISBN:9784775970904

NLPは「神経言語プログラミング」の略。この最先端の心理学を利用して勝者の思考術をモデル化し、トレーダーとして成功を極めるために必要な「自己管理能力」を高めようというのが本書の趣旨である。

ウィザードブックシリーズ 126
トレーダーの精神分析
自分を理解し、自分だけのエッジを見つけた者だけが成功できる
著者：ブレット・N・スティーンバーガー
定価 本体 2,800 円＋税　ISBN:9784775970911

トレードとはパフォーマンスを競うスポーツのようなものである。トレーダーは自分の強み（エッジ）を見つけ、生かさなければならない。そのために求められるのが「強靭な精神力」なのだ。

相場で負けたときに読む本 〜真理編〜
著者：山口祐介
定価 本体 1,500 円＋税　ISBN:9784775990469

なぜ勝者は「負けても」勝っているのか？　なぜ敗者は「勝っても」負けているのか？　10年以上勝ち続けてきた現役トレーダーが相場の"真理"を詩的に表現。

※投資心理といえば『投資苑』も必見!!

日本のウィザードが語る株式トレードの奥義

生涯現役の株式トレード技術
著者：優利加
定価 本体 2,800円＋税　ISBN:9784775990285

【ブルベア大賞2006-2007受賞!!】
生涯現役で有終の美を飾りたいと思うのであれば「自分の不動の型＝決まりごと」を作る必要がある。本書では、その「型」を具体化した「戦略＝銘柄の選び方」「戦術＝仕掛け・手仕舞いの型」「戦闘法＝建玉の仕方」をどのようにして決定するか、著者の経験に基づいて詳細に解説されている。

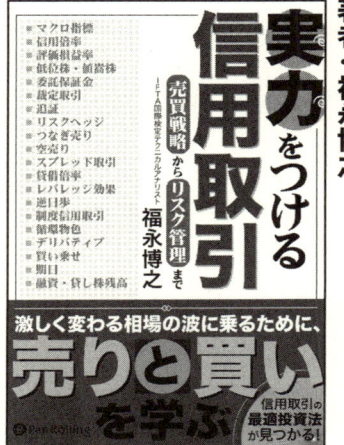

実力をつける信用取引 売買戦略からリスク管理まで
著者：福永博之
定価 本体 2,800円＋税　ISBN:9784775990445

【転ばぬ先の杖】
「あなたがビギナーから脱皮したいと考えている投資家なら、信用取引を上手く活用できるようになるべきでしょう」と、筆者は語る。投資手法の選択肢が広がるので、投資で勝つ確率が高くなるからだ。「正しい考え方」から「具体的テクニック」までが紹介された信用取引の実践に最適な参考書だ。

生涯現役の株式トレード技術【生涯現役のための海図編】
著者：優利加
定価 本体 5,800円＋税　ISBN:9784775990612

数パーセントから5％（多くても10％ぐらい）の利益を、1週間から2週間以内に着実に取りながら"生涯現役"を貫き通す。そのためにすべきこと、決まっていますか？　そのためにすべきこと、わかりますか？

DVD 生涯現役のトレード技術【銘柄選択の型と検証法編】
講師：優利加　定価 本体 3,800円＋税
DVD1枚 95分収録　ISBN:9784775961582

ベストセラーの著者による、その要点確認とフォローアップを目的にしたセミナー。激変する相場環境に振り回されずに、生涯現役で生き残るにはどうすればよいのか？

DVD 生涯現役の株式トレード技術 実践編
講師：優利加　定価 本体 38,000円＋税
DVD2枚組 356分収録　ISBN:9784775961421

著書では明かせなかった具体的な技術を大公開。4つの利（天、地、時、人）を活用した「相場の見方の型」と「スイングトレードのやり方の型」とは？　その全貌が明らかになる!!

DVD 生涯現役の株式トレード技術【海図編】
著者：優利加　定価 本体 4,800円＋税
DVD1枚 56分収録　ISBN:9784775962374

多くの銘柄で長期間に渡り検証された、高い確率で勝てる、理に適った「型」を決め、更に、それを淡々と実行する決断力とそのやり方を継続する一貫性が必要なのである。

トレード業界に旋風を巻き起こしたウィザードブックシリーズ!!

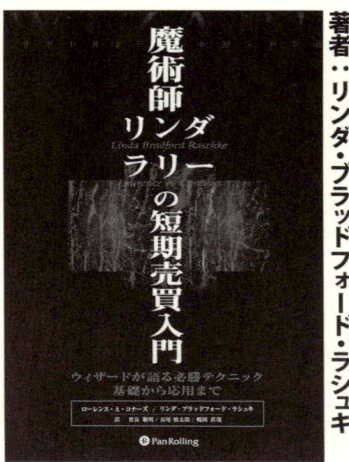

ウィザードブックシリーズ 1
魔術師リンダ・ラリーの短期売買入門
著者：リンダ・ブラッドフォード・ラシュキ

定価 本体 28,000円＋税　ISBN:9784939103032

【米国で短期売買のバイブルと絶賛】
日本初の実践的短期売買書として大きな話題を呼んだプロ必携の書。順バリ（トレンドフォロー）派の多くが悩まされる仕掛け時の「ダマシ」を逆手に取った手法（タートル・スープ戦略）をはじめ、システム化の困難な多くのパターンが、具体的な売買タイミングと併せて詳細に解説されている。

ウィザードブックシリーズ 2
ラリー・ウィリアムズの短期売買法
著者：ラリー・ウィリアムズ

定価 本体 9,800円＋税　ISBN:9784939103063

【トレードの大先達に学ぶ】
短期売買で安定的な収益を維持するために有効な普遍的な基礎が満載された画期的な書。著者のラリー・ウィリアムズは30年を超えるトレード経験を持ち、多くの個人トレーダーを自立へと導いてきたカリスマ。事実、本書に散りばめられたヒントを糧に成長したと語るトレーダーは多い。

ウィザードブックシリーズ 51・52
バーンスタインのデイトレード【入門・実践】
著者：ジェイク・バーンスタイン　定価（各）本体 7,800円＋税
ISBN:(各)9784775970126　9784775970133

「デイトレードでの成功に必要な資質が自分に備わっているのか？」「デイトレーダーとして人生を切り開くため、どうすべきか？」──本書はそうした疑問に答えてくれるだろう。

ウィザードブックシリーズ 130
バーンスタインのトレーダー入門
著者：ジェイク・バーンスタイン
定価 本体 5,800円＋税
ISBN:9784775970966

ヘッジファンドマネジャー、プロのトレーダー、マネーマネジャーが公表してほしくなかった秘訣が満載！　30日間で経済的に自立したトレーダーになる！

ウィザードブックシリーズ 53
ターナーの短期売買入門
著者：トニ・ターナー
定価 本体 2,800円＋税
ISBN:9784775970140

「短期売買って何？」という方にオススメの入門書。明確なアドバイス、参考になるチャートが満載されており、分かりやすい説明で短期売買の長所と短所がよく理解できる。

ウィザードブックシリーズ 37
ゲイリー・スミスの短期売買入門
著者：ゲイリー・スミス
定価 本体 2,800円＋税
ISBN:9784939103643

20年間、大勝ちできなかった「並以下」の個人トレーダーが15年間、勝ち続ける「100万ドル」トレーダーへと変身した理由とは？　個人トレーダーに知識と勇気をもたらす良書。

相場のプロたちからも高い評価を受ける矢口新の本！

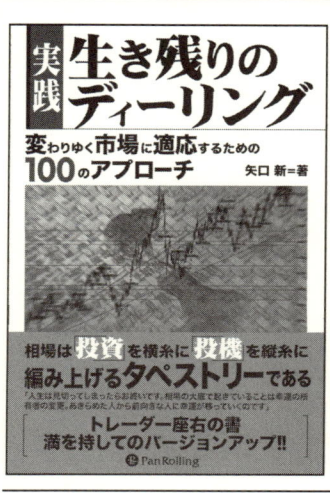

実践 生き残りのディーリング
変わりゆく市場に適応するための100のアプローチ
著者：矢口新

定価 本体 2,800円＋税　ISBN:9784775990490

【相場とは何かを追求した哲学書】
今回の『実践 生き残りのディーリング』は「株式についても具体的に言及してほしい」という多くの個人投資家たちの声が取り入れられた「最新版」。プロだけでなく、これから投資を始めようという投資家にとっても、自分自身の投資スタンスを見つめるよい機会となるだろう。

矢口新の相場力アップドリル【為替編】
著者：矢口新

定価 本体 1,500円＋税　ISBN:9784775990124

相場を動かす2つの要因、実需と仮需について徹底的に解説!!
「アメリカの連銀議長が金利上げを示唆したとします。このことをきっかけに相場はどう動くと思いますか？　さぁ、あなたの答えは？」――この質問に答えられるかで、その人の相場に関する基礎的な理解が分かる。本書を読み込んで相場力をUPさせよう。

矢口新のトレードセンス養成ドリル
著者：矢口新
定価 本体 1,500円＋税　ISBN:9784775990643

インターネットの本屋さん「マネーのまぐまぐ」に連載中の問題に、本書の核になる「ＴＰＡの視点」からという本書ならではの解説を追加編集。「価格変動の本質とは何か」や「価格の動きがもっとも大切なこと」など、さまざまな問題を解きながら、トレードセンスを向上させるための"ドリル"です。

矢口新の相場力アップドリル[株式編]
著者：矢口新
定価 本体 1,800円＋税　ISBN:9784775990131

相場の仕組みを明確に理解するうえで最も大事な「実需と仮需」。この株価変動の本質を54の設問を通して徹底的に理解する。本書で得た知識は、自分で材料を判断し、相場観を組み立て、実際に売買するときに役立つだろう。

オーディオブック 生き残りのディーリング決定版
著者：矢口新
定価 CD・DL版 2,800円＋税　収録時間約510分
ISBN:9784775929056

―投資で生活したい人への100のアドバイス―
相場で生き残るための100の知恵。通勤電車が日々の投資活動を振り返る絶好の空間となる。

心構えから具体例まで充実のオプション実践書

最新版 オプション売買の実践
著者：増田丞美

株や先物より、オプションで稼ぐ時代！
プロのオプション・トレーダーが、そのノウハウを惜しみなく公開。
勝ち続けるための最強の戦略集！

定価 本体 5,800 円＋税　ISBN:9784775990278

【プロが実際のトレードでポイントを解説】
瞬く間に実践者のバイブルとなった初版を最新のデータで改訂。すべてのノウハウが実例を基に説明されており、実践のコツが分かりやすくまとめられている。「チャートギャラリープロ」試用版CD-ROM付き。

最新版 オプション売買入門
成功したい実践家のための必携オプション売買マニュアル
著者：増田丞美

オプションで儲けたい投資家、必携の書！
株や先物にはない、オプションならではの"うまみ"をわかりやすく解説！
実践に活かせる　最新のケース・スタディ付き

定価 本体 4,800 円＋税　ISBN:9784775990261

【オプション売買は難しくない】
世界的なオプショントレーダーである著者が、実践に役立つ基礎知識、ノウハウ、リスク管理法をやさしく伝授。小難しい理論よりも「投資家」にとって大切な知識は別にあることを本書は明確に教えてくれる。

オプション売買学習ノート
頭を使って覚えるオプションの基礎知識 & 戦略
著者：増田丞美　定価 本体 2,800 円＋税
ISBN:9784775990384

「より勉強しやすいカタチ」を求めて生まれたオプション書初の参考書＆問題集。身に付けた知識を実践で応用が利く知恵へと発展させる効率的な手段として本書を活用してほしい。

オプション売買の実践 ＜日経225編＞
著者：増田丞美
定価 本体 5,800 円＋税　ISBN:9784775990377

日本最大のオプション市場である日経225オプション向きの売買戦略、そしてプロたちの手口を大公開。225市場の特色に即したアドバイス、勝ち残るための知恵が収められている。

オプション倶楽部の投資法
著者：増田丞美
定価 本体 19,800 円＋税　ISBN:9784775990308

増田丞美氏がスーパーバイザーを務める「オプション倶楽部」が会員だけに公開していた実際の取引を分かりやすく解説。オプション売買の"真髄"的な内容が満載された究極の書。

プロが教えるオプション売買の実践
著者：増田丞美
定価 2,800 円＋税　ISBN:9784775990414

オプション取引が「誤解」されやすいのは株式投資や先物取引とは質もルールも全く異なる「ゲーム」であると認識されていないから。ゲームが異なれば優位性も異なるのだ。

DVDブック 資産運用としてのオプション取引入門
著者：増田丞美　定価 本体 2,800 円＋税
DVD1枚 122分収録　ISBN:9784775961384

まずはDVDを一通り見てみよう。そしてテキストで学んだことを復習してほしい。投資家として知っておきたいオプションの本質と優位性が、初心者にも着実に理解できるだろう。

サヤ取りは世界三大利殖のひとつ！

為替サヤ取り入門
著者：小澤政太郎

定価 本体 2,800円＋税　ISBN:9784775990360

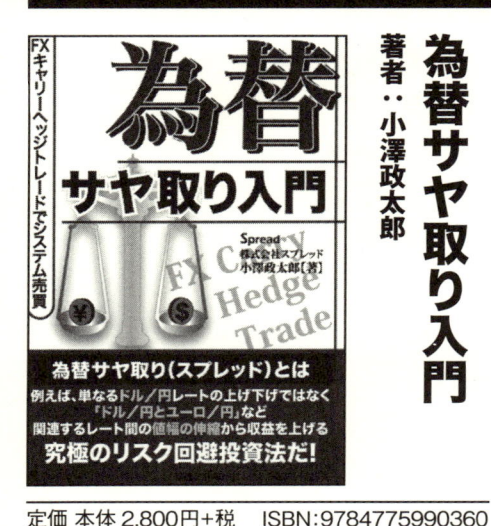

【為替で一挙両得のサヤ取り】
「FXキャリーヘッジトレード」とは外国為替レートの相関関係を利用して「スワップ金利差」だけでなく「レートのサヤ」も狙っていく「低リスク」の売買法だ!! 本書はその対象レートを選択する方法、具体的な仕掛けと仕切りのタイミング、リスク管理の重要性について解説している。

サヤ取り入門【増補版】
著者：羽根英樹

定価 本体 2,800円＋税　ISBN:9784775990483

あのロングセラーが増補版となってリニューアル!! 売りと買いを同時に仕掛ける「サヤ取り」。世界三大利殖のひとつ（他にサヤすべり取り・オプションの売り）と言われるほど独特の優位性があり、ヘッジファンドがごく普通に用いている手法だ。本書を読破した読者は、売買を何十回と重ねていくうちに、自分の得意技を身につけているはずだ。

マンガ サヤ取り入門の入門
著者：羽根英樹, 高橋達央
定価 本体 1,800円＋税
ISBN:9784775930069

サヤグラフを表示できる「チャートギャラリープロ」試用版CD-ROMつき

個人投資家でも実行可能なサヤ取りのパターンを全くの初心者でも分かるようにマンガでやさしく解説。実践に必要な売買のコツや商品先物の基礎知識を楽しみながら学べる。

マンガ オプション売買入門の入門
著者：増田丞美, 小川集
定価 本体 2,800円＋税　ISBN:9784775930076

オプションの実践的基礎知識だけでなく「いかにその知識を活用して利益にするか？」を目的にマンガで分かりやすく解説。そのためマンガと侮れない、かなり濃い内容となっている。

マンガ オプション売買入門の入門2［実践編］
著者：増田丞美, 小川集
定価 本体 2,800円＋税　ISBN:9784775930328

マンガとしては異例のベストセラーとなった『入門の入門』の第2弾。基礎知識の理解を前提に、LEAPS、NOPS、日経225オプションなどの売買のコツが簡潔にまとめられている。

実践的ペアトレーディングの理論
著者：ガナパシ・ビディヤマーヒー
定価 本体 5,800円＋税　ISBN:9784775970768

変動の激しい株式市場でも安定したパフォーマンスを目指す方法として、多くのヘッジファンドマネジャーが採用している統計的サヤ取り「ペアトレーディング」の奥義を紹介する。

本気の海外投資シリーズ

タイ株投資完全マニュアル 入門編【改訂版】
著者：石田和靖

定価 本体1,800円＋税　ISBN:9784775990551

口座開設の話を全面改定＆タイの最新情報を追加など、タイ株投資の火付け役となった"前作"の内容を踏襲しつつリニューアル！
これからの国「タイ」は、大きく発展する可能性を秘めた魅惑の楽園。本書は、そんな「タイ」に投資するにはどうしたらいいのかを解説した"日本初"の本格的なマニュアル本です。「タイ」への投資は魅力が満載。まだ割安な今こそ、タイ投資を！

15万円からはじめる 本気の海外投資完全マニュアル
著者：石田和靖

定価 本体1,800円＋税　ISBN:9784775990209

これからは、「これからの国」へ投資も視野に！
かつての日本のように"高成長している"新興諸国を投資セクターとしたファンドに投資して中長期的に資産を増やそうと提案している本書。「日本人にとって身近な金融センター（＝香港）を拠点にしよう」など、著者の経験に基づきながら、海外投資初心者でも無理なく第一歩を踏み出せるように海外投資を紹介。

ドバイ株投資完全マニュアル
著者：石田和靖

定価 本体1,800円＋税　ISBN:9784775990537

今、世界から注目されている「ドバイ」に投資するための、"日本初"のドバイ株投資マニュアル本です。
「猫の目」のように、次々とさまざまな変化が起こっている国「ドバイ」。投資という領域においては、ドバイはまだ"赤ん坊"のようなものです。成長初期の段階ですから、この時期に資産運用できれば、長い目で見て、大きな果実を手にすることも夢ではありません。ドバイに投資して、ドバイの成長を一緒に見ませんか。「猟ある猫は爪を隠す」というように、本当に力や才能のある人は、それを他人に自慢することなく、人知れず、こっそり始めているものです。牡蛎の身を手にできるのはこっそり先頭を行く人たちだけなのです。

Audio Book — Pan Rolling オーディオブックシリーズ

相場で負けたときに読む本 真理編・実践編
山口祐介　パンローリング
[真] 約160分 [実] 約200分
各 1,575円（税込）

売り上げ 1位

負けたトレーダー破滅するのではない。負けたときの対応の悪いトレーダーが破滅するのだ。敗者は何故負けてしまうのか。勝者はどうして勝てるのか。10年以上勝ち続けてきた現役トレーダーが相場の"真理"を詩的に紹介。

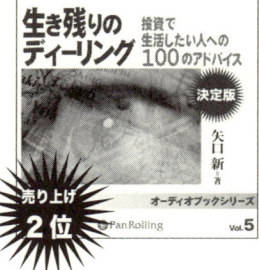

生き残りのディーリング 投資で生活したい人への100のアドバイス
矢口新　パンローリング
約510分　2,940円（税込）

売り上げ 2位

──投資で生活したい人への100のアドバイス──
現役ディーラーの座右の書として、多くのディーリングルームに置かれている名著を全面的に見直しし、個人投資家にもわかりやすい工夫をほどこして、新版として登場！現役ディーラーの座右の書。

その他の売れ筋

マーケットの魔術師
ジャック・D・シュワッガー
パンローリング　約1075分
各章 2,800円（税込）

──米トップトレーダーが語る成功の秘訣──
世界中から絶賛されたあの名著がオーディオブックで登場！

マーケットの魔術師 大損失編
アート・コリンズ、鈴木敏昭
パンローリング　約610分
DL版 5,040円（税込）
CD-R版 6,090円（税込）

「一体、どうしたらいいんだ」と、夜眠れぬ経験や神頼みをしたことのあるすべての人にとって必読書である！

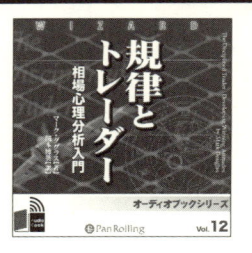

規律とトレーダー
マーク・ダグラス、関本博英
パンローリング　約440分
DL版 3,990円（税込）
CD-R版 5,040円（税込）

常識を捨てろ！
手法や戦略よりも規律と心を磨け！ロングセラー『ゾーン』の著者の名著がついにオーディオ化!!

NLPトレーディング
エイドリアン・ラリス・トグライ
パンローリング約590分
DL版 3,990円（税込）
CD-R版 5,040円（税込）

トレーダーとして成功を極めるため必要なもの……それは「自己管理能力」である。

私はこうして投資を学んだ
増田丞美
パンローリング　約450分
DL版 3,990円（税込）
CD-R版 5,040円（税込）

10年後に読んでも20年後に読んでも色褪せることのない一生使える内容です。実際に投資で利益を上げている著者が今現在、実際に利益を上げている考え方＆手法を大胆に公開！

マーケットの魔術師 〜日出る国の勝者たち〜 Vo.01
塩坂洋一、清水昭男
パンローリング　約100分
DL版 840円（税込）
CD-R版 1,260円（税込）

勝ち組のディーリング
トレード選手権で優勝し、国内外の相場師たちとの交流を経て、プロの投資家として活躍する塩坂氏。「商品市場の勝ちパターン、個人投資家の強味、必要な分だけ勝つ」こととは！？

マーケットの魔術師〜日出る国の勝者たち〜

- Vo.02 FX戦略：キャリートレード次に来るもの／松田哲、清水昭男
- Vo.03 理論の具体化と執行の完璧さで、最高のパフォーマンスを築け!!!!／西村貴郁、清水昭男
- Vo.04 新興市場──残された投資の王道／石田和靖、清水昭男
- Vo.05 投資の多様化で安定収益／銀座ロジックの投資術／浅川夏樹、清水昭男
- Vo.06 ヘッジファンドの奥の手拝見／その実態と戦略／青木俊郎、清水昭男
- Vo.07 FX取引の確実性を摑み取れ／スワップ収益のインテリジェンス／空隼人、清水昭男
- Vo.08 裁量からシステムへ、ニュアンスから数値化へ／山口祐介、清水昭男
- Vo.09 ポジション・ニュートラルから紡ぎだす日々の確実収益術／徳山秀樹、清水昭男
- Vo.10 拡大路線と政権の安定 ─ タイ投資の絶妙タイミング／阿部俊之、清水昭男
- Vo.11 成熟市場の投資戦略 ─ シクリカルで稼ぐ日本株の極意／鈴木一之、清水昭男
- Vo.12 バリュー株の収束相場をモノにする！／角山智、清水昭男
- Vo.13 大富豪への王道の第一歩：でっかく儲ける資産形成＝新興市場＋資源株／上中康司、清水昭男
- Vo.14 シンプルシステムの成功ロジック：検証実績とトレードの一貫性で可能になる安定収益／斉藤正章、清水昭男
- Vo.15 自立した投資家（相場）の未来を読む／福永博之、清水昭男
- Vo.16 IT時代だから占星術／山中康司、清水昭男

満員電車でも聞ける！オーディオブックシリーズ

本を読みたいけど時間がない。
効率的かつ気軽に勉強をしたい。
そんなあなたのための耳で聞く本。
それがオーディオブック!!

パソコンをお持ちの方はWindows Media Player、iTunes、Realplayerで簡単に聴取できます。また、iPodなどのMP3プレーヤーでも聴取可能です。

オーディオブックシリーズ12 規律とトレーダー
著者：マーク・ダグラス

定価 本体3,800円+税（ダウンロード価格）
MP3 約440分 16ファイル 倍速版付き

ある程度の知識と技量を身に着けたトレーダーにとって、能力を最大限に発揮するため重要なもの。それが「精神力」だ。相場心理学の名著を「瞑想」しながら熟読してほしい。

オーディオブックシリーズ11 バフェットからの手紙
著者：L・A・カニンガム

定価 本体4,800円+税（ダウンロード価格）
MP3 約707分 26ファイル 倍速版付き

バフェット「直筆」の株主向け年次報告書を分析。世界的大投資家の哲学を知る。オーディオブックだから通勤・通学中でもジムで運動していても「読む」ことが可能だ!!

オーディオブックシリーズ13 賢明なる投資家
市場低迷の時期こそ、威力を発揮する「バリュー投資のバイブル」日本未訳で「幻」だった古典的名著がついに翻訳

オーディオブックシリーズ25 NLPトレーディング
最先端の心理学 神経言語プログラミング (Neuro-Linguistic Programming)が勝者の思考術を養う!

オーディオブックシリーズ5 生き残りのディーリング決定版
相場で生き残るための100の知恵。通勤電車が日々の投資活動を振り返る絶好の空間となる。

オーディオブックシリーズ8 相場で負けたときに読む本～真理編～
敗者が「敗者」になり、勝者が「勝者」になるのは必然的な理由がある。相場の"真理"を詩的に紹介。

ダウンロードで手軽に購入できます!!

パンローリングHP　http://www.panrolling.com/
（「パン発行書籍・DVD」のページをご覧ください）

電子書籍サイト「でじじ」　http://www.digigi.jp/

■CDでも販売しております。詳しくは上記HPで

Chart Gallery 4.0 for Windows

パンローリング相場アプリケーション
チャートギャラリー
Established Methods for Every Speculation

成績検証機能 が加わって **新発売！**

最強の投資環境

検索条件の成績検証機能 [New] [Expert]

指定した検索条件で売買した場合にどれくらいの利益が上がるか、全銘柄に対して成績を検証します。検索条件をそのまま検証できるので、よい売買法を思い付いたらその場でテスト、機能するものはそのまま毎日検索、というように作業にむだがありません。

表計算ソフトや面倒なプログラミングは不要です。マウスと数字キーだけであなただけの売買システムを作れます。利益額や合計だけでなく、最大引かされ幅や損益曲線なども表示するので、アイデアが長い間安定して使えそうかを見積もれます。

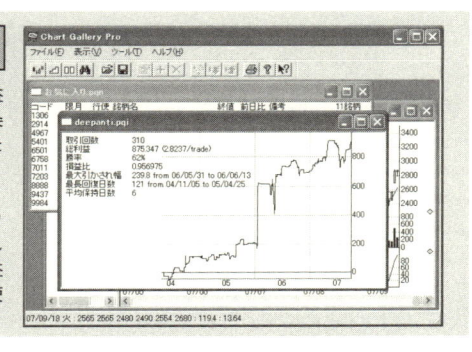

チャートギャラリープロに成績検証機能が加わって、無敵の投資環境がついに誕生!!
投資専門書の出版社として8年、数多くの売買法に触れてきた成果が凝縮されました。
いつ仕掛け、いつ手仕舞うべきかを客観的に評価し、きれいで速いチャート表示があなたのアイデアを形にします。

●価格（税込）
チャートギャラリー 4.0
エキスパート **147,000 円** ／ プロ **84,000 円** ／ スタンダード **29,400 円**

●アップグレード価格（税込）
以前のチャートギャラリーをお持ちのお客様は、ご優待価格で最新版へ切り替えられます。
お持ちの製品がご不明なお客様はご遠慮なくお問い合わせください。

プロ2、プロ3、プロ4からエキスパート4へ	105,000 円
2、3からエキスパート4へ	126,000 円
プロ2、プロ3からプロ4へ	42,000 円
2、3からプロ4へ	63,000 円
2、3からスタンダード4へ	10,500 円

がんばる投資家の強い味方　Traders Shop

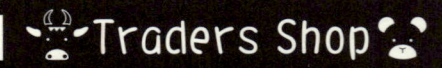

http://www.tradersshop.com/

24時間オープンの投資家専門店です。

パンローリングの通信販売サイト「**トレーダーズショップ**」は、個人投資家のためのお役立ちサイト。書籍やビデオ、道具、セミナーなど、投資に役立つものがなんでも揃うコンビニエンスストアです。

他店では、入手困難な商品が手に入ります!!

- ●投資セミナー
- ●一目均衡表 原書
- ●相場ソフトウェア
  チャートギャラリーなど多数
- ●相場予測レポート
  フォーキャストなど多数
- ●セミナーDVD
- ●オーディオブック

ここでしか入手できないモノがある。

さあ、成功のためにがんばる投資家は
いますぐアクセスしよう!

トレーダーズショップ 無料 メールマガジン

●無料メールマガジン登録画面

トレーダーズショップをご利用いただいた皆様に、**お得なプレゼント**、今後の**新刊情報**、著者の方々が書かれた**コラム**、**人気ランキング**、ソフトウェアのバージョンアップ情報、そのほか投資に関するちょっとした情報などを定期的にお届けしています。

まずはこちらの
「**無料メールマガジン**」
からご登録ください!
または info@tradersshop.com まで。

パンローリング株式会社
お問い合わせは

〒160-0023　東京都新宿区西新宿 7-9-18-6F
Tel：03-5386-7391　Fax：03-5386-7393
http://www.panrolling.com/
E-Mail　info@panrolling.com

携帯版